초국적 도시이론

지구화의 새로운 이해

마이클 피터 스미스 지음

남영호·홍준기·이현재·곽노완·유승희·김승욱·김동우·박영균·정인숙 옮김

이 연구는 2007년 정부(교육과학기술부)의 재원으로 한국연구재단의 지원을 받아 수행되었습니다.
(KRF-2007-361-AM0027)

이 도서의 국립중앙도서관 출판시도서목록(CIP)은 e-CIP홈페이지(http://www.nl.go.kr/ecip)에서 이용하실 수 있습니다. (CIP제어번호 : CIP2010003646)

Transnational
URBANISM
LOCATING GLOBALIZATION

Michael Peter Smith

**BLACKWELL
PUBLISHING**

Transnational Urbanism
ⓒ 2001 by Michael Peter Smith

Korean Translation Copyright ⓒ 2010 by Hanul Publishing Group

All Rights Reserved. Authorised translation from the English language edition published by Blackwell Publishing Limited. Responsibility for the accuracy of the translation rests solely with Hanul Publishing Group and is not the responsibility of Blackwell Publishing Limited. No part of this books may be reproduced in any form without the written permission of the original copyright holder, Blackwell Publishing Limited.

이 책의 한국어판 저작권은 Blackwell Publishing Limited와의 독점계약으로 도서출판 한울에 있습니다. 저작권법에 의해 한국 내에서 보호를 받는 저작물이므로 무단전재 및 복제를 금합니다.

옮긴이 서문

이 책은 대표적 도시이론가 중 한 사람인 마이클 피터 스미스(Michael Peter Smith)의 *Transnational Urbanism*(Blackwell Publishing, 2001)을 완역한 것이다. 스미스의 이론적 입장은 이 책의 제목에 잘 나타나지만, 약간의 설명을 덧붙이고자 한다. 우리가 "초국적 도시이론"으로 옮기기로 한 이 책의 원제인 "Transnational Urbanism"이라는 용어는 스미스가 다른 도시이론가들의 용어, 즉 지구화(globalization), 글로벌시티(global city), 네트워크 사회 등에 반대하여 고안한 것이다. 그가 다른 도시이론가들의 입장에 반대하며 이와 구별되는 용어를 사용하는 이유에 대해서는 이 책의 제1부에서 상세하게 설명하고 있는데, 이는 크게 두 가지로 나눌 수 있다.

첫 번째로 기존의 이론과 그 이론을 함축하는 용어가 경제주의적이라는 것이다. 이를테면 가장 흔하게 쓰이는 지구화라는 용어를 살펴보자. 지구화의 대표적인 이론가인 데이비드 하비(David Harvey)는 지구화를, 자본축적의 공간적 제한을 극복하는 방식으로서 "시공간의 압축" 또는 "시간에 의한 공간의 소멸"로 정의한다. 이러한 측면에서 포스트모던은 모던과 구별되고 지구화는 현대 자본주의의 새로운 단계를 의미하기는 하지만 자본주의 내에서 지속되는 근본적인 생산관계의 모순이 변화한 것은 아니다. 그래서 포스트모던의 조건과 그 핵심인 지구화는 자본축적의 논리가 추동한 것이고, 그에 따라 카오스적이며 분산·해체되며 탈중심적이고 파편적인 사회문화 현상의 뿌리는 궁극적으로 생산관계의 지속과 변화에 놓여 있다는 것이다.

스미스는 이러한 하비의 입장이 젠더·인종·종교 등 각 부문에서 벌어지는 갈등과 저항을 단지 지역적이고 부수적인 현상으로 치부하는 것으로 귀결되고 있다고 비판한다. 왜냐하면 하비는 자본주의의 근본적인 모순이 지속되는 한 계급투쟁만을 본질적인 것으로 간주하기 때문이다. 그래서 포스트모던의 조건을 자본축적의 유연화에서 찾는 하비의 주장에 동의한다고 하더라도, 지구화를 자본의 일방적인 논리의 귀결로 보는 견해에는 반대한다는 것이 스미스의 입장이다.

존 프리드먼(John Friedman)과 사스키아 사센(Saskia Sassen)의 글로벌시티(Global City) 이론은 아마도 최근의 도시이론 중에서 가장 큰 영향력을 발휘하는 이론일 것이다. 하지만 스미스는 이들의 글로벌시티 이론도 하비의 이론과 마찬가지로 경제주의적이라고 비판한다. 프리드먼과 사센은 국제 경제의 지구화를 바탕으로 자본이 국가 대신 소수의 글로벌시티로 집중하고 있으며, 이에 따라 지구적 도시체제가 위계적으로 조직화되고 있다는 주장을 편다. 이들의 주장에서도 최근의 세계적인 도시의 변화에서 핵심적인 역할을 맡는 것은 자본이며, 그렇기 때문에 역사적인 행위자의 역할에 대한 분석이 결여되어 있다는 것이 스미스의 비판이다. 그래서 사센이 글로벌시티로 예를 든 뉴욕, 런던, 도쿄에서 일상 도시생활의 구조와 그 변화들은 경제적 과정에 수반되는 문화적 변화로 설명하는 데 그치고 만다는 것이다.

이들 입장이 경제환원주의에 머무르고 있기 때문에 행위자 중심적(agent-oriented)인 시야를 결여하고 있다는 것이 스미스의 두 번째 비판이다. 지구화나 글로벌시티는 자본의 일방적인 축적논리의 변화로 설명되는 것이 아니고, 종족·정치·문화 등 여러 요소의 복합적인 상호작용에 따라 구성된다는 것이다. 스미스가 그것의 대표적인 사례로 제시하는 것이 제4장의 로스앤젤레스의 사회경제적·종족적 구성의 변화이다. 글로벌시티 이론과는 달리 로스앤젤레스의 경제는 부침을 거듭했으며, 이 밑바닥에는 종족경제의 활발한 재구성이 놓여 있다는 것이다.

행위자 중심적인 관점에서 봤을 때 지역으로서의 도시는 자연적으로 이미 주어진 것이 아니고, 행위자인 초국적(transnational) 네트워크의 형성과 재형성에 따라 항상 새롭게 구성된다. 여기서 행위자는 국가라는 경계를 초월하면서도 자신의 종족적 정체성(ethnic identity)을 포기하지 않으며 맥락에 따라 이를 (재)구성하는 역동적인 존재이다. 최근의 전 지구적 변화를 이해하기 위해서는 바로 이러한 초국적 네트워크가 풀뿌리에서 형성되며 이것이 상호작용하는 과정에 주목해야 한다는 것이 스미스의 핵심적인 주장이다. 그리고 초국적 네트워크의 활동으로 근본적인 변화가 생성되고 있는 장소가 바로 도시이다. 이러한 맥락에서 스미스는 기존의 용어 대신 초국적 도시이론이라는 새로운 용어로 전 지구적 변화를 설명하고자 한다.

행위자 중심적인 관점과 함께 스미스가 자신의 입장으로 내세우는 것이 사회구성주의이다. 지역(local)-글로벌(global)의 이분법적 구조에서, 지역은 글로벌한 변화로 말미암아 공동체의 경제와 문화가 파괴되는 피해를 입거나 그에 저항하는 사회운동의 본거지의 역할을 떠맡게 된다. 그러나 스미스는 도린 매시(Doreen Massey)의 논의에 힘입어, 지역성(locality)은 담론적 실천들에 의해 생산되고 유지되는 매우 유동적인 공간이며, 이미 글로벌시티가 아닌 작은 도시들에서도 초국적 상호작용에 따른 공간의 변화가 지속적으로 진행 중이라고 주장한다. 따라서 지역성 속에 글로벌한 것이 이미 들어와 있으며, 전통적인 공동체(community)의 개념을 바탕으로 지역을 논하는 것은 지역에 대한 본질주의적 사고를 벗어나지 못한 것이라고 비판한다.

이 책은 2009년 서울시립대학교 도시인문학연구소에서 매주 세미나를 하면서 읽고 토론했던 책 중 하나이다. 우리는 철학·문학·역사·인류학과 같이 다양한 전공을 배경으로 하며, 또 서로 다른 이론적 입장에 서 있었기 때문에 스미스의 주장에 대해 모든 이들이 동의하지는 않았다. 예를 들어 스미스가 초국적 네트워크를 특권화한 나머지, 모든 초국적 네트워크가 "진보적인" 의의를 갖고 있는 것처럼 서술한 것은 지나치다는 비판이 있었다. 하지만 스미스에 대한 이러한 비판은 그의 저서에 대한 철저한 오독과 특정한 이론적 입장에 기인한 것이라는 비판에 대한 비판도 있었다. 즉, 스미스는 결코 모든 초국적 네트워크를 특권화한 적이 없으며, 오히려 국가와 초국적 네트워크의 관련성에 주목하고 이러한 네트워크가 가질 수 있는 진보적 측면을 고찰함으로써 역으로 경제주의를 비판하고자 한 점에서 이 책의 의의를 찾아야 한다는 것이다.

제4장과 제8장에서 다루고 있는 미국 내 한국인의 정치활동을 보는 입장은 정확하지 않다는 불만도 있었다. 또한 근본적으로는 초국적 도시이론이라는 틀 자체가 행위자 중심적인 시각이라고 하지만, 그것이 자본의 전 지구적 이동과 어떠한 상호작용을 이루고 있는가를 충분히 설명하지 못한다는 이의도 제기되었다. 그리고 지은이가 사례로 든 것이 대부분 미국 중심적이기 때문에 한국에서 지구화와 이에 따른 현대 도시의 변화에 대해 고민하는 우리의 입장에서는 한계를 느낀다는 점도 부인할 수 없을 것이다.

그러나 이러한 비판들이 스미스의 핵심적인 주장을 반박하지는 못한다는 주장 또한 제기되면서 열띤 토론이 벌어지기도 했다. 그만큼 이 책은 저자의 입장에 동의하든 그렇지 않든, 현대 도시이론에 관심 있는 이라면 꼭 읽어볼 만한 가치가 있는 중요한 저작임에 틀림없다. 최근(2010년 6월) 우리 연구소에서 개최한 국제학술대회에서도 이 책은 세계 각국에서 모인 여러 학자들이 인용하며 찬반을 논하는 등 관심의 초점이 되었다.

스미스는 정치학을 전공한 학자이지만, 이 책에서 보여주는 바와 같이 정치학·사회학·인류학과 문화이론을 넘나드는 폭넓은 시야로 도시 문제 전반에 대해 20여 권 이상의 책을 썼다. 이 책을 펴낸 이후에도 미국-멕시코 사이의 이주와 시민권 문제를 다룬 *Citizenship across the Border*(2008)나 *Transnational Ties: Cities, Migrations, Identities*(2008)와 같은 책을 내는 등 왕성한 학술활동을 계속하고 있다. 이 책은 스미스 자신이 주저로 꼽은 업적 가운데 하나일 뿐 아니라 최근에 출간된 그의 업적을 이해하기 위해 먼저 읽어야 하는 책이기 때문에, 우리는 이 책의 번역이 충분한 의의를 지닌다고 판단했다. 이 책 제1부에서 스미스가 나름대로의 시각으로 개관하는 여러 이론은 이를 접하지 않은 사람에게도 충분한 길잡이가 될 것이다. 또 제2부에서 자신의 주장을 입증하기 위해 제시하는 여러 사례들은 그 자체로도 흥미로울 뿐 아니라 도시의 전 지구적 변화를 이해하는 데 큰 도움을 줄 것이다.

이 책은 세미나에 참가한 모든 이들이 각각 한 장씩 맡아 번역했고, 홍준기 선생님이 편집을 책임져주셨다. 마지막으로 용어 번역에 대해 몇 마디만 덧붙이고자 한다. "transnational urbanism"은 '초국적 도시이론'으로 번역했지만, 문맥에 따라 "초국적 도시주의"로 번역한 곳도 있다. 또한 "agency"의 번역을 둘러싸고 고심했다. 토론을 거쳤지만 의견 일치를 볼 수 없어서 옮긴이에 따라서 이 용어를 (집합적 의미의) "행위자" 혹은 "행위성"으로 번역했다. "global"은 "(전) 지구적"으로, 또 "local"은 "지역적"으로 옮겼지만, 문맥에 따라 원어 그대로 글로벌과 로컬을 사용한 곳도 있다.

    지은이의 서론만 읽어보아도 이 책의 논지를 파악할 수 있는데다 번역은 까다로웠지만 서술방식이 그렇게 난해하지 않기 때문에, 사실 옮긴이 서문을 덧붙이는 것이 망설여지기도 했다. 하지만 간략하게 지은이의 주장을 정리하며 그 배경을 설명하는 것도 쓸데없는 일은 아닐 것이라는 결론을 내리게 됐다. 혹시라도 있을 오역의 두려움과 많은 독자들을 만나고 싶다는 엇갈린 심정으로 이 책을 내놓으며, 이 책의 출간에 도움을 주신 도서출판 한울 편집부에게 감사의 말을 전하고 싶다.

옮긴이들을 대표하여
2010년 10월 1일
남영호

서문과 감사의 글

이 책은 내가 있는 대학과 학계에서 통찰력 있는 여러 학자들의 논평에 크게 힘입었다. 여러 동료들이 이 책의 한 장이나 그 이상을 읽고 도시이론의 현 단계와 지구화 담론, 그리고 사회적 네트워크의 초국가화에 대한 생각을 가다듬을 수 있도록 도와주었다. 나의 가까운 동료로서 데이비스-버클리 통근 기차 친구이기도 한 프레드 블록(Fred Block)과 루이스 과르니조(Luis Guarnizo)가 여러 장을 읽고 전체적으로 비평해준 데 대해 특히 감사드린다. 나의 학과 동료인 테드 브래드쇼(Ted Bradshaw)와 프랭크 허츠(Frank Hirtz), 베르나데트 타랄로(Bernadette Tarallo), 미리엄 웰스(Miriam Wells)도 각각의 장에 대해 도움이 되는 제언을 해주었다. 뉴스쿨(New School for Social Research) 밀라노 대학원의 로버트 보르가르(Robert Beauregard)는 결정적인 순간에 초고 여러 장을 읽고 평해주었다. 그의 제언은 이 책이 마지막 꼴을 갖추는 데 큰 영향을 미쳤다. 또 초고 여러 장을 읽고 평해준 일리노이 대학교 시카고 캠퍼스의 데니스 주드(Dennis Judd)에게도 감사 말씀을 드린다. 마지막으로 자신의 세계 도시에 대한 개념화와 나 자신의 초국가적 도시론에 대한 견해를 서로 즐겁게 주고받은 도시계획 이론가 존 프리드먼

(John Friedman)에게도·감사 말씀을 전하고 싶다.

그 이외에도 초고 여러 장에 대해 도움이 될 만한 논평을 들을 기회가 많았다. 1998년 가을 뉴욕 대학교 고등학문국제센터에 방문교수로 있을 때 참여했던 여러 세미나와 비공식적 토론이 이 책의 마지막 초고를 다듬는 데 도움이 되었던 것을 빼놓을 수 없다. 마찬가지로 영국 사회경제연구재단의 후원으로 1999년 9월 서식스 대학교에서 열린 "이주에 대한 새로운 접근: 초국가적 공동체와 가정의 형성" 학술대회에 참가한 것도 도움이 되었다. 이 책의 여러 부분이 발표·토론되었던 학술대회는 1998년 8월 몬트리올의 국제 사회학회 세계대회, 1999년 4월 이탈리아 벨라지오의 록펠러재단학술센터, 1999년 5월 UCLA의 "초국가론: 스페인과 라틴아메리카, 미국에서의 전망" 국제심포지엄 등이다.

이 책을 펴내면서 가장 즐거웠던 순간 중 하나는 엘리자베스 시버츠(Elizabeth Siverts)와 새리 레즈니악(Sharie Lesniak), 로라 리우(Laura Rioux) 등 디자인 팀과 가진 회의였다. 이들은 이 책을 위해 멋진 표지를 도안했고, 경계 초월에 대한 나의 생각들을 상호 연결된 이미지의 콜라주로 바꾸어, 나의 초국가적 도시론의 개념에 생명을 불어넣었다. 그들과 나의 초밥 친구인 샌프란시스코 TBWA/Chiat-Day 광고회사의 마크 러셀(Marc Russell)이 창조적으로 표지를 디자인해준 것에 진심으로 감사드린다.

이 책을 준비하는 마지막 단계에는 영국 업턴-어폰-세븐의 레드슈즈 협동조합의 잭 메신저(Jack Messenger)가 편집과 제본에 큰 도움을 주었으며, 편집의 여러 다양한 문제에 대해서는 대학원생 조교인 섀넌 시드 하드윅(Shannon Seed Hardwicke)이 도와주었다. 또 블랙웰(Blackwell) 출판사의 편집자 수전 래비노위츠(Susan Rabinowitz)와 켄 브로벤처(Ken Provencher)가 이 책을 출판하는 데 도움을 준 것에 대해 감사드린다.

이 책의 대부분은 새롭게 쓴 것이지만, 몇몇 장의 일부는 다른 곳에 게재했던 것을 수정한 것이다. 다음 논문들을 출판할 수 있도록 허가해준 편집자와 출판사에 감사드린다.

- "Postmodernism, Urban Ethnography and the New Social Space of Ethnic Identity," *Theory & Society*, Vol. 12, No.4(1992), pp.493~531.
- "Can You Imagine? Transnational Migration and the Globalization of Grassroots Politics," *Social Text*(August 1994), pp.15~29.
- "Looking for Globality in Los Angeles," in Ann Cvetkovich and Douglas Kellner(eds), *Articulating the Global and the Local*(Col. and Oxford: Westview Press, 1997), pp.55~71.
- "The Locations of Transnationalism," in Michael Peter Smith and Luis Guarnizo(eds), *Transnationalism from Below*(New Brunswick, NJ: Transaction PUBLISHERS, 1998), pp.3~34, with Luis Guarnizo.
- "The Global City: Whose Social Construct is it Anyway?" *Urban Affairs Review*, vol. 33, No. 4(March 1998), pp.482~488.
- "Transnationalism and the City," in Robert A. Beauregard and Sophie Body-Gendrot(eds), *The Urban Moment* (Thousand Oaks, Calif.: Sage Publications, 1999), pp.119~139.

마지막으로 나의 아내 패트(Pat)에게 깊은 감사를 전하고 싶다. 아내는 내가 이 작업을 끝낼 수 있도록 크고 작은 여러 방식으로 눈에 띄지 않게 도와주었다. 이 책을 그녀에게 바친다.

캘리포니아 버클리에서
미이클 피터 스미스(Michael Peter Smith)
[남영호 옮김]

차례

옮긴이 서문 _ 5
서문과 감사의 글 _ 11

제1장 | **초국적 도시이론의 사회적 구성** • 17
  왜 초국적인 사회적 실천인가? 20 / 왜 '초국적 도시이론'인가? 23 / 왜 행위자 지향적인 도시이론이 필요한가? 25 / 사회적 구성주의에 관하여 29 / 이 책의 구성 31 / 지구화의 자리매김 31 / 도시이론을 재구성하기 39

제1부 지구화의 자리매김

제2장 | **전 지구론의 '타자'로서의 지역적인 것: 시공간 압축이라는 주인 서사의 한계** • 51
  기술 결정주의를 넘어서 54 / 문화 환원주의 58 / 포스트모던 주체성, 정치적 파편화, 그리고 정체성 정치 62 / 계급의 본질화와 젠더의 주변화 68 / 차이의 정치지리학 72 / 도시 정치에 대한 대안적 견해 81 / 이분법을 넘어서 88

제3장 | **글로벌시티 담론: 주인 서사로의 귀환?** • 91
  글로벌시티 논제에 대한 재고찰 95 / 지구적 경제주의의 한계들 108 / 글로벌시티를 역사화하기 114 / '글로벌 거버넌스' 어젠다 118 / 초국적 도시이론: 사물화를 넘어서 124

제4장 | **로스앤젤레스를 철저하게 다시 상상하기** • 131
  멕시코인의 로스앤젤레스 이주 138 / 제국의 유산 142 / '지역 경제발전'의 사회적 구성 150 / 초국적 도시성과 '종족경제' 154 / 코리아타운의 건설과 재건설 162 / 희생논리를 넘어서 173

제2부 도시이론의 재구성

제5장 | 지역을 재론한다: 공동체주의적 은유를 넘어서 • 177
공동체의 방어적 편제로서 로컬리티 179 / 로컬리티의 경계를 다시 생각하기 186 / 로컬리티와 차이의 정치 192 / 장소로서 공간의 사회적 구성 197 / 일상생활의 정치를 재고함 202 / 초국적 장소 만들기 210

제6장 | 포스트모던 시티를 넘어서: 초국적 시대의 민족지학 • 214
사회구성주의와 포스트모던 사회조사 218 / 누가, 무엇을 안다는 것인가 222 / 주체의 구성 226 / 포스트모던 민족지학의 성과와 한계 235 / 패턴화된 네트워크의 혼종적 주체 242 / 초국적 민족지학의 경계 가로지르기 246

제7장 | 초국가화하는 풀뿌리 • 250
초국적 풀뿌리 정치의 발흥 256 / 초국화하는 도시연구 259 / 지구-지역의 이원성을 넘어 270 / 지역적으로 생각하고 지구적으로 행동하기 272 / 이중초점적인 국경 횡단자들 274 / 동시성의 정치 280 / 정치적 공간의 생산 282

제8장 | 지구화에서 초국적 도시이론으로 • 285
초국적 네트워크의 행위성 288 / 초지역성의 등장 291 / 탈국가적 담론을 문제 삼기 295 / 초국적 도시연구를 향하여 298 / 비교 초국가론 301 / 요약 311

에필로그 | 교차로로서의 도시 • 313

참고문헌 _ 330

1

초국적 도시이론의 사회적 구성

> 현대성, 탈식민주의, 소비주의, 공포, 주변성(marginality), 스펙터클한 풍경에 관해 말할 때 우리는 아마도 버제스(Burgess)가 자신의 무미건조한 용어인 '통근자 구역(commuter zone)'으로 그랬던 것처럼 단지 급진적으로, 하지만 정당성 없이 단순화하고 있을 뿐이다. 장소들과 패턴들은 우리가 이름 붙이는 것보다 항상 더 복잡하다는 것을 기억하는 것이 좋을 것이다.
> ― 리처드 해리스와 로버트 루이스, 「잘못된 구역을 구성하기」.
> Richard Harris and Robert Lewis, "Constructing a Fault(y) Zone."

21세기가 동틀 무렵인 현재, 우리는 가속화된 경제적·사회문화적 변화의 시대에 살고 있다. 전 지구적(global) 의사소통의 새로운 양식들이 외딴 오지에까지 침투했다. 과거에 별다른 문제 없이 "세계체제"의 "주변부"라고 명명되었던 지역에서 경제적·정치적 불안정성의 새로운 장이, 냉전의 공식과 '지구화(globalization)'라는 신자유주의적 변종의 확산과 더불어 갑자기 시작되었다. 이 두 개의 초국적인 정치적 발전은 수백만 명의 경제적 이주자와 정치적 망명자를 낳았고, 이를 통해 부와 권력의 소위 "핵심적인" 다수의 중심부들의 사회적 구조를 재구성했다.

이주와 문화적 실천의 초국적 흐름은 '송출(sending)' 지역과 '수용(receiving)'

지역 모두에서 많은 거주자들의 일상적 행동을 조밀하고 탄력적인 이주자 네트워크 — 몇몇 연구자들이 초국적 '사회구성체(transnational social formation)'라고 부르는(예를 들면 Basch·Schiller·Blanc, 1994; Guarnizo, 1998) — 속으로 편입시켰다. 우리가 한때 서구권(Western Bloc)이라고 불렀던 사회구성체의 갑작스러운 몰락이 세계 전반의 복잡성에 첨가되었고, 그리하여 '지역성(locality)'이 경험되고 체험되는 전 지구적 맥락의 성격에 관한 우리의 감각을 점점 더 혼란스럽게 했다.

이러한 지구화 이론가들의 주장에도 국가는 현대성의 종말을 뜻하는 사라지는 유물처럼 시들어가지 않았다. 오히려 현재 국가들은 다양한 방식으로 도처에서 초국적 투자, 이주, 그리고 문화적 생산의 흐름을 중재한다. 정치적으로 구성된 국가정책, 합법적 권위를 지닌 담론, 그리고 제도적 실천은 초국적 사회구성체들을 구성하는 핵심 요소들이다. 이것들이 복잡성의 또 다른 차원을 현재의 상황에 첨가했다.

"방향을 상실하게 만드는(disorienting)" 것으로 간주하는 이러한 복잡성에 직면하면서 급격하게 변화하는 세계에 주기성과 패턴을 가진 규칙성을 도시연구에 부여하기 위해, 몇몇 사람들은 후기 모더니스트 사유로서 '글로벌시티'와 '포스트모던 시티'라는 두 개의 새로운 중심적 은유를 전개했다. 이러한 시대 구분에 근거한 두 개의 서사는 도시 변화에서의 중심 역할을 자본축적의 논리와 포스트모던화의 도구로서의 금융자본의 대행자에게 부여했다. 도시를 "지구적" 혹은 "탈현대적"이라고 부르는 것은 '후기 자본주의'의 보편화 경향을 환기시키며 종종 과장하는 하나의 방식이 되었다[예를 들면 Jameson(1984)과 Harvey(1989)를 보라]. 후기 자본주의에 관한 지배적인 담론에서 "지구적" 사회과정과 "지역적" 사회과정은 이분법적인 대립 방식으로, 즉 물질적 상품과 상품 기호들의 생산에서 지역적 문화와 전 지구적 경제 변형을 대립시키는, 서로 배타적이고 본질적으로 적대적인 틀로 설명되었다[예를 들면 Harvey(1989)와 Castells(1984, 1997)을 보라].

도시 분석의 틀을 세우는 이러한 현대적 방식은 도시연구에서 오랜 역사를 갖고 있으며 사회과학에서의 이분법적 사고의 완고함을 반영한다. 이러한 이분법적 틀에서 지구-지역(global-local)이라는 두 항은 보편적·특수적, 그리고 경제적·문화적 이분법과 혼합된다. 일단 이러한 진전이 이루어지고 나면, 이제 '지구화'라는 다양한 큰 이야기와 자본주의적 (포스트)모던의 지구적 영향에 대한 자발적 저항이라는 다양한 탈식민주의적 작은 이야기 사이에 담론적 공간이 거의 존재할 수 없게 된다. (달리 말하면) 보편주의 그 자체로서의 지구화라는 큰 이야기가 사회변화에 대해 설명하는 데에는 무력한 틀이 되었고, '지역주의(localism)'의 표식으로서의 작은 이야기의 전개는 작은 이야기 그 자체를 (사회변화라는) 소망성취를 위한 이론으로서는 설득력이 없게 만든다.

"지구적"·"지역적"이라는 구성물은 특수한 시대에 특정한 사회적 힘에 의해 수용되고 전개되는 입장들인데, 이는 담론적·실천적으로 구성되었다는 것을 인식하는 것이 중요하다. 그러므로 글로벌화와 로컬화는 역사적 시간 속에 체현된 공간적 문화적 은유이다. "글로벌하게" 작동하는 것으로 표상되는 사회적 행위자와 힘(예를 들면 제국, 종교적·문화적 운동, 초국적 자본가)은 다양한 역사적 상황에서 다양한 형태로 등장한다. 게다가 수많은 그러한 행위자와 과정은 과거나 현재 모두에서, 도시이론가 마누엘 카스텔(Manuel Castells)이 "흐름의 공간"이라고 불렀던 분리된 지구적 공간 속(Castells, 1997)에서라기보다는 사회적 실천이 역사적으로 특수한 초국적 네트워크 속에서 실제적으로 작동해왔다. 도시지리학자 머레이 로(Murray

Low)가 지적했듯이 심지어 경제적 영역에서도 '지구화'는 '지구적' 경제공간의 구성의 문제가 아니라 흐름의 네트워크(돈·상품·사람)의 재구조화와 확장의 문제, 그리고 그것(흐름의 네트워크)을 다양한 규모를 가진 '지역적 공간'과 연결 짓는 문제이다(Low, 1997: 244).

왜 초국적인 사회적 실천인가?

'지구화'처럼 공간을 가로질러 분포되어 있으며 동시에 다양한 장소에서 발견되는, 초국적 이주 네트워크 혹은 신자유주의적 정치적 연합과 같은 다른 사회적 과정들 또한 시간적·공간적으로 특수하며 사회적으로 구성된 권력과 의미의 관계들이다. 이러한 사회적 관계들을 정확하게 이해하기 위해서는, 그것들이 단일한 장소에 지역화되고(localized) 초지역적 의사소통 회로 속에서 다른 장소들과 연결되며 사회적 단위들과 국가적 경계를 넘어 확장되어갈 때, 그 형성과정과 전개 및 영향을 고찰할 필요가 있다. 이러한 방식으로 고찰할 때 지구-지역의 상호작용이란 초국가론과 지구화를 그것들(초국가론과 지구화)의 어수선한 우연성이라는 지반 ― 다양한 프로젝트들이 구성되고 전개되고 특정한 시간과 장소 속에서 받아들여지거나 저항에 부딪치게 되는 과정에서 (발생하는) 우연성이라는 지반 ― 에 "위치시키는(locating)" 문제가 된다.

이 책에서 나는 '지구화'와 '초국가론'을 명확히 개념적으로 구분한다. 그 범위와 규모 그리고 '파급(reach)' 면에서 다르다는 명백한 차이를 넘어서, 내가 이 두 가지 사회적 과정은 개념적으로 구분할 것을 주장하는 데는 충분한 이유가 있다. 인류학자 마이클 커니(Michael Kearney)는 지구화와 초국가론은 의미, 정체성, 그리고 사회적 결과의 생산에서의 국가의 역할에 대한 핵심적 가정에서 현저하게 다르다는 설득력 있는 주장을 한다(Kearney, 1995: 548). 지구화 담론은 '흐름의 공간'에서 발생하는 지구화에 관한 카스텔의 논의(Castells, 1997)에서 볼 수 있듯이 특수한 국가적 영역에서 광범위하게 탈중심화된 사회적 과정들에 주목하는 반면, **초국적**[1] 과정에 관한 연구는 초국적 사회관계들을 하나 혹은 다수의 국민국가(nation-state)를 초월하면서도 "고정된" 것으로 묘사한다. 이러한 이유로, 내가 이 책에서 비판하는 '글로벌 도시' 담론과 같은 지구화 담론은 국가적 경계, 정체성이 점차 중요성을 상실해간다고 종종 가정한다. 반대로 초국가론(transnationalism)은 경계, 국가정책, 국가적 정체성이 계속적으로 중요하다고 주장한다. 비록 이러한 것들이 초국적 의사소통 회로와 사회적 실천에 의해 종종 침해된다고 할지라도 말이다.

일종의 제로섬 게임을 가정하며 지구화와 국민국가는 서로 배타적이며 적대적으로 연관되어 있는 개념적 범주라고 주장하는 지구화 담론과 달리, 초국가론 이론가들은 국민국가적 실천과 초국적 실천을 상호 배타적이라기보다는 **서로를 구성하는**[2] 사회구성체로 간주하는 경향이 있다(Basch·Schiller·Blanc, 1994; Smith, 1994; Smith and Guarnizo, 1998; Schein, 1998a, 1998b). 예를 들면 초국적 문화구성체를 연구하는 인류학자인 루이자 셰인(Louisa Schein)은 초국적 실천들과 국민국가를 상호 배타적인 실체 혹은 심지어 우위를 차지하려고 적대적으로 경쟁하는 실체로 간주하는 사람들을 비난한다(Schein, 1998b: 169~170). 셰인은 이렇게 주장한다. "이러한 논쟁들은

---

1) 이 부분 고딕 강조 표시는 옮긴이.
2) 이 부분 고딕 강조 표시는 옮긴이.

왜 국민국가와 초국적인 것이 서로 결합되어 있고 연루되어 있으며 상호구성적인 것으로 상상하는 방향으로 나아가려 하지 않는가? 그 과정에서 민족(nation)과 국가(state)는 용의주도하게 분리될 필요가 있다. 그리고 영토적 국가라는 경계가 뚜렷하고 고정되어 있는 상태에서 벗어나 지역과 초지역(translocal)의 차원에서 연합하는 탈영토화된 민족주의(nationalism)라는 관념을 위한 여지를 만들어야 한다."

이러한 초국적 시대에 자국에서 경제적·정치적 상황들을 견딜 수 없게 된 사람들이 국가의 경계를 넘어 경제적·문화적 자원을 획득하기 위해 초국적 이주를 시도하게 됨에 따라, 이제 앨버트 허시먼(Albert Hirschman)이 "출구 옵션(exit option)"이라고 부른 것이 특히 두드러지게 되었다(Hirschman, 1970).

초국적 가계, 친족 네트워크, 촌락에 기반을 두고 있는 정보 교환은 이러한 이주 흐름의 사회적 조직과 결합에서 능동적이고 창조적인 역할을 수행해왔다. 이러한 형태의 출구는 사람들의 과거 사회적 유대를 영구적으로 없애지 않았기 때문에, 그리고 새로운 의사소통과 여행 수단이 사람과 아이디어의 흐름, 물질적 자원, 다양한 지역에 분포되어 있는 프로젝트의 교환을 촉진했기 때문에 이러한 "아래로부터의" 이민자가 구축한 사회적 네트워크는 초지역적 유대의 사회적 범위와 규모를 광범위하게 확대했다.

앞으로 이 책에서 살펴보겠지만 초국적 이주자의 사회적 네트워크는 경계를 넘어 여러 지역을 결합시키며 전 지구적 차원에서 초지역적 유대를 구성하는 의사소통적 행위의 핵심 회로 중 하나이다. 허시먼은 출구 옵션을 자신이 "목소리 옵션(voice option)" — 목소리 옵션이란 기업이 자신들의 조직적 환경에서 지각된 위협을 다루는 방식을 의미한다 — 이라고 부르는 것과 비교한다. 허시먼의 구분은 가계, 이웃, 종족적 소수, 풀뿌리(grassroots)의 정치적 조직, 그리고 소위 "주변적인" 사회적 이해관계와 같은 다른 미시적 차원의 행위자들이 그 구성원들의 삶과 생활에서 지각된 위협에 대응하는 방식에도 유의미하게 적용될 수 있다. 예를 들면 일상생활의 본질적인 부분이 지구적 자본 재구조화의 환경적·경제적 효과와 같은 지각된 위협에 의해 위험에 처해질 때, 지역적 가계들이 구성한 네트워크의 정치적 활동은 종종 시정을 요구하는 목소리를 높이는 자발적으로 조직된 풀뿌리의 주도적 활동을 구성한다. 이외에도 IMF의 긴축정책에 대한 반응으로 국가정책에 대한 대중적 저항의 형태로 나타나는 식량폭동과 거리, 대학가, 촌락 등 중심 지역에서의 대중동원을 예로 들 수 있다. 멕시코 치아파스에서의 사파티스타 반란과 그것의 초국적 파급효과는 다음 사실을 잘 보여주는 하나의 예이다. 즉, 정치적 목소리는 때로 사회적 실천의 **규모를 뛰어넘어**(jumping scales) 정치적 경계를 초월하고 ― 팩스·이메일·인터넷과 같은 의사소통 수단이, 상이한 장소에 위치하는 "지역적" 행위자들을 "초국적" 의사소통 회로와 정치적 프로젝트를 구성하고자 하는 목표를 공유하는 다른 "지역적" 행위자들과의 결합을 가능케 해줌에 따라 ― 지역에서 초국적 규모로 이동할 수 있는 집단들에 의해 행사될 수 있다는 사실 말이다(또 다른 명료한 예를 보려면 Keck and Sikkink, 1998 참조). 초국적 이주와 정치적 동원을 통한 "아래로부터의" 사회적 네트워크의 작용은 어떻게 사회문화적·정치경제적 힘들이 지역적·국가적·초국적 규모에서 일상생활의 정치와 결합되는가라는 더 일반적인 질문에 대한 하나의 중요한 대답을 제공한다.

왜 '초국적 도시이론'인가?

나는 이 책에서 다루고 있는 주제를 지칭하기 위해 '초국적 지역론(transnational localism)' 혹은 '현지화(glocalization)'가 아니라 '초국적 도시이론'이라는 은유를 사용하기로 했다. 그것은 우리가 보통 도시생활과 연결하는 사회적 변화 가능성의 넓은 범위를 포착한다. 이 책에서 논의하는 그러한 변화 중 몇몇은 세계 전역의 도심뿐만 아니라 멕시코의 촌락(Goldring, 1998; Smith, 1998)이나 중국의 공업도시(Smart and Smart, 1998), 혹은 시골(Schein, 1998a)에서 발생하는 것도 포함한다. 이러한 은유(초국적 도시이론)를 선택한 것은 초지역적(translocal) 연결과 초국적 유대의 사회적 구성이 다음 중 하나의 방식으로 유지되는 사회적 관계의 지속을 필요로 하기 때문이다. ① 초국적인 사회적 행위자들은 자신들의 초국적 의사소통 회로[예를 들면 이주민 고용의 원천(으로의 초국적 도시), 송금, 문화적 물질적 자본획득, 소비실천, 정치적 네트워크, 라이프스타일 이미지를 실행하는 수단으로서의 초국적 도시]의 어떤 지점에서, 도시에서 발견할 수 있는 사회경제적 기회, 정치적 구조 혹은 문화적 실천에 연결되어 있다. ② 초국적인 사회적 행위자들은 그것(진전된 수단)들의 동시성 때문에 간접적으로 초국적 행위자들을 세계주의적(cosmopolitan) 관념·이미지·기술, 그리고 사회경제적 실천 — 이것들은 역사적으로 도시의 문화와 연결되어 있다 — 의 궤도로 편입시키는 의사소통과 여행이라는 진전된 수단들을 사용해 초국적 결합을 유지한다. 따라서 '초국적 도시이론'은 엄격하게 지리학적인 은유라기보다는 문화적 은유이다. 나는 교차하는 초국적 의사소통 회로와 서로 관통하는 지역적·초지역적·초국적 사회적 실천 — 이러한 실천은 특수한 시기에 특수한 장소에서 "모이며", 그리하여 장소 만들기, 권력적 차이의 사회적 구성, 개인과 그룹, 국가적·초국적 정체성, 그리고 그것들의 차이라는 정치적 쟁점을 만들어낸다 — 을 지칭하기 위해 그 용어를 사용한다.

왜 행위자 지향적인 도시이론이 필요한가?

이 책의 핵심 목표는 도시화와 도시론 연구를, 거시경제적이고 지정학적 변형을 사람들이 일상생활 속에서 창조하고 그 속에서 살며 기대어 행위를 하는 미시적 네트워크와 구체적으로 결합시키는(이론적 시각), 행위자 지향적인(agency-oriented) 이론적 시각 속에 명확히 위치시키는 것이다. 이 책의 중심적 가설은 다음과 같다. 많은 도시 분석가들이 그렇게 많이 주목하는 자본의 논리, 구조, 행위자는 도시생활의 구성에서 결코 유일하거나 가장 중요한 행위자가 아니다. 도시생활의 사회적 구성에서 일상적인 남녀의 행위 — 그들의 의식, 의도, 일상적 실천, 집합적 행동 — 는 더 중요하다고는 할 수 없으나 마찬가지로 중요하다.

이것은 일상적 남녀라는 행위자의 연구가 투명한 사회적 과정이라는 것을 의미하지 않는다. 사람들의 의도와 행위, 그리고 그것들에 주어진 의미는 인간의 경험에서 도출된다. 복수의 사회적 지위를 차지하는 주체(positional subject)로서 자리매김한 사람들은 행위자라는 의식을 형성할 때 종종 내적 긴장과 갈등을 경험한다. 미건 모리스(Meaghan Morris)가 말했듯이, "'행위자' 이론은 종종 무의미하며, 따라서 오늘날의 매개된 세계에서의 삶과 행위의 산만함(messiness)이라는 느낌을 명확하게 제거해주는 행위자 이론에 대한 요구가 존재한다"(Morris, 1993: 39).

행위를 하는 주체성에서 의식적인 인간 행위자로 옮겨갈 때 말끔하지 못한 우연들이 존재함에도 행위자 지향적인 도시연구와 실천이 사유 외부에 존재하는, 이미 주어진(pre-given) '사물'로 물화된 지구적 경제 — 이 지구적 경제의 발전논리는 도시거주자들이 어떤 존재인지를 탐구하지 않은 채, 도시의 발전을 전적으로 설명할 뿐 아니라 그들(도시거주자들)의 주체성을 규정한다 — 에 과도하게 우리의 의식을 집중하는 지구적 시선을 단호하게 유지하는 것보다 더 바람직하다. 스튜어트 홀(Stuart Hall)이 다음과 같이 말했듯이 말이다.

> 사람들은 문화적 바보가 아니다. …… 그들은 자신이 누구인지 안다. …… 그리고 그들이 가지고 있는 다양한 정체성 — 사람들은 …… 그러한 정체성이 자주 모순적이라는 것, 그 정체성들은 서로를 가로지른다는 것, 그것(정체성)들은 우연성에 직면해 우연성에 비추어 정치를 행하면서 다른 순간들에 다르게 우리를 자리매김하게 한다는 것을 이해하고 있다 — 을 통해 그들에게 점점 더 많은 말을 건네는 정치라는 관념 …… 은 지역적 존재들(locals)이 할 수 있는 유일한 정치 게임이다(Hall, 1991: 58~59).

이 책 전반에 걸쳐 논의되는 역사적·민족지학적으로 근거 있는 연구들은 정확히 다음과 같은 이유로 선택되었다. 그 연구들은 일상생활의 실천에 관한 우연적인 정치적 분석에 대한 홀의 요구를 진지하게 받아들인다. 더 중요한 이유로는 그것들은 그러한 분석을 초국적 상상력을 포함하도록 확대시킨다는 점을 들 수 있다. 도시이론이라는 때로 너무 추상적인 영역에 대해 실천적으로 근거 있는 서사적 개입의 이론적 적합성의 예를 들어보자. 네스토 로드리게스와 재클린 헤이건(Rodriguez and Hagan, 1992; Rodriguez, 1995; Hagan, 1994를 보라)은 20세기의 마지막 20년간 중앙아메리카와 텍사스 휴스턴(Houston)에 있는 다양한 지역 사이를 오갔던 초국적 이민자 남녀에 관한 민족지학적으로 근거 있고 역사적으로 잘 자리매김한 영감 넘치는 연구를 수행했다. 그들의 연구는 인간-행위자에 의해 추동된 도시 민족지학 연구의 유용성을 보여줄 뿐만 아니라 도시생활의 생산에서의 우연적 환경의 중요성을 인지하고 있다. 그들의 연구는 계속적으로 변하는 초국적 맥락과 지역적 실천—지역적 실천을 통해 사람들은 변화하는 맥락을 이해하고 그것에 대응한다—을 상세하게 조사한다.

맥락적으로 살펴본다면, 1980년대에 10만 명 이상의 살바도르인·과테말라인·니카라과인·온두라스인이 냉전 때문에 생긴 자국의 경제적·정치적 혼란을 피해 대도시인 휴스턴으로 불법 이주했다. 초국적 이주의 이 시기는 석유산업에 기반을 둔 휴스턴의 심각한 경제침체, 즉 세계시장에서의 석유 과잉공급으로 야기된 심각한 경제침체의 시기와 정확히 일치한다. 이주자들은 도시의 전반적인 경제침체에도 계속적으로 확대되었던 휴스턴의 이차노동시장(secondary labor market)에 흡수되었다. 이러한 역사적 맥락 속에서 작업하면서 로드리게스와 헤이건은 공동연구 중 하나로 휴스턴에 있는 서부지역 아파트 단지의 장기 거주자들, 즉 흑인·백인·라틴아메리카인 그룹과 휴스턴 경제가 침체했을 때 건물 소유주와 관리인들이 제시한 저가의 임대료 때문에 그 아파트 단지로 이주해온 그룹 사이의 상호작용 전개과정을 상세히 연구했다. 헤이건은 2년이 걸린 이 공동연구를 하기 전에 아파트 단지의 임차인이 되었다. 로드리게스와 헤이건은 이 연구에서 새로운 초국적 이주자들이 저가의 임대료가 제공한 기회를 이용하기 위해 어떻게 그들의 사회적 네트워크를 사용했는지 상세하게 묘사한다. 이러한 사회적 행위자들은 비용분담, 복합적인 새로운 가계형성과 같은 전략들을 발전시켰고, 새로운 이주자들에게 비우호적인 경제적 환경에서 살아남는 법뿐만 아니라 스스로 사용하기 위해 어떻게 인접공간들을 전유할 수 있는지를 가르쳤다.

그 후 휴스턴의 경제가 전반적으로 살아났을 때 아파트 수유주와 관리인들은 한편으로는 선택적으로 건물과 시설물을 구조 변경하고 임대료를 올림으로써, 다른 한편으로는 주로 새로운 이주자들이 사는 건물의 시설을 낙후시킴으로써 아파트 단지를 재구조화했다. 이 연구에서 가장 매혹적인 부분은 초국적 이주자들이 자신들을 내쫓으려는 집주인의 노력을 무력화·방해하기 위해, 심지어는 공개적으로 저항하기 위해, 자리를 잡은 기존 거주자들의 지역적 네트워크와 사회적 관계를 형성함으로써 그들의 초국적 네트워크의 경계를 넘어가는 방식을 다루는 부분이다. 여기에서 휴스턴 서부지역의 한 아파트 단지는 중앙아메리카의 초국적 이주민들이 자리를 잡은 기존 거주민들과 연합해 자신들을 위해 행동하고, 자신들의 일상생활을 해치는 광범위한 구조적 변화에 적응하며 저항하는 일종의 붕괴된 (imploded) 사회적 공간이 되었다. 그 단지에서 사는 초국적 이주자들은 그들의 지역적·사회적 행동을 통해 물질적 측면과 상징적 측면 모두에서 그들의 일상적 존재조건들을 변화시켰다.

 헤이건(Hagan, 1994)과 로드리게스(Rodriguez, 1995)가 각각 수행한 다른 민족지학 연구는 초국적 이주자들이 친척, 그리고 지역성에 기반을 둔 사회적 네트워크 — 과테말라·엘살바도르·멕시코와 같은 자국의 공동체에 존재하는 사회적 네트워크 — 와 사회적 관계를 능동적으로 유지하는 방법을 주의 깊게 기록하고 있다. 이 연구들은 사회적 실천의 초국적 네트워크 수단들에 의해 순환되는 돈·상품·아이디어, 그리고 의미들의 흐름에 기인하는, '송출' 공동체에서의 수많은 사회경제적·정치적 변화를 상세히 묘사한다. 전체적으로 볼 때, 로드리게스와 헤이건의 다각적인 민족지학적 연구는 내가 '초국적 도시이론'이라고 부르기 위해 선택한 초국적 시대에서의 '장소 만들기(place-making)'의 복합적이고 교차적이며 우연적인 성격의 몇몇 측면들을 잘 보여준다.

사회적 구성주의에 관하여

이 책에서 내가 '사회적 구성주의(social constructionism)'라는 용어를 어떻게 사용하는지 한두 마디 덧붙일 필요가 있다. 이론구성에 대한 이 접근방식에 대한 나의 이해를 서술하면 다음과 같다. 나는 사회적 구성주의를 사회이론, 사회적 실천, 그리고 우리가 살고 있는 세계에 대한 우리의 이해에 대해 다음의 네 가지 핵심 가정을 전제로 삼고 있는 사회분석에 대한 메타 이론적 접근으로 간주한다. 첫째, 우리가 사용하는 사회이론은 우리가 바라보고 이야기하며 행위를 하는 현실을 광범위하게 구성한다. 둘째, 이로부터 다음의 것이 도출된다. 네오마르크스주의 혹은 신자유주의든 상관없이 도시연구에서 사용되는 다른 사회이론들과 달리 나의 접근은 사회분석가들이 사회적 행위의 사전(pre-given) 맥락으로 제시하는 구조들, 예를 들면 시장(Tiebout, 1956), 지구화(Castells, 1984, 1997; Sassen, 1991), 세계체제(Wallerstein, 1979), 후기 자본주의(Jameson, 1984), 혹은 탈현대적 도시형태(Soja, 1989; Dear and Flusty, 1998), 그리고 이러한 구조들의 주요 생산자로 간주되는 행위자들, 예들 들면 전 지구적 자본가 계급(Sklair, 1998), 혹은 국가집중적 행위자(Gurr and King, 1988)는 모두 세계가 작동하는 방식에 관한 사회적으로 구성된 이해라고 가정한다. 이러한 이해는 사회이론의 담론과 실천뿐만 아니라, 의사소통의 이질적 회로의 결절점들(nodal points)에서 나양한 '주체적 지위(subject positions)'를 깆게 되는(Laclau and Mouffe, 1985) 정치적·경제적 엘리트, 그리고 평범한 남녀를 포함하는 역사적으로 특수한 담론과 실천에 의해 생산된다. 권력·의미·차이·정체성에 관한 경쟁에서 광범위하게 진리로 받아들여질 때 세계가 어떻게 작동하는지에 관한 담론적이고 실천적으로 구성된 이해는 우리가 "구조들"이라고 부르는 규칙성의 윤곽을 생산·재생산하거나 변형시킨다. 달리 말하면, 사회적 주체들은 자신들이 관여하고 있으며, 그(의사소통의 네트워크) 속에서 자신들, 자신의 정체성, 사회적 구조들에 대한 자신들의 관계를 구성하는 의사소통의 네트워크를 통해 자신들의 삶에 의미를 부여한다.

이러한 가정들이 옳다면, 도시이론에서의 사회적 구성주의에 관한 나 자신의 실천은 세 번째의 동인, 즉 이론적·담론적·물질적 실천을 포함하는, 사회적 행위자의 실제적 실천에 대한 면밀한 관찰에 의해 발견된 세계가 어떻게 작동하는지를 설명해주는 명시적·암묵적 가정들을 발견하기 위한 이론적 노력을 요구한다. 내가 채택한 면밀한 관찰 수단은 도시 사회이론가들의 저작의 면밀한 텍스트 분석뿐 아니라, 새로운 천년이 시작될 이 시점에서 우리가 도입하고 있는 초국적 세계를 구성하는 사회적 행위자의 사회경제적·정치적·문화적 실천에서 이론적 가르침을 끌어낼 수 있도록 해주는 정치적·역사적·민족지학적 사례들의 사용을 포함한다.

이 책의 저술을 이끌어가는 나의 네 번째 가정인 사회적 구성주의의 기획은 내가 비판하기로 선택한 도시이론가들을 해체하는 것으로 끝나지 않는다. 그것은 내가 이해하고 말하려고 하는 사회적 실천의 세계를 구성하는 담론과 실천의 자세한 지도 그리기에 그치지 않는다. 내 견해로는, 사회적 구성주의의 조심스러운 실천은 세계가 어떻게 작동하는가에 대한 대안적 구성과 이러한 구성의 연구를 위한 인식론적 진전을 제공해야 하는 책임을 또한 포함한다. 요컨대 나의 목표는 내가 설명하고자 노력하는 인간 존재와 사회적 실천의 핵심적 차원, 달리 말하면 역사의 현시점에서 변화하는 사회적 형태, 문화적 실천, 도시생활의 정치학에 대한 사회적 탐구를 위한 새로운 담론적 공간을 창조하는 것이다.

이 책의 구성

이 책은 2부로 구성되어 있다. 제1부는 도시이론에서의 지구화 담론을 해체한다. 제2부는 도시연구에서의 초국적 상상력을 재구성한다. 제1부 「지구화의 자리매김」은 세 개의 장으로 이루어진다. 제2부 「도시이론의 재구성」은 네 개의 장으로 구성된다. 그리고 에필로그로 끝을 맺는다. 이 에필로그에서 독자들이 초국적 상상력을 전개함으로써 제시된 초국적 도시이론의 새로운 장소 중 몇몇을 짧게나마 여행할 수 있도록, 제2부에서 발전된 인식론적 상상력을 활용해 뉴욕과 로스앤젤레스에서의 초국적 도시정책을 구성하는 연관성을 밝혀낼 것이다.

지구화의 자리매김

제1부의 주요 목적은 도시이론에서 영향력을 행사해온 세 개의 핵심적 지구화 담론을 비판적으로 해체하는 것이다. 이들 담론은 비판적 연구를 위해 그 담론들을 이끌었던 세 요소를 공유하고 있다. '지구화'를 설명할 때 이 담론들은 모두 정치적·사회문화적 과정에 대한 경제적 과정의 우위를 주장한다. 경제적 지구화에 대한 대항을 논의하면서 그것들은 모두 다른 사회적 관계와 정체성에 대한 계급의 우위를 주장한다. 마치 계급·종족성·종족·젠더가 체험된 삶 속에서 쉽게 분리될 수 있는 부분들인 것처럼 말이다. 끝으로 이들 담론은 각각 다른 방식으로, 구조적 변형에 절대적으로 초점을 맞추며 담론적 물질적 실천 — 사람들은 이러한 담론적 물질적 실천을 통해 자신들의 삶을 가능케 하거나 제약하는 규칙적인 패턴을 창조한다

― 에는 거의 주목하지 않기 때문에, 정치적 행위자 혹은 어떤 종류의 행위자도 고려할 수 있는 효과적인 이론을 결여하고 있다. 제2장부터 제4장까지 나는 "전 지구적인" 것을 위로부터 아래까지 잘 조직된 정치경제적 관계의 공간과 동일한 것으로 간주하고 "지역적인" 것을 계급 양극화, 혹은 지구적 자본주의의 비정한 행진에 대한 비효과적인 문화적 저항으로 축소시키는 도시이론들의 세 가지 주요한 노력들에 초점을 맞출 것이다. 제2장부터 제4장에서는 도시형성과 인간 주체성의 구성의 문제에서 자본의 전능성을 잠재적으로 항상 전제하는 데이비드 하비, 존 프리드먼, 사스키아 사센, 그리고 로스앤젤레스 도시연구학파의 저작들에서 발견되는 중요한 이론적 주제들을 해체한다. 이 주제들은 '시공간 압축'이라는 상상적 구성물, '글로벌시티' 은유, 그리고 '탈현대적 도시론'이다. 이들 주제 각각은 도시이론에 커다란 영향을 미쳤다. 많은 도시연구자들이 자신들의 경험적 작업에 이론적 주석을 덧붙이고자 할 때 이러한 은유들을 종종 인용했지만, 이러한 관념들의 이론적 기원들, 이러한 관념들을 이론적 틀로서 사용할 때 발생하는 문제점들 혹은 그것들을 자주 활용할 때 발생하는 실천적인 정치적 함의들은 거의 주목받지 못했다.

제2장에서는 데이비드 하비의 도시이론의 지적 한계에 주의를 환기시키고, 도시이론과 일상의 정치적 실천 양자에서 이러한 한계들을 넘어설 수 있는 몇몇 유용한 방법을 제시하고자 한다. 하비로 하여금 자본축적에 관한 기능주의적 이론과 경제적 실천을 철저하게 문화적 실천과 분리시키고 후자를 전자에 종속시키는 상부구조적 '문화' 개념을 주장하도록 만든 하비의 메타 이론적 탐구를 주요한 비판의 대상으로 삼을 것이다. 하비에게서 자본주의의 전 지구적 재조직이라는 더 심층적인 경제적 '필요'는 그가 탈현대성의 조건이라고 명명하는 새로운 도시의 시공간적 경험을

생산했다. 과잉 동작하는(hypermobile) 경제적·공간적·문화적 변화의 새로운 시대는 사람들에게 종종 자신의 사회적 위치와 상관없이 정체성 정치의 간헐적인 분출에서 표현되는 불안감과 존재론적 불안정성을 야기하는 '공간 압축'이라는 사회적 심리적 상태를 생산하는 것으로 묘사된다. 하비는 이러한 대항적 정치형태들이 소위 세계적 혹은 전 지구적 계급의식의 발전을 막는다는 이유로, 그러한 대항적 정치형태들을 정치적인 막다른 골목으로 이끄는 단순히 "지역적인" 운동이라고 폄하한다.

'문화'는 "더 깊은" 경제적 논리의 반영이라기보다는 항상 변화하는 인간 실천의 산물이라고 나는 생각한다. 제2장에서는 이러한 가정으로부터 출발해, 변화하는 구조적 기회와 제약에 대한 창조적 적응이라고 해석할 수 있는 "아래로부터", 하비의 침묵, 그리고 문화 및 공간적 실천의 배척을 비판하고자 한다. 하비는 예를 들면 종족적 정체성을 기념하는 초국적 이주자 네트워크들의 실천을 "상연된(staged)" 도시 민속축제에의 "의례적(ritual)" 참여라는 부수 현상적 지위로 격하시킨다. 즉, 하비에 따르면 이러한 도시의 민속적 축제는 필연적으로 이주자의 정치적 에너지를 고갈시키고 그들의 "실제적인" 계급이익을 은폐한다는 것이다. 바로 이것이 민족·종족·젠더 형성, 환경운동, 인권 혹은 다른 정체성들을 대변하는 담론들을 전개하는 소위 '새로운 사회운동들'을 하비가 얼마나 쉽게 배척하는지를 보여주는 하나의 좋은 예이다. 나는 하비의 정치적 이론은 사람들이 세계 속에 **상황적으로 자리 잡고 있다는 것**(situatedness in the world)"[3] — '담론적 공간', 즉 사회적 네트워크, 정치적 제도, 인종, 종족, 젠더, 계급에 대한 사람들의 독특한 위치성과 지식의 '상황성(situatedness)' — 을 고려하는

---

[3] 이 부분 고딕 강조 표시는 옮긴이.

데 실패했다는 이유로 그를 비판한다. 사람들은 이러한 상황성을 통해 행위를 하는 사회적·정치적 주체가 되기 때문이다. 다른 가능한 사회적 관계와 정체성에 우선해 하비는 계급을 특권화하며, 따라서 그는 약한, 부분적인, 비합리적인 많은 잠재성 있는 정치연합들을 최악의 경우에는 순수하게 지역적인 것으로 폄하한다.

연대성과 대항은 특수한 담론적 공간에서의, 즉 실천들의 매체이며 결과이기도 한 의사소통의 특수한 네트워크와 회로에서의 사람들의 상호작용을 통해 형성되기 때문에 하비에 대한 나의 비판은 정치적 정체성이라는 우연한 구성에 초점을 맞춘다(Smith, 1989). 이러한 관점에서 본다면, 대항정치는 제로섬 게임 이상의 것이 된다. 즉, 종족과 젠더 의식이 계급에서 자동적으로 제거되는 것은 아니라는 것이다. 현실적 실천과정에서는 새로운 정치적 주체들이 계급·종족·젠더와 문화적 정체성, 그리고 생산정책·신분·권력·문화를 결합시키기도 하기 때문이다. 한편으로는 국가이론, 다른 한편으로는 지식 생산의 상황성, 즉 정치적 행위자에 관한 이해와 시민사회에 대한 이론이 부재하기 때문에, 하비는 총체적이고 단일한 행위자로 의인화된 자본— 이 자본은 '지구화'와 "도시들의 상호 연관된, 궁극적으로 지구적인 네트워크"를 수단으로 "축적을 위한 축적이라는 자기 자신의 어젠다"를 실현한다— 의 역동성에 그의 지구적 시선을 던진다. 이러한 방식으로 사회적으로 구성된 세계는 진전된 것/낙후된 것, 지구/지역이라는 이분법에 의해 현실을 바라보는데, 이러한 접근방식은 이상하게도 현대화이론(modernization theory)을 연상시킨다. 즉, 지구적인 것을 의인화된 자본에 의한 위로부터의 재구조화로, 지역적인 것을 '장소에 제한된 정체성', '미학화한 공간성의 반동적인 정치'로 간주하는 것 말이다(Harvey, 1989: 305).

이러한 종류의 세계 속에서는 다음과 같은 질문을 던질 수 있는 여지가 거의 없거나 전혀 없다. 전 지구적 경제 재구조화에 의해 어떤 새로운 대항적 공간이 열릴 수 있는가? 어떤 "지역적" 주체성 및 실천 혹은 프로젝트들이 다국적 자본가가 아닌 행위자, 예를 들면 이주자 네트워크, 종교적 운동, 인권운동 주창자 등에 의해 창설된 초국적 실천과 과정들에 참여할 수 있는가? 혹은 어떤 "지역적" 주체성 및 실천 혹은 프로젝트들이 이 다국적 자본가가 아닌 행위자, 예를 들면 이주자 네트워크, 종교적 운동, 인권운동 주창자들에 의해 부분적으로 구성될 수 있는가? 사람들이 역사적·국가적·초국적 조건과 효과 사이의 복잡한 상호작용을 담론적으로 구성함에 따라 역사적으로 특수한 장소에서 창조되고 있는 새로운 정치적 공간은 어떤 모습인가? 이 책의 다음 몇몇 장들에서 나는 데이비드 하비의 도시이론의 한계 속에서는 제기될 수조차 없는 이러한 질문들을 던질 것이며, 이 질문들에 대해 부분적이라고 할지라도 대답할 수 있기를 희망한다.

제3장에서는 도시이론의 두 번째로 중요한 경향, 특히 존 프리드먼과 사스키아 사센의 작업에서 발견되는 '글로벌시티' 담론을 다룰 것이다. 글로벌시티 이론가들은 데이비드 하비보다는 덜 명시적으로 마르크스주의적 범주들에 뿌리박고 있는 거대 서사를 제시한다. 특히 사센의 경우에 이 이론가들은 그들의 주장을 뒷받침하는 경험적 증거들을 제시한다. 그럼에도 글로벌시티 이론가들은 전 지구적 자본의 기능주의적 논리를 "위로부터" 특권화하는, 지구화의 불완전한 사회적 구성을 제공한다. 그리하여 그늘은 "아래로부터의" 부수히 많은 지역적·초국적 실전늘— 이러한 실천들은 글로벌시티 담론에서 말하는 도시의 위계질서와 사회적 양극화라는 은유와 잘 어울리지 못하는, 무질서하고 예기치 못하며 취소 불가능한 우연적인 도시의 사건들을 생산하며 도시풍경을 관통한다— 이 존재를 언급하지 못하며, 심지어는 그런 실천의 존재를 인정조차 할 수 없다. 나는 프리드먼과 사센의

도시이론에서 그들 작업의 몇몇 유용한 측면들을 인정하지만, '글로벌시티'가 사회적으로 구성된, 따라서 도시변화를 바라보는 하나의 부분적인 방식이 아니라 사유 외부에 존재하는 '사물'인 것처럼 간주하고 '글로벌시티'를 물화시키는 그들의 기능주의적 추론과 경향성을 비판한다.

경제주의를 넘어서 제3장에서의 나의 논의는 경제적 지구화의 한계에 관한 논의로 이어진다. 나는 '지구화'의 현재적 과정에 정치적으로 "위치를 부여하고자(locate)" 노력할 것이다. 다국적 자본의 '전 지구적 영향(global reach)'의 한계, 즉 '글로벌시티' 담론의 기존 가정들을 허물어뜨리는 중요한 한계들을 지적할 것이다. 그리고 '글로벌시티' 분석을 역사화하기 위해서 글로벌시티 출현의 추동력으로 간주되었던 요소들의 이론적 '새로움'을 문제 삼을 것이다. 그리하여 글로벌시티 담론을, 세계적인 공적 철학으로서의 신자유주의 이데올로기를 정당화하고자 하는 사람들에 의해 추진된 '전 지구적 거버넌스'에 관한 더 폭넓은 현재적 역사적 맥락 속에서 고찰할 것이다.

제3장은 대안적인 접근방식, 즉 내가 '초국적 도시이론'이라고 부르는 도시연구의 더 역동적인 접근방식의 몇몇 측면들을 맛볼 수 있도록 일련의 사례들을 제시함으로써 끝을 맺고자 한다. 이 사례들은 1990년대에 나타났던 여러 초국적 정치적 전개를 조명한다. 이어서 나는 주요한 초국적 기업의 활동에 제약을 가하는 데 성공했던 국제적 단체, NGO, 초국적 풀뿌리 활동가의 경계를 초월하는 정치적 연합의 형성에 대해 논의할 것이다. 예를 들면 최근에 권력에서 물러난 인도네시아의 수하르토 정권이 "위로부터의", "아래로부터의" 초국적 압력 때문에 신자유주의의 모순에 빠져든 것을 들 수 있다. 또한 한국에 부과된 IMF의 내핍정책에 직접적으로 도전하고, 간접적으로는 IMF와 세계은행으로 하여금 그들의 엄격한 신자유주의

적 지구적 거버넌스 정책을 재고하도록 강요했던 국제정치적 분위기의 창조에 기여한 한국 서울에서의 반IMF 운동의 정치적 효과를 들 수 있다. 이러한 사례들은 초국적 사회적 공간은 다국적 자본의 배타적 보유물이 아니라 투쟁이 일어나야 하는 지형이라는 사실을 명확히 보여준다.

최근의 메트로폴리스 분석에서 현대 로스앤젤레스만큼 메트로폴리스의 본질을 포착하기 위해 많은 이름이 붙여진 도시는 없을 것이다. 로스앤젤레스는 전형적인 '글로벌시티' 혹은 '세계 도시(world city)'로 간주되어 왔고, 20세기의 "수도 중 수도"라는 명칭을 부여받았으며 탈중심화된 "탈현대적" 초공간(hyperspace)으로 묘사되었고, 공포·혐오·스펙터클 때문에 매도되었다. 제4장에서는 로스앤젤레스를 자본주의와 도시 발전의 역사에서 전적으로 새로운 그 무엇으로 간주하려는 이러한 노력들에 대해 의문을 던질 것이다. 글로벌시티 이론가들과 로스앤젤레스 도시연구학파들이 공유하는 도시이론의 가정들, 즉 위로부터의 도시의 구조화라는 생각은 현대의 로스앤젤레스를 '지구적 경제'의 영향의 경제적·사회문화적 결과물로 묘사한다. 즉, 로스앤젤레스를 사유에 의해 구성된 과정으로서가 아니라 외적 현실로 간주한다는 것이다. 이러한 가정 대신에 나는 로스앤젤레스의 초국적 도시이론의 핵심적 특징들을 포착하기 위해 노력하는, "뿌리로부터의" 로스앤젤레스 연구, 즉 더욱 역사화된 정치적·경제학적·사회문화적 연구를 제시할 것이다. 그럼으로써 경제발전의 진화적 '단계'의 관섬에서 도시변화를 설명할 필요성으로부터 우리의 이론적 상상력을 해방시키고자 노력할 것이다.

나의 로스앤젤레스 이야기는 특히 냉전기 미국의 해외 및 군사정책, 냉전의 종식 이후 국방비 감축의 효과, 미국의 이주정책의 허용과 제약, 멕시코로부터의 초국적 이주의 성격변화에 영향을 미친 멕시코의 국가정책과 나프타와 같은 초국적 신자유주의적 주도권의 효과와 같은 국가정책의 영향에 집중할 것이다. 권력관계의 편재성과 그것의 다수적 위치성에 대한 탈구조주의적 강조로부터 출발해, 현대 로스앤젤레스의 인종적·종족적 풍경을 재구성할 때 나는 국가의 정책수립, 로스앤젤레스에 대한 초국적 미디어 이미지에 관한 문화정책과 같은 거시정책과 초국적 이주의 사회적 네트워크라는 미시정책의 상호작용에 초점을 맞출 것이다. 도시의 공간적 탈중심화와 다문화적 복잡성을 탈현대적 메트로폴리스의 근저에 놓여 있는 경제적 통일성을 은폐하기 위해 다국적 자본이 씌우는 차별화 전략의 가면으로 간주하기보다는, 이질적이고 때로는 결합되어 있으며 때로는 분리된 사회적 과정의 교차라는 관점에서 현금의 로스앤젤레스의 사회공간적 다양성을 설명하고자 노력할 것이다.

현대 로스앤젤레스에서의 사회적 변화를 고찰하기 위한 이러한 틀을 제시한 후 제4장의 후반부는 새로운 세기가 도래할 때 도시가 갖게 될 성격을 구성하는 로스앤젤레스의 '초국적 도시이론'의 두 차원에 대해 논의할 것이다. 우선은 현대의 로스앤젤레스에 출현하는 '종족경제' 내부에서의 종족·계급·젠더 관계의 역동성을 해체하기 위해 노력할 것이다. 여기에서의 목표는 초국적 이주자 기업가들이 소유하고 있는 사업체에서 발견되는 경제적 배치들을 특징짓기 위해 때때로 사용되는 '공동체주의(communitarianism)'의 낭만주의적 상상력을 넘어서는 것, 혹은 '초국적 공동체'라고 잘못 이름 지어진(예를 들면 Portes, 1996a, 1996b와 같은 최근 저작에서) 이질적인 종족 집단에서 발견되는 잉여착취, 젠더 불평등, 계급, 문화적·정치적 차별을 제거하는 것이다. 제4장은 지난 30년간의 로스앤젤레스의 '코리아타운'과 같은 종족 구성체의 사회적 구성과 변형에 대한 이야기로써 끝을 맺는다. 그 이야기는 초국적 기업주의의 모순에 대해 말하며,

삶과 장소 만들기에 관한 지역화된 초국적 투쟁을 묘사하고, 현대 로스앤젤레스에서의 일상생활에 관한 우리의 이해에 "아래로부터의" 사회적 역동성이라는 관점을 부여한다. 이 후자의 관점은 도시의 '이주 노동자'를 직업적으로 조작 가능한 '신민 민중'(Soja, 1986: 266)으로 간주하는 로스앤젤레스 도시연구학파의 입장을 비판한다는 의미를 갖는다.

도시이론을 재구성하기

제5장은 전 지구적인 것으로부터 지역적인 것으로 분석의 차원을 옮겨 간다. 이 장은 도시이론에서 때때로 '지역성'이라고 명명되었던 것을 다시 한 번 고찰한다. 도시연구를 '지역성'에 대한 자연주의적이고 공동체주의적인 개념을 확고하게 넘어선 곳에 위치시키기 위해 노력하면서 나는 지구-지역이라는 개념화, 즉 지도적 도시이론가인 하비와 카스텔의 개념화는 지구-지역이라는 용어를 물화시키는 경향이 있다는 것을 보여줌으로써 나의 분석을 시작할 것이다. 이러한 물화는 지구적인 것을 역사의 역동적 흐름과 경제적 추동력으로 간주하는 반면, 지역적인 것을 문화적 의미의 생산— 그러므로 지역적인 것은 반동적 사회운동의 창조(하비), 혹은 저항(카스텔)으로 이끈다— 이라는 필연적인 장소로 보는 이원론적 틀을 생산한다. 반면 나는 지역성에 대한 이러한 표상 방식은 초국적 사회적 실천이 얼마나 광범위하게 지역성과의 상호 관계에 의해 구성되고 지역성 속에 근거하고 있다는 사실을 간과하고 있는지를 보여줄 것이다.

초국적 결합의 장소로서의 지역성에 대한 나의 재구성은 여성주의 지리학자 도린 매시의 작업에서 출발한다(그러나 여러 측면에서 그것과는 차이가 있다). 또한 장소와 문화 사이의 결합을 재고하려는 나의 노력은 초국적으로 결합된 공간들을 가로질러 차이를 생산하는 유동적인 경계를 탐구하기에 적합한 초국적 민족지학적 실천 방식을 발전시키고자 노력한 문화인류학자 아킬 굽타(Akhil Gupta)와 제임스 퍼거슨(James Ferguson)의 견해에 근거하면서도 이들의 견해를 비판적으로 재정식화한다. 사회구성체 내부에, 그것을 가로질러 존재하는 '공동체'와 '타자성'의 우연적 구성에 관한 그들의 분석은 '진정한 공동체' 대 '연출된 자본주의적 풍경'이라는(이분법적 구성), 도시이론에서의 '전통역사 유산 논쟁(heritage debate)'과 같은 너무 정보전달적인 이분법적 구성(Harvey, 1989; Zukin, 1991)에 대한 유용한 해독제이다. 하지만 매시, 굽타, 퍼거슨 등의 저작에 대한 나 자신의 해석은 상상력 풍부하고 섬세한 학자들도 때로는 권력관계를 표상(재현, representation)의 정치에 관한 투쟁의 우연적이고 변화 가능한 결과로 간주하기보다는 오히려 선험적으로 그들이 이해하고자 하는 권력관계에 위계질서를 부여한다는 점을 암시한다.

제5장에서는 영국의 무슬림 도시 지역과 뉴욕의 차이나타운에서 집중적으로 등장하는 것과 같은, 지역적·초국적 담론과 실천 사이의 상호작용에 의해 상상화된 공동체가 구성되는 곳인 표상의 정치라는 일상적 영역을 다룰 것이다. 나의 목표는 일상생활이라는 관념을 순수하게 지역적인 과정이라는, 혹은 고착된 지역적 분석 수준이라는 함의로부터 떼어내는 것이다. 로스앤젤레스의 코리아타운에 관한 나의 이전 논의에서와 마찬가지로 이러한 상상된 공동체의 사회적 구성에 관한 나의 논의는 현재의 도시정치와 문화— 여기에서는 경계 지어진 정치적 관할구역 내부에서의 '장소 만들기'가 초국가화되고 네트워크에 기반을 둔 정치와 사회적 생활 개념과 중첩된다 — 에서의 핵심적 결절점이 무엇인지 예증할 것이다. 나의 도시이론에서 지역

성의 역할에 관한 비판적 검토의 마지막 단계는 초국가주의의 조건에서 현재 도시의 정치생활이 사회적으로 구성된 성격을 파악할 수 있도록 해주는, 신중하게 역사화된 정치적·경제적·민족지학적 상상력을 발전시키는 목표를 가지고 도시연구의 영역으로 들어가는 것이다.

도시이론에서의 포스트모더니즘에 관한 논쟁에 가담하고 이러한 논쟁을 재형성하기 위해 시도하는 인식론적 프로젝트는 제6장에서 계속된다. 제6장은 명확성을 확보하기 위해 미학적·문학적 양식으로서의 포스트모더니즘은 논외로 한다. 이는 사회과학과 인문과학 분야에서 내가 의도하는 도시학자들의 관심을 끌기 위해서는 몇몇 사람들이 단호하게 "현대적"으로 간주하는 신중하게 기록된 사회이론적 논의가 필요하기 때문이다. 앞 장들에서 목적론적·시대구분적 접근방식으로서의 포스트모더니즘을 포괄적으로 비판했으므로, 제6장의 도입부에서는 시대적 총체성으로서의 포스트모더니즘의 문제를 간략하게만 다룰 것이다. 이 장에서 던질 핵심적 질문은 도시이론에서의 탈구조주의적 접근방식의 유용성과 도시연구방법론으로서의 '탈현대적 민족지학'의 한계에 관한 것이다. 이 장에서의 목표는, 도시연구에서의 탈현대성에 관한 담론이 과장되게 사용되기는 하지만 사회과학에서의 탈구조주의적인 개념적·인식론적 혁신 중 몇몇은 때로 "현대적"이라는 이름으로 엉성하게 발전했다 해도 도시를 인간 실천의 역동적인 교차로로서 상상할 수 있는 기회를 제공한다는 것을 보이는 일이다.

제6장에서 '주체의 새로운 위치들', '상황적인 지식', '위기에 처한 정체성'과 같은 사회적 구성에 관한 담론을 전개하고 이를 재형성하기 위해, 그리하여 이러한 이론적 형성물들이 지금과 같은 초국적 시기에서의 도시연구의 영역과 유용하게 맞물릴 수 있도록, 나는 몇몇 비판적인 인류학자

들의 작업과 에르네스토 라클라우(Ernesto Laclau), 샹탈 무페(Chantal Mouffe), 그리고 마이클 샤피로(Michael Schapiro)와 같은 탈구조주의적 사회이론가의 영감에 의존할 것이다. 나의 목표는 민족지학적 연구 프로젝트들이 새로운 천년의 여명기에 어떻게 실제적으로 다양한 장소에 위치한, 초지역적·초국적 — 장소와 정체성의 유동적인 경계를 설명해주는 권력과 의미의 사회적으로 구성된 네트워크를 이해할 수 있도록 해주는 — 연구방식으로 재형성될 수 있는지 재고하는 것이다.

제6장은 제5장에서 시작된 논의, 즉 어떻게 우리가 초국적 민족지학적 실천을 엄밀히 역사화된 도시의 정치경제와 결합시킬 수 있는가라는 논의를, 장래 활용 가능한 방식의 도시연구의 길로 확대한다. 이러한 결합적인 방법론적 접근을 옹호하면서 나는 다음과 같이 주장하고자 한다. 우리는 사람들이 "알게" 되는 세계 속에 있는 과거의 현전(을 간과해서는 안 된다), 혹은 간주체적 지식을 형성시키는 담론적 물질적 실천은 항상 '외부에 있는 것(out there)'의 몇몇 표상들에게 쉽게 특권을 부여하고 나머지를 방해하는 권력과 의미의 사회적 관계 속에 항상 뿌리내리고 있다는 사실을 간과해서는 안 된다. '간주체적 대화'에 쉽게 특권을 부여하는 것, 혹은 '탈식민적 주체'를 재가하는 것을 회피하기 위해 그것(앞에서 언급한 내용)을 기억하는 것이 중요하다. 내 견해에 따르면, 몇몇 탈현대적 민족지학자들은 새로운 지배적 서사 — 이 서사에서는 "주변부로부터 오는" 포퓰리즘적 목소리가 능숙한 민족지학자에 의해 속박으로부터 해방되어 탈식민적 저항이라는 탈맥락화한, 복화술적 목소리가 되었다 — 를 가지고 오래된 지배적 서사를 몰아냈다. 그러므로 나는 민족지학적 주체뿐만 아니라 연구자의 '주체의 위치'도 구성되는 곳인 의사소통 및 이론적 실천의 회로를 알고 있어야 한다고 주장한다.

탈식민적 주체성의 기본표식으로서의 '잡종성(hybridity)'의 강조가 탈현대적 문화연구의 핵심 소재이다. 제6장의 마지막 항목에서 나는 자유롭게 부유하는 정체성이라는 탈현대적 개념과 초국적 연구— 이 연구에서 초국적 가족, 초지역적 사회적 네트워크, 초경계적 사회운동, 다면적인 조직 간의 연합들은, 집단구성체와 집합적 행위라는, 사회적으로 구조 지어져 있고 정치적으로 매개된 과정 속에 뿌리박고 있다— 라는 영향력이 커져가는 분야에서의 연구 결과들 사이의 긴장에 대해 언급하려고 한다. 개인적 의식의 차원과 구조화된 영역 혹은 담론적 장소를 구분함으로써 나는 다음 사실을 보여줄 것이다. 개인적 차원의 자기(selfhood)를 파편화되고 경쟁관계에 있는 것으로 간주하는 것이 가능하다. 왜냐하면 사람들은 '자기(self)'를 구성할 때 — 자기와 타자라는 인격적 의식, 따라서 집합적 정체성과 프로젝트의 구성에 영향을 미치는 — 사회적으로 구조화된 다양한 담론적 공간들을 가로지르는 시간과 공간 (예를 들면 촌락공간, 직업공간, 이웃공간, 대도시공간, 인종적·젠더적 공간, 치안, 쾌락, 교육, 소비, 예배, 대안적 정치공간 등) 속에 위치하기 때문이다. 다른 장들에서와 마찬가지로 제6장에서 제시되는 핵심적인 이론적 주장들은 주체성과 집합적 행위가 어떻게 사회적으로 일상생활의 사회적 실천에 의해 다양한 초지역적 맥락에서 형성되는가를 보여주는 역사적 사례를 참조함으로써 지지된다. 사례로는 뉴욕 거리에서의 시민불복종, 기니에서의 정치적 행동을 연결해주는 신생의 주체적 위치, 캘리포니아와 멕시코의 오악사카(Oaxaca) 사이를 오가는 미스텍(Mixtec)족 이주민에 의해— 인류학자 마이클 커니(Michael Kearney)가 '오악사캘리포니아(Oaxacalifornia)'라고 부르는 새로운 정치적 장소에서— 형성된 인종적·계급적 정체성 등이 있다.

공간적 스케일에 관한 커니의 재개념화는 제7장의 도입문에 나오는 사회이론가 알베르토 멜루치(Alberto Melucci)의 더욱 일반화된 주장, 즉 이슈들과 사회적 행위자에 대한 초국적 차원의 출현은 인간의 행위는 자기 자신의 공간을 문화적으로 창출할 수 있다는 것을 보여주는 징표라는 주장(Melucci, 1995)에 대한 탁월한 예를 제공한다. 지역적 규모에서 초국적 사회적 규모로의 도약은 쉬운 과업이 아니지만, 제7장의 목표는 정확히 '풀뿌리' 사회운동의 위상을 재고하는 데 있다.

제7장은 마누엘 카스텔의 영향력 있는 저서 『도시와 풀뿌리(The City and Grassroots)』(1983)에서 발견되는 풀뿌리의 정치에 관한 지역주의자와 공동체주의자들의 가정들에 대해 다시 한 번 고찰하는 것으로 시작한다. 카스텔의 지구-지역이라는 이분법적인 사회적 상상력을 넘어서 이 장은 분석과 사회적 실천의 지역적 규모로부터 초국적 규모에 이르기까지 풀뿌리 정치를 연구한다. 나는 초국적 이주자 네트워크, 대중 매체의 지구화, 초국적 정치적 결합의 생성과 같은 기제를 통한 문화적 생산과 수용의 공간적 확산이 도시연구를 이끌어갈 수 있는 새로운 사회적 공간을 열어주었다고 주장한다. 이 새로운 공간은 장소 만들기라는 재영토화(reterritorialized)된 정치에 참여하고 있는 사회적 행위자들에 의해 형성된 '사이(in between) 공간' 속에 존재하는, 그리고 "아래로부터" 존재하는, 교차하는 사회적 네트워크의 초지역적이며 여러 장소를 가진(multi-sited), 공간적으로 재조형된 세계이다. 왜 그리고 어떻게 이주자, 망명자, 고국을 떠난 사람들(diasporas), 종족구성체, 정치적 활동가, 다른 '초국적 인물들'이 사회적으로 확대된 사회적 관계들— 이러한 관계들을 중심으로 그들은 자신들을 삶을 이끌어간다—을 적극적으로 유지하는가 하는 것이 초국적 풀뿌리 정치를 연구하는 새로운 방법을 이끌어가는 가장 중요한 질문이다. 어떻게 그러한 초국적 정치적 네트워크에 위치하고 있는 행위자들이 지역적·국가적 기반에서 더 많이 활동하는 다른 행위자들, 네트워크, 권력의 구조들과 상호작용

하는가라는 질문은 첫 번째 질문을 직접적으로 초국적 도시이론의 영역에 위치시키는 두 번째의 핵심적 질문이다.

서로 연관되어 있는 이러한 질문들에 답하기 위해 제7장의 후반부는 1990년대에 등장한 여러 초국적 풀뿌리 운동의 실제적 실천에 주목할 것이다. 실천의 영역에 눈을 돌리는 목적은 우리의 정치적 상상력이 도시 이론에서의 지구-지역 이분법 — 이러한 이분법에서는 지구적 경제는 지역적 문화와 대립되고, 도시 정치는 "지구적으로 생각하고 지역적으로 행동하라"라는 번지르르한 슬로건으로 격하된다 — 이라는 제한을 넘어갈 수 있도록 하는 것이다. 과테말라 난민, 미국이 중앙아메리카에 군사적으로 개입하는 것에 반대하는 사람, 앞에서 논의한 바 있는 미국과 멕시코의 미스텍족 정치구성체, 그리고 세계 전역의 많은 초국적 도시에서 여성권 옹호 운동조직이 벌이는 초국적 실천에 대한 면밀한 분석을 통해 나는 우리가 살고 있는 세계는 지구-지역 이분법이 암시하는 것보다 훨씬 복잡하고 상호 관련적이라는 사실을 보여줄 것이다. 제7장에 등장하는 사회운동가 중 몇몇은 규모를 뛰어넘고 지구적으로 행동하면서 "지역적으로 사고한다". 다른 이들은 양쪽에 모두 초점을 맞추는 경계초월자들인데, 이들은 다양한 지역에서 활동하면서 초국적으로 사고하기 위해 많은 국가적이고 지역적인 지리적 장소로부터 서로 연합한다. 또 다른 '초국적 인물들'은 인권과 법률적 틀에 관한 담론을 젠더화하는 작업을 하면서 내가 '동시성의 정치'라고 부르는 것을 실천한다. 이러한 담론 속에서 동시성의 정치가 국제적으로 특수한 도시적·국가적 구성체 속에서 전개되는 것이다. 이러한 방식의 정치적 실천 속에서 개별적인 정치적 행위들이 다양한 제도적·지리적 규모에서 다양한 목표를 향해 조율된다. 인권단체들의 초국적 연합은 다층적 규모의 정치적 프로젝트를 동시에 수행하기 위해 지구적 대중매체를 활용한다. 새로운 천년이 펼쳐질 이 세계에서 강제적 수단을 행사하는 국가와 국가의 독점적 권력이 사라진 것은 물론 아니다. 하지만 정치적 실천의 새로운 규모의 구성은 오직 폭력에만 의존하여 충성을 명령하는 국가 중심적 프로젝트를 더 복잡하게 만들었다는 것 또한 분명한 사실이다.

초국적 도시이론의 조건에서 국가의 변화하는 역할이 제8장의 핵심주제 중 하나가 될 것이다. 이 장에서는 초국적 도시이론이 매우 복잡하고 때로는 규정하기 어려움에도 글로벌시티, '시공간 압축', 탈현대적 도시론이라는 틀보다는 도시연구를 이끌어가는 데 더 유용한 시각이라는 나의 주장을 구성하는 다양한 가닥들을 모을 것이다. 현재의 초국가론의 다차원적인 개념들로부터 출발해 제8장은 다음 네 개의 상호 연관된 주제들을 다룰 것이다. 즉, 초국적 네트워크의 행위자, 초지역적인 것들(translocalities)의 등장, 초국가주의의 사회적 구성에서 국가적·민족주의적 프로젝트의 계속적인 중요성, 초국적 도시이론 연구에 적합한 비교 도시연구 어젠다의 개발 등이다.

첫 번째 주제를 통해서는 초국적 실천, 초국적 네트워크 구성체의 맥락, 사회적 상호작용이 일어나는 틀, 즉 사회적으로 이루어진 환경들과 권력·의미, "아래로부터의", "위로부터의" 초국적 흐름의 효과의 장소로서 도시의 계속적인 중요성을 강조한다. 초지역적인 것들의 등장에 대해 논할 때는 초국적인 사회적 네트워크, 경제적 유대 혹은 정치적 동원의 실제적인 기원과 효과를 연구하면서 역사적으로 특수한 '초지역적(즉 지역에서 지역으로)' 사회적 권력관계 및 의미를 부각시킬 것이다. 바로 이러한 초지역적 관계들이 초국적 행위자와 그들이 직접적으로 흘러들어가는(예컨대 의미, 송금, 투자, 정치적 압력 등이) 지역, 그리고 그것들의 기원이 되는 장소를 묶어주는 다면적인 연결망들을 형성한다. 초국적 연결망에 대한 민족지학적·정치경제적·역사적 연구들의 점점 더 증가하는 성과들을 비교함으로써 초국적 유대들의 특수성과 우연성에 대해 논의할 것이다(예를 들면 환태평양지역에 대한 홍콩 차이니즈 투자의 다양한 초지역적 회로에 관해서는 Smart and Smart(1998), Mitchell(1993, 1996)을 비교하라. 그리고 중국의 다양한 지역과 지역성으로의 초국적 침투의 여러 방식에 대해서는 Smart and Smart(1998), Schein (1998a) 참조].

제8장의 세 번째 주제는 우리가 이제 전 지구적 문화적 경제의 "탈국가적(탈민족적, postnational)" 단계로 이동하고 있다는 초국가주의 이론들(예컨대 Appadurai, 1996)에 대해 문제를 제기한다. 민족주의는 국가구성체의 정치적 프로젝트로서뿐만 아니라 현존하는 국가 내부의 종족구성체와 초국적 정치적 디아스포라의 정치적 프로젝트로서 여전히 살아 있다. 최근 수십 년 동안 외국으로 이주하는 사람들이 상당히 증가하고 있다는 사실을 경험한 많은 국민국가들은 현재 초국적 이주자들을 다시 국가 중심적 프로젝트로 재병합하기 위해 — 말하자면, 국가 행위자들 자신들이 국가의 의미를 초국가화하기 위해 이주자들의 송금·투자·충성을 '재포획'하려고 — 적극적으로 노력한다. 따라서 우리는 민족주의를 이러한 국민국가들의 재병합 노력이라는 측면에서도 고찰할 수 있다(이러한 측면에서 인도·멕시코·콜롬비아·엘살바도르·아이티에서 발전된 담론과 실천을 보려면 Smith, 1994; Mahler, 1998; Schiller and Foron, 1998 참조). 게다가 수용국들(receiving states)의 행위자들은 관할영토 내부로 들어오는 사람, 문화적 실천, 관념, 심지어 돈의 초국적 흐름의 의미를 통제되어야 할 '경계의 침투'로 재구성할 수 있는 능력을 여전히 가지고 있다. 그렇다면 역설적으로 초국적 연결망의 확대는 송출국과 송출지역, 수용국과 수용지역 모두에서 본질주의적인 민족주의의 재점화에 기여한다.

마지막으로 우리는 도시연구에서 초국가주의의 역설을 어떻게 이해할 수 있는가? 제8장의 후반부에서는 내가 이 책에서 발전시키기 위해 노력한 인식론적 접근에 명확한 방향을 부여하기 위해 비교 역사 및 민족지학 연구방법론을 제안할 것이다. 다음 세 개의 비교연구방법론을 추천한다. 같은 도시에서의 상이한 초국적 네트워크의 실천과 효과를 비교하기, 공간을 가로질러 상이한 도시들 속에 존재하는 특수한 초국적 네트워크의 실천과 효과를 비교하기, 그리고 신자유주의적 내핍재정정책 및 지구적 거버넌스 프로젝트의 다양한 지역화를 비교하기 등이 그것이다. 이 세 비교방법론은 각기 초국적 민족지학연구를 참조함으로써, 혹은 신자유주의 정치적 경제학에 대한 나 자신의 역사 읽기를 통해 더욱 구체화될 것이다. 상이한 초국적 네트워크, 실천, 프로젝트가 현재 우리의 눈, 귀, 상상력 앞에 전개되고 있음에 따라 초국가주의를 "지역화하기" 위해 작성된 현존하는 초국적 민족지학연구 혹은 나 자신의 역사 읽기 말이다.

[홍준기 옮김]

제1부 지구화의 자리매김

제2장 전 지구론의 '타자'로서의 지역적인 것:
　　　시공간 압축이라는 주인 서사의 한계
제3장 글로벌시티 담론: 주인 서사로의 귀환?
제4장 로스앤젤레스를 철저하게 다시 상상하기

2

전 지구론의 '타자'로서의 지역적인 것
시공간 압축이라는 주인 서사의 한계

자본주의는 자본의 형식에 내재하는 논리뿐 아니라, 자본의 구성적 외부, 그리고 자본의 논리가 작동되는 역사적 상황 전반에 의해서도 변화된다는 점에서 광범위한 가능성에 대해 열려 있다. 자본주의가 항상 구성적 외부를 갖는다는 점에서 볼 때 자본의 지배는 단순히 그 내적 발전의 논리를 통해서만 강제되는 것이 아니라, 완전히 자본 외적인 어떤 것을 헤게모니화함으로써도 관철된다. 이 경우 자본주의는…… 권력 시스템으로 간주된다…… 자본주의의 기반이 혼란에 빠질수록(dislocated) 자본주의는 지속되어온 사회-정치적 관계의 틀에 의존하지 않게 될 것이며, 이럴수록 헤게모니적 구성의 정치 운동이 더욱 중요하게 될 것이다. 바로 그러한 이유에서 자본의 헤게모니화에 대립되는 광범위한 정치적 가능성들의 외연은 더욱 넓어지는 것이다.

― 에르네스토 라클라우, 『우리 시대의 혁명에 대한 새로운 반성』
Ernesto Laclau, *New Reflections on the Revolution of Our Time*

데이비드 하비는 지난 30여 년간 가장 영향력 있는 도시이론가 중 한 사람이다. 그의 정치경제이론은 구조주의적 마르크스주의라는 가장 일관적이고 포괄적인 도시이론의 본체를 생산해왔다. 경제적 지구화가 도시에 미친 영향을 논하는 그의 저술들은 시공간 압축(Time-Space Compression)의 개념을 통해 구축되었다. 이 개념은 현대 자본주의가 생산, 소비, 교환을 전 지구적으로 재조직함으로써 삶의 속도를 증가시키고 자본축적의 공간적 제한을 극복하는 방식을 가리키는 은유이다. 정치경제적 모델로부터 도출된 그의 문화이론은 '시간에 의한 공간 소멸'의 결과로서 나타난 포스트모더니티의 문화적 조건의 지구적 확산을 분석하는 데 집중되어 있다. 하비의 연구는 현대화(modernization), 지구화, 도시 발전의 과정들을 연결하는 동시에 혼합시키고 있는, 모더니즘적 사회이론의 디스토피아적(dystopian) 형태로 볼 수 있다.

초기의 도시이론가들이 그랬듯이 하비의 도시이론에서도 자본주의 발전과 긴밀하게 연관되어 있는 강력한 문화논리는 전 세계에 침투하는 것으로 그려지며, 역사적 시간과 지리적 장소에서 인간주체가 어떠한 상황에 처해 있는가에 상관없이, 모든 인간 주체를 자본주의의 틀 속에 흡수시킨다. 이러한 점에서 아이러니하게도 문화이론가로서 하비의 포스트모던 도시 조건에 대한 고찰의 논리는 막스 베버나 칼 마르크스의 논리와 유사하다. 베버가 합리성의 새장(iron cage)에 대한 테제에서 생활세계의 도구적 합리성이나 관료화를 20세기 초 모더니티의 지배적인 문화의 차원으로 봤다면, 하비는 비합리주의, 파편화, 유동적 인격의 발전을 20세기 후기 포스트모더니티의 지배적인 문화적 강령들로 그리고 있다. 게다가 하비는 포스트모더니티를 모더니티의 급진적 단절로 보기보다는 자본주의적 발전의 최종 단계로, 즉 후기 자본주의의 문화적 논리로 재현한다. 따라서 하비의 도시이론에 대한 나의 비판은 그의 경제주의를 비판하는 데 집중된다. 발상이나 스타일에서 그가 모더니스트이든 포스트모더니스트이든, 그는 도시의 발전과 시기적 변화를 설명하는 데 전적으로 지구적 서사의 용어들을 사용하고 있으며, 이 과정에서 행위성(agency)을 결핍하고 있다는 것이 내 비판의 핵심이다.

『자본의 도시화(The Urbanization of Capital)』(1985b)가 출간되었을 때 하비는 도시를 지구적 스케일의 자본주의의 거대한 진화를 반영하고 있는 체계적 '도시 과정'의 핵심적 위치로 봤다. 도시와 지역은 가속화된 자본축적의 생산지 혹은 '사회적 잉여가치'의 보고(寶庫)를 의미하는 것이었다. 도시들은 자본주의를 생존시키고 재생산하는 핵심적인 '공간적 돌파구(fix)'인 것이다. 역사적 행위성을 부여받은 것은 도시의 미래에 대한 경쟁적 재현을 제공하는 행위자(actors)나 에이전트(agents)가 아니라 자본축적의 기능적 강령들이다. 여기서 구조와 행위성은 완전히 역전되어 있다. 하비의 주해에서 나타나는 '도시 과정'에 대한 기능적 설명들은 도시 정치를 궁극적으로 자본축적의 요구와 논리로 환원시킨다. 이것은 상황의 우연성을 볼 수 없게 만들 뿐 아니라 자본주의적 발전을 억제하거나 심지어 위태롭게 하고, 나아가 새로운 유형의 사회 변화나 도시 변형을 이끄는 정치적 과정들에 주목하지 못하도록 만든다(Smith, 1994).

따라서 중요한 것은 도시 변화에 대한 하비의 이론이 전제하고 있는 가정들뿐 아니라 그가 사용하고 있는 은유들을 세밀하게 분석하는 것이다. 다음에서는 하비의 핵심 은유 몇 가지를 집중적으로 분석할 것이다. 물론 이 은유들은 도시와 도시적 삶에 대한 하비의 견해와 시각을 담고 있는 담론적 구성들을 완전하게 규명해주지는 않는다. 하지만 다음의 분석은 ① 하비가 지구적 자본주의의 '체계적 요구들'을 알리기 위해 사용하고 있는 기능주의적 은유들이 무엇인지를 보여주며, ② 그가 문화를 부수현상으로 묘사하는 과정에서 대립적 이분법을 사용하고 있음을 보여준다. 그뿐 아니라 다음의 분석은 ③ 하비가 의인화된 언어들을 사용해 자본의 힘을 강화시키는 반면 국가-사회의 관계들은 주변화하고 있으며, ④ 보편적 '포스트모던 주체'를 인지적 혼란, 감정적 문제, 존재론적 불안 등과 같은 비유들을 통해 구성하고 있음을 보여준다. 하비의 관점에서 볼 때, 보편화된 주체의 정치적 행위성은 오직 주체들이 계급투쟁을 통해 자본주의, 도시화, 자연의 파괴적인 힘들을 통제하는 계몽의 프로젝트를 거듭 주장할 때에만 나타난다. 다음 단락에서는 이러한 각각의 은유적 표현에 기술 결정주의가 전제되어 있음을 보여줄 것이다.

기술 결정주의를 넘어서

에세이 「공간과 시간 사이에서: 지리학적 상상력에 대한 성찰(Between Space and Time: Reflections of the Geographical Imagination)」(1990)에서 실재를 정의할 때 사용하는 하비의 용어들은 기술적이고 경제적인 힘을 특권화하는 반면 공간과 시간, 존재와 생성의 사회구성적 개념의 창조적 힘은 평가절하한다. 우선 하비는 공간과 시간이라는 사회구성적 개념의 '뿌리'는 "생산양식과 그를 규정하는 사회관계에 놓여 있다"고 주장한다. 나아가 그는 구조적 "뿌리를 갖는" 시공간의 사회적 구성이 "모든 개인과 제도에 **필연적으로** 상응하는 객관적 사실들의 힘에 의해 작동된다"고 봄으로써 사회구성주의적 시각을 기각시킨다(Harvey, 1990: 418). 하비는 실재 그 자체가 사회적으로 구성되어 있다는 생각을 지워버림으로써 도시이론에서의 유물론-사회구성주의 논쟁을 일축시키고 있는 것이다. 그 대신 그는 사회구성체들이 더욱 심오하고 더욱 철저한 유물론적 실재, 즉 생산양식 속에 "뿌리내리고" 있기 때문에 사회적 힘을 갖게 된다고 본다. 따라서 역사적으로 우연적이며 사회적으로 구성적인 개념적 카테고리로서의 '생산양식'은 하비가 "지리적-역사적 유물론"이라고 부른 주인 서사(master narrative)에서 특권적인 위치에 놓인다. 이러한 방식으로 시간, 공간, 지리적 상상에 대한 논의를 구성하고 있기 때문에 그는 문화가 사람들의 실천에 의해서가 아니라 정치경제 체제의 특징에 의해서 생산된 것이라는 결론을 쉽게 내리게 된다. 예를 들어 하비는 "시간과 공간의 사회적 개념화"를 가져오는 문화적 혁명들은 기술 발전과 빠른 경제 변화에 의해 추동된 자본의 전복 시기와 "연관되어 있다"는 것을 거듭 주장한다. 그의 시각에서 "모든" 개인과 제도는 "전제되어 있는" 생산양식에 맞는 공간과 시간 개념에 "필연적으로 상응하며", 역사는 사람 혹은 사람이 만든 제도가 아니라 구조적 강령에 의해서 만들어지는 것이다. 따라서 그는 의도했건 아니건 간에 잘 알려진 마르크스의 경구의 앞뒤를 뒤집게 된다. 즉, 그 논리는 다음과 같이 해체된다. "역사를 만드는 것은 구조이지 인간은 아니다." 이것이 기술결정론이 아니라면 또 무엇인가? 하비에 의하면 "고속도로, 수로, 철로, 기선, 라디오, 자동차, 텔레비전 전화 등은 공간과 시간을 변화시켜왔으며 우리로 하여금 새로운 양식의 공간 재현과 물질적 실천을 하도록 강제해왔다"(Harvey, 1989: 425).

하비의 경제적 지구화와 그것의 문화적 변화와의 관계에 대한 논의는 이러한 기능주의적 도식에 따르고 있다. 그는 자본에 의한 지구적 경제의 재구성이 "20세기에 자본주의의 생존을 가능하게 했던 주요 수단 중 하나였다"(Harvey, 1989)고 주장하는 데서 시작한다. 자본 발전의 위기론을 도입하면서 하비는 "시간을 통해 공간을 파괴"하는 것, 즉 자본축적의 공간적 경계 소멸은 과잉 축적기의 위기를 극복하는 과정에서 특히 분명하게 나타났던 자본주의 발전의 특징이었다고 주장한다. 자본의 위기는 시공을 압축하는 새로운 유형의 시공적 '돌파구(fix)'를 만들어낸다. 하비에 의하면 축적의 위기를 극복하는 과정에서 나타난 컴퓨터와 지구적 매체에 의한 정보의 현재적이고 즉각적인 혼합, 지구적 스케일에서의 유연한 생산의 도입은 사회문화 및 정신을 파괴하는 결과를 가져왔다. 그것은 사람들에게 덧없음의 느낌을 증가시키고 그들의 경험을 혼란에 빠뜨렸으며, 나아가 존재론적인 불안감을 안겨주었다(Bondi, 1990: 156~167을 보라). 그것은 뿌리와 안정성을 요구하게 했으며, 정체성 정치에 대한 강박을 불러일으켰을 뿐 아니라 지역적인 것으로의 후퇴를 통해 경제적 지구화에 대응하도록 만들었다.

하비에게 1973년의 정치·경제적 위기는 '생산기술, 소비습관, 정치경제적 실천'의 전 세계적 혁명을 '강제'했다(Harvey, 1989: 426~427). 물질적 실천에서의 이러한 변화는 경제적 생산의 사회적 조직에 속도, 파편화, 시공 압축의 증가를 가져왔다. 하비가 말하는 지구적 경제의 재편은 레이먼드 윌리엄스(Raymond Williams)가 말한 '감정구조'의 변화까지도 "불러일으켰다". 1848년의 정치경제적 변화속도와 즉각성이 보들레르(Baudelaire)가 말한 새로운 근대적 재현 양식을 가져왔듯이, 1970년대 이후의 시공간 압축은 새로운 포스트모던적 재현양식을 "찍어내는" 새로운 시간과 공간의 경험을 창출해왔다. 하비가 보기에 경제의 문화생산 영역으로의 '침범'은 특히 자본에 매혹적인 것이었는데, 그 이유는 "이미지 소비의 시간이 자동차나 냉장고와 같은 유형적 대상과 달리 굉장히 즉각적이기" 때문이다(Harvey, 1989: 427).

하비에 따르면 욕망의 지구화라 할 수 있는 상품의 지구적 생산과 기호의 상품화 위기에 직면하여 지역은 의미의 존재론적 공간으로, 그리고 정체성 정치의 핵심 위치로 회귀하고 있다. 하비는 "이미지 흐름이 가속화되고 점차 장소성을 잃어가는 세계에서 뿌리를 찾고자 하는 강력한 요구들이 여전히 존재한다"고 쓰고 있다. 컨(Kern, 1983)에 의하면 하비는 지역주의,

종족, 여타의 "파편적" 정체성 등에 기댄 지역주의로의 회귀를 "타자를 분리시키고 방어하기 위한 공간적 경계의 힘의 감소"에 의해 유발된 것으로 본다. 이로써 그는 장소와 공간의 이분법적 변증법을 구성한다. 여기서 장소는 현대적 담론에서의 '지역'과 마찬가지로 정적인 것, 반응적이지 않은 존재론적 안정성의 장소로 간주되며, 공간은 '코즈모폴리턴(cosmopolitan)'과 마찬가지로 전 지구적 자본 순환, 이미지 흐름의 고용과 소비, 장소 기반적 생활세계로의 침범이 일어나는 다이내믹한 영역이다. 이런 식의 이분법적 논리하에서는 "장소를 잃은" 사람들이 하비가 지구주의의 타자라고 봤던 지역, 정착하는 '존재'의 형이상학적 지점으로 회귀할 수 있는 가능성은 거의 없다[이러한 장소의 형이상학에 대한 날카로운 비판은 Massey(1994b)와 Malkki(1995)를 보라].

이러한 근본적인 논리는 『포스트모더니티의 조건(The Condition of postmodernity)』(1989)에서 더 직접적으로 기술된다. 여기서 하비가 말하는 근원적 원인, 스스로 원인이 되는 원인, 포스트모더니티의 카오스적 조건을 생산하는 전지전능한 신으로 의인화되는 것은 "새로운 이윤창출의 방식을 남김없이 그리고 완벽하게 추구하는 자본의 순환"이다(Harvey, 1989: 107). 구조와 과정으로서 자본주의라는 완벽한 운동기계는 이제 하비의 언어에서 행위자이자 역사적 에이전트가 되는 것이다. "남김 없는" 자본은 새로운 필요를 생산하고, '상상의 기호들'을 개척하며, 환상을 창출하고 인간의 욕망을 만들어내는 가장 강력한 사회적 변화의 행위자로 재현된다.

이 이야기에서 도시는 추상적 실체가 아니라 발전하는 자본주의의 '사회적 잉여생산물'을 공간적으로 집중시키고 있는 곳이다. 도시에 사는 사람들은 역사적 행위자가 아니라 자본축적과 제조된 욕망에 의해 "밀리고", "짜이며", "침투되고", "제한되는" 수동적 객체이다. 국가는 더 이상 주체가 아니며 자본의 지구화 속으로 먹혀들어 간다. 익사하는 사람처럼 국가는 "유동적이고" "공간적으로 개방된", 사실상 멈출 수 없는, 경계 없는 자본의 순환 과정을 저지하기 위해 "싸운다". 그러나 이러한 투쟁에도 국가는 하비의 논의에서 더 이상 자율성을 갖지 않는다. 국가는 종종 신화창조를 통해 국가 권력을 상징적으로 재현하거나, 자본으로부터의 자율성을 상실했음을 속이는 존재 또는 정치를 미학화시키는 역할로만 축소된다. 마지막 분석에서 하비는 국가기관이 '진보적 노동계급혁명'을 제거함으로써 자본의 장기적 관심에 기여하게 된다고 본다.

문화 환원주의

스티븐 코너(Steven Connor)가 데이비드 하비를 통렬하게 비판하면서 지적했듯이, 하비의 도시에 대한 저술들은 모두 어조나 폭, 주제에서 조금 차이가 있기는 하지만 또 다른 이원론을 전제하고 있다(Connor, 1993: 230). 즉, 정치·경제는 '기초, 깊이, 급진성 및 토대'를 제공하는 반면 문화는 '비실체성 혹은 말라리아열과 같은 불투명성'을 제공하는 것으로 간주되고 있다. 여기서 문화는 더욱 심층적인 차원에서 작동하는 정치경제적 결정의 부수적 결과로 간주되는데, 이러한 견해는 특히 그의 저서 『의식과 도시적 경험(Consciousness and the Urban Experience)』(1985a)에 명백하게 드러나 있다. 이 책에서 하비는 문화적 실천뿐 아니라 자본-노동의 관계, 이데올로기적 생산에서의 국가의 역할, 자본주의적 가족의 구성 또한 전제된 정치경제적 결정의 **효과**들로 환원시키는 도시문화이론을 그리고 있다. 앤드루 세이어(Andrew Sayer)가 보여주었듯이(Sayer, 1987: 397~399) 이 이론에서 하비는 역사적 힘으로 나타나는 문화적 실천의 실질적 내용을 무시하고 있으며, 계급이나 젠더 등의 사회적 관계들이 무시간적이거나 보편적인 것이 아니라 특정한 시간과 공간에서 역사적으로 구성된다는 사실을 삭제하고 있다.

문화를 정치경제적 실재의 효과로 보는 이와 동일한 환원론적 도식은 하비의 『포스트모더니티의 조건』의 구조를 이룬다. 이 책 전체는 네 개의 장으로 구성되어 있는데 그것들은 각각 동시적으로 일어나는 네 가지의 현상들과 연관되어 있다. 즉, 모더니티에서 포스트모더니티로의 문화적 변화, 문화적 변화의 경제적 기원, 경제적 지구화에 의해 추동되는 시공간 압축의 심리적 결과, 계급 정치의 정치적 강령들을 대체해온 시공간 압축에 대한 파편적 미학적 반응들을 다루고 있다.

『포스트모더니티의 조건』 전체와 각 장의 내부 논의는 모두 '축적의 논리'에 따르고 있으며, 문화는 경제에 의해 생산되는 것으로 간주된다. 여기서 문화는 카오스적인 것으로 경제는 정합적인 것으로, 따라서 양자는 궁극적으로 자본의 논리에 의해 추동되는 것으로 그려지고 있다. 예를 들어 이 책 전반부에 위치한 「포스트모더니즘과 도시: 건축과 도시 디자인」이라는 제목의 장을 보자. 여기서 하비는 최근 '포스트모던'으로 분류되어 온 건축과 도시 디자인에서 지식 경향의 변화에 대해 논의한다. 포스트모더니즘을 일종의 건축양식으로 묘사하면서 하비는 오르세 미술관의 경우처럼 포스트모더니즘의 특징은 절충주의, 지방적 전통의 전용, 가치다원성, 그 '내부적 미로'의 '혼동' 등으로 나타난다고 본다. 그는 이러한 것들을 '유연한 축적'의 조건으로 있는 문화의 '파편화' 현상으로 간주한다. 마찬가지로 하비는 도시 설계자들이 '심미문화'와 '문화재산업(Heritage industry)'과 같은 사회적 힘에 반응하고 있다는 점에서 현대 도시 디자인은 "분산되고", "해체적이며", "탈중심적이고", "카오스적"이라고 묘사한다. 나아가 그는(Harvey, 1989: 87) 집단적 기억을 전용하고 "노스탤지어적 충동"에 따라 작동하는 도시공간을 만드는 건축이나 도시 디자인의 경향이 "노동시장, 기술 시스템 등에서의 불안정성의 확장을 통해" 최근 나타나게 된 개인적·집단적 정체성에 대한 문화적 집착을 반영하고 있다고 주장한다. 여기서는 '심미문화'뿐 아니라 정체성 구성을 위한 폭넓은 문화의 정치 역시 부수적인 위상으로, 자본의 지구적 스케일에서의 유연한 축적을 통해 생산된 심리적 불안정성의 부산물로 환원된다.

포스트모던 시대의 문화적 생산에 대한 하비의 분석이 거의 전적으로 서구의 매체, 예술, 건축양식, 포스트-계몽주의적 문학 장르 등에서의 엘리트 문화생산에 초점을 맞추고 있다는 것은 시사적이다. 그는 동, 서, 남, 북의 다른 장소와 시간에서 남성과 여성이 겪고 있는 일상의 경험에 의해 문화적·공간적 실천들이 생산되는 방식에 대해서는 거의 언급하지 않는다. 하비와 같이 시간, 공간, 계급의 경험에 초점을 맞추는 사람들에게 이것은 그저 작은 실수라고만 치부될 수 없는 문제이다.

하비는 시공간 압축이라는 대대적인 변화의 경험을 경제적이고 문화적인 과정들을 연결시키는 "유일하게 중요한 매개 고리"로 본다. 그러나 어떻게 서로 다른 위치에 있는 사회적 행위자들이 하비가 보편적 '우리' 경험이라고 말한 것, 즉 시공간 압축의 대대적인 변화를 경험하고 이에 반응하는가는 현대 '서구'에서 여전히 풀리지 않고 있는 문제이다. 하비는 일상의 실천을 정합적이긴 하지만 한계가 있는 것으로 묘사한다. 그는 비록 애매하지만 그래도 분명하게 미학적·문화적 엘리트들에 의해 생산된 문화적 생산의 대폭적 변화에 당면한 '일반대중'의 수동성을 재차 주장한다. 포스트모던 문화 양식의 사회적 토대를 이슈화하면서 하비는 다음과 같이 쓰고 있다.

이로부터 포스트모던 운동의 문제들 가운데 가장 어려운 점이 발생한다. 문제는 포스트모던 운동이 일상생활의 문화와 어떤 관련을 맺으며 어떻게 통합되는가이다. …… 문화적 산물의 생산자와 일반대중 사이에는 수많은 접점이 형성되어 있다. 예컨대 유비쿼터스 텔레비전과 함께 건축이나 광고, 패션, 영화, 멀티미디어 이벤트 공연, 대규모 스펙터클, 정치 캠페인 등은 좋은 사례가 될 수 있다. 이 과정에서 누가 누구에게 영향을 주는지가 항상 뚜렷한 것은 아니다(Harvey, 1989: 59).

하비가 초국적 이주가 집중된 많은 도시들에서 창출되고 있는 새로운 문화공간을 논의하기 위해 '일반대중'의 주체 위치에서 시작할 때, 그의 분석은 제한적이고 일방적이다. 이주자의 일상적 사회 네트워크 실천을 논의하면서 하비는 초국적 도시공간의 진동이나 자율성을 부정한다. 대신 그는 자본이 어디에서나 문화를 상품화하고 있다는 일반적 주장에 이러한 실천들을 밀어 넣는다. 예를 들어 다음의 문장에서 하비는 이주자 지역에서 표출되고 있는 다양한 문화의 공간적 실천들을 놀랍게도 '국제주의의 잡탕(pot-pourri of internationalism)'으로 표현하고 있다.

커다란 이주의 흐름(노동뿐만이 아니라 자본의 흐름까지도)과 함께 …… 차이나타운, 남미인들의 바리오(barrio: 미국의 스페인어 통용지역), 아랍 쿼터, 터키존(zone)뿐 아니라 작은 이탈리아, 하바나, 도쿄, 코리아, 킹스턴, 카라치(Karachi, 파키스탄의 옛 수도) 등과 같은 여러 '축소판'을 만들어낸다. 그러나 소수인종이 반수를 넘는 샌프란시스코 같은 도시에서조차도 **그 효과는** 이미지의 형성과 개조, 시대극, 각색된 종족축제 따위의 베일을 통해 **실재 지리적 판도를 덮어 감출 뿐이다**(Harvey, 1989: 87).

하비의 초국적 도시 지역에 대한 재현에 따르면 우리는 그곳의 거주자들을 도시 여행자들에게 방향감각을 잃게 만드는 스펙터클을 제공하는, 의례를 통해 잃어버린 출신을 복귀시키는 자들로만 보게 되는 한계를 갖는다. 이러한 제한된 시선은 다음과 같은 흥미로운 물음들을 제기하게 만든다. 누가 하비가 보는 그 효과를 생산하고 경험하는가? 다문화적 도시 모자이크의 배후에는 어떤 '실재적 지리학'이 숨겨져 있는가? 누가 재구성적 종족축제의 장을 만드는 문화적 브로커들인가? 이러한 재구성들은 관망적 (synoptic) 구경꾼이 아닌 **참여자들**에게 어떤 효과를 미치는가? 만약 이러한 문화적 의례의 생산자들이 이주자 네트워크의 구성원들이라면, 그들의 행동을 도시공간을 변형시키는 대중적 힘의 기호로 보는 것이 더 적절한 것은 아닌가? 종족 축제들이 다문화적 도시를 구축하고자 하는 지역 정부에 의해 후원을 받는다고 해도 그것은 최소한 도시 정치에서 이주민의 종족적 네트워크가 돌출하고 있음을 보여주는 것이 아닌가? 이주민의 지역성을 논의하는 다음의 장에서 보게 되겠지만 이 두 가지의 경우에, 종족축제들은 자본주의적 심미성 재구성의 부수적 문화 산물이나 구경꾼의 조롱거리 이상의 것이다. 그것들은 사회적으로 구성된 정치적 '관심'의 일부분이다.

포스트모던 주체성, 정치적 파편화, 그리고 정체성 정치

『포스트모더니티의 조건』의 후반부에서 반복적으로 나타나는 핵심주제들은 계급환원주의와 시공 압축에서의 심리적 경험의 중심적 역할, 자본축적의 논리에 의해 추동되는 방향감각을 잃은 국가 의식 혹은 포스트모더니티로의 문화적 전회의 증상과 같은 것들이다. 여기서 하비는 현대의 다양한 엘리트 문화에서 모더니티에서 포스트모더니티로의 변화가 어떻게 나타나는지에 대한 복합적인 설명을 시도하거나 경제영역에서의 '유동적 축적'과 같은 포스트포디즘적인 형식에 대한 저술들을 종합하는 데서 시작한다. 그러나 그의 분석은 지난 3세기 동안 지구를 관통했던 다층적인 문화적 변형을 단 하나의 설명, 즉 역사적 유물론이라는 하나의 담론구조로 환원해 설명하기를 반복하고 있다. 이러한 면에서 볼 때, 사회·정치의 포스트모던적 파편화로 발생된 혼란 때문에 중심을 잡지 못하는 의식의 세계를 보여주는 하비의 기획은, "자신을 개별 주체로 가두는 전 지구적·다국적·탈중심적 의사소통 네트워크의 지도를" 그릴 수 없는 일상인들의 인지적 세계를 보여주는 마르크스주의 이론가 프레더릭 제임슨(Frederic Jameson)과 아주 유사하다(Jameson, 1983: 25; Jameson 1984: 146도 보라). 두 사람 모두에게 혼란스러운 개인과 후기 자본주의 정치경제적 발전의 소용돌이치는 기호-시스템을 매개하는 것은 아무것도 없다. 사회적 네트워크나 정치제도뿐 아니라 젠더, 인종 혹은 종족적 차이도 인간과 포스트모더니티의 만남이 이루어지는 위치를 밝혀주거나 그들의 주체성을 맥락화하는 데 아무런 역할을 하지 못하며, 지구화 및 시공 압축에 대한 그들의 서로 다른 경험을 매개하지도 못한다.

세계 내적 존재로서의 인간의 상황성에 대한 이해가 없기에 그의 이론은 드러내주는 것보다 파괴하는 것이 더 많아진다. 덧없고 불투명하며 혼란스러운 문화적 이미지의 탈중심적 동요 속에 붙잡혀 있는 포스트모던적 주체들의 두려움을 일반화하는 것으로부터 시작하는 『포스트모더니티의 조건』은 역사유물론을 의례적으로 반복하는 쪽으로 후퇴한다. 여기서 역사유물론은 후기 자본주의적 초공간의 혼란에 대한 해독제이며, 보편적 지도 그리기 기획의 회복제와 같은 것으로 나타난다. 그러나 페미니스트

도시이론가 로잘린 도이체(Rosalyn Deutsche)는 "부분적이고 파편화된 조건을 부정하는 재현의 전장은 착각의 장소일 뿐이다. …… 재현은 보편적인 것이 아니라 특정 위치를 점하는 주체들에 의해 생산되며 따라서 세계의 지도는 더 이상 쉽게 그려지지 않는다"고 말한다(Deutsche, 1991: 22~23).

인간의 현실적 혼란에 대한 대답을 하는 과정에서 하비는 호전적이고 남성적인 수사학을 사용한다. 그것은 하비가 마르크스주의적 도시연구의 지배적인 담론 공동체에 속해 있음을 확인시켜주는 것이다. 하비는 해체주의적 정치로의 포스트모던적 전회를 "약한" 상대주의로 묘사한다. 그것이 단순한 언어게임을 하고 있거나 정치경제학의 "강한" 실재 혹은 전 지구적인 "물질적" 힘과의 직면을 피하고 있다는 것이다. 이것은 초기에 이루어진 마르크스주의적 도시 분석에 대한 그의 옹호를 연상시킨다(Harvey, 1987). 거기서 변증법 이론의 "거친 엄격성"은 "헐거운" 실재론의 논리, "가벼운" 경험주의, "부드러운" 구조주의와 대조되는 것이었다. 자신의 도시 정치경제학의 우월성을 주장하면서 하비는 현대 정치경제이론과 지구화이론 자체가 하나의 상황화된 재현 체계라는 것, 그것이 정치경제학이나 지구 재구성의 '바깥'에 대한 대안적 의미들을 제시하는 해석들과 경쟁하고 있다는 것을 인식하는 데 실패한다.

그가 이끌고 있는 마르크스주의적 도시지리학 담론 공동체의 지적 생존 능력을 구출하기 위해 하비는 기본적으로 도시의 사회공간적 변화에 대한 구조주의적 설명을 제시한다. 하비의 견해에 의하면 도시의 건축 형식, 생산 체계, 그리고 (제임슨에 의하면) 포스트모던적 도시에서의 '문화 논리'의 변화들은 유연하고 축적적인 포스트모던 유형의 인격을 생산한다. 그러나 여기서 그는 자신이 이 책의 다른 부분에서 논의하고 있는, 초국적 도시화에 의해 창출되고 있는 새로운 목소리의 힘을 고려하지도 이해하지도 못한다. 하비의 논의에서 계급에 기반을 두지 않는 사회운동이 창출하는 정치적 가능성이나 포스트모던적 문화 정치의 프로젝트는 계속해서 "지역적", "부분적", "비효과적" 또는 "비합리적인 것"으로 취급된다. 그것들은 신하이데거주의적 낭만주의, 미학적 정치, 파시즘이라는 신성하지 못한 삼위일체의 부분으로 나타난다. 그는 이 삼위일체를 여성화시키며 나아가 자본과 대결하기에는 너무 지역적이고 부분적인 것으로 취급한다.

『미래의 지도 그리기(Mapping the Futures)』의 한 논문에서 길리언 로즈(Gillian Rose)는 하비가 모더니스트-포스트모더니스트를 구분할 때 젠더화된 언어를 사용하고 있음을 보여주었다(Rose, 1993). 하비에게 모던의 언어는 "영웅적이고, 합리적이며, 진보적이고, 보편적이며, 중대하고, 위협적인, 무장을 한" 것으로 재현되는 반면 포스트모던은 "공허하고 유혹적이며, 다산의, 파괴적이며, 카리스마적이고 지역적이며, 감정적이고 자극적이며, 장소들에 기반을 두며 지구적 시각을 보지 못하는" 것이다. 여기서 로즈는 하비가 포스트모더니즘을 단지 "여성적 타자로서 구성"하고 있다고 결론짓는다. 수많은 여성주의 이론가들(Massey, 1991b; Deutsche, 1991; Rose 1993; Morris 1993) 역시 이러한 하비의 사고방식의 한계를 줄곧 지적해왔다. 그의 관망적(synoptic) 시선은 분명히 현대 자본주의적 도시화의 남성화된 측면들을 "자연에 대한 지배"로 찬양한다(Harvey, 1989: 109). 그리고 기술 진보를 "인간 발전과 자아실현"을 위한 "새로운 전망"을 열어젖히는 "생산적 힘"으로 축하한다(Harvey, 1989: 110). 그는 경제적 지구화에 대한 상세한 재현을 제시하는데, 여기서 국제적 경쟁, 재정 위기, 그리고 이와 관련된 압력들은 아웃소싱, 직업 분배, 하청, 영세 작업장, "적시(just in time)" 투자 흐름과 같은 더욱 유동적인 작업과정들을 선도하는 것으로 그려진다. 그러나 포스트모던 문화생산의 대중적 소비의 영역에 대해 말할 때(Harvey,

1989: 156) 그는 수사학적 비난 이상의 것, 즉 포스트모던적·여성적·문화적 타자의 불투명한 시선과 같은 것을 언급한다. 그는 포스트모던적 문화 세계를 "포디즘적 모더니즘의 상대적으로 안정적인 미학이 차이, 덧없음, 스펙터클, 패션, 문화적 형식의 상품화를 찬양하는 포스트모던 미학의 불안정성, 흥분, 부유성에 자리를 양보하게 되는" 혼란스러운 것으로 본다.

마이클 디어(Michael Dear)가 정확하게 결론을 내리고 있듯이(Dear 1991a: 543), 하비의 경제주의가 가장 명백하게 드러나는 곳은 그가 조심스러운 논증을 통해 유동적 축적의 경제적 파편화가 문화, 정치, 철학, 사회 이론 등에 반영되어 있다고 논하는 부분이다(Harvey, 1989: 320). 그는 글로벌한 차원의 분석에 초점을 맞추기 때문에 여기서 특정 시간이나 장소에서의 포스트모던 이론이나 정치의 출연에 대한 설명은 배제된다. 자본주의적 시공간 압축의 문화적 영향이 "포스트모던적 문화 실천과 철학적 담론으로의 충동적 전회"를 가져왔다고 말할 때 그는 모호하게 기술된 심리적 역학을 통해 경제와 문화를 연결시키고 있는 것처럼 보인다.

하비의 저술들은 문화적 파편화와 계급 정치의 쇠퇴에 대한 문제를 다루고 있다. 계급 정치를 대체하는 포스트모던적 정체성 정치를 비판하는 논문 「실제를 찾는 도시연구에서의 세 가지 신화(Three Myths in Search of a Reality in Urban Studies)」는 이를 잘 보여준다. 이 논문은 『포스트모더니티의 조건』의 핵심적 정치 주장을 압축적으로 담고 있다고 할 수 있다. 이 논문은 포스트모던적 문화의 '조건'에 대한 하비의 사회적 구성에 깔려 있는 정치적 불능의 이미지를 잘 보여준다. 하비에 의하면 포스트모던 철학은 다음과 같다.

현대 세계의 딜레마를 이해하는 목소리들의 **불협화음과 파편화**에 열중할 것을 촉구한다. 그것은 역사, 지리, 공동체 등이 혼성화로서의 현대 자본주의에 지배되고 침투되며 나아가 회복되고 있다는 것을 인식하지 않은 채, **지역성, 장소 또는 사회적 압력단체의 사물화**를 실질적으로 찬양하면서 우리로 하여금 구체화와 분할을 받아들이도록 해왔다. 세계를 정치경제적 혼돈의 끝으로 내모는 브라질의 부채 탕감에 직면해서도 우리의 지역 담론을 찬양하고 앉아 있어야 하는가(Harvey, 1987)?

또한 하비는 포스트구조주의 사회이론가인 미셸 푸코(Michel Foucault)가 "페미니스트, 게이, 인종, 그리고 종교적 집단화와 지역 자율주의 등" 정체성을 토대로 하는 정치 단체들을 조직화된 억압의 제도적 수단에 대해 "지역화된 저항"을 제시하는 것으로 찬양하고 있다고 비난한다(Harvey, 1989: 45~46). 그는 억압적 권력-지식에 대한 그러한 "지역화된" 형식의 저항이 계급 지배라는 자본주의의 체계적 전략을 간과한다고 주장한다. 그것은 "자본주의에 대한 전체주의적 이론"을 전적으로 거부함으로써 "그러한 지역화된 투쟁들이 모여 진보를 이루는 경로, …… 그 투쟁들이 자본주의적 착취와 억압의 중심형태들을 공격할 수 있는 경로들을 묻는 것에 실패한다"는 것이다.

'유연한 축적'이라는 새로운 경제 레짐의 혼란스럽고 파괴적인 효과에 대한 하비의 핵심 주장을 받아들인다고 가정해보자. 그렇다고 해도 새롭게 열린 정치공간뿐 아니라 이를 통해 재구성된 기존의 정치공간을 역사화할 필요성은 여전히 남게 된다. 여성주의 이론가 제인 젠슨(Jane Jenson)은 "만약 새로운 또는 재구성된 행위자들이 대안적 의미 시스템과 대안적 제도의 실천을 보여주는 정치적 담론 세계에서 창출된 '공간'을 이용한다면", 전 지구적 경제의 재편을 통해 생산된 경제, 정치 영역에서의 파열은 "심연의 사회적 위기와 재편의 계기들이 될 수 있다"고 지적했다(Jenson,

1990: 58). 그러나 대안적 실천의 의미를 갖는 담론 공간들은 기술이나 경제의 영역이 아니라 가족, 인종, 종족, 그 밖의 사회구성적 담론 공동체에 기반을 둔 비공식적 사회 네트워크, 시민사회의 폭넓은 정치공간과의 상호 교차 속에서, 이를 통해 표현된 의사소통 속에서 나타난다. 정치정당, 이해 집단, 사회운동, 정책 지식인, 국제기구, NGO, 지역적·국가적·지구적 여론 등이 그 사례라고 할 수 있다[이러한 상호작용에 의해 생산된 도시 정치적 변화의 담론에 대해서는 Pahl(1990: 719)을 보라].

하비는 계급의식의 감소 이후에 나타난 정치적 파편화와 정체성 정치에 깃든 지역주의에 대해 강박관념을 갖고 있기 때문에 많은 것을 잃게 된다. 예를 들어 『포스트모더니티의 조건』에서 하비는 희망적 '무지개 연합(rainbow coalition)'에 대한 수사학을 사용하지만, 일터에서의 경제적 착취 대신 가정에서의 사회적 지배관계를 분석한다거나 남성 노동자계급과 그 아내와 가족들의 권력관계의 역사를 분석하는 페미니스트의 정치적 노력은 회피한다. 그가 여성을 위한 정치적 공간을 구성할 때, 여성들은 자본에 대항하는 노동계급투쟁에서 남성 노동자계급의 잠재적인 연대세력으로 나타나긴 하지만 그럼에도 여성은 흑인이나 경제적으로 착취당하는 소수민족과 같이 주변적 '타자들'의 부분일 뿐이다. 따라서 하비는 가정의 젠더 불평등이 공적 영역인 계급의식의 정치와 노동자계급의 집단적 행위에 어떻게 영향을 줄 수 있었는지에 대한 문제를 다루지 못한다.

계급의 본질화와 젠더의 주변화

젠더 투쟁이 보편적인 계급투쟁의 주변적 요소로 축소되어왔음을 탁월하게 설명해주는 것은 니키 하트(Nicky Hart)의 연구이다. 하트는 영국 가정에서 노동의 성별분업 변화와 계급 정치 쇠퇴 사이의 관련성을 역사적으로 고찰한다. 하트는 가정에서 특히 젠더에 따른 물질적 불평등이 최고조였던 19세기 중반에서 2차 세계대전 말까지의 시기에 영국의 남성 노동자의 계급의식이 최고조에 달했음을 보여준다(Hart, 1989). 그녀는 수입 배분, 소비 패턴, 소유권, 이동의 자유 등을 포함하는 일상생활의 전 과정에서의 폭넓은 젠더 불평등에 대해 보고한다. 영국 남성들은 "밥벌이하는 자"로서 음식, 난방, 처분 가능한 개인적 지출과 같은 물질적 자원의 분배에서 특권적 대우를 받고 있었기 때문에 그들의 아내들에 비해 양질의 생활을 향유했으며, 선술집이라는 '남성 공화국'에서 여가를 즐길 수 있었다(Hart, 1989: 39~39). 시드니 민츠(Sidney Mintz)가 보여주었듯이, 일반적으로 계급 정치의 절정기에 노동자계급 가정의 아내와 아이들은 "영양결핍의 상태에 있었는데 그 이유는 당시의 문화적 관습이 '밥벌이하는 자'를 위한 음식을 강조했기 때문이다"(Mintz, 1985: 214). 이와 같은 맥락에서 하트는 당시 남성 노동자계급이 술·담배·선술집에 많은 돈을 지출하고 있었음을 조심스럽게 보여준다. 이것은 노동자계급의 아내들이 그들의 개인적 이익을 위해 돈을 전혀 지출할 수 없었다는 사실과 극단적 대조를 이룬다. "기분 좋은 공동체주의적 제도"로서의 선술집에 대한 낭만적 이미지에 도전하면서 하트는 선술집에서 결속 의식에 참여하는 남성들의 낭비적 지출이 노동자계급 가족에게 고질적인 자금유통의 문제를 가져왔음을 보여준다. 낮은 임금에도 낭비적이었던 남성들의 결속 의식 때문에 노동자계급의 아내들은 또 다른 오래된 "공동체주의적 제도", 즉 전당포에 의존해 수지를 맞출 수밖에 없었던 것이다(Hart, 1989: 33).

하트의 분석에서 가장 독창적인 부분은 가정 경제에서의 젠더 계층화가 계급 형성 및 계급 정치와 맺고 있는 관계에 대한 것이다. "물질적 박탈에 대한 계급행위자의 지각"을 무디게 함으로써 남성의 계급의식을 감소시키는 가정에서의 물질적 불평등의 경향에 대항하면서 하트는 다음과 같이 논의한다.

> 우리는 노동시장으로의 접근과 가정경제 지출에서 불평등에 의해 촉진되는 '남성 결속'의 영향력을 재고해야 한다. …… '즉자적 계급에서 대자적 계급'으로의 전회를 구성하는 요소였던 일반적 남성성의 진상은 간과되어왔다. 어쨌든 제1차 산업화시기의 정의를 예로 든다면 남성성은 산업적 우애의 성장에 중요한 것이었다. 그러나 19세기 후반에 성립된 노동의 성별분업의 지배적 경향은 밥벌이의 위치를 남성성의 필수조건으로 만들었다(Hart, 1989: 39).

하트는 젠더 불평등이 계급 정치의 출현에 중심적이지만 계급 정치는 이를 간과하고 있다는 것을 보여준다. 그녀는 최근 영국에서의 젠더 불평등의 감소를 통해 계급 정치의 감소를 잘 설명할 수 있다고 주장한다. 그러나 영국 마르크스주의자들은 남성 노동자계급과 그의 아내들이 물질적 목적에서 일치를 이룬다는 것, 영국 남성 노동자의 가정화, "남성 공화국"으로서의 선술집의 감소, "공적 하우스"에서 사적 가정으로 남성의 이동을 모두 상품 숭배(fetishism)의 부정적 기호로만 간주해왔다. 하트는 이에 대해 다음과 같이 날카롭게 응수한다.

> '사유화'의 과정은 완전히 부정적인 발전으로만 해석될 필요가 없다. …… 비록 그것이 변화의 행위자로서의 계급의 힘을 희석시킬 수 있음에도 그것은

여성과 남성의 삶의 기회를 평등화하는 데 공헌해왔다. …… 남성주의적 이론은 변화의 힘으로서의 계급의 종말에 어느 정도 책임이 있다. 그것은 남성 행위자를 통해서만 일어나는 인간해방의 측면만을 부각시키며, 따라서 여성의 물질적 박탈이나 사회적 영락이 억압적 사회관계의 중요한 영역이라는 것을 무시하거나 간과해왔다(Hart, 1989: 46).

노동자계급 의식의 출현과 쇠락에서 계급과 젠더관계의 상호작용에 대한 하트의 분석은 하비의 도시이론에 몇 가지 중요한 시사점을 제공한다. 우선 그것은 사적 생활의 정치가 그 자체의 권리를 갖는 중요한 지점임을 보여줄 뿐 아니라, 공·사의 이분법적 공간 분리에 근본적으로 도전하는 사적 생활의 정치가 공적인 생활에서의 사회적 행위와 근본적으로 연결되어 있다는 것을 보여준다. 더 자세히 말하면 그것은 젠더 투쟁을 완전히 사적이고 부분적이며 "지역적인" 형식의 대립 정치로 보고, 이와 달리 계급투쟁을 공적인 생활 어디에나 보편적으로 존재하는 담론으로 특권화시키는 하비의 경향에 도전한다. 둘째로 하트는 계급의식이 생산양식에서의 주어진 위치를 점유한 결과가 아니라 역사적으로 특수한 시간과 장소에서 발생하는 담론들의 상호작용의 결과(이 경우에는 계급과 젠더, 착취와 억압, 공적/사적 생활의 상호작용)라는 것을 보여준다. 셋째로 그녀의 연구는 정치적 정체성이 개별적 네트워크와 커뮤니케이션의 순환(이 경우에는 젠더 분리적인 노동자계급 선술집 생활에 의해 가능하게 된 '남성 결속') 속에서, 이를 통해 발생하는 사회적 상호작용에 의해 형성·재형성되는 연대와 대립의 우연적 결과물로서 사회적으로 구성된다는 것을 보여준다. 넷째로 하트와 같은 연구들은 도시 정치를 이끄는 개별 "지역의" 관점(그것이 젠더이든, 종족·인종이든, 이웃환경에 기반을 둔 것이든)을 하비처럼 보편적인 차원의 계급 관심에 유용한 정치적 에너지나 의지로 환원시킬 것이 아니라, 도시 정치에서 나타나는 다양한 사회적 정체성 간의 상호작용을 더 상세하게 역사적으로 분석할 필요가 있음을 보여준다. 마지막으로 그녀의 연구는 계급 정치의 감소에 대한 대안적인 해석을 제공한다. 즉, 계급 정치를 젠더와 계급의 역사적으로 특수한 사회적 관계에 뿌리내리고 있는 것으로 봄으로써 포스트모던 문화를 서구의 계급 정치의 일반적 감소의 주범으로 보는 하비의 견해와 대립된 입장을 제공한다.

하비는 최근 십여 년간 여성주의적 문화이론과 포스트모던 문화 정치의 관점에서 제기된 그의 이론에 대한 비판에 대해 다양하고 생생한 대답을 제공해왔다(Harvey, 1990, 1992, 1993, 1995). 『정의, 자연 그리고 차이의 지리학(Justice, Nature and the Geography of Difference)』(1996)은 하비의 최근 주요 저작들에 담긴 이러한 저술을 모아 출판한 책이다. 여기서 하비는 어떻게 이러한 비판에 답을 하고 있는가? 더 최근의 저작은 내가 위에서 제기했던 관심들을 담고 있는가? 만약 있다면 그것은 어떤 효과를 불러일으켰는가? 포스트모던적 정체성 정치와 차이의 정치지리학에 대한 그의 견해에서 이분법은 약화되었는가? 혹은 더 역사화되었는가? 어떻게 그는 도시의 시공간에서 계급과 그 밖의 정치적 정체성들의 우연한 구성을 이슈화하고 있는가?

차이의 정치지리학

하비의 『정의, 자연 그리고 차이의 지리학』은 라이프니츠의 형이상학, 자연의 속성, 시공의 사회적 구성, 그리고 가능한 도시의 미래인 '세계화

(worlding)' 등과 같은 다양한 주제를 다루고 있는 광범위하고 야심찬 저작이다. 이 압축적인 저작에서 가장 주목할 만한 것은 '자연'을 사회이론의 담론 속에서, 지구적 환경주의의 정치적 가치를 이데올로기 담론 속에서 사회적으로 구성해왔던 언어들에 대해 명쾌하게 논의하고 있는 장들이다(Harvey, 1996: 117~204). 이 장들의 내용은 문자 그대로 교과서적이며, 다양한 사회이론과 이데올로기의 관점을 자기-충족적 위치들로 제시하고 있다. 여기에서는 전자의 텍스트연관성(intertextuality)이나 후자를 생산하고 변화시키는 (저술을 넘어서는) 실제적 사회 실천들에 대한 설명은 거의 시도되지 않는다. 그렇지만 '자연환경'에 대한 하비의 포괄적인 논의는 독창적인 그의 최근 사상을 가장 잘 보여준다.

『정의, 자연 그리고 차이의 지리학』의 이러한 장들은 이 책의 나머지 부분과 느슨하게만 연관되어 있다. 이 책의 나머지 부분에서 하비는 형이상학과 환경주의에 대한 논쟁을 넘어서, 자본축적이야말로 인간 존재와 계급정치를 추동하는 중심이며 정치투쟁에서 유일하게 보편적이며 따라서 유일하게 적법한 형식이라는 것을 각인시키려는 그의 지적·정치적 투쟁의 환생을 읽을 수 있도록 한다. 주요 모티브들을 다시 도입하는 과정에서 하비는 페미니스트, 사회구성주의자, 포스트모던 반토대주의자, 정체적 정치의 옹호자 등이 그의 이론에 제기했던 많은 비판에 대답하기를 시도한다. 그러나 여기서 그는 동일한 논증, 심지어는 동일한 문구로 되돌아온다. 그는 모너니티 내 포스트모너니티, 공간 내 장소, 지구적 보편주의 대 지역적 특수주의와 같은 이분법들을 차용하고 있기에 종족, 젠더, 새로운 사회운동은 여전히 주변화되며, 자본에 반대하는 최근의 계급투쟁만이 유일하게 바람직한 형태의 도시 정치가 된다. 여기서 하비는 포스트모던 문화를 계급 정치 감소에 책임이 있는 범죄자라고 하며 죄악시하기를 멈추지 않는다. 이로써 도시의 사회적 변화에 대한 그 자신의 서사적 묘사가 계급 정치의 감소를 더 설득력 있게 설명하고 있다는 것을 그는 무시해버린다.

우선 하비가 핵심주제들을 어떻게 재고하는지를 살펴보자. 그의 말에 따르면 애초에 이 책을 집필할 때 그는 "시공간, 장소, 환경(자연)을 이해하는 데 유용한 일군의 토대 개념들을 집단적 우리 존재를 가능하게 하는 지식의 다층적 파편화, 카오스적 이미지의 홍수, 덧없는 재현들, 일그러진 위치성에 대항하는" 안정적인 닻으로 정의하고자 했다(Harvey, 1996: 2). 포스트모던 문화의 혼란에 대항해 전 지구적 자본주의는 "항상 쉬지 않고 새로운 조직화의 형식, 새로운 기술, 새로운 삶의 양식"을 추구하는 역사적 행위자로 재현되었다(Harvey, 1996: 240). 이제 '컨테이너 수송', '제트기 운송'과 더불어 유료 고속도로와 운하, 라디오와 자동차, 텔레비전과 텔레커뮤니케이션은 "새로운 유형의 공간을 재현하도록 강제하고" 있다(Harvey, 1996). 시공간 압축은 계속해서 보편적 심리사회적 과정으로, 20세기 후반의 베버의 새장으로, "우리 모두에게 시간과 공간의 개념을 조정하도록 강제하며 사회적 행위의 가능성을 재고하도록 하는" 자본주의에 의해 추동되는 모더니티의 방식으로 간주된다(Harvey, 1996: 243). 간단히 말해서 포스트모던 문화는 여전히 자본주의적 발전의 부산물로, "자본주의 전복 시기의 가속화와 능률촉진에 대한 반응"(Harvey, 1996: 245)으로 간주된다. 그의 견해에 따르면 자동차나 냉장고의 소비와 달리 문화적 소비는 "거의 충동적이기" 때문에 매우 유해하다(Harvey, 1996: 246).

도시공간을 재편하는 자본은 전지전능하다. 의인화된 자본은 "(공간 관련, 영역 조직, 노동 및 기능의 '지구적' 분할과 연관된 장소체계에 대한) 지리적 경관을 생산하는 데, 이것은 축적의 고유한 역동성에 따라 역사의 특정 시점에서 나타난다. 그리고 이 역동성에 의해 지리적 경관은 오직 후일의 축적을 위해 파괴되고 재건된다"(Harvey, 1996: 412). 자본주의적 생산에서의 기술적 변화는 "공간을 조직하고 이와 함께 도시과정의 새로운 가능성들을 열어주는 급진적 전회를 가능하게 한다"(Harvey, 1996). 전 지구적 경제재편의 결과로 나타난, "다양한 배후지역들을 빨아들이는, 상호 연관적이며 궁극적으로는 다양한 배후지를 흡수하는 지구적 도시 네트워크의 발전은 각 도시들이 별개로 얻을 수 있는 것보다 더 큰 수치의 도시 성장과정을 가능하게 한다"(Harvey, 1996: 413). 지구화과정에서 서로 다른 '요구'와 서로 다른 분파의 어젠다가 나타날 수 있는데도 전체로서의 자본은 "기술적 가능성 자체를 가능하게 하는 배경에 대항하면서 축적을 위한 축적, 생산을 위한 생산이라는 자기 고유의 어젠다를 실현한다"(Harvey, 1996: 414).

'자본'에 대한 비교적 단일한 시각에서 하비는 포스트모던적 문화생산이 자본주의적 도시화가 내포하고 있는 착취적이고 억압적인 사회관계에 대한 정치적 저항을 파편화해왔다는 자신의 핵심 주제로 돌아간다. 가장 역사적인 상황을 논의하는 부분에서 하비는 현대의 뉴스 미디어, 여성운동 단체, 인종·종족·환경단체들이 북캘리포니아의 도시 햄릿(Hamlet)에서 1991년에 일어났던 치킨 가공공장인 임페리얼 푸드(Imperial Foods)의 엄청난 화재에 거의 관심을 기울이지 못했다고 비난한다. 회사의 부주의로 일어난 그 화재는 수많은 노동자들을 다치게 했으며 죽음으로 내몰기도 했다. 여기서 하비는 그들이 이 화재에 관심을 기울일 수 없었던 이유를 정체성 정치의 포스트모던적 물가안정책에 기댄 "진보적"인 정치들이 갖고 있는 파편화와 관련해 설명한다. 따라서 하비는 인종, 젠더, 종족성, 생태, 섹슈얼리티, 다문화주의, 공동체 등과 같은 것을 중심으로 하는 "소위 새로운 사회운동들과 특수한 이슈 정치의 출현이 종종 전통적 계급 정치의 실천적 대안이 되었으며, 때로는 계급 정치에 대한 노골적인 적대심을 표출하기도 했다"는 것을 불평한다(Harvey, 1996: 341). 나아가 그는 이러한 유형의 정체성 정치들이 갖는 '호전적인 개별주의(militant particularism)' 때문에 사람들은 임페리얼 푸드 화재에 내포된 사회적 부정의에 맞서 "정치적 분노를 표할" 수 없었다고 주장한다.

물론 하비는 미국에서의 노동계급 정치의 감소에 몇 가지 원인이 있었다는 것을 인정한다. 노동계급단체는 붕괴되었고 산업생산지는 지리적으로 벽지에 분산되었다. 그러나 그는 무엇보다도 새로운 사회운동의 개별주의에 가장 많은 관심과 적대감을 표현한다. 그는 당시 화재로 사망한 사람들이 거의 여성들이었는데도 여성활동단체들은 성희롱이나 클래런스 토머스(Clarence Thomas)의 미국 대법관 임용과 같은 이슈에만 매달려 있었다고 주장한다. 마찬가지로 그는 흑인이나 라틴아메리카 단체들이 "그 사건에 대해 이상하게도 침묵했다"고 비판하며 "어떤 생태주의자들"은 "노동자보다 닭에 대해 더욱 연민을 드러냈다"고 비평한다. 태만, 침묵, 무관심의 죄를 지적하면서 하비는 "매체의 일반적인 어조는 따라서 그 '사고'의 공포를 선정적으로 다루었지만 그것의 원인을 전혀 알아보지도 않았으며, 자본주의적 계급 이해나 공화당을 기소하지도 않은 채, 북캘리포니아 연방이나 미국산업안전보건청의 실수를 끔찍한 과실사건의 방조자 정도로만 취급했다"(Harvey, 1996)고 주장한다. 하비에 따르면 매체들은 단지 "북캘리포니아 화재의 여파를 보여주는 통계에만" 갇힌 채, "로드니 킹(Rodney King)의 구타 비디오나 드라마 클래런스 토머스의 청취에만" 집착하고 있었다. 간단히 말해 하비는 새로운 사회운동이 계급 관계를 주변화했던 반면, 인종이나 젠더 문제를 선정적으로 다루는 매체의 내용이나 어조에는 어느 정도 영향을 주고 있었다고 비난한다. 그의 관점에서 매체의 재현이나 사회운동 정치는 인종이나 젠더 억압에 대해 관심을 기울임으로써 자동적으로 계급 착취에 대한 관심을 축소시킬 수밖에 없는 제로섬 게임으로 간주되고 있는 것이다.

이런 방식으로 논의를 구성하기 때문에 하비는 치킨공장 화재에서 계급 동원이 부재했던 이유와 이에 대한 매스컴의 보도가 계급 관계를 다룰 수 없었던 이유에 대해 더 설득력 있게 설명할 수 있는 가능성을 놓치게 된다. 다시 말해서 그는 다른 곳에서 자신이 스스로 언급했던 포스트모던 자본주의의 새로운 공간 배치, 즉 생산의 체계적 탈중심화(decentralization)를 여기서는 간단하게만 언급하고 지나간다는 것이다. 자본주의적 착취가 일어나는 산업들은 더 이상 미국의 거대한 산업 도시에만 집중되어 있지 않다. 그것들은 시골이나 도시 주변에 재배치되어 왔으며, 국외의 생산지들은 1911년 뉴욕의 섬유공장 화재에 저항하기 위해 브로드웨이를 행진했던 도시의 군중으로부터 멀리 떨어져 있다. 하비가 치킨공장 화재와 대조되는 사례로 제시했던 그 사건은 한때 활발했던 계급 정치의 모델이었지만 이제 그러한 모델은 사라졌다. 이러한 재배치는 전 세계의 주요 도시들에 재등장해온 새로운 영세공장에서 일하는 초국적 이주노동자들의 다층적 지점들을 보여줄 뿐 아니라, 20세기 후반의 자본주의의 특수한 표현들을 창출한다. 그것은 지역문화, 젠더, 정치, 사회관계에 구현된 자본-노동, 민속-인종, 젠더 관계의 특수한 표현들을 만들어낸다. 초국적 도시화의 조건에서 일터 관련 투쟁의 존재나 부재를 설명하기 위해 시험되어야 하는 것은 바로 이러한 관계들인 것이다.

햄릿에서의 노동계급투쟁의 부재를 비난하기보다 사회적 관계를 초국가화하고 재지역화하는 초국적 과정들에 더 주의를 기울였다면, 하비는 로스앤젤레스와 뉴욕의 이민노동자들이 영세공장의 조건에 대항해 벌였던 노동자 캠페인에서 나타나는 젠더적이고 종족적인 투쟁의 성공적 사례들을 쉽게 발견할 수 있었을 것이다. 만약 그가 갭(The Gap) 사를 위해 의류를 생산하는 엘살바도르의 영세 섬유공장의 조건에 대항하는 캠페인을 벌이고 있는 매스컴 보도에 더 주의를 기울였다면, 이러한 지역적 투쟁이 엘살바도르 노동활동가들의 초국적 연계뿐 아니라 갭을 보이콧하는 샌프란시스코나 뉴욕의 소비자 단체와의 정치적 연대에도 연결되고 있음을 볼 수 있었을 것이다. 이 모든 투쟁들은 미국과 엘살바도르의 많은 활동가들과 노동활동가들을 연결하는 수많은 네트워크를 참여시키고 있는 문화적이자 경제적인 투쟁들이 되었다. 이 투쟁들은 지방과 국가의 매체, 지역적·국가적·초국적으로 연관된 대중, 인터넷으로 연결된 초국적 정치행위자, 미국이나 엘살바도르의 정치행정가들을 포함한다. 이러한 발전을 분석하는 것은 분명 국가적 맥락에서의 정치적이고 사회적인 생산관계를 분석하는 것보다 복잡하다. 그러나 초국적 도시화의 시대에 우리가 만드는 세계를 이해하고 변화시키고자 한다면 그러한 분석에 몰두하는 것이 중요하다.

정치이론가 아이리스 매리언 영(Iris Marion Young)은 최근 치킨공장 화재에 대한 하비의 분석에 비판을 제시했는데, 이것은 앞의 논점과 연관되어 있다.

왜 미국인들은 임페리얼 푸드 화재보다 힐-토머스(Hill-Thomas) 청취나 로드니 킹의 구타에 초점을 맞추었을까? …… 진보주의자들이 계급적 착취보다 젠더나 인종차별에 더 많은 관심을 가져서인가? …… 나는 위치화가 그 사실에 대해 더욱 설득력 있는 설명을 제공한다고 생각한다. …… 사람들은 노스캐롤라이나의 햄릿에서 무슨 일이 일어나는가에 거의 관심을 기울이지 않는다. 그들은 워싱턴이나 로스앤젤레스에서 무슨 일이 있어났는가에 더 많은 관심을 갖는다. 매체의 표지를 장식하는 것은 후자의 장소이고, 청취자들이 로스앤젤레스에 더 관심이 있다는 것은 거의 문제가 되지 않는다. 수십 수만의 사람들을 햄릿행 버스에 싣기보다 그들을 워싱턴이나 로스앤젤레스의 집회에 동원하는 것이 훨씬 더 쉽다(Young, 1998).

하비는 포스트모던적 문화 정치를 비난하는 데 너무 열중한 나머지 인종이나 젠더 의식을 계급 정치투쟁의 종말에 책임이 있는 것으로 보는 부적절한 추리를 사용하게 된다. 하비는 계급에 기반을 둔 정치조직의 보편성과 인종, 젠더, 환경운동의 '호전적 개별주의'를 극명하게 대립시킨다. 이러한 이분법적 논리는 역사학적으로 볼 때 분명 잘못된 것이다. 사실상 노동조합, 보편적 계급 관심의 목소리는 유색인을 배제하거나 여성 노동계급의 일상적 조건에 귀를 기울이지 못하는 등 종종 개별주의적으로 실행되어왔다. 반대로 여성, 환경, 탈식민적 주체들은 정치적 민주화, 젠더 평등, 생태적 생존, 인권 존중과 같은 보편적 가치들에 토대를 두는 주장들을 선도하는 정치 운동을 서서히 진행시켜왔다. 그렇다면 왜 한 가지 유형의 운동이 다른 것들보다 더 보편적인 것으로 가정되어야 하는가?

노동운동을 포함해 모든 사회적 운동은 인간 존재라는 보편적 범주를 주장하는, 그 시대의 사회적 행위자들의 역사적으로 특수한 표현들이다. 각각은 세계 내적인 인간의 다층적 상황에서 추출된 사회적으로 특수한 정치적 정체성들의 복합체에 의해 잠정적으로 구축된 사회적 힘들의 연합체이기도 하다. 영의 다음과 같은 주장은 타당하다.

노동계급운동과 마찬가지로, 이 운동들은 모두 보편주의적인 동시에 구조적 사회관계들에 기초한 관심의 분배를 보여주는 것이다. 이 모든 운동의 주장들이 함께 주장될 때, 그것은 서로 간의 특권과 차이들을 폭로해준다 ……(따라서) 계급에 기반을 둔 반자본주의 정치는 젠더, 인종, 종교, 지방, 섹슈얼리티와 같은 것을 초월하는 어떤 통합체를 주장함으로써 달성될 수 있는 것이 아니다. 오히려 …… 그러한 정치들은 사회적 특수성을 긍정하는 조심스러운 연대의 형성 결과여야 한다(Young, 1998: 38, 39).

따라서 하비가 계급정체성을 제외한 모든 정치적 정체성들을 '호전적 개별주의'로 비난하는 데 집중하는 한(Harvey, 1995: 524), 아이러니하게도 그의 반자본주의 정치를 위한 조심스러운 연대 형성은 이루어질 수 없다는 한계를 갖는다.

많은 여성주의 도시지리학자와 사회학자는 전 세계 주요 도시에서 증가하고 있는 도시 서비스 부문에서의 생산 정치와 정체성 정치 간의 연계를 연구하기 시작했다(Gilbert, 1997을 보라). 하비가 정체성 정치를 반대하고 있음을 고려할 때 그가 자신의 도시이론에서 이 연계에 대해 설명하지 못하고 있다는 것은 놀라운 일이 아닐 것이다. 만약 그러한 연계를 고려했다면 새비지(Savage, 1998)의 도시 정치분석 등을 만날 수 있었을 것이다. 새비지는 1990년대에 미국 도시에서 여성, 유색인, 이주민을 조직하는 과정에서 국제서비스노동자연합(SEIU)이 이룬 중요한 성과들을 분석했다. 새비지는 SEIU의 국가적 조직 캠페인인 "빌딩 용역 노동자들을 위한 정의(Justice for Janitors)"에 대해 연구했다. 국가적 연대 캠페인이 이루어낸 다양한 지역적 성공들을 재고찰한 후에 새비지는 "노동자연합은 지역적 정치경제와 일터의 공간적 조직에 많은 관심을 두어야 하며, 동시에 노동자들에 의해 지지되는 많은 정체성들에 적극적이고 창조적으로 참여할 필요가 있다. 나아가 노동자연합은 노동자의 생활에 깊은 영향을 미치고 그들의 경제적 위치에 직접적으로 연결되어 있는 인종주의와 성차별주의에 대항하기 위한 자원을 할당해야 할 필요가 있다"는 결론을 내린다(Savage, 1998: 20~21). 이것은 새천년의 조합 활동뿐 아니라 도시이론에도 주목할 만한 교훈이다.

도시 정치에 대한 대안적 견해

저술 전반에서 하비는 문화 정치를 매우 부정적이고 제한적인 것으로 바라보고 있다. 그는 보편주의와 개별주의라는 개념적 이분법을 일관적으로 적용하면서 계급 정치를 보편주의적 정치와 등치시키고, 젠더·종족성·장소 기반적 정치들을 개별주의의 극단에 위치시킨다. 여기서 보편주의는 진보주의나 인지적 합리성과 융합되는 반면, 개별주의는 후퇴나 비합리성과 동일한 것으로 간주된다. 『포스트모더니티의 조건』에서 발췌한 다음의 문구를 생각해보자. "우리는 개인을 더 이상 고전적 마르크스주의의 의미에서의 소외된 개인으로 인식해서는 안 된다." 왜냐하면 포스트모던적 문화에서 "소외되어 있다는 것은 파편적 의미의 자아가 아니라 정합적 의미의 자아를 전제로 하는 것이며, 이로부터 자아가 소외된다는 것을 의미하기 때문이다. 개인들이 지속적인 프로젝트를 추구하거나 현재나 과거보다는 미래의 생산을 더욱 중요하게 생각한다는 것은 오직 개인의 정체성에 대한 그러한 중심적 의미가 있을 때에 가능한 것이다"(Harvey, 1989: 53).

내가 볼 때 정체성 정치에 대한 모더니즘적 이해 때문에 하비는 사람들이 도시 정치에서 실질적으로 추구하는 사회적·담론적으로 구성된 관심의 특징들을 인식하지 못하게 된다. 즉, 그는 사람들의 관심이 계급, 인정, 젠더, 지역성, 혹은 사회적으로 구성된 이러한 정치적 정체성들의 혼성적 (hybridize) 재결합에 토대를 두고 있다는 것을 인정하는 데 실패한다. 하비처럼 정체성과 관심을 담론적이고 상황적인 형식이 아니라 인지적인 형식을 통해 정의한다면, 키안 타이박시(Tajbakhsh, 1991: 1, 934)가 지적하듯, "이러한 지식을 소유하고 있다고 주장할 수 있는 것은" 전위정당이나 지리적-역사적 유물론자 조직들뿐일 것이다. 보편적 관심을 하나의 사회학적 범주인 계급에만 연결시키는 하비의 기획은 인간의 관심이 역사적으로 상황화된 경험들 속에서 담론적이고 실천적으로 형성된 것이 아니라 절대적 계급 관계에 객관적으로 기반을 두고 있다고 단정한다. 이런 의미에서 그의 기획은 지리적·역사적 유물론자들과 같이 보편적 관심을 합리적으로 인지하는 지식인 엘리트집단이 가진 지식을 특권화한다.

초국적 네트워크에 기반을 두고서 담론적이고 실천적으로 형성되는 공동체들의 창출에 대해 아무런 언급도 하지 않은 채 하비는 인종, 젠더, 도시의 지역 정치를 모더니즘적으로 구성된 계급투쟁이라는 주인 서사에 종속시킨다. 이로써 그는 이 책에서 내가 전달하고자 하는 더욱더 급진적인 주장을 기각시킨다. 즉, 그는 실재가 물질적 현존에 융합되어서는 안 된다는 주장과 정치적인 것에 대립되는 토대, 그보다 더 심연에 존재하는 이성적 토대 혹은 경합하고 있는 실재에 대한 사회적 구성들 중 하나를 선택하는 데 기초가 되는 토대와 같은 것은 없다는 주장을 기각한다(Bondi, 1990). 나의 견해에서 '외부' 세계는 물질적 존재의 한 영역이다. 사람들, 제도, 도시, 국가는 나무들처럼 물질적으로 존재한다. 그러나 그것의 의미, 그 존재의 '실재'는 서로 다른 상황에 처해 있는 담론 공동체의 의미형성을 위한 실천에 의해 사회적으로 구성된다. 도시 정치를 구성하는 경쟁적 '관심들'을 포함하는 사회적 산물들은 "담지자로서의 행위자들의 의식과 무관한" 사회적 힘을 갖고 있는 것이 아니다(Laclau and Mouffe, 1987: 96). 이러한 관심들은 정치적 경쟁에 앞서는 것이 아니라 정치적 경쟁을 통해서, 그 과정에서 창출된다. 다르게 말하자면, "의미는 실질적 사용의 맥락에서만 구성되며 …… 모든 정체성 혹은 담론체는 행위의 맥락에서 구성된다"(Laclau and Mouffe, 1987: 83).

그렇다면 이제 필요한 것은 마르크스주의의 주인 서사나 역사적 계급행위자에 대한 도시 분석이 아니라 그들의 재현적 힘의 분석에 초점을 맞추는 이론을 구상하는 것이다[이 문제에 대해서는 Bondi(1990)를 보라]. 초국적 도시이론을 구상하는 데 도움이 될 수 있는 핵심적 연구들은 다음과 같은 문제들을 포함하게 될 것이다. 누가 사물에 의미를 부여하고, 타자들을 호명하며, 집단 정체성의 특징을 구성하는가? 누가 도시 정치의 담론을 형성하는 힘을 가지는가? 재현의 정치에 충분한 관심이 주어질 때, 도시 정치의 적절한 경계는 무엇인가? 개별 도시의 형성에서 "함께 작동"하는 힘의 네트워크와 공동체는 얼마나 지구적인가? 그것은 초국적인가, 국가적인가, 아니면 지역적인가? 국가와 시장, 정치경제와 문화의 관계들은 시간과 장소에 따라 어떻게 달라지는가? 낡고 새로운 담론 공동체들은 이러한 물음에 대답하는 데 어떻게 공모하거나 충돌하는가? 이러한 공동체에 참여하는 자들은 자신의 사회적 행위나 실천뿐 아니라 그들과 상호작용하는 타자들의 행위와 실천에 어떤 의미를 주는가? 계급 정치가 도시 정치의 유일한 합리적 형식으로 간주될 때, 도시 정치에서 어떤 새로운 목소리들이 침묵하게 되고, 비가시화되며 부차적이 되는가?

하비와 마찬가지로 다른 급진적인 도시지리학자들 역시 도시 분석의 초점을 시간과 역사에서 공간과 지리로 이동하고자 했다. 예를 들어 에드워드 소자(Edward Soja)는 모든 역사적 분석들에 '역사주의'라는 경멸적인 딱지를 붙였다. 하비의 사회 역사에 대한 이해는 그보다는 좀 덜했지만, 그 역시 도시형성의 역사에 대한 제한된 이론적 관심으로 국가나 정치의 역할, 도시 형성에서의 국가정책에 대한 이론을 발전시킬 수 없었다. 사회학자 찰스 틸리(Charles Tilly)는 하비가 자본주의(혹은 여타의) 국가의 구조와 행위자 모두에 대해 관심을 기울이지 않았기 때문에, 특수한 자본의 관심이라는 단순한 존재에서 도시공간에서의 충만한 물질화를 연역적으로 이끌어내는 비약을 하게 된다고 본다(Tilly, 1988). 틸리의 표현에 의하면 하비는 국가이론을 결여한 채, "도시 과정에 미치는 국가의 자율적 영향을 최소화했다. 그는 개별 도시에서 자본주의적 관심이 어떻게 실현되는지를 보는 것으로 성급하게 나아갔으며, 이 과정에서 자본주의적 관심이 실현되는 과정을 충분히 검토하지 않았다"(Tilly, 1988: 395). 국가가 분명히 언급될 때에도 그 역할은 이데올로기적 신비화를 주요한 목적으로 갖는 자본의 도구로 축소된다.

하비의 도시이론에는 국가 자율성의 공간이 없을 뿐 아니라 국가사회의 관계에 대한 이론도 없다. 하비는 이 문제를 다룰 때 역사적 특수성을 간과하고 있기 때문에 정치와 국가에 의해 서로 다르게 발전되는 도시공간의 이용 기제를 고찰할 수 없었으며, 어떻게 서로 다른 사회·장소·시간에 서로 다른 도시의 체제(regime)가 나타나는지를 설명할 수 없었다.

간단히 말해 하비가 지구적 경제와 포스트모던 문화 사이의 관계를 이론적으로 논의할 때 빠뜨리고 있는 것은 정치이다. 단순한 자본의 힘이 아니라 그것과 교차하면서 나오는 모든 힘의 형식들을 분석하지 못했다. 소유관계는 역사적으로 특수한 국가나 사회의 특정 행위자들의 사회적 관계에 의해 구성된 사회적 구성체라기보다 그것 자체가 사회적 행위자들인 것 같다. 따라서 그는 "사적 소유에 의한 공간의 분쇄"를 유감스럽게 여기지 않게 되는 것이다(Harvey, 1985a: 34). 자본주의적 생산과 도시 의식을 형성시키는 변화의 힘에 대해 모더니즘적인 일반화를 하면서 하비는 다음과 같은 다섯 가지 기본적 정치의 물음들을 간과하고 있다.

1. 어떻게 권력은 특정한 사회체제에서 형성되고 합법화된 도시공간을 사용하고 통제하는가? (정치과정)
2. 누구에 의해서? (행위자)
3. 국가와 지역정부의 정책들은 개별 도시의 성격에 어떻게 영향을 미치는가? (국가의 역할)
4. 국가-시민사회 관계의 결과물로 보이는 그러한 국가정책들은 초국적으로 뿐만 아니라 각 사회의 안에서와 사이에서 시간이 지남에 따라 어떻게 다른가? (역사적 특수성)
5. 이러한 국가-시민사회의 역학 속에서 특수한 도시들이 갖는 가변적 역할은 무엇인가? (지역화)

사회이론가 니코스 무젤리스(Nicos Mouzelis)는 이러한 물음들을 다루면서 역사적으로 개별적인 시민사회의 특징들을 살펴볼 필요가 있음을 강조했다(Mouzelis, 1988). 그는 역사적으로 보아 약하게 조직된 시민사회들에서 사회적(그리고 도시의) 발전을 지배하는 게임의 규칙을 만들 때 국가는 시장보다 더욱 중요했다고 지적한다.

만약 자본주의의 형성에서 국가가 경제적 지배계급의 도구로, 혹은 자본의 기능을 수행하는 것으로, 혹은 계급투쟁의 장으로 정의된다면, 그러한 이론은 지배·강요의 수단을 가진 자들이 생산수단을 가진 자들 위에 군림하는 경우, 혹은 국가정책이 자본주의의 생산을 촉진하기보다 방해하는 경우들에 대한 연구들을 분명히 배제할 것이다. …… 후자와 같은 경우들은 자본주의의 주변부, 즉 시민사회 일반, 그중에서도 특히 계급이 약하게 조직되어 있는 곳에서 일반적으로 나타나며, 지배의 논리가 시장의 논리를 압도하는 곳, 다른 말로 하자면 정책 재생산의 요구들이 경제 재생산의 요구들과 양립할 수 없는 곳에서도 종종 발견된다. 이러한 경우에 경제적 요구들은 정책의 요구에 굽히게 된다(Mouzelis, 1988: 118).

신자유주의의 실천이 외지고 주변적인 사회적 공간들에 널리 퍼져 있고, 많은 학자들이 지구화라는 "탈국가적" 시대를 팔아먹고 있는 현시점에서 혹자는 무젤리스의 의견을 진부한 것으로 간주할 수 있다. 그러나 과거와 현재의 발전들은 그렇지 않음을 보여주고 있다. 예를 들어 지구적 정치경제의 면모를 갖추고 있는 도시를 만들기 위해 중국 국가가 사용했던 정치의 논리와 과정들을 생각해보라. 홍콩의 도시 발전을 중개하는 데 영국 식민정부와 중국이 어떤 역할을 했는가를 보라(Henderson, 1989). 파리를 국제적인 문화자본으로 발전시키기 위해 행한 프랑스 국가의 과거와 최근의 정치를 보라(White, 1998). 일본의 경제발전과정에서 작은 국가와 큰 시장을 요구했던 초국적 신자유주의에 당면하여, 일본 정부 관료와 국가의 발전정책이 일본의 도시화 과정을 형성하는 데 맡았던 역할을 생각해보라(Hill and Fujita, 1995: Kristof, 1999). 반대로 자본을 유치하기 위해 국가적 '권력강화 지대(empowerment zone)'에서의 지역세 감면을 추진했던 미국 신자유주의의 국가적·지역적 정치를 보라. 이들은 과세나 사회적 경비 절감정책을 경제적 세계화에 의해 "요구되는" 것으로 정당화시켰다(Smith, 1988).

이러한 발전들은 무젤리스의 주요 주장이 포기되기보다는 확장되어야 할 필요가 있다는 것을 보여준다. 미약한 시민사회가 있는 국가들(중국이나 벨라루스)뿐 아니라 발전된 시민사회가 있는 국가들(일본이나 미국)에서도 국가사회의 관계는 지구적 자본주의의 강령들에 반응해 서로 다른 사회를 형성시키는 데 중심적 역할을 한다. 따라서 역사적 실천에서의 '지구화'가 의미하는 바는 경제적 지구화의 정치적 요구들에 결합하거나 이에 저항하는 다양한 유형의 국가형태들을 비교-역사적으로 분석할 때 발견될 수 있다. 마찬가지로 개별 도시들이 국가에 의한 지구적 경제관계의 매개를 어느 정도 회피할 수 있는가 하는 흥미로운 물음은, 하비처럼 유동적 특수화, 과도하게 경쟁하는 지역성들, 도시화된 자본의 보편적 확장을 주장함으로써가 아니라, 비교분석적인 사례 연구들을 통해 대답되어야 한다.

'자본' 그 자체의 역할마저도 이론적으로 가정되기보다는 역사화되어야 한다. 하비는 도시를 토지세의 형식으로 자본을 축적시키는 수단, 도시 집중화를 통해 생산비를 절감하는 곳, 건조 환경에 투자된 잉여 자본의 배출구로 본다. 따라서 도시화는 과잉생산과 잉여축적이라는 자본주의의 보편적 위기에 대한 해결책으로 나타난다. 이론적으로 하비는 다양한 자본주의적 분파들의 '도시 계급연대'가 자본 재생산의 도시 '공간적 돌파구'에서 수렴되어왔다고 본다. 그러나 그는 정치적 '연대'를 가능하게 할 만큼의 충분한 부동산자본, 산업자본, 금융자본을 개별 도시에 모아주있던 기제들이 무엇이었는지를 역사적으로 고찰하지 않는다. 오히려 틸리가 분명히 보여주었듯이(Tilly: 1988), 19세기 파리의 도시 발전과정에서 나타난 자본주의적 분파들의 상호작용에 대한 하비의 연구는 파리라는 도시공간의 사회적 생산에서 그들의 결집보다 그들의 충돌이 더욱 중요했음을 보여준다. 하비가 자신의 도시이론 일반과 역사적 서술을 조화시킬 수 없었던 것은 작은 실수에 지나지 않는 것이 아니다. 왜냐하면 도시화 과정에서 이해관계를 갖는 주요 자본주의 분파들의 행위가 첨예하게 충돌한다면, "추상적·통일적 '자본'의 작동을 따라 도시 형태를 추적하는 이론들은 더 이상 적합하지 못하게 되기" 때문이다(Tilly, 1988: 396).

마지막 분석에서 도시정치를 "강력하고 혁신적인 그러나 종국에는 불평등한 축적의 훈련 무기"(Harvey, 1985: 126~127)로 환원시키는 하비의 시각은 우연적 결과를 위한 공간을 거의 남겨놓지 않는다. 도시 정치에서의 재현적 힘을 분석하지 못한다는 것은 말할 것도 없다. 비계급적 사회운동을 평가절하하고 심지어 비난하면서도 "상대적으로 자율적인" 비자본주의적 계급연대의 형성을 요청하는 수사학적 제스처는 하비의 도시론이 전제하는 기술결정론을 변화시키는 데 아무런 역할도 하지 못한다.

이분법을 넘어서

하비가 도시이론에서 사용했던 언어는 도시화, 도시생활, 도시 정치의 비전을 제시하는 데 한계를 갖는다. 전 지구적 자본축적의 냉혹한 논리에 대한 일군의 기능주의적 가정들에서 출발하는 하비는 자본주의에 과도한 체계적 정합성을, 자본주의적 계급행위자들에게 과도한 단일 주체성과 헤게모니적 힘을 부여한다. 역사적 행위자의 문제를 다루고자 했던 수많은 시도들이 있었지만 하비의 연구는 국가이론을 충분하게 발전시키지 못하고 있으며, 도시 정치에 대한 고도의 선별적 시각, 문화를 비자율적인 것으로 보는 해석을 제공하고 있다. 그는 정체성과 관심들을 압도적인 경제적 생산양식과 그에 따르는 문화의 논리에서 도출된, 미리 주어진 위치로 설정하기 때문에 그것들이 정치적 과정의 사회구성적 결과라는 것을 파악할 수 없었다.

포스트모더니티라는 문화의 논리를 정치적 정체성과 관심들을 불가피하게 파편화시키는 것으로 파악한 결과, 하비는 오직 계급 기반적 정체성만이 신화적 보편 이성을 추구할 수 있다는 결론에 도달하게 된다. 계급 정치에는 합리성, 보편주의, 전 지구적 비전이 각인되어 있지만, 종족적, 젠더적, 환경적, 성적, 지역 기반적 사회운동과 정체성들은 파편화되고, 개별적이며 협소하게 지역적인 것으로 평가절하된다. 전자는 바람직한 모더니즘과 진보로 재현되고, 후자는 바람직하지 못한 포스트모더니즘과 보수주의로 재현된다. 하비는 이분법을 통해 한편으로 계급을 본질화하지만, 다른 한편으로는 20세기 후반 도시 정치의 재료가 되는 모든 나머지 도시 정치들, 특히 종족·인종·젠더 투쟁들을 주변화한다.

이 장에서는 하비의 도시이론의 토대가 어떤 한계를 갖고 있는지, 그리고 그것이 얼마나 많은 도시 정치의 역동성을 배제하거나 주변화하는지를 보여주고자 했다. 다음 장에서는 '구조주의적' 도시이론화를 작동시키는 두 번째 요소인 글로벌시티 담론에 대해 논의하게 될 것이다. 하비와 마찬가지로 유명한 글로벌시티 이론가들 역시 행위자, 역사성, 의미의 사회적 구성의 문제에 대한 관심이 부족하다. 글로벌시티 이론가들은 전 지구적 자본의 재편이라는 거대 서사를 설명할 때 마르크스주의적 분석 범주에 덜 기대고 있다. 그렇지만 자본의 '지구화'가 지역이나 국가에 가져오는 영향에 대한 그들의 이론은 지구화에 대한 도시나 국가의 역사적이고 우연적인 반응을 설명할 수 있는 공간을 거의 가지고 있지 않다. 그 이론이 지구화 시대에 초국적으로 작동하고 있는 국가의 창조적 혁신이나 사회적 네트워크, 정치 운동을 담고 있지 못하다는 것은 말할 것도 없다. 우리가 마지막에 보게 되겠지만 '글로벌시티'의 렌즈는 단일하고 경제적인 시선에 의해 "위로부터" 조망된 지구화의 이해에 특권을 부여하기 때문에, 엄연히 정치와 사회적 삶을 윤택하게 하면서 전 세계의 초국적 도시의 경관들을 교차시키는 정치와 문화의 무수한 초국적 실천들을 보는 데 실패한다.

[이현재 옮김]

3

글로벌시티 담론
주인 서사로의 귀환?

    (매끄럽고 둥근) '글로벌시티'라는 은유는 처음에는 도시, 도시의 특성들 및 기능들을 나타내는 풍부한 이미지로 개발되었다. 그러나 이제 '글로벌시티'를 새기고 있는 (주로 사회경제적이며 금융적인) 세계경제의 공간은, 지나치게 일원론적이고 중립적일 뿐만 아니라 도시가 담고 있는 파편적이며 흉터 있고 불균형적인 사회·경제적 모순들을 보여주기에는 너무 균형 잡힌 것으로 제시되고 있다.

— 앤서니 킹, 『도시 재현하기』
Anthony King, *Representing the City*

    비록 정식화되어 있지 않고 특성화되어 있지도 않으며, 실증주의와 구조주의 및 본질주의가 만나는 어떤 개념적이며 인식론적인 경계지대에서 특정장소를 차지하고 있지는 않지만, '글로벌시티'에 관한 논쟁들은 이미 충분히 알려져 있다. 이 논쟁을 실증적인 분류나 이러한 분류에 기초해 구성된 도시의 위계들, 그리고 글로벌시티의 '실재'적인 원인 및 결과에 대한 지도를 그리거나 심지어 형태적으로 모델화하려는 경험적 노력들은, 이 논쟁의 참가자들로 하여금 글로벌시티 담론이 '지구화'라는 좀 더 광범위한 공공 담론 안에서 이루어지고 있다는 사실을 간과하도록 만든다.

물론 여기서 지구화 자체는 과학적인 수단에 의해서 관찰된 어떤 '사물'이 아니라 강력한 사회적인 권력들에 의해 추진되고 쟁취된 정치적인 프로젝트이다. 글로벌시티 담론은 글로벌시티를 사회적인 의미구성의 바깥에서 작동하는 객관적인 실재로서 정의하려고 한다. 이 논쟁의 참가자들은 어떤 물질적 조건들의 집합이 글로벌시티의 속성들을 이루는지, 어떤 도시들이 이러한 속성들을 갖는지에 관해서 논증하고 있다. 이 논쟁은 철저히 우리의 의미-만들기 과정 바깥에서 생겨나는 대안적인 실증적 분류들을 양산하고 있다.

지구화 및 글로벌시티에 관한 이 논쟁에서 나 자신의 입장은 사회적 구성주의 및 이데올로기 비판에 관한 좀 더 광범위한 인식론적이며 존재론적인 논쟁 안의 틀에 있다. 내 주장의 기본적인 출발점은 다음과 같다. 도시연구를 근거 짓기에 적합한, '글로벌시티'라고 알려진 견고한 객체는 없다. 단지 차별적으로 형성된 네트워크, 실천 및 권력관계들의 끝없는 상호작용이 있을 뿐이다. 그리고 이러한 것들은 상이한 도시의 환경에서 '지역', '초국가성' 및 '지구화'에 대한 이해들을 담론적이며 역사적으로 구성하는 지역적·권역적·국가적·초국적인 행위자들의 행위를 연구함으로써 가장 잘 해독된다.

글로벌시티는 하나의 역사적인 구성물에 대해 가장 잘 고안된 사유물이지, 의미-만들기의 과정 바깥에서 이미 측정될 수 있는 본질적인 속성들로 이루어진 어떤 장소나 '객체'가 아니다. 글로벌시티의 본질에 관한 담론들은 '장소의 본질'(Massey, 1994a: 111 참조)에 관한 초기 논쟁을 생각나게 한다. 이 두 담론에서 이런저런 장소의 특정한 내적 특징들이 본질적인 지위를 차지한다. 글로벌시티의 경우 그 지위는, 계층화된 세계적인 위계 안에 위치한 도시들의 "지구적" 지위에 부가되는 축적된 경제적 속성들 및 생산기능들을 갖고 있는지에 따라 결정된다.

글로벌시티를 형성할 때 교차하는 금융, 정보, 이주의 흐름들을 특성화하는 데서 글로벌시티를 다루는 문헌들 간에는 차이가 있다. 그렇다 해도 그 문헌들은 이러한 지구적 흐름들을 뉴욕, 런던, 파리, 도쿄, 로스앤젤레스와 같은 법률적으로 구획된 개별 도시의 경계 안에서 "합류하는" 것으로 보는 공동의 개념적인 전략을 공유하고 있다. 이렇듯 이 전략은 특정한 도시들의 경계 안에서 자본투자, 제조, 상품유통, 노동이주 및 문화적 생산의 지극히 유동적이며 초국적인 과정들을 특정 지역에 위치시키고 있다. 이렇게 함으로써 그 전략은 '바깥'으로부터 '내부'를 확실하게 분리하며, 대체로 글로벌시티 안에서 진행되는 것에 초점을 맞추고 있다. 글로벌시티들 간의 관계를 언급할 때에 이 글로벌시티의 개념 틀은, 공간을 가로질러 글로벌시티들을 편입시키는 것으로 가정된 경제적 기능들과 생산복합체에 위계적인 질서를 부여한다. 글로벌시티 담론은 교차하는 초국적 연계망을 위계적으로 포개어놓으며 글로벌시티들에 경제적인 질서체계를 부여함으로써 지구적인 도시위계를 구성하려고 한다. 이는 금융 흐름, 정치적인 연합, 매체경관, 그리고 이제 국경을 넘으면서 내가 초국적 도시성이라고 부르는 일상의 사회문화적 네트워크들 사이에 종종 나타나는 어긋남(disarticulation)을 그릇되게 보여준다[예를 들면 Appadurai(1990, 1996) 참조].

이런 관점에서 경제적인 지구화와 글로벌시티 위상의 표식으로 받아들여지는 속성들은 광범위하게 동의되고 있다. 이러한 속성들은 프리드먼(Friedman, 1986, 1995) 및 사센(Sassen, 1991)이 제시한 분석들에서 가장 명확하게 언급되고 있다. 이 속성들은 다음과 같이 포개진 경제적 속성들을 포함하고 있다.

1. 국가적인 경계를 넘나드는 경제활동의 증가에 의해 생겨난, 국제 경제의 지구화.
2. 고도화된 자본이동, 그 배치의 소수 글로벌시티로의 집중.
3. 주요 '중핵 국가' 도시들에서 제조업으로부터 사업 및 금융 (또는 생산자) 서비스로의 이행.
4. 이 도시들의 확장된 생산자 서비스 부문들에 의해 지구적 규모에서 조정되는 '명령 및 통제' 기능들의 글로벌시티로의 집중.
5. 국제적인 자본의 축적, 통제 및 분산을 목적으로 하는 지구적인 도시체제로 이 도시들의 위계적 조직화.

내가 이 장에서 제시하는 주장은 다음의 순서로 이루어진다. 제1절은 글로벌시티 논제의 가장 영향력 있는 두 주창자라 할 수 있는 프리드먼과 사센의 저작에서 발견되는 글로벌시티에 대한 서술을 개괄하고 비판한다. 여기서 구조주의, 경제주의, 문화 및 행위자에 대한 부주의가 그들의 도시이론 접근법의 핵심적인 약점들임이 밝혀질 것이다. 나의 비판은 그들 저작의 몇몇 유용한 측면을 인정하지만, 그들이 글로벌시티를 20세기 후반에 지구적 자본주의의 구조적 변형에 대해 날조된 부산물로 구체화하는 경향이 있음을 강조한다. 내 주장의 다음 부분은 현재의 지구화과정을 정치적으로 위치시키고 지역적으로 자리매김한다. 이 과정에서, 나는 다국적 자본의 '지구적 확장'에 중대한 한계가 있음을 밝힌다. 이는 글로벌시티 논제의 핵심 가정들을 무너뜨릴 것이다. 이것이 완수된 후, 다음의 질문을 천명함으로써 글로벌시티 논제에 대한 나의 비판이 완결될 것이다. ① 글로벌시티의 생산에서 핵심적인 추진력들로 인정되는 경제적 지구화의 전반적인 과정이 얼마나 새로운 것인가? ② 어떻게 그리고 누구에 의해서

'지구화'는 신자유주의를 정당화하는 이데올로기로 사용되어왔는가? ③ 이러한 질문들이 우리가 초국적인 과정들에 관해 어떻게 생각해야 하는지, 도시들과 지구적 공간 양자를 경쟁하는 지형들로 어떻게 개념화할 수 있는지에 대해 어떤 차이를 만들어내는가?

글로벌시티 논제에 대한 재고찰

프리드먼과 사센의 글로벌시티 형성에 관한 이론적 저작들은 정치적이며 사회문화적인 동학들을 희생시키면서 글로벌시티 발전에 대해 명시적으로 경제적이며 기술적인 설명들을 특권화하고 있다. 경제적인 과정들과 정치적이며 사회문화적인 동학들의 불가피한 상호작용을 조명하는 데, 글로벌시티 논제의 출현을 하나의 사회과학 연구 패러다임으로 개념화하는 것이 중요하다. 데이비드 레이(David Ley)가 상기시키듯이, 1980년대에 출현한 글로벌시티 논제는 다음과 같다.

> 레이건-대처 패권의 절정, 이것의 미국 우선적인 지정학, 그것의 탈규제적인 정치경제, 복지국가의 축소 및 이윤 동기의 해방과 시기적으로 맞아떨어진다. 이러한 상황에서 세계 도시(world-city)의 이론화가 대체로 경제주의적이며 국민국가의 쇠퇴를 가정하고 또한 미국의 자유시장 모델을 지구 끝까지 확장하게 될 것이라는 점은 전혀 놀라운 일이 아니다(Ley, 1998).

현재 우리의 유리한 관점에서 볼 때, 도시 위계의 체계적인 정합성, 지구적 명령 및 통제기능들의 초영토적인 경제적 수렴, 국민국가의 중요성

감퇴 등에 관한 글로벌시티의 가정들은 이전에 비해 더욱 지탱하기 힘들다. 더 낫든지 못하든지 간에, 도시들은 다른 역사, 문화적 복합체, 민족적 경험, 도시공간의 정치적 규제 방식을 갖고 있다. 이러한 점들은 지구화과정의 지역화에 대한 세밀한 분석에서 고려되어야만 한다.

첫 번째로 이제는 고전이 된 프리드먼과 볼프의 논문「세계 도시의 형성: 연구와 행동을 위한 어젠다(World City Formation: An Agenda for Research and Action)」에 깔려 있는 핵심적인 개념적 가정들을 고찰해보자(Friedman and Wolff, 1982). 프리드먼과 볼프는 이제 막 출현하는 생산 및 시장의 세계체제가 도시들의 지구적 네트워크를 통해서, 그리고 그 안에서 공간적으로 형성되고 있다고 주장한다. 그런데 증명되지 않은 채 이 도시들이 위계적으로 내적인 연계를 갖고 있는 것으로 가정되고 있다. 그들은 이러한 지구적 위계를 함유하는 도시들이 중요한 이유는 이 지구적 매트릭스 안에 "대부분의 세계적인 능동적 자본이 집중되어 있기"(Friedman and Wolff, 1982: 309) 때문이라고 한다. 다른 분석자(예를 들면 사센)와 달리, 프리드먼과 볼프에 의해서 '세계 도시'가 위치한 곳으로 간주되는 도시권역들 내지 배후지들(hinterlands)은 또한 "효율적인 잉여의 추출을 위해 세계를 조직하는 것을 떠맡고 있는 대자본 속에서 중요한 역할을 한다"(Friedman and Wolff, 1982: 309)고 가정되고 있다.

자본주의적인 도시화에 관한 이 거대담론 속에서 글로벌시티가 하나의 단일한 창조자를 갖는다는 점은 분명하다. 그것은 초국적 자본이다. 프리드먼과 볼프에게 세계 도시들은 초국적 자본에 의해 수행된 조직적인 통제의 물질적인 현시들이다. 바로 이 초국적 자본들이 지구를 가로질러 "시장 및 생산단위들의 연계된 집합"을 구성해왔다(Friedman and Wolff, 1982: 311~312). 세계 도시들은 초국적 자본의 은행 및 금융센터이자 관리

본부이며, 지구적 생산물을 위한 생산사이트이고, 잉여자본의 부동산투자를 위한 "안전한" 피난처이며, 지구적 시장의 강력한 구성요소들이다. 그리고 지구적 자본가의 "이데올로기적인 통제" 본부이다. 분명, 각각의 세계 도시가 이러한 모든 측면에서 지구적인 도시체제로 편입되어 있는 것으로 간주되지는 않는다. 그렇지만 지구적인 자본주의적 위계에 편입되는 방식에 대한 프리드먼과 볼프의 통합목록은 그들로 하여금 지구적 경제로 편입되는 한 가지 또는 여러 패턴을 현시하는 16개의 "만들어지는 과정에 있는 세계 도시들"의 목록을 만들어내는 것을 가능하게 했다. 「세계 도시 가설(The World City Hypothesis)」(1986)이라는 후속 논문에서 프리드먼은 그가 볼프와 함께 발전시킨 세계 도시들에 관한 견해를 세밀하게 다듬고 있다. 이 분석은 질적으로 더욱 향상되었다. 프리드먼은 자신의 프로젝트를, 발전이 완전히 이루어진 도시이론 또는 심지어 도시화과정에 관한 보편적인 일반화라기보다는 어떤 '연구 틀'을 위한 진전으로 묘사하고 있다. 그는 역사적인 과거, 국가적인 정책, 문화적 영향, 세계경제로의 편입양식 등으로 말미암아 세계 도시들 사이에 차이가 있을 수 있다는 점을 인정하고 있다. 그럼에도 프리드먼은 자신의 일반적인 연구 틀에 깔려 있는 핵심적인 경제주의적 가정을 고수하고 있다. 앞에서 제시한 차이들에도, 그는 "그러나 경제적인 변수가 설명의 모든 시도들에서 결정적인 것 같다"(Friedman, 1986: 69)라고 결론 내린다. 이러한 가정에 일관되게 프리드먼은 세계 도시들에서 도시정치적인 갈등을, 정치적이거나 문화적인 구조들 속에서도 아니고 인종, 종족, 또는 젠더의 사회적 관계 속에서도 아닌 "시장관계들의 지구적 체제 속에"(Friedman, 1986: 89) 기인하는 것으로 본다.

이러한 중핵 가설에서 출발해 프리드먼은 글로벌시티 형성에 관해 내적으로 연계된 여러 논제들을 제안한다. 나는 이 논제들에 깔려 있는 논리들을 포착하고자 한다. 첫째로, 프리드먼은 세계 도시들 안에서 생겨나는 어떠한 구조적 변화들도 "새로운 공간적인 노동분업에서 그 도시에 부여된 기능들"에 의해 결정될 것이라고 주장한다. 그 후 그는 바로 누가 그 부여하는 역할을 수행하는지, 어떻게 그 기능들이 조직되는지를 분명히 한다. 곧 '지구적 자본'이 생산 및 시장들을 공간적으로 조직하는 데 세계를 통틀어 중핵도시들을 '근거지(basing points)'로 사용한다는 것이다. 그의 주장에 따르면, 이 도시들은 다국적 자본에 의해 도시의 복합적인 공간적 위계 속으로 배치되어왔다. 그는 계속해서 세계체제론에 따라 이 위계를 다음과 같이 구분해서 위치하게 한다. "중핵의 주요 세계 도시들(뉴욕, 런던, 도쿄, 파리, 로스앤젤레스, 시카고)", "준주변부 주요 세계 도시들(리우데자네이루, 상파울루, 싱가포르)", "중핵의 2차 세계 도시들(샌프란시스코, 휴스턴, 마이애미, 토론토, 마드리드, 밀라노, 베네치아, 시드니, 요하네스버그)", "준주변부 2차 도시들(멕시코시티, 카라카스, 부에노스아이레스, 서울, 타이베이, 홍콩, 방콕, 마닐라)" 등이 그것이다. 이러한 분류에 더해 프리드먼은 로테르담, 프랑크푸르트, 취리히, 브뤼셀이 세계 도시 위계의 일부임을 밝히고 있는데, 처음 세 개의 도시들에는 '제1위' 세계 도시 지위를 부여하며 브뤼셀은 '2차' 세계 도시의 지위로 좌천시키고 있다.

이렇게 도시들의 지구적 체제를 연계시키는 어떤 위계의 지도를 그린 다음, 프리드먼은 글로벌시티들 안에서 무엇이 진행되는지에 주목하면서 무엇보다도 세계 도시들 안에서 주도적인 생산 및 고용 부문들이 "지구적 통제기능들"을 수행한다고 주장한다. 그가 식별하는 통제 부문들은 기업의 본부들 및 국제적인 금융본부들, 지구적 운송 및 통신 부문들, 높은 수준의 사업 서비스들, 최고의 세계 도시들의 경우에는 "이데올로기적인 침투 및 통제"(사센의 초기 저작에 따라 인용함. Sassen-Koob, 1982, 1984a, 1986)를 책임지는 부문 등을 포함한다. 더 나아가 프리드먼은, 세계 도시들 안에서 이러한 부문들의 고소득 전문가들이 엘리트의 변덕에 응하며 양극화된 소득구조를 낳는 저소득 서비스 직업들의 배치를 창출하는 데서 주도적인 추진력을 이룬다고 주장한다.

프리드먼의 논제들은, 더 나아가 세계 도시들을 국제적인 자본의 유인과 국내적인 그리고/또는 국제적인 이주자들의 집중을 위한 주요 사이트로 특징짓고 있다. 그러나 그는 이러한 '패턴들'에 여러 가지 예외가 있다고 언급하고 있다. 주도적인 글로벌시티인 도쿄는 지구적 투자 및 유입이주를 제한하는 국가정책들 때문에 두 가지 심급에서 하나의 예외를 이룬다. 싱가포르도 유입이주 제한정책들로 인해 심각하게 국제적인 유입이주를 감축시켜왔다. 덜 성공적이었지만, 서유럽 국가들도 마찬가지로 초국적인 이주자들이 자국의 세계 도시들로 유입하는 것을 제한하려고 했다. 더욱이 IMF의 긴축정책들, 자본도피, 다른 요소들이 남미의 준주변부 세계 도시들을 자본의 순유입국이 아니라 순수출국으로 만들었다. 그래서 프리드먼이 국제적인 자본흐름을 노동이주와 연계시키는 자신의 '지구화' 논제들에 대한 논의를 끝마쳤을 때, 그가 묘사한 예외들은 그가 고찰했던 패턴들보다 크고 중대하게 나타났다.

프리드먼의 마지막 논제들은 글로벌시티 형성의 사회정치적인 결과들을 언급하고 있다. 그는 세계 도시 형성은 공간적이며 계급적인 양극화를 낳는다고 주장한다. 그는 막 출현하고 있는 공간적 양극화를 세 가지 규모에서 서술한다. 지구적 규모에서 중핵과 주변부 경제 및 사회 사이의 양극화, 권역적인(regional) 규모의 지역들 안에서 특히 준주변부 안에서 불균등 발전의 측면에서의 양극화, 그리고 글로벌시티들 안의 메트로폴리스 규모에서 소득 및 계급에 기초해 공간적으로 분리된 주거 이웃들 측면에서의 양극화가 그것이다. 프리드먼은 세계 도시들 안에서 공간적인 분리 및 사회적 양극화를 대체로 변화하는 고용기회에 기인하는 것으로 본다. 그는 '지구적 통제능력'을 지향하는 도시의 고용 추세들에 관한 사센의 저작에 의존해, 사회적 양극화는 자본주의 경제발전에서 급격히 부상하는 추세들의 불가피한 부산물이라는 결론에 도달한다. 그는 금융 서비스, 지구적 통신, 사업 서비스를 강조했지만, 이상하게도 공간적이며 사회적인 양극화를 "산업 자본주의의 주요 모순"으로 서술한다(Friedman, 1986).

마지막으로 프리드먼은 세계 도시의 발전을 위한 사회적 비용이 여기에 지출할 국가재정능력을 벗어난다고 주장한다. 그는 아무런 증거도 제시하지 않은 채, 국가예산이 "정치권력의 전반적인 균형"을 반영하며, 따라서 초국적 자본의 필요에 따른 경제적인 사회간접자본을 위해 도시 이주자 및 유입 이주 노동의 사회적 재생산의 필요들을 희생하면서 새로운 전문가 엘리트층이 바라는 도시의 쾌적함을 위해 자원들을 할당할 것이라고 주장한다. 또 향후 발생할 재정위기들이 글로벌시티들 안에서 사회적 재생산의 위기를 낳을 것이며, 사회적인 정책의 발흥보다는 더 자주 저소득 이주자에 대한 경찰의 억압에 마주치게 될 것이라고 주장한다.

자신이 처음 정식화한 뒤 10년 후에 출간된 세계 도시연구의 성과와 한계에 관한 회고적인 고찰에서, 프리드먼은 자신의 기본 주장에 거의 아무것도 첨가하지 않았다(Friedman, 1995). 그러나 더 최근의 논문에서 그는 담론의 어조를 바꾸고 옛날의 논제들을 더 세밀하게 다듬으며, 하나의 새로운 주제를 도입하고 있다. 프리드먼은 학자들과 도시계획가들 및 정책 입안가들 모두가 글로벌시티의 지위를 위한 경쟁에 새로운 경쟁자들을 첨가하려는 종종 논쟁적인 시도를 반영하여, 여전히 명령을 내리는 지구적 경쟁의 도시 노드(node)들을 "공간적인 절합(articulation)의 위계" 속에 배치할 수 있지만, 일단 뉴욕·런던·도쿄 등 위계의 최상위를 고려할 때 "이 위계를 영구화하려는 것은 …… 무모한 작업"이라고 결론 내린다(Friedman, 1986: 2). 그는 세계경제가 너무 가변적이라 안정된 위계를 구성하는 것이 허용되지 않는다고 주장한다. 그리하여 자신의 프로젝트를 명확한 위계적 순위를 부여하는 것으로부터 "막연한 개념"인 차이를 이 순위 속에 수용하고 나서 특정한 세계 도시들의 상호 절합을 고찰하는 프로젝트로 변경하고 있다. 이러한 변경을 통해 그는 몇몇 세계 도시들을 자신의 목록에서 제거하고 새로운 경쟁자들을 첨가시킨 역사적인 변화들을 고려할 수 있게 되었다.

내 생각에 이는 기특한 변경이다. 이는 초국적 도시이론의 좀 더 광범위한 패턴들을 연구하기 위한 공간들을 열어주기 시작한다. 그러나 프리드먼의 핵심적인 가정들은 여전히 경제주의적인 것으로 남아 있기 때문에, 그가 지도에 그려넣는 방향으로의 새로운 행로에는 한계가 있다. 다른 역사들 및 경계 안에서 합류하는 현재의 경제적·정치적·문화적인 흐름들로부터 유래하는 세계 도시들 사이의 정치적이며 문화적인 차이들을 탐색하는 대신에, 프리드먼의 세계 도시 정치학의 새로운 시각은 "더 많은 명령 및 통제기능들"을 포착하기 위해 형성될 가능성이 있는 글로벌시티들 사이의 경쟁을 강조한다(Friedman, 1986). 세계 도시들 안에서 문화적 갈능에 대한 그의 새로운 해석은 새로운 보편주의를 낳으며, 또한 이해관계에 따라 지구적 축적이 순탄하게 기능할 것을 지향하는 초국적 자본가계급의 '경제적 공간'에, 글로벌시티들 안에서 하비의 말대로 "전형적으로 더 영토적이고 지역적인" 이해관계를 갖는 하위 계급들의 '생활공간'을 대치시키는 명확히 분리된 이분법을 낳는다(Friedman, 1986: 25). 다시 한

번 역동적이지만 무장소의(placeless) 지구적 경제흐름들의 논리가 정태적인 장소 및 지역문화, 그리고 이제 하버마스(J. Habermas)와 하이데거(M. Heidegger)에 따라 가치 절상된 세계 내 존재의 '생활공간'의 이미지에 대치되고 있다. 이러한 정식화에서는 경제적 공간들의 문화적 구성, 경제적 행위의 마음에 새겨짐, 도시문화의 초국가화, 상상적으로 단일한 '하위' 계급들 사이의 '존경'을 위한 지위 전쟁, 그리고 이러한 사회적 구성들에 깔려 있는 권력과 갈등의 이슈들이 상실되고 있다.

내 생각에 프리드먼이 깨닫기 시작했듯이 위계적인 경제적 분류들은 자본투자 흐름들의 휘발성에 비추어볼 때 너무 정태적이기 때문만이 아니라 이러한 흐름들의 복합적이고 종종 모순되는 구성요소들(예를 들면 투기적인 투자 대 직접적인 고정투자) 때문에도, 고정된 도시 위계를 향한 지향은 포기되어야만 한다. 더욱 중요한 것은, 초국적 도시이론의 사이트들인 지역의 문화적 공간들은 또한 프리드먼과 하비가 가정한 것보다 훨씬 덜 정태적이기 때문에, 이러한 위계적인 질서체계를 향한 지향은 아무런 성과도 낳지 못할 것이라는 점이다. '존재'나 '공동체'의 정태적인 존재론을 반영하는 것과는 전혀 달리, 지역들은 "만들어지는 과정에 있는" 동학적인 구성물들이다. 지역들은 복합적으로 굴절된 경제적인 흐름, 프로젝트, 실천뿐만 아니라 문화적이며 정치적인 결합의 사이트들이다. 지역들의 끊임없는 형성과 재형성에 침투해 들어가는 문화적이며 정치적인 과정들은 너무 역동적이다. 그래서 초국적 도시성을 구성하는 경쟁하는 공간적 실천과 문화적 갈등을 낳는 현실의 정치적인 투쟁들에 앞서 도시의 발전경로를 예측할 수 없다.

비록 프리드먼의 견해에서 결정적으로 세계 도시들을 만들어가는 행위자들이 협소하게 지구적 양극의 계급관계들의 측면에서 구성되고 있지만,

적어도 그의 연구 틀은 사회적으로 글로벌시티들과 이의 이용을 결정하는 권력관계들을 구성하는 행위자들에 대한 공간을 열어두고 있다. 그러나 사센의 저작들 특히 그의 영향력 있는 책『글로벌시티(The Global City)』(1991)에서 글로벌시티가 제안되는 방식에 대해서는 행위자들에 대한 공간이 열려 있지 않다. 일관되진 않지만, 사센은 글로벌시티들을 대체로 사람들의 등 뒤에서 글로벌시티의 경제적 기능, 계급 구성, 도시경관, 문화적 패턴 등을 변형시키면서 작동하는 '지구화'라는 구조적 과정의 물질적 발현으로 제시한다. 사센의 담론 언어는 기능주의적인 용어로 채워져 있다. 명령 센터들로서, 금융적이며 다른 전문화된 생산자 서비스들을 위한 위치들로서, 금융적이며 기술적인 혁신들을 생산하기 위한 사이트들로서, 이러한 혁신들을 위한 시장으로서, 글로벌시티들은 새로운 "지구적 동학"에 의해 "요청되는 것"으로 간주된다. 왜냐하면 글로벌시티들은 광대한 자원들에 대한 통제를 집중시키기 때문이다. 경제적 지구화는 경제 활동의 영토적인 분산 속에서 유도된 것이다. 이러한 분산은 결과적으로 "확장된 중앙 통제 및 관리의 필요를 창출한다". 그래서 "세계경제의 핵심구조들은 필연적으로" 글로벌시티들 안에 "자리 잡는다"(Sassen, 1991: 4). 글로벌시티들은 경제적 지구화의 "현대적인 분자들"로 묘사된다. 글로벌시티들은 "새로운 집중의 논리"를 따른다(Sassen, 1991: 5). 사센에게서 이 논리는 "근본적인 동학", 곧 "경제가 더 지구화될수록 상대적으로 적은 수의 사이트들로, 즉 글로벌시티들로 중앙 기능들의 응집이 고도화되는" 사실을 반영한다(Sassen, 1991).

이러한 논리에 따라 사센은 세 개의 중핵 도시들, 곧 뉴욕, 런던, 도쿄를 "일련의 지구적 과정"에 위치하게 한다. 그에 따르면 여기에는 1980년대의 경제적인 토대, 공간의 조직, 사회적 구조의 병행적인 변화들이 깔려 있다. 대체적으로 이러한 변화들을 서술하려는 그의 노력은, 이 세 도시들이 지구적 금융 서비스들, 탈산업생산자 서비스들을 위한 생산 사이트들, 직접적인 해외투자의 거래 장소들을 위한 집중된 위치들이 된 정도를 세부적으로 다루는 데 바쳐지고 있다. 이러한 초점은 경제적인 재구조화와 정치적인 갈등의 공간들을 위한 결절점으로서 글로벌시티들에 대한 프리드먼(Friedman, 1986) 및 나의 초기 관심(Feagin and Smith, 1987; Smith and Tardanico, 1987)을 뛰어넘어, 사센으로 하여금 탈산업 서비스들 및 금융재화들의 집중적인 생산 사이트로서 글로벌시티들이라는 주제를 선점하도록 했다. 이러한 강조점의 변경은, 사센이 자본주의적인 도시화의 구조기능적 논리의 언어에 제한된 것을 선호해 권력과 행위자를 평가하는 데 적합한 담론 공간을 거부하는 바로 그 지점이다. 이것이 사센의 의도적인 변경임은 의문의 여지가 없다. 그는 다음과 같이 말한다.

나는, 정부 및 경제를 압도하는 대기업들의 권력 또는 겹치는 이사진들 내지 IMF와 같은 조직들을 통한 권력의 초기업적인 집중 등 익숙한 의제들로부터 주의의 초점을 옮기고자 한다. …… 나의 초점은 권력에 있지 않고 생산에 있다. 곧 이 생산에 연루된 직업들의 지구적 통제 및 사회간접자본을 위한 능력을 구성하는 그러한 투입물들의 생산에 있다(Sassen, 1991: 6).

『글로벌시티』의 지구화 논의에는 사실상 역사적인 행위자들이 결여되어 있다. 실제로 그의 논의는 분석의 단위로서 강력하든 아니든 행위자를 명백히 거부하고 있다(Sassen, 1991: 325). 그래서 우리에게 남겨진 것은, 경제적 생산 및 교환의 지구적 명령 및 통제를 위한 **구조적인 잠재력**이라고 부를 수 있는 것들을 복합적인 지도로 그려내는 것이다. 자신의 용어들을 사용해서 사센은 뉴욕, 런던, 도쿄의 지구적 통제 '능력'을 공들여서 서술하고 있다. 하지만 "그러한 지구적 네트워크의 관리와 통제의 중핵적인 역할을 주요 도시들에게 부여하는" 것은 사회적 행위자들이 아니라 '지구화' 자체이기 때문에(Sassen, 1991: 324), 그 사회간접자본의 능력을 구성하는 행위자들이 그곳이든 다른 어떤 곳이든 거주하고 있을 수도 있다는 것조차 확신할 수 없다. 만약 지구적인 도시체제의 구조적 특징들이 주도적인 경제적 부문들의 기능적인 '필요들'에 의해 관할되는 것으로 제시된다면, 리피에츠(Lipietz, 1986)가 고찰했듯이 변경될 수 있는(open-ended) 그러한 체제 안의 어떤 지점에서라도 역사적인 변화를 찾기란 어려워진다.

사센의 견해로는, (예를 들면 국제적인 법률 서비스와 회계 서비스, 경영자문, 금융 서비스들과 같은) 지구적 경제적 통제능력을 구성하는 금융적이며 조직적인 '투입물들'의 생산은 국민국가에 영향을 미치는 결과들을 낳는다. 지구적 생산과정 및 "투입물들과 산출물들의 지구적 시장들"에 대한 관리를 가능하게 함으로써, 부상하는 글로벌시티들은 도시와 국가 간의 관계를 재규정한다. 사센의 주장에 따르면, 미국·영국·일본에서 옛날의 제조업 도시들이 글로벌시티들에서 이루어진 투자 결정들 때문에 쇠퇴함에 따라, 국가적인 도시체제는 지구적인 도시체제로부터 분리되고 있다. 더욱이 "이 도시들은 단순히 서로서로 경쟁하기보다는 하나의 체제를 구성한다". 이 때문에, "…… 글로벌시티들의 네트워크 안에서 성장에 기여하는 것이 (그들 각각의) 국가들 안에서의 성장에는 기여하지 않을 수도 있다"(Sassen, 1991: 8~9). 그래서 사센은 자신의 글로벌시티 논의에 일종의 탈국가주의적인 담론을 끌어들인다. 그의 견해에 따르면, 글로벌시티들은 명백히 지구적이며 지역적인 영향을 크게 받는 반면 국가의 영향으로부터는 벗어나게 된다.

이상하게도 명시적으로 "지구적인 도시위계가 존재하는가?"라는 질문을 제기하고 『글로벌시티』의 한 절에 "지구적 위계의 구성요소들"이라는 제목을 달고 있었는데도, 사센은 금융적이거나 거래의 기능들의 측면에서 뉴욕, 런던, 도쿄와 다른 도시들의 순위를 매기는 데 별로 주의를 기울이지도 않고, 경제적인 거래의 지구적 흐름과 연계된 도시들의 네트워크 지도를 그려내는 데에도 거의 주목하지 않는다. 오히려 그는 이 세 도시들 사이에 단순화된 노동분업을 제시하는데, 여기서 뉴욕과 뉴욕에 기반을 둔 미국은 직접적인 해외투자와 같은 지구적 금융 흐름들의 주요 수용자가 된다. 그리고 도쿄는 자본투자의 주요 순수출자가 되며, 런던은 세계에서 주요 금융거래들의 '처리장'이 된다(Sassen, 1991: 35~63, 327).

1990년대 후반 일본의 금융위기로 말미암아 1980년대에 비해 도쿄의 자본수출이 소량 감소되었음을 고려하면, 뉴욕·런던·도쿄가 삼각지대로서 각각 구분된 역할과 기능을 충족시키는 새로운 '초영토적인 시장'에 대한 사센의 개략적이고 정연한 묘사는 특정 시기의 현실과 맞아떨어지는 것으로 볼 수도 있다. 곧 일본의 산업들이 잉여자본을 낳았으며 금융시장들이 지구를 통틀어 정치적인 수단들로부터 탈규제되고 있었던 시기에 일본 국가경제의 역사적으로 특정한 지위에 관한 시기적으로 제한된(time-bound) 반영으로 볼 수도 있는 것이다. 그런데 더 나아가서 일본의 심대한 금융위기에 대한 대응으로서 자신들의 전문가 및 경영층의 기업인 원감축에 참여하는 데 대한 일본 기업경영자들의 확고부동한 거부는(*New York Times*, 1998.6.17), 영토적으로 특정한 국가의 기업문화가 지구적 통제능력들을 실현하는 데서 지속적으로 중요한 역할을 한다는 점을 시사한다. 이러한 예들은 지구적인 경제과정들이 불가피하게 역사적으로 특정한 정치적이며 사회문화적인 과정들 속에서 체현되는 정도를 말해주고 있다.

사센은 뉴욕·런던·도쿄 안에서의 계급적이며 공간적인 양극화도 대체적으로 경제주의적으로 다루는데, 이는 지구적 금융경관(finance-scapes) 및 글로벌시티에서 이것들이 체현된 현황에 대한 자신의 분석에 비해 한층 역사적인 고찰이다. 그는 사회적 양극화를 새로운 도시의 성장 및 재구조화 경향의 구조적인 특징으로 고찰한다. 사센은 사업 및 금융 서비스들에서 주요 성장산업들은 양극화된 고용 및 임금구조를 갖는다는 점을 주장하며 증거를 제시한다. 금융적이며 다른 생산자 서비스들의 부상에 의해 점령되는 고소득 고급주택가는 사치품, 개인 서비스, 그리고 건축 등을 제공하는 저임금의 서비스를 "요청한다"고 주장한다. 그는 유입이주의 결과 저임금공장과 가내공업이 글로벌시티 안에서 증식하고 있음을 언급하고 있다. 그가 보기에 글로벌시티의 두드러진 사회질서는 중산층계급을 축소시키고, 사회적이며 공간적인 양극화를 증대시킨다.

그는 자신이 구분하는 양극화를 설명하는 데서 대체로 경제적인 재구조화 경향에 초점을 맞춘다. 그럼에도 사센은 이러한 경향들을 일관되게 변화된 정치적 맥락 곧 노조 권력의 쇠퇴, 전후 시기의 포드주의적인 사회계약으로부터의 이탈, 사회적 임금의 축소, 공공적으로 보조받는 교외개발 등 케인스주의적인 경제성장 정책들이 더 이상 대세를 이루지 않는 변화된 정치 맥락 안에 위치시킨다. 이러한 변경은 도시의 이원론에 대한 사센의 분석을 풍부하게 해준다. 그러나 금융거래들이라는 경제주의에서 도시 이주의 정치경제학 및 도시적인 소비의 사회지리학으로 이동했지만, 변화된 정치적인 맥락에 대한 사센의 근본적인 설명은 정치경제적 또는 사회문화적이라기보다는 구조주의적이다. 그는 복지국가의 전반적인 폐기가 복지국가이 바탕을 이루는 사회계약이 더 이상 현존하지 않는 "궁극적으로 경제적인 필연성에 의존했기" 때문에 발생했다고 주장한다. 이 사라진 필연성이란, "주요 노동자대중의 소비능력이 경제의 주도적인 산업들의 이윤실현에 핵심적인 중요성을 갖고 있었다는 사실이다"(Sassen, 1991: 333). 그의 견해에 따르면, 탈산업적인 금융 서비스들이 제조업 중심성을 대체했으며 지구화가 경제적인 조직화의 응집력 있는 단위로서 국민국가를 우회해 지나갔기 때문에, 케인스주의적인 복지국가의 기능적인 토대가 변형되었다. 사센에게서는 결국 정치적인 권력투쟁보다는 변화하는 경제적 기능이 도시의 결과들을 결정짓는다. 도시 및 국가의 정책들이 중요할 수는 있지만 결정적인 것은 아니다.

사센에게서 정치만이 아니라 일상 도시생활의 구조들도 결정적으로 "이러한 경제적 과정들에 수반되는 문화적 변화들"에 의해 변형된다(Sassen, 1991: 331). 문화가 고려된다 하더라도 글로벌시티 체제를 지탱하는 하나의 힘으로서 기능주의적인 용어들 속에서 고찰될 뿐이다. 하비와 마찬가지로 그는 문화적 변화를 경제적인 재구조화의 부속물, 곧 그 체제의 주요 지역적인 결과물과 분할적인 결과물의 재생산을 보장하는 부속물로 고찰한다. 이러한 관점에서 고찰할 때, 글로벌시티 안에서 도시빈곤 및 사회양극화는 경제적인 재구조화만의 불가피한 부속물이다.

지구적 경제주의의 한계들

글로벌시티 논제는 국민국가, 국가의 법체계, 지역의 정치문화, 일상적인 장소 만들기 실천 들과의 연계에서 지역들을 거침없이 분리시킴으로써 지구적인 경제적 재구조화가 지역들을 변형시키는 공간적이며 사회문화적인 재구조화를 선도하고 결정한다는 가정에 핵심적으로 의존한다. 지난

10년 동안 경험적인 근거들에 기초해 이 핵심 가정을 의문시하는 포괄적인 연구가 글로벌시티 및 지구화에 관한 담론을 더욱 포괄적으로 열어놓았다 (Grosfoguel, 1995; Abu-Lughod, 1995; Ward, 1995; Cox, 1997a; Scott, 1997). 이 연구에 기초해 글로벌시티 담론에 대한 나의 비판을 정리한 다음에, 전체 지구화 담론은 "다양한 권력에 의해 긴밀하게 각본화된 담론"(Gibson-Graham, 1996/1997: 1)이라는 점을 폭로하는 사회적 구성주의의 분석을 제안함으로써 나의 주장을 확장하고자 한다. 이 각본화된 지구화 담론은 자본주의의 지구적 확장, 지역에의 침투, 무장소의 논리와 같이 팽배한 지구화의 은유들이 갖는 헤게모니에 기여함으로써, 상이한 권력이 기획하는 권력 없음(powerlessness)의 논리와 현실을 능동적으로 만들어내고 있다.

많은 경제지리학자들이 경험적 적합성의 측면에서 지구화 논제의 대표자들이 제기한 경제적 지구화의 증거를 재평가하기 시작했다. 언제나 글로벌시티들 자체와 관련된 것은 아니었지만, 경제적 지구화의 과정들이 그들의 더욱 광범위하며 문화적인 맥락들과 별도로 고찰될 때에도 이 연구는 '지역성(locality)'의 지속적인 권력에 관해 질문을 제기했다. 이 문헌은 케빈 콕스(Kevin Cox)의 『지구화의 공간들: 지역권력의 재평가(Spaces of Globalization: Reasserting the Power of the Local)』(1997)에 잘 제시되어 있다. 이 책에서 콕스(Cox, 1997a, 1997b)·스토퍼(Storper, 1997)·거틀러(Gertler, 1997)·헤로드(Herod, 1997)의 연구들은 다국적 자본이 경험한 자본이동에 대해 그 자본의 '지구적 확장'을 제한하는 중요한 국가적·지역적인 제약들을 세부적으로 밝히고 있다. 여기에는 지구적인 산업 및 서비스 회사들과 부동산 자본가들의 요구가 포함되어 있다. 특히 ① 국가적이며 권역적 (regional)인 특정한 시장들 안에서 확립된 경제적 관계, ② 노동자와 기술의 관계에 관한 국가적이며 문화적인 상이한 관습, ③ 상이한 지역 작업장의 규범 및 노동자들의 관습, ④ 지역적으로 특수한 생산자 정보네트워크(예를 들면 부동산과 관련된), ⑤ 지역 공급자 및 판매자와의 특별한 관계 들을 다루는 자본과 관련해서 그렇다. 스토퍼가 잘 요약한, 이 연구 접근법을 안내하는 핵심 질문은 다음과 같다(Storper, 1997: 19). "경제적 관계들의 특정한 유형들은 어떻게 영토화되어 있는가?" 이 영토적이며 (재)영토화하는 제약들에 대한 연구의 함의를 추적하면서, 콕스는 다음과 같이 결론짓는다.

지구화 논쟁은 탈영토화하는 힘들과 위치 대체성이 제고된 세계의 출현뿐만 아니라 영토화하는 힘들도 고려해야만 한다. 여기에는 특정한 장소로의 몰입을 가능케 하는 조건들과 사회적 관계들이 있다. 이러한 것들은 다시 경쟁상의 이점의 원천이 될 수도 있고, 그래서 그러한 몰입을 강화시키는 데 기여한다(Cox, 1997a: 19~43).

정치사회학자와 경제사회학자들도 글로벌시티 논제와 밀접한 관련이 있는 주목할 만한 연구들을 내놓았다. 이 연구들 역시 지구화에서 '지역'의 권력을 재천명하는 경향이 있다. 자본주의적인 논리와 지구적인 통제능력이 자기발생적인 메커니즘이라는 견해를 거부하면서, 이 연구자들은 이른바 글로벌시티들을 특징짓는 지역의 정치적인 특성을 밝히는 데 특히 주의를 기울였다. 예를 들면 재닛 아부-루고드(Janet Abu-Lughod)는 글로벌시티들의 '지구화'를 특징짓는 것으로 일컬어지며 지구화에서 비롯된다고 가정되는 공간적이며 계급적인 양극화의 특징 및 원인과 결과 등을 세밀하게 파헤치고 있다(Abu-Lughod, 1995). 그는 그러한 장소들에서 국가 조세와 이전급여 정책들의 변화가 초래한 소득 불평등과 지역적이며 지구적인 노동시장 재구조화에 기인한 불평등을 구분할 필요성이 있다고 본다[관련된 비판에 대해서는 White(1998) 참조]. 더욱이 뉴욕, 로스앤젤레스, 시카고 등 경제적 지구화에 종속된 모든 도시는 상이한 종족적/인종적 위계 및 사회적 불평등의 원인과 결과에서 다른 정도의 공간적 차별성을 갖고 있다. 이러한 차이들에 관한 비교사적이며 근거 있는 종족지학적 연구는 사회적이며 공간적인 불평등의 상이한 형태와 정도 및 이러한 차이들의 지역적·국가적·지구적 결정요인들을 분류해내는 데 도움이 될 수 있다. 이러한 차이들을 분류해내는 데서 지역의 정책들이 분명 중요하다는 점은 놀라운 것이 아니다. 지역 시민 문화와 정치과정들에서의 차이는 뉴욕, 로스앤젤레스, 시카고에서 관찰된 불평등들을 중대하게 매개하고 있다. 정치적 통합과 배제의 이러한 지역적 과정들은 뉴욕의 새로운 유입이주자의 정치적 통합 과정과 로스앤젤레스의 유입이주자를 배제하는 과정에서의 차이를 설명하는 데 도움이 된다. 뉴욕은 철저히 초국적이어서 루디 줄리아니(Rudy Giuliani) 시장은 재당선되기 위해 도미니카공화국의 수도인 산토도밍고를 정기적으로 여행했다. 반면 로스앤젤레스의 정치적인 분위기는 멕시코와 엘살바도르의 초국적 유입이주자들을 정치적으로 무가치한 "불법 외계인들"로 낙인찍음으로써 1992년의 다종족적인 도시반란을 가열시키는 결과를 낳을 만큼 매우 배타적이었다.

글로벌시티 담론은 세부적인 지역의 정치문화에 대한 무관심에 더해 지역의 거버넌스 및 행정 기관 구조의 차이들에 대한 주의 부족이 특징이 되었다. 피터 워드(Peter Ward)의 경우, 세계 도시 연구자들이 세계 도시를 도시로서 분석하는 데 실패해왔음을 지적한다(Ward, 1995). 곧 그들은 세계 도시의 지역적인 정치적·사회적 구조, 정치저인 관리와 행정적인 구조화 같은 인간 행위의 다른 지역적 형태들에 대한 고려를 제쳐두고 있었다는 것이다. 워드는 도시들을 "외부와의 관계를 조건 짓는 과정의 결과물, 곧 권역 내 지역 엘리트들의 형성 및 참여와 사회적이며 정치적인 복합적 구조들을 통해 주조된 결과물"(Ward, 1995: 299)이라고 본다. 이 주장은 전반적으로 타당한 것으로 수용되고 있다.

그렇다 해도 이렇게 멀리 나아간 주장에 의해 설득된 연구자들은 '지역' 차원의 도시 정치에 머무르면서 솜씨 좋게 안주하거나 극도로 얽매인 견해를 가질 위험이 있다. 곧 '지역' 차원의 도시 정치를, 오로지 "내부적인" 구조들과 행위들이 글로벌시티의 역사적이며 현재적인 특성을 생산하는 오로지 "외부적인" 행위자들 및 과정들과 상호작용하는 과정으로 보는 편견에 빠질 위험이 있는 것이다. 이러한 견해에는 공간적인 '내부'와 '외부' 사이에 경계의 교차 속에서 사회적·정치적·경제적인 네트워크의 역할에 대한 평가가 결여되어 있다[정치과정에 대해 경계에 갇힌 영토적인 견해 대 네트워크적인 견해의 정치적 함의에 관해 더 진전된 논의는 Low(1997: 240~276) 참조].

이 책의 핵심적인 주장은 초국적인 사회적 네트워크들에 대한 분석에 주목하는 것이 이러한 막다른 골목에서 벗어나는 한 가지 방법이라는 점이다. 초국적인 정치적 네트워크들의 실천은, 특정한 위치에 있는 행위자가 특정한 도시 안에 지역화되어 있는 역사적이며 특수한 프로젝트를 세계를 관통해 사회적으로 구성하는 방법들을 증대시킨다. 그럼으로써 그들의 도시 정치 및 사회적인 삶을 형성해가고 있다. 도시의 변화를 만들어내기 위해 초국적인 네트워크들 속에서 경계를 가로질러 연계된 사람들이 다국적 기업들 및 국제적인 행위자들과 같이 이른바 좀 더 지구적인 행위자들뿐만 아니라 좀 더 지역적인 기관 구조들 및 행위자들과 상호작용함에 따라 이러한 유형의 도시 정치가 구성된다. 따라서 특정 시기의 특정 장소에서 지역적인 것과 지구적인 것들은 상호 구성적이다.

라몬 그로스포겔(Ramon Grosfoguel)은 이러한 종류의 네트워크 분석의 중요성에 대해 특별히 민감했던 정치사회학자의 한 사람이다(Grosfoguel, 1995). 내 해석에 따르면, 그로스포겔이 분석했듯이[다른 해석으로는 Sassen and Portes (1993) 참조] 현재 마이애미의 도시 발전은 이 책에서 내가 서술하려고 하는 초국적 도시이론의 탁월한 일례이다. 그로스포겔의 분석은 분명히 글로벌시티 담론 안에 위치하고 있기 때문에, 나는 여기서 글로벌시티 담론을 비판할 뿐만 아니라 그 책의 후반부에 제시된 초국적 도시이론을 옹호하는 주장을 예시하기 위해 그의 주장을 간략히 되풀이하고자 한다.

내 해석에 따르면, 국제무역센터로 부상하는 마이애미의 번영에 관한 그로스포겔의 세밀하고 역사적인 분석은, 미국과 남미 간 국제무역의 결절점으로서 마이애미의 점증하는 우월성이 지구화의 어떤 지배적인 경제논리에 의해서라기보다는 오히려 군사적인 전략과 지정학적인 상징주의라는 냉전의 고려사항들에 의해 추동되었다는 점을 확실히 보여주고 있다. 마이애미에서 급부상한 쿠바인의 사업공동체뿐 아니라 생산적인 사회간 접자본도 이러한 고려사항들에 기인하는 미국의 국가정책들로부터 경제적으로 크게 보조받고 있다. 마이애미가 지구적인 경제의 권역중심지 (regional prominence)로 부상하는 데는 미국 중앙정보국(CIA)이 추진하는 활동들을 통해 카리브 해역에서의 다른 반공산주의 엘리트들과 연계된 그 지역의 반혁명적인 쿠바인 엘리트사회 네트워크만이 아니라 정치적인 후원도 있었다(Grosfoguel, 1995: 165). 최우선의 지구적 경제논리의 결과와는 거리가 멀게, 국제적인 무역과 안전의 권역중심지로서 마이매미의 경제적인 역할은, 카리브 해역과 중남미의 적대적으로 경쟁하는 정치적 공간들에서 마이애미를 미국의 경제모델의 시범케이스로 만들었던 역사적으로 특수한 정치행위자들과 국가정책들에 의해서 정치적으로 생산되고 상징적으로 각인된 것이었다.

그로스포겔의 글로벌 도시 논의에서 핵심적인 행위자들은 초국적 기업들과 나란히 군사조직, 첩보활동가, 외교정책관리, 통신 및 매체 기업, 초국적인 정치 네트워크 등을 포함한다. 그의 논의는 마이애미의 공간적 형태, 경제적 기능들, 지역의 정치적인 삶의 변형을 낳는 데서 지구적인 경제논리는 부차적인 역할을 할 뿐이며, 초국적인 정치적 연합들이 지역화되고 "한데 어우러져 있다"는 것이다. 마이애미가 글로벌시티라 부를 수 있는 만큼, 그 도시는 자체의 내적인 기능적 경제통제능력의 응집 때문이 아니라 경제적인 투자의 지정학적 구조의 덕택으로 그러한 지위를 차지하게 되었다. 그로스포겔이 자신의 분석에 기초해서 마이애미를 글로벌시티로 부를 것을 선택하고 있지만, 그의 논의가 갖는 풍부함과 초국적 도시이론에 대한 내 접근법의 진전에 기여했다는 점에 가치를 두기 위해서 그가 붙인 이름을 받아들일 필요는 없을 것이다.

글로벌시티를 역사화하기

글로벌시티 문헌은 정치적·사회공간적으로뿐 아니라 역사적으로도 자리매김될 필요가 있다. 분명히 도시의 공간적 재구조화가 이루어지는 권역에서 현재 지역적이며 지구적인 동학들의 상호작용에 대한 주목은 도시이론에서 유용한 초점을 이룬다. 경제지리학자 및 사회학자들이 쓴 도시문헌은, 도시의 시장들과 주변부 수출처리 권역들 사이에서뿐 아니라 도시와 권역들 사이에서 자본투자 및 노동흐름을 위한 경쟁 등의 이슈와 같은 한층 광범위한 지리적 조망들 속에 위치한다(예를 들면 Portes and Walton, 1981; Friedman and Wolff, 1982; Sassen-Koob, 1984b; Sassen, 1988). 그러나 이 문헌들보다 더 광범위한 역사적 조망 속에서 고찰할 필요가 있다. 이 점에 착안할 때, 예를 들어 볼프(Wolf, 1982)와 틸리(Tilly, 1983)의 도시사회사 연구는 현재의 산업화, 탈산업화, 도시재구조화의 지구화과정들이 본질적으로 새로운 것이 아니라는 점을 강조한다. 그러한 지구화과정들은 초창기 근대 유럽에서의 자본주의의 배아단계들 이래 확장되고 강화되는 세계경제의 특징이었다(Chase-Dunn, 1984도 참조).

현재 지구화의 지켜지지 않은 약속들에 대한 명쾌한 분석에서, 피터 베이너트(Peter Beinart)는 경제적 지구화를 사람들의 등 뒤에서 작동하는 순전히 기술경제적인 근대화 및 발전으로 다루는 최근의 경향이 전혀 새로운 것이 아니라는 점을 지적하고 있다(Beinart, 1997). 대영제국이 세계의 주도적인 군사적·경제적 강대국이었던 1차 세계대전에 앞서, 직접적인 해외투자, 상품수출, 자산가격 변동 사이에 교차하는 시장 관계들과 같은 국제무역과 투자의 다양한 측정결과에 따르면, 지구적인 금융시장들은 그 이전이나 이후에 비해 훨씬 더 완전히 통합되어 있었다(Beinart, 1997: 21). 상대적으로 개방된 국제무역과 투자체제 협정에서 영국의 지배는 지정학적인 조치들에 의해 보장되었으며 영국 해군에 의해 유지되었다. 그러나 당시 주도적인 영국의 국제관계 이론가들과 외교정책 엘리트들은 이러한 형태의 경제적 지구화를 "안전체제에 기초한 일종의 정치적인 사실이 아니라, 정치와 무관한 일종의 기술적인 사실로"(Beinart, 1997: 21) 봤다.

이러한 견해의 주도적인 대표자였던 노먼 에인절(Norman Angell)은 자신의 1910년 저서인『거대한 환상(The Great Illusion)』에, 현재의 글로벌시티 담론에서 벌어지는 경제적 지구화에 관한 주장들을 강하게 연상시키는 한 단락을 적어 넣었다. 에인절은 다음과 같이 적고 있다. "국제 금융은 무역 및 산업과 깊게 상호 연계되어 있다. …… 그래서 정치적이며 군사적인 권력이 실재로 아무것도 할 수 없다. …… 주로 순전히 근대적인 조건들의 결과인 이러한 거의 깨닫지 못한 사실들(신용체계의 더욱 큰 복잡성과 정교함을 낳는 통신의 신속함)은 근대적인 국제 정치의 문제들을 양산했는데, 이는 심대하고 고대와는 본질적으로 다른 문제들이다(Beinart, 1997: 20에서 인용)." 에인절이 식별한 "심대한 차이들" 중에는 새로운 통신기술들에 의해 성취되고 확장된 지구적인 경제적 상호 의존이 국민국가들로 하여금 지구적인 시장의 금융 규칙에 평화적으로 편입되도록 강제했으며, 군사적인 권력을 부적절한 것으로 만들고 독일에 맞선 권력균형의 외교정책을 불필요하게 했고, 지구화를 불가피하게 만들어왔다는 주장이 들어 있다(Wade, 1996; Beinart, 1997). 오늘날 멕시코나 인도네시아의 정치적 위기와 마찬가지로 당시 1차 세계대전의 충격은 더 잘 또는 더 못하게, 지구화가 내재적으로 정치적인 과정이지 정치와 무관하게 기술이나 기능적인 발전 양식이 아니라는 점을 생생하게 강조하고 있다. 이러한 위기들은 "구조적 모순"에 의해 생겨난 것들이 아니라, 경제적인 지구화 논리의 불가피성을 거부하고 지구적 상호 의존의 협정들을 재정의하려고 활동했던 역사적으로 특정한 사회적·정치적 행위자들에 의해 생겨난 것들이다.

폴 허스트(Paul Hirst)와 그레이엄 톰슨(Grahame Thompson)은 자신들의 영향력 있는 논문 「Globalization and the Future of the Nation-state(지구화 및 국민국가의 미래)」(1995)와 저서 『Globalization in Question(지구화 문제 삼기)』(1996)를 포함한 일련의 중요한 저작들에서 내 분석에 적합하게 지구화 논제를 조목조목 비판하고 있다. 1차 세계대전 이전에 그랬듯이 국제경제

관계들의 협정에 대해 더 이상 헤게모니적인 지정학적 영향을 행사하지는 못할지라도, 강대국들은 지구적인 금융 및 무역 체제를 통제하려는 G-7의 시도라는 형태로 "여전히 사업 중"이다(Hirst and Thompson, 1995: 419).

더 이상 2차 세계대전 이후의 팍스아메리카나(Pax Americana)의 결실들을 향유하지는 못하지만, 미국은 여전히 G-7 중에서 "평등한 나라 중 제1순위"를 차지하고 있다. 미국의 군사적인 권력은 경쟁자가 없는 상태로 지속되고 있다. 최근에 러시아가 이 정치적인 클럽에 선별적으로 편입되어 이제 G-8이 되었다는 사실은 우연이 아니다. 러시아가 포함된 것은 전적으로는 아닐지라도 대체로 핵 역량 때문이자 이를 정치적인 수단들을 통해 통제하려는 G-7 정치엘리트들의 소망 때문이기도 하다. 그래서 보리스 옐친 대통령이 이 지정학적인 통제구조에 관해 분절적인 정치 논의에는 포함되었으나 경제 논의에는 포함되지 않았다. 그리하여 여전히 강대국은 지구화 전략을 추진하는 국가뿐만 아니라 다국적 기업까지 맥락화하며 제한하고 있다. 그리고 경제적 지구화가 물질적으로 구체화되며 그 지역적 충격의 영향이 발생하는 경계를 설정하도록 돕고 있다. 1990년 후반에 지구적인 경제적 관계들을 규제하기 위한 G-8, 세계무역기구, IMF, 세계은행, 권역별 무역 블록들이 전개하는 노력들의 점증적인 가시화는 왜 '글로벌 거버넌스'가 이론적 반성, 경험연구, 정치적 논쟁의 결정적인 주제가 되었는지를 설명하는 데 도움이 된다. 이상의 주제는 이 부상하는 연구영역에 중요하게 기여하기 시작했던 사센과 같이 이전에 더욱 경제주의적이었던 도시학자들에게도 주목을 받고 있다[예를 들면 Sassen(1995, 1998) 참조]. 그러나 역설적으로, 바로 막 출현한 이러한 기구의 규제 노력들은 질서 잡힌 도시 위계를 진화하는 자본주의 세계체제에 이미 현존하는 구조적 특징으로 보는 글로벌시티 이론가들의 기대가 잘못되었음을 보여준다.

'글로벌 거버넌스' 어젠다

앞에서 고려된 국제적인 경제적·지정학적 관계들의 역사적 유산을 볼 때, 글로벌시티 담론을 지구화의 의미에 관한 좀 더 광범위하며 여전히 진행되고 있는 공적 담론의 현재적인 역사적 맥락 속에 위치하게 하는 것이 중요하다. 맥마이클(McMichael, 1996), 드레인빌(Drainville, 1998), 그리고 다른 연구자들[예를 들면 Mander and Goldsmith(1996)]의 최근 저작은, 지구화는 그것의 이원화된 '지역적 다양성'과 마찬가지로 우리의 등 뒤에서 작동하는 자연적인 경제적 과정이라기보다는 역사적인 구성물로 이해될 필요가 있다고 주장한다. 맥마이클(McMichael, 1996: 27)이 지적한 것처럼, 지구적인 경제적 변화들은 현재의 시기뿐 아니라 자본주의 자체보다도 앞서 진행되었다. 그러면 왜 이러한 변화들이 기업 다운사이징, 국가 탈규제, 자본이동, "신용 있음"이라는 아이콘으로 정당화되는 모든 것들을 추동하고 정당화하면서 20세기 후반의 지배적인 논리로 나타나게 되었을까? 도대체 '지구화'는 누구의 역사적 구성물인가?

경제적 지구화라는 오늘날의 거대 서사는 학자들에 의해서가 아니라 신흥 국제통화주의 정권, 개발국가와 기구들에 대해 정치적인 공격을 제도화해왔던 일련의 기구들에 의해 가장 강력하게 제안되어왔다. 이러한 공격의 선봉에 서서 지구화를 지향하는 기구들은 "1980년대의 채무위기라는 전조 아래"(McMichael, 1996: 25) 국가적인 지향을 갖는 개발국가들의 기구들에 대항해 지구적 효율성 및 금융적 신용이라는 통화주의적 어젠다를 제안하기 위해 설립되었다. 그 결과 도시와 다른 지역들이 그들의 정치적·경제적·문화적 행위자와 기구들을 통해 새로운 지구적인 공공 철학 안에서 틈새를 찾으려고 하거나 재정 긴축을 실천하며 통화주의적인 원리들과

정책들을 확정하는 '지구화'의 압력에 저항함에 따라, 지구화주의자들의 정치 기획은 '지역'의 의미에 관한 일련의 투쟁을 낳았다.

현재의 지구화 이데올로기의 기원들은 역사적으로 특수한 것이다. 그것들은 근대화론을 전제로 한 1960~1980년대의 개발주의적인 기구 틀을, 세계시장 원리에 도시와 국가들을 경제적으로 편입시키는 새로운 양식으로 대체하려고 하는 강력한 사회적 강자들의 노력으로 이루어졌다. 서구지향적인 '근대화'의 보급으로부터 수렴하는 개발 경로가 뒤따를 것이라는 주장은 포기되었고, 이제는 지역적인 특수화나 틈새 형성이 지구화의 불가피한 부산물이라는 주장이 전개되고 있다. 경제적 지구화를 정당화하는 원리들은 그것들의 옹호자들에 의해, 사실 그러하듯이 초국적 기업과 금융엘리트, 국제기구의 수뇌부, 신자유주의를 수용하는 국가 관료, 다양한 학문적 이데올로기, 그리고 무엇보다도 특히 "IMF, 세계은행, 세계무역기구와 같은 다방면의 기구들에 의해 새롭게 강화된 관리자들"(McMichael, 1996: 28; Drainville, 1998 참조)을 포함해 역사적으로 특수한 사회적 이해관계들의 사회적 구성물들이라기보다는 "현장에서 진행되는" 지구화의 물질적 조건의 불가피한 부산물이거나 지배 논리라고 가정되어왔다. 이 정권은 개발 담론을 변형하여, 국가를 축소하는 것이 사회의 미덕이며 '구조적 적응'이며 불가피한 정언명법이라는 담론으로 만들고자 한다. 드레인빌 (Drainville, 1998)이 칭했듯이 '글로벌 거버넌스'의 이런 신자유주의적 정권은 최초의 시구적 지배세급으로 간주된다. 지구직인 경제의 관리를 성취하려는 그들의 시도는, 지구화 자체가 현존하는 불가피한 조건이라기보다는 사회적 행위자들과 대행자들의 역사적으로 특수하며 치열하게 경쟁하는 프로젝트라는 사실을 깨달을 때에만 전복될 수 있다.

맥마이클과 다른 연구자들은 이러한 지구적 프로젝트의 응집성을 명백히 과대평가하고 자신들이 인정하는 대항하는 힘들의 잠재적 효력을 과소평가하고 있다. 매우 다양한 전망을 갖고 작동하는 풀뿌리 사회운동의 연구자들이 보여주었듯이(예를 들면 Sikkink, 1993; Smith, 1994; Smith, Pagnucco and Chatfield, 1997; Castells, 1996), 강력한 국가적·지역적·초국적인 정치적 정체성을 가진 집단들이 떨쳐 일어나 지구적인 신자유주의적 정권이 부과한 헤게모니적 이데올로기와 긴축정책들에 저항하고 있다. 그러므로 지구적 미래에 관해 이처럼 비관적인 평가에 전적으로 동의할 수는 없다. 그럼에도 정치적으로 신자유주의적인 원리들에 기초한 '글로벌 거버넌스'에 틀림없이 반대할 글로벌시티 연구자들이, 글로벌시티들의 '실재'를 경제적 지구화의 멈출 수 없는 과정의 일부 내지 덩어리로 정당화함으로써 자신들의 연구 어젠다와 그 어젠다의 "객관적인" 발견들이 바로 그 경제적 지구화 프로젝트를 암암리에 자연화하고 있는 것은 아닌가라는 의문을 제대로 생각해내지 못한 점은 놀라운 일이다. 그래서 의도하지 않은 채, 그들의 인식론은 글로벌시티의 존재론이 된다.

일단 지구화가 자유시장 이데올로기의 가장 최근의 역사적 판본임이 밝혀지면, 그리고 칼 폴라니(Karl Polanyi)가 오래전에 우리에게 가르쳐준 것처럼 "자유시장은 계획된 것이었다"는 점이 인지된다면, 깁슨-그레이엄(Gibson-Graham, 1996/1997)이라는 필명을 쓰는 두 명의 주도적인 포스트마르크스주의 여성주의 이론가들은 지구화 담론에 대한 통렬한 비판을 통해 더 전도유망한 길을 제안한다. 깁슨-그레이엄은, 지구적인 생산과 금융의 경제적 측면뿐 아니라 지구적인 통신에 대해 추정된 자본주의적 지배에 의해 촉진된 지구적 소비자주의의 문화적 측면에서도 지구화 논제는 이론적으로뿐만 아니라 경험적으로도 지나치게 나아감으로써 어려움을 겪지만 그래도 정치적인 결과들을 말해주고는 있다고 주장한다. 공포의 정치

내지 노동자, 공동체, 그리고 다른 잠재적으로 대항하는 힘들의 종속의 정치라는 이러한 결과들은, 지구화 논제의 두 실마리들이 생산과 소비뿐만 아니라 의미 만들기와 주체성의 구성이라는 자본주의적 사회관계들의 침투라는 단일한 남권주의적 거대 서사로 결합된다면 명백히 드러난다[후자의 예로는 Jameson(1991)과 Rouse(1995) 참조].

지구적인 침투라는 은유는 이론적이며 경험적인 근거들에 기초한 도전을 받을 수도 있다. 깁슨-그레이엄은, 지구화 담론이 이론적으로 자본의 권력에 호소하는 침투라는 성적인 은유에 의존하지만 섹슈얼리티가 **상호** 침투의 과정이지 일방적인 흐름이 아니라는 점을 인식하는 데 실패함으로써, "비자본주의적인 경제적 형태"와 사회적 관계들의 "침투"와 같이 자본주의 경제에 수반되는 대항 전망을 거부한다고 주장한다(Gibson-Graham, 1996/1997: 17~18). 이와 관련해 자본주의적인 명령과 통제 질서들의 지구적 관철이라는 바로 그 은유의 논리는, 지구적으로 지나치게 나아감으로써 종종 좌절된 일련의 과제들에 애초부터 종속된 하나의 프로젝트로 재해석될 수 있다.

그들의 인식론적 주장이 갖는 해체주의적인 어조에도, 깁슨-그레이엄은 경험적인 수단들을 통해 자신들의 정치적인 주장을 제시한다. 이 주장은, 지구화 이론가들이 그들의 예상과는 반대로 증거를 다루는 점에 유용하게 도전한다. 그렇듯 지구화 이론가들은 이를테면 단지 낮은 비율의 초국적 기업들만이 진정으로 지구적인 규모로 운영되고 있으며, 대부분의 다른 초국적 기업들은 두 나라에 걸쳐 있거나 단지 서너 개의 국민국가에만 "뻗쳐 있다"는 사실을 제시해야만 한다(Dicken, 1997 참조). 또한 앞에서 논의된 국가적이며 권역적인 기업문화들의 역할도 자본주의의 지구적 확장에 대한 일종의 제약으로 간주되어야만 한다. 더 정확히, 지구적인 기업투자는 다음과 같이 대항하는 사회적이며 정치적인 힘들에 취약한 것으로 드러났다. 그것들은 ① 정치 리더십이나 무역정책의 변화, ② 표적으로 설정된 초국적 기업(TNCs)의 자산을 유동화하려는 산재된 초국적 기업사냥꾼의 네트워크, ③ 노동에 의해 통제되는 연기금기관들의 권력, ④ 국경을 가로질러 노동을 조직하는 캠페인, ⑤ 초국적인 풀뿌리 활동주의 등이다(Gibson-Graham, 1996/1997: 8~13).

  지구적인 신자유주의에 대해 능동적인 정치적 저항의 잠재적 효력은, 1990년대 초반에 초국적 기업의 하나인 레이븐우드 알루미늄(Ravenwood Aluminum Company: RAC)에 대항해 행해졌던 초국적인 정치적 캠페인에 관한 깁슨-그레이엄의 논의에서 통찰력 있게 제시되고 있다. 그 캠페인을 이끌었던 것은 여러 국제노동조직의 채널을 통해 활동하던 미국철강노동자연합(United Steelworkers of America: USWA)이었다. 이 노동자연합은 5대륙에 걸친 28개국 노조들에 의해 국경을 가로지르는 정치적 청원운동을 미국에 기반을 둔 소비자의 불매운동과 결합시켰다. 지구적으로 나아감으로써 이 캠페인에 연루된 노조와 초국적인 풀뿌리 활동가들은 미국에서 유리한 노동계약을 획득하는 데 성공했으며, 레이븐우드 알루미늄을 차입자본으로 헐값에 매점하려 했던 핵심적인 지구적 업자를 제약했다. 깁슨-그레이엄(Gibson-Graham, 1996/1997: 9~10)은 자신들의 논의를 개처럼 추적해서 이루어진 결정이라는 은유로 결론짓고 있다. 바로 "테리어(사냥개)처럼 미국철강노동자연합(USWA)은 지구 끝까지 혹독하게 그 회사를 추적하면서 그 회사가 항복할 때까지 괴롭히고 잡아당겼다. 자신들의 갖고 있던 지구화된 네트워크들을 활용하여, 노동자들은 국제주의와 국제주의를 합류시켰으며 결국 승리했다".

  이 이야기의 교훈은 명백하다. 지구적 공간은 지구적 자본의 배타적인 영역이라기보다는 일종의 담론 경기장이며 치열한 경쟁의 장이다. 지구화의 핵심적인 차원의 하나인 원거리통신혁명은 종종 생산을 조직하며, 금융 흐름들을 주관하고, 소비자 욕망을 지휘하는 지구적 자본의 단도직입적인 수단으로 가정되어왔다. 지구화가 어느 정도 이러한 과정들을 촉진할 수는 있지만, 또한 경쟁하는 지구화의 장을 공간적으로 확장하며 대항하는 힘들이 규모를 비약적으로 확대해 지구적으로 나아갈 수 있도록 실행 가능한 통로가 되기도 했다. 이메일·팩스·인터넷과 같은 새로운 통신기술들은 문화와 정치의 초국가화를 촉진시키며, 국경을 가로지르는 정보교환과 초국적인 정치적 네트워킹, 내가 다른 곳에서 "초국적 풀뿌리 정치"(Smith, 1994)라고 불렀던 광범위하게 다양한 새로운 형태의 사회정치적 조직을 가능케 하는 실행 가능한 기제들이 되어왔다. 그러한 방식들의 초국적인 정치적 네트워킹은 초국적 노동조직화(Herod, 1997), 국제적 인권 캠페인(Sikkink, 1993; Castells, 1996), 토착민의 운동(Kearney, 1995), 다국적인 여성주의 프로젝트(Sturgeon, 1997), 지구적인 환경적 활동주의(Princen and Finger, 1994)를 포함하지만 이에 국한되지는 않는다. 더 낫게 또는 더 나쁘게 초국가화된 통신들은, 그런 "아래로부터의" 사회적 행동들의 초국적 네트워크들뿐만 아니라 진보적인 학자들과 사회적 활동가들이 보기에 틀림없이 덜 유익한 일련의 발전이라 할 수 있는 이슬람 근본주의, 신나치즘, 의용군운동(Castells, 1997; Tarrow, 1998)도 접근 가능한 것이다. 그러한 초국적인 풀뿌리운동의 범위와 충격, 그리고 그것들이 도시이론에 대해 갖는 함의들에 대한 문제는 제7장에서 더욱 자세히 다룰 것이다.

초국적 도시이론: 사물화를 넘어서

이처럼 동학적인 정치·문화적 발전에 비추어볼 때, 이제는 글로벌시티 담론의 경계들을 넘어서 이동해야 할 순간이다. 국제적인 자본에 대해 명령을 내리는 글로벌시티들의 내적인 기능들의 측면에서 질서정연하게 배치된 울타리 친 도시들의 위계를 탐색하는 대신에, 덜 질서 잡히고 지역적으로 절합된 도시의 세계를 가정하는 것이 좀 더 많은 성과를 가져다줄 것이다. 이처럼 지역적인 절합들에서는 정치경제적인 관계뿐 아니라 사회문화적인 관계도 안과 바깥, 지역과 글로벌 사이의 뚜렷한 구분들을 교차시키면서 말살해가고 있다. 이처럼 부분적으로 겹치며 종종 경쟁하는 의미 네트워크들은 사람, 장소, 그리고 위계적인 상호작용의 패턴들 속에서라기보다는 겹치며 종종 경쟁하는 사회적 관계 속에서 초국적으로 서로 연결되는 과정들을 연계시키는 권력의 관계들이다(예를 들면 Appadurai, 1990, 1996; Smith and Guarnizo, 1998).

'도시'를 지구화의 부수현상으로부터 의미와 권력이 경쟁하는 사회적 관계들의 유동적인 사이트로 재구조화하면서, 문자 그대로 도시를 "재장소화(re-place)"하는 이처럼 교차하는 연계의 수많은 사례들이 이 책의 제2부에서 논의된다. 그러나 이 장을 마무리하기 위해, 내가 염두에 두고 있는 역사적으로 특수한 사례가 도움이 될 수 있을 것이다. 나는 자카르타와 다른 인도네시아 도시들에서 풀뿌리 학생저항과 도시 소요로 말미암아 수하르토(Suharto) 정권이 붕괴한 인도네시아의 정치적 위기상황을 제시하고자 한다. 이러한 거리수준의 정치적인 실천 형태들은 인지된 국가적 위기에 대한 "지역적" 반응으로 재현되어왔다. 그러나 인도네시아 전역을 가로지르는 다양한 도시들에서 발생한 그 저항들은, 아시아 금융위기에 직면해 수하르토 정권에 대한 IMF 긴급구제의 한 조건으로서, 이른바 '바깥'에서 인도네시아에 부과된 초국적인 IMF 긴축정책에 기인하는 상황 때문에 촉발되었다.

더욱이 수하르토와 IMF 사이의 상호 역할에 대해, 수하르토가 IMF 긴축협정에 서명할 때 그의 뒤에서 팔짱을 끼고 서 있던 IMF 관리의 널리 유포된 사진을 특징화함으로써 지구적인 매체의 보도들은 바깥-안의 이분법을 다시 증폭시켰다. 그 몸짓은 그 IMF 관리에게는 의미를 갖지 않았지만, 인도네시아인의 문화적 실천 속에서는 다른 신체에 의한 한 신체의 인격적인 지배를 상징하며 국가적인 개발과 근대화의 상징으로서 수하르토의 몰락하는 힘이라는 인상을 주는 의미로 가득 찬 것이었다. 수하르토가 처음에는 긴축정책을 회피하다가 나중에는 보통 시민들을 위한 음식과 연료 등 일상 생필품의 가격을 크게 인상하는 반면, 통화시장의 몰락에 직면해서 자신 가족의 막대한 재산을 보호하며 자기 가족 재산의 원천이 되어왔던 중국인들의 사업과 결탁된 사업관계를 유지하는 등 "내부사정에 따라" 긴축정책을 선별적으로 실행하자, 이러한 인상은 다시 증폭되었다.

수하르토의 몰락 이전에 한 예리한 인도네시아 상황의 관찰자는 이 결탁된 협정을 다음과 같이 묘사했다.

중국인 엘리트는 사업기술 및 권역의(곧 초국적인) 금융네트워크와의 연계를 제공한다. 수하르토의 통치 서클은 핵심 상품과 시장들에서 유리한 독점권과 양보들을 대가로 제공한다. 경제전문가들은 인도네시아의 최상위 사업 그룹의 80% 이상이 중국인에 의해 통제되고 있다고 평가하고 있다. 그들 중 많은 사람들은 정부의 내부 서클과 결탁되어 있다(Farley, 1998).

그래서 마침내 수하르토의 추방을 이끌어낸 대중적인 도시적 저항의 핵심 표적은 부유한 중국인 사업 엘리트들이었다. 몇몇 학자들(예를 들면 Ong, 1999)은 이들을 중국인의 디아스포라(diaspora) 중 한 부분으로, 아시아와 전 세계 다른 도시에서 움직이고 있는 중국인 사업 엘리트의 네트워크들과 연계된 초국적 사업가계급으로 묘사하고 있다. 인도네시아 인구의 30%에 밑도는 이 집단은 국가 경제를 지배하며 국부의 거의 70%를 가지고 있지만, 군역과 공공적인 정치무대에서는 벗어나 있다. 그래서 '중국인'이라는 종족적 배경은 금융위기 초기 단계 동안 민족주의적이며 인종주의적인 담론과 실천에서 손쉽게 주요 표적이 되었다. 실제로 수하르토와 그의 내부 서클에 대한 비판이 쌓여가자, 정부는 전체 중국인 거주자라는 한층 일반화된 표적으로 비난이 비껴가도록 유도했다(Farley, 1998).

이러한 시도는 처음에는 부분적으로 성공적이었다. 하지만 자카르타와 다른 인도네시아 대학도시에서 도시적인 저항에 학생 구성원이 출현했을 때, 다양한 학생집단들은 경제적인 불만뿐 아니라 정치적인 민주화에 대해서도 레이저빔처럼 초점을 맞추었다. 처음의 반중국인적인 폭력 단계에 비해, 부패의 책임을 물으며 수하르토의 추방을 요구하는 그들의 잦은 시위들은, 훨씬 더 많지는 않지만 그래도 더욱 많은 지구적인 언론매체의 주목을 받았다. 인도네시아 전역의 여러 도시들에서 갈수록 늘어가는 학생시위는 불만에 찬 도시 대중에게도 용기를 주었다. 그리하여 은행, 상점, 슈퍼마켓, 전자상가, 그리고 유명한 중국인 억만장자들에 대한 도시적인 폭동, 약탈, 방화하기의 새로운 단계에 도시 대중이 쏟아져 나왔다(Pintak, 1998: A17). 이러한 발전을 거쳐 도시적인 저항들은 그 다음으로 수하르토와 그의 가족의 막대한 부에 대한 불만에 초점을 맞추었다. 이처럼 변화되고 대대적인 책임을 묻는 정치적 맥락에서, 수하르토가 학생과 도시 대중을 억압하도록 군대에 명령을 내려서 자신의 이해관계를 방어할 수는 없었다. 그 대신에 다양한 군대 지휘관들이 수하르토를 추방해 새로운 정권에서 지위를 차지하려는 책략을 위해 배후에서 술수를 쓰는 동안, 군대는 시위와 거리 폭동을 대체로 방관한 채 있었다.

인도네시아에서 권위와 권력으로부터 수하르토가 떨어져나간 것에 뒤이어 아시아의 다른 곳들, 곧 한국의 서울과 같은 도시들에서 반IMF 저항이 출현했다. 한국에서는 1998년 5월 말에 해고를 용이하게 만든 국법에 반대해 수십만의 노동자들이 작업을 중단하고 서울 중심부에서 거리 시위에 참가했다. 그 법은 IMF의 압력하에 한국 정부가 통과시켰던 것이다. IMF는 한국 측에 580억 달러의 긴급구제 보따리를 제공하는 조건의 하나로 '노동유연화' 강화를 강요했다. 보통의 한국인들이 금융위기 동안 겪었던 핸디캡에서 벗어나 있던 그들의 정부 및 한국의 기업집단들 내지 재벌의 엘리트들에 대항하는 길을 따라가는 동안에도, 노동자들은 IMF를 그들이 처한 궁지에 대한 책임자로 인식하는 데서 의심의 여지를 남기지 않았다. 도시의 교통허브인 서울역 앞에 서서 노동자들은 주먹을 들어 올리며 "재구조화 철폐! 일자리 지키기 투쟁!"과 같은 슬로건들을 반복해서 외쳤다. 50만 명 이상을 대표하는 민주노총(Korean Confederation of Trade Unions)은, 국가가 '노동유연화' 문제를 IMF와 재협상할 것을 요구하면서 시위를 했다(Strom, 1998).

자신들의 정책에 대해 점차 가시화되는 대중적인 반대에 직면하여, IMF와 세계은행은 모두 그들의 대행자들이 추진했던 신자유주의적인 어젠다의 엄격성에 대해 재고할 수밖에 없었다. 예를 들면 1998년 7월에 세계은행은 이전에 수하르토 정권에 대해 기대했던 것보다는 훨씬 덜 엄격한 조건으로 인도네시아에 10억 달러를 제공하는 원조에 다시 착수했다. 새로운 협정은 이전의 협정보다 더 많은 사회적 지출을 허용했으며 국가가 상당한 규모의 적자예산을 운영하도록 허용했는데, 이는 이전의 협정에서는 명시적으로 금지된 조항이었다(Sanger, 1998).

인도네시아의 경우에 사회적인 관계의 복합적인 연결망과 갈등을 낳는 '지구화' 담론들이 합체되었으며 자카르타와 다른 인도네시아 도시들에서의 대립 속에서 지역화되었다. 아시아의 전반적인 경제위기라는 역사적으로 특수한 맥락에서 인도네시아 안에서 그리고 초국적으로 도시적인 저항들을 낳으면서, 인도네시아의 경제적 부와 성장에 대한 국민(lion)의 몫을 관할하고 전유하는 초국적 경제네트워크와 30년 동안 결탁해온 국가중심적인(state-centered) 권력은 심각하게 도전을 받았다. 이 연합은 서로 충돌하는 경로로 접어들었다. IMF와 세계은행처럼 '연줄자본주의(crony capitalism)'를 끝장내고 신자유주의를 정당화하려는 초국적 규제기구들과 인터넷 정보 흐름들을 통해 초국적인 통신유통과 연계되어 있으며 스스로를 "지구적인" 무대에서 작동하는 민주화의 핵심활동가들로 인식했던 학생들에 의해 인도네시아 도시들에서의 불만이 지리적으로 "지역적"으로 침투되는 일련의 상황 사이에서, 그들은 궁지에 몰리게 되었다(Kusno, 1998). 학생저항과 함께, 중국인을 속죄양으로 해 욕구불만을 분출하거나 단순히 긴축으로 초래된 경제적 어려움에 직면해 생존을 추구하는 대중 계급에 의한 또 다른 도시 폭력 사건들이 발생했다. 이처럼 지역적이며 지구적으로 자신감의 위기들은 지구적인 언론매체에서 지치도록 방영된 국가적인 문화적 이해에 의해 매개되었고, 국민국가의 경계를 넘어서 효력을 미쳤다. 다르게 굴절되긴 했지만, 경제적 '지구화'에 관해 이와 연관된 지구·국가·지역에 관한 담론이 서울에서 줄기차게 진행되고 있었다. 이는 초국적 도시이론의 새로운 도시 정치의 원천을 이룬다.

자카르타와 서울에서 초국적 도시이론의 미래 경로는 열려 있다. 그러나 이러한 사례들에 대해 간단한 조사만으로도 도시들을 국가적이며 초국적인 실천들이 지역화되는 사이트로 보는 것의 풍부한 성과가 드러난다. 지역의 사회적 행위들은 지구적으로는 아니지만 초국적으로 반향을 일으킨다. 그리고 이러한 사회적 관계와 실천을 연결하는 네트워크들은 시간과 공간 속에서 교차하는데, 이 네트워크들은 구분되며 연구되고 이해될 수 있을 것이다.

도시연구에 대한 이러한 접근법이 갖는 또 하나의 장점은, 한줌의 생산자 서비스 기능의 사이트들이나 20개의 내적으로 연계된, 주로 서양의 지구적 명령과 통제의 중심지보다는 광범위하고 다양한 도시가 비교 연구를 위해 적합한 사이트가 된다는 점이다. 도시를 초국적 도시이론의 경쟁하며 만나는 기반들로 보는 것은 그것들을, ① 초국적인 경제적·사회문화적·정치적 흐름들의 지역화, ② 지역의 사회경제적·정치적·문화적 힘들의 초국가화, ③ 시간과 공간 속에서 이러한 흐름들과 힘들을 연결하는 사회적 행위 네트워크들의 실천의 사이트로서 비교 연구하는 것을 가능케 한다. 이처럼 떠오르는 초국적 도시들은, 그들의 모든 겹치는(overlapping) 흐트러짐 속에서 탈중심화되어 있지는 않더라도 다중심화된 행위자의 사이트들로 가장 잘 이해될 수 있는 인간의 창조물이다. 이 프로젝트 속에서 특정 도시에서 교차하는 지구적·초국적·국가적·지역적 흐름과 실천의 패턴이 갖는 차이늘을 매개하는 연구는, 난일한 행위사 곧 나국적 자본의 구성물로 간주되는 위계적으로 조직된 금융적·경제적, 또는 이데올로기적 명령과 통제 중심지의 경제적인 유사성에 대한 목록을 만드는 것보다 더 중요하다.

이러한 변경에 의해 밝혀진 "새로운 도시정치"는 지구적 매체의 흐름들,

초국적인 이주 네트워크들, 지구적 행위자들 옆에 있고 그들에 반대하는 국가중심적인 행위자들, 지역 및 지구의 성장 기계들 및 녹색운동들, 다지역적 기업들, 다방면의 정치적인 기구들, 끝없이 서로 결탁하며 충돌하는 모든 것들의 탈결합된 장(disjointed terrain)이다. 이처럼 경쟁하는 '장소 만들기'의 과정에 뒤따를 도시의 미래는 예측하기 어렵다. 하지만 글로벌시티 모델로부터 불가피하게 귀결되는 것으로 보이는, 지역의 정치적 엘리트들에 대한 지구적 자본의 강압 및 억누름과 무력한 사람들 혹사하기 등이 거대 서사보다는 훨씬 더 흥미롭다. 그러면 글로벌시티들을 지구적인 축적의 중심적 표현들로 보기보다는, 모든 도시가 그들의 경계 바깥에 있는 세계와 그들의 전반적이면서 동시에 특정한 연계 속에서 고찰될 수 있다. 간단히 말해 그들의 "도시적" 특수성은 주어진 역사적 계기에서 "그 지역에서 교차하는 특정한 사회적 상호작용"을 식별하는 문제, "그리고 사람들이 자신들의 해석과 삶 속에서 그것들로 만들어내는 것"의 문제가 된다 (Massey, 1994a: 117).

[곽노완 옮김]

4
로스앤젤레스를 철저하게 다시 상상하기

인구밀도의 증가, 노점상인의 출현, 주택가 벼룩시장과 같은 비공식적 경제활동 등 로스앤젤레스 도시경관의 많은 변화들은 백인 노년층들에게 삶의 질을 떨어뜨리는 현상으로 받아들여진다. 과연 로스앤젤레스가 우려하는 것은 무엇일까? 망고인가? 파파야인가? 아니면 집 근처에 모여 있거나 길거리에서 서로 이야기를 나누고 있는 이웃인가? 로스앤젤레스는 인간의 따스한 정을 모색하고, 도시에서만 가능한 경험의 다층성을 통해 타자를 바라보는 도시의 진정한 본질을 너무도 오랫동안 무시해왔다. 개성과 역사를 창조하는 것은 바로 이러한 인간의 교류인 것이다.

─ 루벤 마르티네스, 「과거에서 미래를 만나다」
Ruben Martinez, "Meet the Future in the Past,"

글로벌시티에 관한 담론의 초점은 진화하는 지구적 정치경제에서 글로벌시티가 중심적 역할을 담당하고 있다는 데 있었다. 글로벌시티는 기본적으로 자본의 흐름을 제어하는 정치경제적 역량을 통해 주요 명령과 통제의 센터로, 지구적 경제성장을 유도하는 엔진으로 기능해왔다는 것이다. 글로벌시티는 자본의 흐름뿐 아니라 지구적 노동 이주민들을 끌어들이는 "자석판"으로 묘사되었다. 지구적 경제 구조조정과 노동 이주는 종종 단일

동력의 두 측면, 즉 글로벌시티에 나타나는 자본주의의 일반적 재조직화의 두 측면으로 묘사되었다. 글로벌시티에 관한 연구는 뉴욕, 런던, 도쿄, 이 세 곳에 관한 일종의 경제학적 설명으로 진화했는데, 덤으로 로스앤젤레스가 빈번히 여기에 포함되었다. 로스앤젤레스에 대한 이러한 재현은 얼마나 타당한 것일까?

로스앤젤레스를 글로벌시티로 개념화한 것 중 가장 충실한 접근은 제3장에서 논의된 사센의 연구(Sassen, 1988, 1991)에서 찾을 수 있다. 글로벌시티를 일반화하기 위한 사센의 경험적인 근거는 비록 뉴욕, 런던, 도쿄의 금융 및 기업 서비스업의 사회조직에 관한 분석에서 도출되었지만, 그녀는 또한 로스앤젤레스를 글로벌시티를 규정하기 위한 경제적 경쟁자로 다루기도 했다(Sassen-Koob, 1984b 참조). 세계 도시(world city)를 연구한 프리드먼 또한 로스앤젤레스를 주요 세계 도시 중의 하나로 다루었는데 그 이유는 로스앤젤레스의 경제 지구들이 도시의 새로운 지구적 체제 속에 있었기 때문이다(제3장 참조).

로스앤젤레스를 글로벌 대도시(metropole)로 분명하게 간주한 연구자는 사센과 프리드먼에 한정된 것은 아니다. 포스트모던 지리학자인 소자(Soja, 1986, 1989, 1996) 또한 로스앤젤레스의 영화산업이 지구적 문화로 확장되었다는 점을 들어 부분적으로 로스앤젤레스를 글로벌시티로 묘사했다. 사센, 프리드먼과 마찬가지로 소자 또한 로스앤젤레스를 "아마도 전형적인 세계 도시"로 생각했는데(Soja, 1986: 256), 그 이유는 로스앤젤레스가 글로벌 대중문화의 선도지역이기 때문이 아니라 "그곳의 정치경제가 급진적으로 지구화"되고 있었기 때문이었다. 소자와 로스앤젤레스학파 동료인 앨런 스콧(Allen Scott)은 1980년대 호황기의 로스앤젤레스를 "미국 서부와 환태평양의 결절지역을 넘어 진정한 글로벌시티의 성격을 지닌 당대 국제

자본주의의 가장 중요한 중심축 가운데 하나"로 특징지었으며, 이 성장기에 로스앤젤레스가 글로벌시티의 지위에 이르렀다고 봤다. 한편 다르게 변형되었다 해도 로스앤젤레스를 시대 구분하며 칭송하는 대부분의 경제주의적 거대 서사들은 로스앤젤레스 지역을 후기 자본주의자들의 포스트모던 도시이론의 패러다임 틀(Jameson, 1984; Dear, 1991a, 1991b; Dear and Flusty, 1999)과 다핵화된 지역(polynucleated regional) 발전의 개발 모델로 간주했다. 경제발전에 대한 이와 비슷한 표현들은 로스앤젤레스 도시연구 학파의 다른 저작들에서도 발견된다(Curry와 Kenney의 비평 1999 참조). 로스앤젤레스의 패러다임적 지위에 관한 이러한 거대 서사들은 정치경제에서 정치적인 것을 빼고, 문화적인 것을 완전히 획기적이고 경제적인 변형물인 것처럼 취급하는 경향이 있다.

이 장에서 나는 포스트모던 글로벌시티의 패러다임으로써 로스앤젤레스에 관한 담론에 자주 나타나는 부동산 개발을 부추기는 사람들이나 선전광고의 비유들을 대체하는 정치, 경제 혹은 사회문화적 발전의 대안적 거대 서사를 제시하려는 것은 아니다. 나는 이미 제기된 로스앤젤레스의 경제적·문화적 경관들의 발전 모델 모두를 초월하고 싶다. 내 견해로는 이러한 접근방식들은 공통적으로 로스앤젤레스를 자본주의나 도시 발전의 역사 속에서 완전히 새로운 어떤 물질적 징후, 즉 하나의 "실체"로 취급하려는 경향을 가지고 있다[로스앤젤레스학파의 관련 비평은 Beauregard and Haila(1997) 참조]. 그보다 나는 로스앤젤레스를 정치경제적이고 사회문화적인 시각으로 읽을 것을 제안한다. 이는 기저에 깔려 있는 로스앤젤레스의 초국적 도시성(transnational urbanism)의 어떤 특징들을 포착하려는 시도이다. 이것은 정부정책의 과거 영향력과 현재 로스앤젤레스의 이종적·종족적 관계에 대한 초국적인 사회문화적 네트워크의 실상을 강조하려는 것이며, 목적론적 개념을 사용하지 않고 로스앤젤레스의 경제발전을 다시 이야기하려는 것이다. 다시 말해 나의 목적은 현재 로스앤젤레스에서 나타나는 초국적 도시성의 특징을 해석하기 위한 역사적 맥락을 제공하려는 것이다.

따라서 이 장에서는 지난 30년간 로스앤젤레스 근교 코리아타운의 건설과 재건설에 대한 서사적 설명에 초점을 맞추고자 한다. 나는 로스앤젤레스가 갖는 초국적 도시성의 한 단면에서 나타나는 몇 가지 특성과 경향을 말하고자 한다. 코리아타운의 사회 건설에 관한 이야기는 로스앤젤레스의 초국적 비즈니스, 가구의 형성, 생존투쟁, 장소 만들기를 위한 사회공간적 실천들, "일상"에 대한 우리의 이해를 고쳐시킨 풀뿌리 사회행동주의의 이야기이다. 이러한 점에서 현재의 로스앤젤레스는 초국성의 정도뿐 아니라 "사이 공간(in between)"과 "밑바닥(below)"에서 비롯된 역동성과 행위성에 대한 중요한 척도가 된다. 이것은 초국적 이론뿐 아니라 "글로벌시티로서의 로스앤젤레스"에 관한 담론에는 확실히 결여되었던 것이다. 이러한 담론들은 포스트모던적 초공간과 글로벌시티 기능의 일방 논리를 차용함으로써 "주변부"로부터의 붕괴에 대한 수사학적 요구를 제외시키고 있다. 만약 우리가 글로벌시티 이론가들과 로스앤젤레스학파가 공유하고 있는 핵심인 결정론적 가정들에서 시작한다면, 즉 현재의 로스앤젤레스를 "지구적 자본주의 경제"가 낳은 직접적인 결과물이라고 주장하거나 "사고에 의해 구성되었다기보다 존재가 드러난"(Arvidson, 1995: 9) 외부적인 실체로 인식하게 된다면, 내가 하게 될 이야기는 이해하기 힘들거나 쉽게 주변화될 것이다.

포스트 마르크스주의자 비평가인 에니드 아르비슨(Enid Arvidson)은 도시와 도시의 발전과정을 이런 방식으로 바라보는 것에 대해 통렬히 비판하기도 했다(Arvidson, 1995). 그녀는 이러한 논리를 로스앤젤레스에 적용하려는 연구자들의 작업이 대체로 후기 자본주의 발전논리의 산물로 추정되는 포스트모던적 건조 환경들의 윤곽을 지도로 그리려는 시도였다고 밝혔다. 로스앤젤레스학파에 대해서 아르비슨은 특히 마이클 디어, 에드워드 소자와 같은 이런 장르의 도시이론가의 저작들은 프레더릭 제임슨의 이론적 틀에 맞추려는 하비의 영향을 받았음을 보여주었다. 그들은 자신들의 논리를 ① 근원적 경제구조가 특정 시기의 문화적 형태들을 조직화한다고 보는 사회관계의 심층모델, ② 하나의 생산관계 체계만을 형성시키는 경제개념, ③ 전적으로 사고과정 바깥에서 작동하는 독립적 실재로서의 자본주의 개념에 결합시켜왔다. 이러한 가정에서 출발한다는 것은 초국적 사회 네트워크의 형성, 도시의 장소 만들기 실천과 같은 다양한 문화적 과정을 단순한 부수현상으로 환원시키는 가장 빠른 길을 가는 것이다. 여기서 다양한 문화적 과정들은 "저 밖에서" 작동하는 "근저의" 경제논리를 감추고 있는 것으로, 지배, 착취, 잉여의 점유와 같은 후기 자본주의의 특징적 양식들을 위장하고 있는 것으로 간주된다. 따라서 이러한 이론들에서 로스앤젤레스의 공간적 다양성은 이질적인 사회구성작용의 교차된 결과가 아니라, 포스트모던적 메트로폴리스의 근저에 있는 경제 체제를 감추기 위해 다국적 자본이 사용하고 있는 특수 가면으로 설명된다.

포스트모던적 로스앤젤레스에서의 자본 대 노동의 모순을 글로벌 자본가인 백인 엘리트 억압자에 대항해 투생하는 억압받는 가난한 유색인종의 문제로 묘사하고 있는 거대 서사(Arvidson, 1995: 15~16)는 사회적 적개심과 자원의 추출이 이루어지는 다양한 형식을 설명하는 데 실패한다. 예를 들어 그것은 자본주의적 추출뿐 아니라 "공동의 종족성(shared ethnicity)"에 수반된 잉여 추출과 같은 비자본주의적인 추출의 형식에 대해서도 설명할 수 없다. 다양한 유색인종 집단들이 서로를 경쟁하거나, 때로는 자신들끼리 적개심을 표출하기도 하면서 만들어내는 비자본주의적 추출은 로스앤젤레스 경관에 불균등하게 펴져 있다. 게다가 도시개발에서 나타나는 국가 정책의 역할에 대해서는 거의 관심을 보이지 않았기 때문에 로스앤젤레스 도시 재구성의 역사에 대한 많은 것을 이해하기 힘들었다. 변화하는 로스앤젤레스의 사회경제적·정치적 관계를 이해하고자 하는 나의 접근방식은 권력을 강조하며 정부의 거시-정치와 사회 네트워크의 미시-정치의 상호작용을 중시하고, 한 시기의 문화적·정치적 형태들을 구성하는 근원적이고 시기적인 전체성보다는 권력투쟁을 통해 나타나는 사회적으로 구성된 개념적 범주로써 경제를 바라보는 후기 마르크스주의자의 견해를 공유하고 있다.

내가 주장하고자 하는 것은 만약 우리가 자본에 의한 지구화의 다양한 거대 서사를 강조하는 이러한 이론의 기준과 가정들을 이용해 로스앤젤레스를 살펴본다면 로스앤젤레스는 지구적 자본주의의 역동적 중심지로 파악될 수 없게 된다는 것이다. 오히려 로스앤젤레스는 초국적인 명령과 통제의 송신자라기보다는 의존 도시(dependent city)로, 수신자로 표현되는 것이 더 적절할지도 모른다. 글로벌시티의 담론에서, 로스앤젤레스의 정치경제는 환태평양 지역의 경제적 역동성을 담당하는 주요 엔진으로 재현되었다. 하지만 1970년대 초부터 1990년대 후반까지 로스앤젤레스 정치경제의 역사적 상황은 이 지역으로 유입되는 지구적 투자자금이 불규칙하게 요동치고 있다는 점을 드러내준다. 일본인과 그 외 아시아 금융 자본주의자들의 지구적 투자가 로스앤젤레스로 모여든 것은 사실이지만, 대체로 1980년대 후반에 최고조에 달했던 것은 시내 부동산 붐이었을 뿐, 로스앤젤레스 정치와 경제는 주요 성장동력을 미국의 국방예산에 지나치게 의존하는 상태였다. 이에 따라 냉전이 종식된 1990년대 초반에 급격한 경기불황을 겪게 되었다. 로스앤젤레스에서 미디어와 관련된 경제 분야들이 1990년대 중반부터 불황을 뒤집어보려고 노력하기 시작했지만, 지난 30년간 매우 요동쳤던 로스앤젤레스의 경제상황은 로스앤젤레스를 "20세기 공업성장의 중심지"(Soja, 1986)로 평가한 몇몇 글로벌시티 이론가들의 설명에 많은 논란을 가져왔다. 따라서 나는 글로벌시티 담론의 "사회적 양극화" 가정들을 문제 삼고자 한다. 그리고 이 과정에서 나는 로스앤젤레스의 다양한 인종적·종족적 경관이 자본축적 같은 단순한 글로벌 논리나 로스앤젤레스의 금융 및 기업 서비스업 부분에 의해 시행된 "지구적 통제능력"과는 다른 맥락적 요인에 의해 모여든 초국적 이주자와 피난민의 역사적으로 특수한 사회 네트워크가 시간적으로 수렴되고 공간적으로 지역화된 결과임을 밝힐 것이다.

로스앤젤레스에서 지구적인 것(the global)과 지역적인 것(the local)의 접합은 로스앤젤레스의 초국적 도시성을 구성했다. 이러한 교차적 접합들을 설명하는 것은 글로벌시티의 틀에서 로스앤젤레스를 설명하는 것보다 훨씬 더 복잡하고 흥미롭다. 민족적·권역적·지역적인 측면이 있는 것처럼 로스앤젤레스에 위치를 갖는 초국적인 힘과 과정이 있다는 것은 확실하다. 로스앤젤레스에서 "함께 작동하는" 이러한 초국적 힘과 과정들을 분류하는 것이 결코 쉬운 작업은 아니지만, 이것은 필요한 작업이다. 왜 로스앤젤레스가 경제 자산의 급격한 기복을 겪었는데도 "아래로부터의 수신자"와 같은 곳이 되었는지, 어떻게 세계 곳곳에서 온 초국적 이민자들의 맹목적인 욕망의 대상이 되었는지가 바로 이 작업의 핵심적 문제이다.

멕시코인의 로스앤젤레스 이주

먼저 로스앤젤레스로 이주해온 멕시코인의 사례를 살펴보고자 한다. 그 이유는 이들의 이주 사례가 경제적 지구화의 원인과 잘 들어맞지 않으면서도 복잡하기 때문이다. 로스앤젤레스 이주 멕시코인에 대한 이야기에서 가장 분명한 것은 바로 이주 시기와 거대한 규모이다. 로스앤젤레스에 거주하는 모든 라틴계 사람들의 2/3은 멕시코계이다. 이들 대다수는 멕시코계 미국시민으로 오랫동안 로스앤젤레스에 거주한 사람들이다. 그들은 초창기 멕시코인 이주자의 후손으로, 그들의 이주는 세계 경제가 재구성되던 시기보다 이전에 이루어졌으며, 지구적 경제발전보다는 미국의 농업정책, (이민) 허가와 제한이 반복적으로 이루어졌기 때문이다. 오래된 얘기지만 로스앤젤레스의 중산층이 멕시코 이주자들을 "무식한 농부" 내지 "슬럼가 젊은이"로 정형화시킴으로써 그 지역 특유의 인종차별주의가 오랫동안 존속할 수 있었다. 이러한 정형화된 모습들은 종종 중대하고도 실질적인 결과를 가져왔다. 예를 들면 캘리포니아 투표자들이 법안 187호(Proposition 187)를 통과시키기 오래전에, 그 법안의 인종차별적 요소를 미리 예시라도 하듯 이미 로스앤젤레스는 대공황 시절에 자발적인 출국 프로그램을 출범시켜, 환영받지 못한 수만 명의 멕시코 이민자들을 본국으로 돌려보냈다(Garcia, 1994). 1950년대 로스앤젤레스로 이민 온 멕시코인들은 훨씬 더 많이, 그것도 강제로 "불법 이민퇴치(Operation Wetback)"로 알려진 미국 정부정책에 의해 송환되었다.

로스앤젤레스 이주 멕시코인에 대한 최근의 관점 또한 1986년 「이민개혁및통제법안(IRCA)」이라는 또 하나의 미국 정책에서 기인했다. IRCA의 사면조항은 캘리포니아에서 4년 이상 거주한 미등록 멕시코 노동자들에게 우선적으로 영주권을 주는 것을 승인했다. 비록 IRCA의 사면조항에서는 예상하지 못했을지라도, 초국적 가구에 살았던 새로이 합법화된 수십만 명의 남성 노동자들은 아내와 자녀를 데리고 와 캘리포니아에서 함께 사는 것을 선택했다. 이에 따라 최근 멕시코인 이주자의 성비 구성은 크게 바뀌게 되었다.

 IRCA는 부분적으로 대규모의 값싼 노동력 공급을 보장받기 위한 캘리포니아 농부들의 간청으로 통과된 것이었다. 사면조항과 더불어 법안의 다른 허점은 캘리포니아 농부들이 전년도에 최소 90일 이상 캘리포니아 농장에서 일한 노동자들을 보유할 수 있도록 했으며, 심지어는 시골에서 캘리포니아로 이사 온 합법적 신규 노동자들로 교체시킴으로써 합법적 노동자들의 공급을 가능하게 했다. 법안의 "통제"라는 부분은 불법 이주에 대한 국경통제를 강화하는 한편, 농업이나 제조업 및 서비스업에 미등록 노동자들을 계속 고용하는 고용주를 처벌하는 것이었다(Guarnizo, 1988).

 법안은 몇 가지 의도하지 않은 결과들을 초래했다. 당시 미국 대도시의 경제상황은 여전히 탄탄했기 때문에, 멕시코에서 캘리포니아나 로스앤젤레스로 가족을 데리고 이주해 농장의 저임금을 받는 많은 남성 농장노동자들은 보수가 높은 도시의 서비스업이나 제조업 분야의 일을 찾아다녔다. 고용주 처벌에 대한 위협과 새로 합쳐진 초국적 가족 구성원을 고용주와 이민당국의 감시에서 보호하려는 요구는 위조서류에 가상의 가내공업을 출현시켰다. 또한 많은 수의 멕시코인 이민자의 자녀는 법안 187호의 가장 가혹하고, 예외적이며, 위헌적인 조항이 마련된 상황에서 공립학교에 들어가게 되었다.

 이러한 상황에서 볼 수 있듯이, IRCA 법안이 몰고 온 최근 멕시코인 이주의 증가는 캘리포니아에서도, 초국적으로도 흥미로운 현상이었다.

그것은 인구분포의 변화를 가져왔고, 캘리포니아의 많은 도시나 마을뿐 아니라, 로스앤젤레스에서 움직이는 초국적 사회 네트워크를 확장시켰다. 하지만 경제적 지구화의 단일 징후 내지 로스앤젤레스가 "글로벌시티"로 출현했다는 증거로 간주되기보다는 캘리포니아와 멕시코 간 사회 네트워크의 형성, 생산성, 노동력의 공급, 생계유지를 위해 장기간 지속된 두 국가 간의 관계가 역사적으로 연장된 것으로 봐야 하지 않을까.

1980년대 후반부터 1990년대까지 로스앤젤레스 이주 멕시코인의 세 번째 주요 관점은 글로벌 경제의 재구성과 관련되어 나타났다. 하지만 이것은 재구성 과정의 한 부분으로 로스앤젤레스 경제기반에서 발견되는 "글로벌 장악 능력"에서 발산되는 명령과 통제 때문에 생겨난 것이 아니라 완전히 다르지만 정치적으로 서로 연관된 세 가지 정책 구상의 원천에서 비롯되었다. ① 세계은행(World Bank), IMF, 최근의 세계무역기구(WTO) 같은 신자유주의 이념을 추구하는 역사적으로 특정한 초국적 기관의 정책, ② 미국 행정부, 특히 미국 재무부에 의해 이슈화된 "지구화"의 필연성에 대한 정치적 표현에서 나온 북미자유무역협정(NAFTA)과 같은 신자유주의와 초국적 신자유주의적 정책결정에 대한 미국의 지속적인 지지, ③ 초국적으로 NAFTA를 중개하면서 내부적으로는 끊임없이 긴축 경제를 추구하며 멕시코 국가를 지배하는 PRI(Partido Revolutionario Institiutional)의 협력적이고 제도적인 반응 등이 그것이다.

그러므로 최근 멕시코인의 로스앤젤레스 이주는 사람들도 모르게 움직이는 "지구화"의 비인격적인 경제과정의 단순한 산물도, 로스앤젤레스 지역 산업의 영업이나 지구화와 함께 지역을 유기적으로 정확하게 조정한 금융 서비스 분야에 의한 결과물도 아니다. 그것은 역사적으로 특정한 정책의 실행에 기인한 정치적 산물이었다. 로스앤젤레스의 초국적 변화의 가장 새로운 흐름은 멕시코 내의 생활수준 하락과 국제 은행의 긴축정책과 함께 초래된 멕시코 사회의 소득 양극화 현상의 증가, 멕시코인의 부채 위기, IMF, 세계은행, 미국 재무부의 "글로벌 거버넌스" 정책과 대외정책의 확립을 선호하는 수출주도의 신자유주의 경제정책을 채택한 멕시코 정치엘리트들의 의도적인 결정에 의한 것이었다.

최근 멕시코-로스앤젤레스 간 이주의 사회적 기반은 더욱 확대되었다. 그것은 멕시코인 도시 근로자와 중산층의 수가 증가하고 있었음은 물론, 심지어 멕시코 내 기회조정의 급격한 변화에 따라 다수의 멕시코인 이주민과 함께 로스앤젤레스나 미국의 도시로 당장 이사하거나 투자할 수 있는 기업가 계층이 포함되었기 때문이다. NAFTA에 의해 초래된 이러한 현상들은 멕시코의 많은 가정들은 물론, 멕시코 접경에서 발생하는 소득으로 생계를 유지하는 엘리트 계층을 힘들게 했다. 결과적으로 이것은 로스앤젤레스처럼 소득을 창출할 기회를 가질 수 있는 도시로 접근할 수 있는 더 많은 초국적 가정의 형성과 그들이 구축한 초국적 사회 네트워크에 의해 발생한 송금액과 연결되었다. 멕시코 정부의 정치 위기가 시작되면서 세계 금융시장에서 페소(peso)의 약세는 미국 의회와 이민 귀화국(INS)의 국경 통제 강화책에도 가속화되었다. 캘리포니아의 법안 187호에 뒤이어 초국적 멕시코인 이민자들을 위한 "이중 국적" 법안이 통과되자, PRI가 지배하고 있는 멕시코 정부는 미국으로 이주한 초국적 이민자들에 의해 매년 멕시코 가정과 공동체로 보내지는 송금액으로 멕시코 경세가 약 50~70억 달러의 이득을 지속적으로 얻을 것이라고 전망했다. 또한 지금까지 미국의 도시에 사는 초국적 멕시코인 이주자의 제한된 정치 영향력이 증가해감에 따라, PRI는 "멕시코인 공동체를 외국으로"라고 외치고 싶어 한다(Guarnizo and Smith, 1998).

아이러니하게도 로스앤젤레스의 경우, 송금액의 흐름에도 멕시코인의 초국적 이주는 법안 187호의 처리를 둘러싼 인종적 담론 속의 반 이주자 집단이 말하는 것과 같은 일방적인 "현금 유출"만은 아니었다. 오히려 다양한 부분에서 로스앤젤레스의 멕시코계 인구가 소비한 물품과 서비스는 이 도시와 지역의 수요 주도형 고용에 확실한 공로가 있었다. 그러나 이러한 로스앤젤레스 정치경제의 대중적 기반인 "수요의 측면"은 유명 미디어나 "글로벌시티로서의 로스앤젤레스" 연구, 어디에서도 별다른 주목을 받지 못했다[사센은 글로벌시티 형성의 측면에 주목했기 때문에 그녀의 글로벌시티 분석은 예외에 해당한다고 보는 것이 옳을 것이다. 예를 들어 Sassen-Koob(1987) 참조].

제국의 유산

멕시코인의 이주 사례에서 오늘날 로스앤젤레스에 살고 있는 여타 주요 초국적 이주민 집단들로 시각을 옮기면, 로스앤젤레스가 다른 의미에서 초국적이었음을 알 수 있다. 하지만 이러한 형태의 초국적 이론(transnationalism)은 글로벌시티의 시나리오에서 묘사되었던 것과 다르다. 1970~1990년대 로스앤젤레스로의 초국적 이주의 대부분은 냉전과 양극시대의 미국 대외정책이 오랜 기간 추구해온 "지구적 확장(global reach)"의 유산으로 해석될 수 있다. 먼저 주요 초국적 이주자 집단, 특히 가장 많은 수로 로스앤젤레스에 정착한 피난민들의 국적을 생각해보자. 그리고 그들의 관계를 냉전체제하 미국의 외교정책의 성공과 실패와 관련지어 해석해보자. 로스앤젤레스에서 멕시코인 다음으로 다종족 인구의 가장 큰 부분을 형성한 민족집단은 한국인, 필리핀인, 동남아시아 피난민, 냉전으로 폭력 사태가 발생한 중앙아메리카, 특히 엘살바도르와 과테말라에서 도망친 대규모의 사람들이었다. 로스앤젤레스는 이제 한국인, 과테말라인, 살바도르인들이 자신의 고국을 떠나 가장 많이 모이고 있는 새로운 고향이었다. 현재 로스앤젤레스에는 전 세계 엘살바도르인의 1/10이 살고 있는데(Davis, 1992), 이들은 평화·안정·일자리 때문에 이곳으로 오게 되었다. 프놈펜 외곽에 가장 많이 모여 있던 캄보디아인들은 현재 로스앤젤레스 대도시권인 롱비치에서 살고 있다(Pastor, 1993; Ong et al., 1989). 이러한 사례들이 확인해주듯이, 40년이 넘는 지난 기간 냉전체제하 미국의 외교정책은 자업자득으로 로스앤젤레스의 종족 경관(ethnoscape)을 재구성하는 초국적 이주의 흐름을 형성해왔다. 이런 면에서 로스앤젤레스는 확실히 초국적 도시성의 문화적 교차점이었다. 그러나 경제학적으로 엄밀하게, 이와 같은 사실들은 로스앤젤레스를 "환태평양 세기"의 어떠한 새로운 성장동력으로 이용하기는커녕, 명령하고 통제할 준비가 된 "글로벌시티"로도 만들지 못한다.

지금은 냉전이 종식되었기 때문에, 몇몇 논평자들은 현재의 글로벌 지정학적 조건을 새로운 세계의 무질서로 특징지었다[예를 들면 Gray(1998)와 Rodriguez(1995)에서 "신세계 질서"의 매우 상이한 재현들을 비교해보라]. 이렇게 역사적이면서도 담론적인 맥락 속에서 "제국의 종식"은 나에게 현재 로스앤젤레스에 나타난 "지구화"의 상태를 특징짓는 적절한 방식이라는 인상을 주었으며, "제국주의의 유산"은 로스앤젤레스의 인종 및 종족 관계의 현 상태에 대한 적절한 비유라는 인상을 주었다. 이 장에서는 지난 20년간 로스앤젤레스에 나타난 사회구조와 경제생활의 변형에 대해 더 고찰할 것이다. 즉, 로스앤젤레스에서 발생한 1992년 도시 폭동을 비롯해 많은 사회불안의 핵심인 적대적인 경제성, 주거지, 공동체 역할과 정체성 등이 형성되어온 방식들을 살펴볼 것이다.

특히 로스앤젤레스에서 나타나는 한국계-미국인 중소기업주와 아프리카계 미국인, 또는 중앙아메리카의 정치적 난민 간의 적대적 관계는 적절하면서 흥미로운 사례이다(Smith and Feagin, 1995; Cho, 1993; Hazen, 1993 참조). 한국전쟁에 의해 수반된 교착상태 이후, 미국과 동맹한 한국 정부는 권위주의적 정치 입장과 최근에서야 바뀌었지만 군부가 장악하는 정치양상을 보여주었다. 한국의 정치, 경제를 담당한 엘리트들은 수출 지향적인 경제발전전략을 추구해 급속한 경제성장과 함께 한국 인구의 도시화를 이끌어냈다. 1970년대 후반까지 한국은 사회나 정치체제가 수용할 수 있는 것보다 더 많이 신분상승이 가능한 도시의 전문직 종사자들을 양산하고 있었다. 고국에서 사회적 유동성이 막힌 다수의 고학력 도시민들은 1970년과 1980년대에 미국으로의 이민을 선택했다(Lee, 1995). 이러한 이주는 1965년 이민법 개혁안(IRA)에 내포된 미국 이민법의 완화에 의해 가능한 것이었다. 이민법 개혁안은 아시아계 이민자들에게 불리했던 국적제한을 삭제하고 숙련된 노동자들의 이주를 장려했다. 그렇지만 미국의 정치경제에서 한국인 이주민들에게 개방된 직업 분야는 반-아시아인 차별주의, 부족한 영어 실력, 미국에서 쉽게 호환될 수 없었던 소유하고 있는 직업의 전문성 등을 이유로 제한되었다. 그러므로 많은 한국인 이주자들은 가계자본이나 초국적 종족 협회들의 대출을 이용해 미국 대도시에서 중소기업주가 되었다. 이러한 상황은 특히 한국인 이주자와 한국계 미국인이 가장 많이 모여 살고 있는 로스앤젤레스에서 나타났다.

로스앤젤레스에 거주하는 한국계 사람들의 경제활동 분야, 예를 들어 로스앤젤레스 S.C.처럼 저소득 멕시코인과 흑인계 주민들이 모여 사는 지역에서 편의점이나 주류업에 종사하는 것은 그들을 잠재적으로 다른 소수민족들과 적대적 관계에 놓이게 했다. 이러한 양상은 코리아타운에서 미등록 살바도르인이나 과테말라인을 고용한 영세공장(sweatshop) 소유주들, 맥아더 공원, 코리아타운(지금은 대부분 라틴계 사람의 거주지역인), 피코 유니온에 있는 중앙아메리카인 주거지의 임대인들도 마찬가지였다. 심지어 글로벌 미디어의 "드림머신(dream machine)"이라는 은유적 관련성에도 지역적으로 과도지역인 할리우드에 있는 중앙아메리카인 주거지의 임대인들과도 적대적 관계에 놓이게 되었다. 한국인과 라틴계 주민 간에 작용하는 미시적인 권력관계에서 임대인-임차인, 고용주-노동자, 상인-고객의 갈등이 로스앤젤레스 폭동 지역이었던 코리아타운, 할리우드, 그 외 지역에서 한국인 업무용 부동산의 파괴가 목표가 될 정도로 격렬한 모습을 띠게 된 것은 놀라운 일이 아니다. 이와 같은 로스앤젤레스 폭동의 규모는 다양하게 주변화된 중앙아메리카 난민과 저소득 멕시코인 이주자들의 분노의 표현이었다. 로스앤젤레스의 주류 경제 및 정치 기관에서 나타난 라틴계 주민들의 배제는 심지어 그 지역의 멕시코계 미국인 정치가들에게도 나타날 정도로 너무나 확연했다. 멕시코계 미국인 정치가들은 폭동 이후, 오랜 전통을 가진 동부 로스앤젤레스 지역의 멕시코계 미국인들은 약탈을 하거나 폭동을 일으킨 사람이 한 명도 없었다고 지적하며 라틴계 주민과 한국계 주민들 사이의 적대감을 대수롭지 않게 생각했다.

   이러한 사례들이 설명하듯이, 과거 미국의 "식민지"에서 로스앤젤레스로 이동하는 냉전 관련 이주자들의 움직임과 스프롤화(sprawling)한 로스앤젤레스의 포스트-도시 경관 속에 나타난 적대적인 경제, 주거, 상업적 역할에 대한 추측은 로드니 킹 사건의 판결에 의해 촉발된 흑백 갈등의 도시 불안감을 확장시키고 심화시켰다. 그 결과는 1980년대 레이거노믹스

(Reaganomics)하에서 복지에서 국방예산까지 국가의 구조조정에서 가장 큰 이득을 봤던 냉전체제하 외교 및 국방정책 결정자들의 예상과 거의 일치하지 않았다. 로스앤젤레스로 들이닥친 것은 지정학적 팍스아메리카나에 의해 도입된 환태평양의 다문화적 용광로가 아니라 초국적화된 다종족 계급의 전쟁이었다.

문화적 지구화라는 관점에서 보면, 로스앤젤레스 폭동의 여파로 나타난 소수민족 미국인에 대한 비우호적인 미국 미디어의 재현들은 지역적이면서도 지구적 현상임이 명백했다. 로스앤젤레스의 냉전 관련 이주민들이 미국 해안가로 오기 훨씬 전부터 이러한 적대감은 미국 문화의 고질적인 인종주의와 그것의 지구적인 전송에 의해 조장되었다. 과거 40년이 넘는 미국의 군사 개입의 결과로 미국의 비디오와 텔레비전쇼를 비롯한 할리우드 영화산업은 이전 미국 식민지에서 이주하기도 전에 흑인에 대한 인종차별의 고정관념을 해외로 퍼뜨렸다. 조수미가 한국의 사례에서 지적했듯이(Cho, 1993: 199), 이러한 지배적인 미국의 인종 위계화의 지구적 전파 결과, "한국인들이 이주할 때, …… 인종에 대한 국제화된 고정관념들은 영화, 텔레비전쇼나 그밖에 대중문화 상품 속에서 아프리카계 미국인을 부정적으로 묘사함으로 강화되었다." 따라서 한국인이나 다른 냉전 관련 이주자들은 직접 아프리카계 미국인을 지역적으로 경험한 것보다 앞서, 이미 그들의 머릿속에 반-흑인 태도가 자리 잡고 있었다. 한국인의 사례에서 보면, 지구적으로 전개되고 있는 이러한 미디어 이미지들은 지역 내 한국인 대 흑인 간 문화적 적대감이 사회적으로 구성되는 데 큰 역할을 했다. 즉, 한-흑 간 문화적 적대감은 한국인 중소기업가들이 흑인 거주지역에서 주류업이나 편의점 운영처럼 그들에게 개방된 경제 분야로 들어갔을 때, 로스앤젤레스 정치경제에서 차지했던 두 집단의 적대적인 사회역할을 확고하게 했다.

내가 묘사해왔던 로스앤젤레스 종족 경관의 사회적 재구성은 상당수가 냉전이 야기한 국제 관계의 맥락 속에서 형성된 이주 네트워크에 의해 생산되었다. 그렇지만 부분적으로는 대중문화상품으로 남부 캘리포니아에서 해외로 수출된 텔레비전쇼나 영화의 배경을 형성한 로스앤젤레스 일상생활의 환영적인 이미지에 담겨진 문화적 상상의 유혹에 의해 가속화되었다. 그러한 상품들은 현재 미국과 로스앤젤레스에서 항공산업 다음으로 두 번째로 큰 수출항목이 되었다. 1980년대에 로스앤젤레스가 스스로 기획한 "글로벌시티"로서의 국제적 이미지는 1984년 올림픽과 같이 전 세계적으로 전송된 미디어 오락물에 의해 더욱 더 정교하게 가공되었다. 그리고 미디어 오락물은 마이클 밀켄(Michael Milken)의 정크본드(Junk Bond) 사기와 규제가 철폐된 예금 및 대출산업에 의해 촉발된 투기적인 건설 붐과 함께, 로스앤젤레스의 경관을 역동적인 환태평양 졸부의 본거지로 만들었다. 로스앤젤레스에서 상업 및 주거지역의 부동산 붐으로 조성된 환상을 부추기는 지역 부동산 자본가들에 의한 언론매체의 과대광고는 로스앤젤레스를 세계 최고의 다문화적 용광로, 결코 비가 오지 않으며 매일 햇살이 비치는 날씨로 하루를 마치는 기회의 땅으로 묘사했다(Garcia, 1992). 따라서 일본계 잉여자금을 비롯해 경제적으로나 정치적으로 소외된 세계의 많은 사람들과 초국적 중소기업가들이 더 나은 미래를 꿈꾸며 이곳으로 몰려든 것은 당연하다.

하지만 꿈을 가지고 로스앤젤레스로 이주한 사람들이 겪은 일상의 경험들은 미디어의 이미지와 너무도 달랐다. 로스앤젤레스로의 초국적 이주가 가속화될 무렵 이 지역의 경제적 생동감은 두 가지 경제재편의 흐름에 의해 약화되었다. 첫째, 기간산업 분야에서의 글로벌 기업의 재배치, 둘째,

냉전 종식 이후 방위산업의 축소에 의해 이루어졌다. 1970~1980년대에는 당시 로스앤젤레스로 이동하는 초국적 이주민과 난민의 경제수준을 끌어올려줄 수 있는 소득원이었던 고임금 제조업 분야의 대폭적인 감소가 있었고, 이후 1980년대로 넘어서면서 그 속도는 가속화되었다. 게다가 로스앤젤레스는 한때 미국에서 두 번째로 큰 자동차 조립 산업도시였는데, 1992년 로스앤젤레스 지역의 마지막 조립공장이 문을 닫아버렸다. 군용 무기에 대한 멕시코 정부의 신자유주의정책에 고무된 GM과 크라이슬러가 멕시코로 이동했기 때문이다. 이미 노조가 설립되었던 고임금의 제조업 분야도 마찬가지였다. 유니로열(Uniroyal)은 브라질과 터키로 이전했으며, 모토로라와 리튼 또한 멕시코로의 이동에 동참했다(Ong, 1993).

이처럼 로스앤젤레스 지역에 나타난 기간 제조업의 공동화와 비노조, 저임금, 영세공장 노동 등 다른 형태로의 재공업화는 수십 년 전 외국에서 태어나 미국의 기회 구조에 들어가기 위해 이용되었던 초국적 이주자를 위한 방책들을 막았다. 그것은 또한 많은 수의 흑인 남성 노동자계급을 저임금의 서비스업 일자리나 영구적 실업상태로 몰아넣었다. 통계에 따르면, 1978~1989년에 로스앤젤레스 경제에서 20만 개에 달하는 고임금 제조업 일자리가 사라졌다. 이들 일자리는 1992년 폭동사건이 일어났던 로스앤젤레스 S.C. 지역 중 흑인과 라틴계 주민이 주로 모여 있는 곳에 집중되어 있었다(Johnson, Farrell and Oliver, 1993, 1992). 일자리 축소와 공장폐쇄는 산업복합단지와 연결되어 있던 지역의 공급자와 중소기업들을 도산하게 하는 간접적이고 부정적인 파급효과를 형성했으며, 이는 더 나아가 로스앤젤레스의 고용 위기로까지 번져갔다.

이 시기 공장폐쇄의 두 번째 여파는 로스앤젤레스를 냉전 종식의 결과로서 직시했다는 점이다. 1990년대 전반기 주요 방위 및 항공 관련 시설과 기지들이 폐쇄되자, 경제성장의 중앙 동력으로써 방위예산에 의지한 로스앤젤레스 지역의 고용 위기는 증가했다. 이것은 "글로벌시티"가 무엇을 의미하는 것인가를 곰곰이 생각할 때 중요하게 고려할 점이다. 지역 경제를 관리하는 동력들은 무엇인가? 그것들은 시대를 초월해 어떻게 변화하는가? 그것들은 공공정책의 민족적 형태와 더불어 지구적 경제 재편에 어떠한 영향을 미치는가? 국가와 기업 실천들에 의해 생산된 국제적인 정치경제의 변형을 본 결과, 로스앤젤레스가 현재 겪고 있는 경제적 어려움은 지구화 담론에 의해 합법화된 지구적 자본 도피의 부정적 영향으로 볼 수 있다. 또한 냉전 종식으로 수반된 미국의 외교 및 국방정책 변화의 직접적인 결과로 최근에 나타난 로스앤젤레스의 침체는 미국 국가기구가 지구적 군사지배 모드에서 지구적 경제 헤게모니의 형태로 이동하는 과정에서 나타난 방위비 삭감 정책에 의해 야기된 것으로 볼 수 있다. 하지만 어느 경우이건 로스앤젤레스는 "지구적 명령과 통제"의 송신자가 아니라 오히려 수신자였다.

1989~1993년에 로스앤젤레스 카운티에서는 추가로 24만 개의 일자리가 사라졌다(Johnson, Farrell and Oliver, 1993). 냉전이 종식되자, 일단 겉으로 불황에 크게 영향을 받지 않을 것으로 보였던 항공우주와 전기산업, 건축과 부동산 분야가 급속도로 위축되기 시작했다. 1990~1995년의 급격한 경제 쇠퇴로 로스앤젤레스는 환태평양 경제동력의 중앙 핵이 되기보다는 지난 40년간의 국가방위 및 조달정책이 변함에 따라 쇠퇴하는 일종의 식민지 전초기지가 되어갔다. 민족국가가 약해지면서 도시는 "지구화" 시대 속에 자치권을 얻는 대신에, 자신의 미래에 불리하게 영향을 미치는 국가정책의 수신처임을 깨닫게 되었다.

1990년대 전반 로스앤젤레스의 방위 관련 직업군에는 급격한 변화가 있었다. 1993년에만 11만 개의 방위 관련 일자리가 로스앤젤레스 경제에서 사라졌다. 로스앤젤레스의 공식 실업률은 10.4%였다. 이러한 고임금 일자리의 감소는 1990년대 전반부 내내 지속되었다. 그 이유는 재당선을 위해 기대를 걸었던 주에 초점을 둔 연방정부 보조의 하이-테크 발전계획의 감축을 보상하려는 빌 클린턴(Bill Clinton)의 상징적인 노력에도 국방비 삭감이 계속되었기 때문이다.

지역의 정치엘리트들과 "지역경제발전"을 자극하기 위한 공적 노력인 "기업유치 지구(enterprise zone)"는 이러한 일자리 감소를 고심했다. 로스앤젤레스 도심으로 투자를 이끌어내려고 제안된 세금면제 정책이 1993년 초까지 5년간 실시되자, 총 837개의 일자리가 창출되었다. 이들 가운데 단지 159개의 일자리가 와츠(Watts)에서, 157개는 로스앤젤레스 동부에서, 220개가 도심 지역에서 창출되었다. 더 나쁜 것은 이러한 적은 수의 일자리가 새로운 일자리가 아니었다는 점이다. "기업유치 지구"의 많은 일자리는 이미 로스앤젤레스에 존재했던 것으로, 단지 세금면제를 노린 고용주들에 의해 위치만 이동한 것이었다(Mann, 1993). 따라서 도시의 네트워크 효과는 더더욱 나빠지게 되었다. 왜냐하면 세금면제 정책으로 말미암아 로스앤젤레스 예산에서 10억 달러의 부족액이 발생했기 때문에 도시의 세입은 더 적어지고 새로운 일자리는 거의 없었다.

'지역 경제발전'의 사회적 구성

내가 언급하고 있는 로스앤젤레스 경제 변화의 이야기는 단순히 경제적 종속성이나 쇠퇴에 관한 것이 아니라, 불균등한 발전에 관한 더 복잡한 이야기이다. 이미 지적했듯이, 로스앤젤레스에서 성장하는 "지구적 문화" 산업은 지구적 이주를 유도하는 원천일 뿐 아니라, 도시의 주도적인 수출 분야 가운데 하나이다. 몇몇 견해에 의하면(Storper, 1999), 1990년대 후반 영화, 연예, 멀티미디어 분야에서 창출된 새로운 일자리는 1990년대 중반 경제 재편과 방위기구 축소에 의해 사라진 많은 수의 일자리를 대체했다고 한다. 그렇다 해도 이들 분야의 임금구조는 고임금의 노조를 갖춘 제조업 분야보다도 훨씬 더 불균등했다(Curry and Kenney, 1999).

로스앤젤레스 정치경제의 다른 두 가지 분야 또한 성장의 전조들을 보여 왔다. 특히 방위산업이 무너지기 전, 성장 분야의 하나는 고급 서비스 산업이었으며, 이 분야의 일자리는 여피족과 도심의 비즈니스 엘리트들에게 돌아갔다. 1980년대 도심 투자 계획은 톰 브래들리(Tom Bradley) 시장의 도시개발 전략과 함께 일본계 산업조합들의 잉여 자본의 이용, 지구적 부동산 투기에 기꺼이 투자할 수 있는 금융 자본가들의 연합에 의해 추진되었다(일본 내의 정치위기는 말할 것도 없이 당시 일본경제의 위기상황을 놓고 볼 때, 투자자들은 할 의지도 없었고, 할 수도 없었다). 따라서 로스앤젤레스 도심의 개발붐은 리처드 리오단(Richard Riordan) 시장 시절에서는 지속되지 않았다.

1980년대 후반 선도적인 시의 부스터들(civic boosters)[1]에 의해 구축된 로스앤젤레스의 신화는 글로벌시티 연구의 비유들과 아주 흡사했다. 새로운 "환태평양 세기"에서 로스앤젤레스는 환태병양의 거대 중심으로서의 "지역적 이점"으로 제공된, 자본축적 가능성을 활용할 준비가 된 역동적 도시로 묘사되었다. 앞서 지적한 것처럼, 미디어에 나타난 로스앤젤레스의

---

[1] 부동산 개발을 촉진하고 부추기는 집단 및 사람. ─옮긴이

이미지는 기업가를 위한 기회의 땅, 다국적 문화의 용광로, 세계 모험가들을 위한 미국의 마지막 정착지였으며, 더 나아가 글로벌시티로서의 이미지가 추가되었다. 1980년대 지구적 미디어와 자본의 흐름과 지역의 선전광고(boosterism)의 결합에 따른 네트워크 결과는 새로운 도심의 화려함과 로스앤젤레스에 국한된— 국가의 보조를 많이 받았던— 새로운 지하철 시스템이었다. 이러한 새로운 "포스트모던적" 도시 건축의 형식들은 도시계획가들에 의해 의도적으로 디자인되었다. 마이크 데이비스(Mike Davis)와 다른 사람들은 로보캅, 21세기의 감시 기술, 고물가, 제한된 비업무 혹은 관광호텔 서비스, 예외적인 거리 디자인의 조합으로 중앙 사업지구(CBD)에서 배제되고 있는 위험 계급들의 19세기 사이코드라마의 또 다른 재연 속에서 대부분의 보통 사람들— 특히 유색인종들— 을 배제하여, 로스앤젤레스 도심은 진정한 성벽도시, 철저히 폐쇄된 도시로 만들어지고 있음을 보였다(Davis, 1990).

로스앤젤레스가 낡은 도시공간을 재생함에 따라, 근대주의자의 향수로 가득 찬 메시아적 사회 상상은 개발업자들에 의해 전개되어졌다. 그들은 "재중심지(recentering)"가 된 로스앤젤레스의 최고 업적으로 예외적 기업 및 관광지구를 묘사하고 있었는데, 그것은 모든 로스앤젤레스 시민들이 정당하게 자긍심을 가질 수 있는 업적이었다. 로스앤젤레스가 지구적 부동산 투자의 위축과 냉전 종식에 직면했을 때, 심지어 이러한 순환 속에서 "실재" 로스앤젤레스의 전반적인 사회구성의 변화가 얼마나 급속도로 이루어졌는가는 매우 주목할 만하다. 로스앤젤레스 도심에 대규모 건축물이 세워지고, 상업지역이나 주거지 부동산의 가치가 하락되며, 고용위기가 확대되고, 일본 산업이 쇠퇴하는 가운데 이윤율에 투자하는 부동산 벤처의 일본인 해외투자가 급격히 쇠퇴하면서, 로스앤젤레스 도시개발에 대한 정치적 담론에서 이러한 과장법은 거의 사라져버렸다. 경기가 하락하자, 늘 있던 부스터들의 수사법은 공허하게 들리기 시작했다. 심지어 가장 통제가 불가능했던 시의 부스터들조차 로스앤젤레스 폭동의 여파로 조용해졌다.

방위산업 분야 일자리에 대한 공격과 재투자 캠페인을 벌인 4명의 의장의 연이은 사임으로 중단된 "로스앤젤레스 재건설"의 미미한 결과는 단지 지역의 "성장동력"을 구성하던 부동산 엘리트들과 로스앤젤레스 기업 간에 식별할 수 있는 기능 상실의 일각에 불과했다. 아이러니하게도, 1989~1992년에 로스앤젤레스 의회에서 24만 개의 민간부분 일자리가 사라졌는데도, 로스앤젤레스 상공회의소는 경제발전부서 전체를 포함한 60명의 직원 가운데 8명을 해고한 것으로 고용 위기에 대응했다(Mann, 1993; Sims, 1994). 이에 따라 과장되었던 로스앤젤레스의 선전광고는 단 4년 만에 절망과 패배주의로 옮겨갔다. 이것은 역설적일 뿐 아니라, 상징적이기도 한 것이다. 로스앤젤레스의 이미지가 유토피아적인 것에서 디스토피아적인 것으로 변한 것은 심지어 로스앤젤레스 경제발전에 가장 능동적으로 책임을 지고 있는 분야에까지 내면화되었음을 암시한다.

로스앤젤레스의 지역적 성장동력이 부동산 분야에 투자된 로스앤젤레스의 지구적 자본에 의해 아주 적게 영향을 받았음은 확실하다. 국립은행의 규제 철폐, 조정되지 않은 성장, 로스앤젤레스의 과도한 상업건축, 저축대부조합(S&L) 스캔들은 밀접하게 관련되었다. 로스앤젤레스 도심의 사업지대는 일본인과 S&L 자본의 유용성에 의해 가속화되어 1980년대 630만 평방피트에서 3,300만 평방피트로 확대되었다. 대규모 빌딩은 1992년까지 19%의 공실률을 기록했다 개발자들은 그들의 건물들을 채워 부동산 담보 대출을 상환할 수 없었다. 1988~1991년에 사무실 건물에 대한 담보

권리 상실액이 11억 달러에서 41억 달러로 치솟았다. 이후 다급해진 S&L사가 담보권이 상실된 자산들을 매우 싼 값에 덤핑판매를 시도하면서 지역의 예금 및 대출산업은 무너지게 되었다. 지금은 없어졌지만 1989년에 4,000만 달러의 비용으로 비벌리힐즈에 세워진 컬럼비아 세이빙스(Columbia Savings)의 예전 본점이 1992년에 280만 달러에 팔인 것은 한 예이다(Garcia, 1992; Sims, 1994).

로스앤젤레스의 부동산은 중상위층 소득자들의 주택공급 수요로 해고된 항공 및 전기 기술자들의 이전이 감소함에 따라 더욱 침체되었다. 방위산업 축소 또한 법률회사, 보험사, 방위 하청업자들의 이자 지불 금융기관들에게 복합적인 영향을 끼쳤다. 이들 회사의 사원 구조조정은 도심 사무실의 공실률을 높였으며, 더 나아가 주택 수요를 꺾어버렸다. 1993년까지 로스앤젤레스의 부동산 거품은 꺼지고, 이와 함께 로스앤젤레스의 지역 성장동력의 자신감도 함께 사라져갔다.

초국적 도시성과 '종족경제'

그러나 초국적 도시성은 그 자체로 1980~1990년대 로스앤젤레스의 세 번째 중요한 성장 분야의 촉진제였고, 그 분야는 여전히 왕성하게 일자리를 창출했다. 이 분야의 새로운 고용방식들은 주로 초국적 종족공동체의 사회공간 내부나 전체에 집중되었다. 이들 초국적 공동체의 일자리는 저임금 서비스와 제조업 분야(레스토랑, 호텔, 가사업 노동자)에 집중되었고, 공장 개업 비용이 저렴하고, 노조가 없으며, 의류제조업이나 소형전자 부품업체처럼 노동력 착취가 심한 경공업 분야에 집중되었다. 사회과학 담론에서 이러한 도시의 새로운 고용 분야는 "종족거주지(ethnic enclave)"(Portes, 1987), "종족경제"(Light and Karageorgis, 1994), 내지 "이주민경제"(Light, Bernard and Kim, 1999) 등으로 다양하게 정의되었다. 이들 각각의 용어는 경제활동이 공간적으로 특정한 종족 지역에 집중되었는지, 공간적으로 분산되었지만 동족(co-ethnic) 소유주와 노동자가 함께 하는지, 혹은 종족 간 차이가 있지만 "신규 이주자" 고용자와 노동자들 사이의 사회적인 관계가 수반되었는지에 따라 분류되었다. 단순화하기 위해 나는 종족경제의 세 가지 형태로써 이러한 대안적 방식을 언급할 것이다.

종족경제에 대해 글을 쓴 몇몇 사람들은 이러한 형태의 경제활동에서 나타나는 기업가적 요소와 동족 노동자를 위한 상상속의 자선적 결과들을 근사하게 묘사해왔다[예를 들어 Portes와 Manning(1986)을 보라]. 종족경제 기업가의 이미지는 두 가지 명확하게 구분되는 사회적 해석을 가져왔는데, 하나는 동화정책주의자이고, 다른 하나는 초국적주의자이다. 이러한 재현 모두는 어조상 자축적인 경향을 보인다. 동화정책주의자로서 다양한 초국적 이주자들, 특히 아시아 국가에서 이주해온 자들은 동족경제의 기회구조를 창출해 도시경제에 역동적으로 공헌한 것으로 재현된다. 이 분야의 차세대 노동자들 또한 과거 이주자들처럼 미국 주류 경제 속으로 쉽게 흡수될 것으로 예상된다. 따라서 이러한 변형 속에 종족경제는 노동자가 기술을 배우고 사회 자본을 얻고, 인간의 잠재력을 개발하는 일종의 임시 디딤돌이 될 것으로 예상된다.

지구적 경제 재편에도 전국적으로 조직된 노동계급운동의 정치적 영향 속에 감지된 경기하강이라는 맥락에서, 초국적주의자로 명명될 지도 모르는 종족 기업가의 두 번째 이미지가 도시개발에 관한 사회과학적 담론으로 거론되었다. "종족 기업가"를 포함해 초국적 무대에 영향을 끼치는 많은

"새로운 사회적 행위자들"은 그들의 실천이 특성상 자의식이 강하지도, 그렇다고 정치적으로 느슨하지도 않다는 사실에도, 현재 변형 가능성에 투자되고 있다. 일례로, 알레한드로 포르테(Alejandro Portes)는 "초국적 공동체들"의 흥기에 대한 최근 논문(Portes, 1996a, 1996b)에서 초국적 이주 기업가들의 활동에 일련의 특성을 부여해 사회적으로 구성된 작은 초국적 자본가들을 "보통 사람", "노동계급 분파", "풀뿌리" 행위자로 묶어 기술했다. 그리고 그들의 기업가적 실천은 다국적 기업 자본주의에 대한 "대중적 저항"의 표현에 해당한다고 했다. 이러한 "아래로부터의 초국적주의"라는 특이한 사회구성에서, "아래로부터"의 의미는 초국적 기업의 의도라기보다는 추정되는 결과에서 나온 것이다. 내 견해로는 확실히 초국적 종족 기업가들은 동족 내지 다른 초국적 이주민들을 고용해 돈을 벌려고 생각했다. 그렇게 함으로써 그들은 보편화되어 있는 다국적 자본가들의 사업방식을 바꿀 수 있었다. 예를 들면 주요 의류 체인점과 패션디자이너들을 부추겨 자신들의 공장과 도급계약을 맺게 하는 것이다. 하지만 이러한 효과를 대중적인 풀뿌리 저항에 결합시키기에는 좀처럼 정당성이 없어 보인다.

로스앤젤레스의 종족경제에서 작동하는 지구-지역화의 상호작용으로부터 얻어낼 수 있는 의미는 무엇인가? 종족경제가 주류 경제에서 분리되어 있는 어떤 것이라고 보든, 도급계약 상태를 통해 밀접하게 주류 경제에 연결되었든, 한 가지는 확실하다. 그것은 노동자에게 확실한 보상이 따르지는 않는다는 것이다. 또한 초국적 도시 노동인력의 상황에 많이 의존하는 경향이 있다. 따라서 마이클 더글러스(Micheal Douglas)의 영화 <폴링다운(Falling Down)>에서 너무도 냉정하게 묘사된 밑바닥으로 이동하는 봉급쟁이 방위, 항공 기술자처럼 해고된 많은 수의 노동자들은 로스앤젤레스 여타 산업에 흡수되지 않았다. 또한 로스앤젤레스의 여러 종족경제 방식은 많은 흑인들을 고용하지도 않았다.

이러한 특별한 형태의 로스앤젤레스 초국적 도시성에서 예견할 수 있는 지역적 충격들은 무엇이었을까? 캘리포니아 대학 도시설계자인 폴 옹(Paul Ong)의 상세한 연구는 이러한 질문을 확실하게 던지고 있다. 옹의 연구는 로스앤젤레스 종족경제의 이득뿐 아니라 손실에 대해서도 철저하게 논의를 했다. 그의 연구 『아시아계 미국인의 빈곤을 넘어(Beyond Asian-American Poverty)』(1993)에서, 옹은 1993년 로스앤젤레스 카운티에는 12만 4,000명 이상의 아시아인이 빈곤상태였음을 밝혔다. 전체적으로 아시아인 빈곤율은 13%를 보인 반면, 최근 캄보디아와 라오스 출신 동남아시아 난민들처럼 냉전 유산의 일부였던 몇몇 아시아 국적의 집단들은 45%에 달한다. 베트남인들의 경우 25%의 빈곤율을 보였으며, 태평양의 섬 출신자들은 24%였다. 심지어 "기업가"인 한국인들도 16%의 빈곤율을 보였다. 종족 기업체(의류제조업체)를 소유하고 운영하는 사람들이 만든 신규 산업체에서 일하는 사람들은 최저임금을 받는다. 많은 신규 아시아인 노동자들은 영어를 배울 기회가 차단된 단일 언어로 운영되는 작업장의 장래성 없는 일자리에서 편안하게 자리를 잡는다. 이러한 상황은 자축적인 동화정책 주의자의 기대에 의문을 던지게 만든다.

비교해보면 이 연구가 나올 당시 로스앤젤레스 아프리카계 미국인의 빈곤율은 21%였다. 따라서 전체적으로 보았을 때 한국인의 빈곤율은 아프리카계 미국인에 비해 다소 떨어지는 정도이다. 로스앤젤레스로 이주한 동남 아시아인들은 아프리카계 미국인의 빈곤율에 비해 두 배 정도 높다. 더 비교하면, 로스앤젤레스 지역 라틴계의 빈곤율은 23%였는데, 이는 흑인들보다 약간 높은 수치이다. 종족경제 속에서 신규 노동착취 공장에서 일하는 많은 가난한 아시아인들은 "일자리를 가진 빈곤층"의 일부이다.

공공보조가 약해지고는 있지만, 거기에 기대어 살고 있는 동남아시아 난민 가정들은 "신규 복지 빈곤층"으로 불리는 집단의 일부에 속해 있다. 이들 두 그룹을 합친 로스앤젤레스의 신규 아시아 주민들은 새로운 "소수집단 모델", 즉, 로스앤젤레스 경제발전에 대한 해답이라고 여겨지는 "아시아계 미국인"의 정형과는 다른 모습을 보인다. 그러한 고정관념의 측면에서, 1983~1986년의 INS 기록은 합법적으로 로스앤젤레스에 이주한 아시아인들의 경우 관리자, 기술자, 전문가 출신이 43%인 반면, 과거 노동 강도가 높은 일자리나 하찮은 직업을 가진 사람이 36%였다는 것을 보여주고 있다.

후자의 많은 사람들은 사실상 극빈곤 상황에서 주변부 존재로 살고 있다. 옹의 연구에서 다음의 질적 결과를 살펴보자. "이 연구를 수행하면서, 우리는 저소득 아시아인 가정들이 조그맣고 상태가 좋지 않은 옥외 공간, 불법 개조된 차고, 쓰레기가 줄을 잇고 어두운 조명의 복도를 가진 아파트 같은 힘겨운 환경에서 살아가고 있다는 것을 알게 되었다"(Ong, 1993: 32). 코리아타운의 경우는 연구에서 "겉모습은 매력 있고 좋아 보이지만, 내부는 황량한 마당과 복도를 가진 경우가 많았다"라고 설명한다. 또한 미디어에서는 한국인과 중국인을 사업소유자와 경제적으로 성공한 사람으로 그렸지만, 그의 연구는 로스앤젤레스 도심에서 4명 중 1명의 한국인과 중국인은 빈곤층이라고 밝히고 있다. 이러한 자축적 이미지는 계급·사회·지역·젠더, 그리고 로스앤젤레스의 다문화적 모자이크 속에 존재하는 "새로운 소수집단들" 내부에서 각각 유입이주자(transmigrant) 대 이주(민)자(immigrant) 정체성과 같은 다른 내부적인 분열 요인들을 무시하고 전체적으로 집단들을 정형화시켜버렸다.

더구나 대부분의 경우, 빈곤의 정도는 심했는데, 사람들의 빈곤 수준은 단지 약간 낮은 정도가 아니었다. 1993년 로스앤젤레스 지역 베트남인의

10%, 태평양 섬 출신자의 12%, 캄보디아와 라오스 지역 출신의 16%가 한 해 수입으로 6,307달러를 벌었는데, 이는 빈곤선(poverty threshold)의 50%에도 미치지 못하는 수준이다. 여기서 아이러니한 점은 로스앤젤레스의 도시 재정 위기와 함께 국가의 긴축재정 정책들이 캘리포니아에서 ESL 프로그램과 기타 영어습득 기회에 사용되는 공적자금을 축소했다는 것이다. 그러한 조치들은 "이주민 단체"가 미국의 시민사회로 편입되는 것을 막는 것이고, 초국적 네트워크와 정체성이 재생산되는 소수민족집단의 직장과 이웃의 연결을 조장했다.

혹자들은 "종족 기업"이 영어 기술을 필요로 하지 않았기 때문이며, 이것은 "실질적인" 문제가 아니라고 주장할지도 모른다. 종족경제는 한 세대 즉, 내가 지금 논의하고 있는 잃어버린 세대가 다음 세대를 출세할 수 있도록 대기 상태에 놓인 자원으로 묘사되었다. 현실은 더더욱 양날의 칼이다. 종족경제에서 기업은 배제와 차별이 있는 주류경제에 맞서서 이들에게 유급 고용, 문화적 연속성, 보호받는 내부의 노동시장을 제공했다. 그렇지만 그런 기업은 여전히 미국의 사회구성 속에서 자아를 확인하는 여지를 거의 주지 않고 있다. 그 대신, 기업들은 노동자들에게 저임금, 제한되거나 이득이 없는, 때때로 다른 고용 장소에서 배제된 주변부 기업가들에 의한 종족 내부에서의 착취를 제공하는 경향이 있다. 미국에서 직업상의 유동성이 막혀 대신 주류가게를 운영하거나 부부가 빈민가에서 야채가게를 운영하거나, 혹은 초국적 이주자들을 고용해 영세업체를 꾸려가는 교육받은 전문직 종사자 한국인들의 사례가 쉽게 떠오른다. 아무리 긍정적으로 보려고 해도 로스앤젤레스에서의 새로운 계급과 종족 관계의 상호작용은 확실히 발생하지 않았다.

"배제된 자들 가운데 피착취자"라는 문구는 미국 도시 내에서 주류

경제로의 편입이 억제된 종족 기업에 고용된 노동자들을 적절히 묘사하고 있다. 이러한 묘사는 그들이 타자이거나 대출기관에서 배제되어 자신들의 동포 집단을 벗어나 자립할 수 있는 충분한 융자를 얻지 못했기 때문이다. 이주자 출신 경영자들에 의해 소유되고 운영된 로스앤젤레스 지역 산업체의 상당수는 동족들을 우선적으로 채용한다. 이러한 사례에서 "공동의 종족성(shared ethnicity)"이라는 경영자들의 요구는 과거에 문화적으로 노동자의 저항을 탈정치화하는 정치적 수단으로 사용되었다. 아이러니한 것은 이러한 형태의 "엔크레이브" 사업체에서 근무하는 사람들은 더 열악한 생활을 하게 되었다. 그들은 결과적으로 이중적으로 주변화되었고, 관행적인 경제조건에 착취당했으며, 문화적으로는 수동적으로 다루어졌기 때문이다. 동화주의자의 관점에서 그들은 영어를 능숙하게 하는 것 외에는 이렇다 할 유동성의 여지가 거의 없으며, 국가와 도시의 재정 긴축정책하에서 쉬운 일은 없었다. 물론 이 긴축정책은 미등록 이주민 자녀들에 대한 기본 교육조차도 거부하자는 여론을 지지하는 1990년대 중반 캘리포니아에서 일어났던 반 이주 분위기에 의해 중단되었다.

초국적주의자의 관점에서 동족 노동자의 작업장 풍경은 훨씬 복잡하다. 종족 기업가들은 확실히 다국적 자본에 대한 풀뿌리 저항의 사례는 아니다. 그들의 동족 노동자들 중 대다수는 지속적으로 자신들의 보잘것없는 소득을 초지역성(translocality)의 기원인 고향의 가족들에게 송금하는 초국적 실천을 했다. 그들의 지역적 엔크레이브는 여전히 초국적 문화공간을 구성했다. 그럼에도 법안 187호에 대한 광범위한 반응과 최근의 반이주연방법의 처벌을 피하려는 욕구는 캘리포니아 이주민 소수집단들 사이에서 귀화를 원하는 라틴계와 아시아계 인구 비율을 증가시켰다. 적절한 시기에 이것은 이미 로스앤젤레스 도시정치 경관에서 생겨난 공동체의 결집이라는 흥미로운 형태를 동반해 지역의 선거영향력을 바꾸게 할지도 모른다. 그러한 결집을 가속시키는 도시의 이슈는 쉽게 파악할 수 있다.

로스앤젤레스 종족경제에서 "배제된 자들 가운데 피착취자"의 일부에서 새로운 노동조직의 형태들이 생겨났다. 예를 들어 라틴계의 건식벽체 설비공들은 한국인과 다른 아시아인 기업가에 맞서 임금과 근로조건을 향상시키기 위해 성공적으로 조직되었다(Clements, 1992). 이러한 형태의 집단적 행동은 신규 초국적 노동자와 신규 초국적 경영자 간 종족 차이가 있을 때, 풀뿌리 동원의 가능성이 증대될 수 있음을 말해준다. 초종족 (hyper-ethnic) 도시 로스앤젤레스에서 그러한 동원들은 계급갈등을 종족화하는 경향이 있다. 이는 종족경제에 대한 초국적주의자의 찬사 속에 묘사되는 "아래로부터의" 풀뿌리 활동의 종류는 아니다. 이러한 풀뿌리 동원의 사례 속에서, 이주 기업가들은 일반대중에서 발생한 사회적 실천의 창설자이기보다는 표적이 되어왔다. 로스앤젤레스 코리아타운의 사회구성 부분이었던 복잡하게 얽혀 있는 종족 내부 정치에 관한 나의 논의에서 볼 수 있듯이, 아래로부터 계급갈등의 새로운 형태가 로스앤젤레스의 초국적 이주민 공동체들 사이와 그 내부에서도 나타나기 시작했음을 살펴보게 될 것이다.

그러나 코리아타운을 만들고 재건했던 사회공간적 실천들의 이야기로 들어가기 전에, 종족 간(inter-ethnic)이든 종족 내부(intra-ethnic)이든 노동력 착취에 대한 "아래로부터"의 풀뿌리 저항의 출현과 로스앤젤레스의 초국적 소수집단들 사이의 지배 형태가 글로벌시티 로스앤젤레스의 담론 속에 종종 나타나는 수동적 주체인 로스앤젤레스 "제3세계 노동자"의 피상적인 해고와 일치하지 않고 있음을 지적하는 것이 중요하다. 일례로 수자는 로스앤젤레스의 지구화에 대한 주요 논고 중 하나에서 로스앤젤레스의 포스트모던적 건축과 사회공간적 경관을 만든 "금융과 상거래의 은빛 망"에 대해 광범위하면서 자세히 다룬 관망적인(synoptic)인 설명을 인상적으로 했지만, 로스앤젤레스의 "아래로부터"라는 견해에는 단지 세 단락만을 제공했다. 소자는 다음과 같이 경멸적인 논평과 함께 그의 간략한 논의를 서문에 적었다. "지금 도심 지역의 구획된 코로나에 포함된 장소를 여행하기에는 시간이 너무 없다." 그의 담론에서 로스앤젤레스에 있는 아시아와 라틴계 이주민의 새로운 엔크레이브는 "종속된 인구(subject population)"를 수용하는 값싼 노동력의 집산지로 건설되었다. 좀 더 정확하게 소자의 말을 인용하면, "무엇보다도 값싸고, 문화적으로 분리되어 있고, 직업적으로 다루기 쉬운 제3세계 이주 노동력을 선진국 도시 어느 곳에서나 확실하게 구할 수 있는 가장 규모가 큰 집결지"(Soja, 1986: 266)라는 것이다. 다루기 쉬운 신규 이주자 노동력이라는 그의 표현은 포스트모던 지리학자인 마이클 디어(Michael Dear)가 자주 사용했던 비유를 연상시키는데, 그는 제3세계 도시의 "꼭대기"에서 휴식을 취하고 있는 제1세계 도시로 로스앤젤레스를 재현했다(Dear, 1991b; Dear and Flusty, 1998). 현재 로스앤젤레스 도시경관의 많은 궤적을 차지하고 있는 초국적 공동체들의 이원적 재현들은 얼마나 유효한가? 이 질문을 다루는 유익한 방법은 바로 지난 20여 년 동안 로스앤젤레스 코리아타운의 사회적 건설과 재건설을 가능케 한 복잡한 담론들과 실천들을 고려하는 것이다.

코리아타운의 건설과 재건설

미국 도시의 많은 종족 지역처럼, 로스앤젤레스 코리아타운의 역사적 생성과정은 30년이 조금 안 되는 시기로 거슬러 올라간다(Kim, 1993: 2). 코리아타운은 1970년대 초반 후버가(Hoover street), 피코 대로(Pico Boulevard), 윌셔 대로(Wilshire Boulevard), 웨스턴애비뉴(Western Avenue), 올림픽 대로 (Olympic Boulevard)를 따라 로스앤젤레스 도심 주변에 위치한 소매 및 상업지 구이다(Lee, 1995: 46). 로스앤젤레스의 상업, 주거, 소매지구가 한국인들의 집산지에 자리 잡게 된 초기 추진력은 당시 로스앤젤레스에 사업체를 설립하기 시작했던 한국인 초국적 기업가들의 사회적 네트워크와 경영자 협회 때문이었다. 따라서 코리아타운은 처음에는 초국적 이주자 네트워크의 사회적 생성과정으로 간주되었고, 로스앤젤레스에서 그들의 장소 만들기 사회공간적 실천들은 종족 레스토랑, 소매업 및 영세 제조업을 포함해 중소기업이 모인 곳에서 시작되었다. 이들 초기 사업체의 노동 인력은 주로 초국적 한국인 이민자의 공동체 내부에서 공급되었다. 자본은 일종의 비공식적인 은행시스템으로, 자체적으로 조직된 신용협동조합인 "계"를 통해 공급되었고, 이것은 로스앤젤레스에서 사업체를 설립하려는 동료 한국인 초국적 기업가에게 융자금을 제공했다. 이러한 사회적 행위자들은 그들의 장소 만들기 프로젝트에 문화적 정체성을 심어주기 위해 재미 한국인을 위한 라디오, 신문, 가끔은 텔레비전 같은 종족 매체에 의존했다. "코리아타운"이라는 공식명칭은 코리아타운 개발위원회의 지역 정치 로비로 1980년 로스앤젤레스 시로부터 획득했다(Pearlstone, 1990: 88). 코리아타운은 소규모 개발업자들, 제조 하청업자들의 기업연계망을 이루었으며, 상점 소유자들은 코리아타운으로 주요 한국계 자본과 기업의 자본투자를 끌어들이기 위해 그들 협회의 재원(한국계 미국인 의류 하청업자와 식료품협회 등)과 고국과의 지속적인 유대관계를 이용했다. 한국인이 소유한 은행, 건물, 쇼핑센터와 전문 서비스 기업들이 1980년대 경제호황기를 타고 코리아타운에 생겨나기 시작했다. 대표적인 사례가 2,500만 달러 상당의 3층 내부쇼핑몰을 갖춘 코리아타운플라자였다.

1980년대 내내 지속된 한국인 초국적 기업가와 한국계 다국적 자본투자자들 사이의 경제적 관계는 단순히 코리아타운과 한국을 연결하는 초국적 유대관계가 아니었다. 많은 기업가들이 한국에 남아 있는 배우자와 자녀들과의 관계를 유지하는 초국적 가정환경 속에 살았다. 예를 들어 1988년에 미국 대사관은 한국의 초국적 신문사와 함께, 단기 비자를 가지고 로스앤젤레스 지역에서 사업체를 운영하는 초국적 기업가와 한국에 남아 있던 그들의 배우자들과의 재결합을 주선했다. 펄스톤(Pearlstone, 1990: 90)에 의하면, "이들 부부 가운데 몇 사람은 6년 동안 서로 만나지 못했다. 아내들(혹은 남편들)은 자신의 배우자들과 한 달간 머무르고 나서 대부분 한국으로 돌아가 영구비자를 얻을 수 있는 시간을 기다렸다"라고 한다.

1990년까지 코리아타운으로 알려진 이러한 초국적 사회 건설은 미국 내 모든 한인 소유업체의 1/3이 넘는 지역이 되었다(Pearlstone, 1990: 90). 코리아타운은 건설되자마자 기업 활동의 중심센터가 되었고, "공동체 네트워크의 확립을 통한 노동, 자금, 믿을 만한 소비자들을 공급해주는 보장된 시장"을 제공했다(Lee, 1995: 47). 차례로 연예, 투자, 보험, 부동산, 통신, 법률과 의약업 같은 한국인이 소유하고 운영하는 서비스업체들이 성장하게 되었다. 코리아타운은 한국인 경영자, 노동자, 초국적 종족 엔크레이브의 주민들 가운데 단일 언어를 사용하는 종업원을 가진 자급자족적 종족경제권이 되었다. 이러한 종족 집단거주지역은 기업, 상업, 무역과 통신 분야에서 가장 폭넓은 종족 연합의 형성을 촉진하기도 했다.

코리아타운의 형성과정에서, 초국적 기업의 유대가 결정적 역할을 했지만, 한국인 초국적 기업가 계급은 코리아타운을 초국적화된 사회관계들을 유지하기 위해 추출할 수 있는 재원과 단순히 지역화된 상품 관련 사회공간으로 인식하지 않았다. 초국적이고 지역적인 사회관계들은 상호 배타적이지 않았다. 그 대신에 "초국적"인 것과 "지역적"인 것의 힘과 의미가 합쳐져 지역화 과정에서 맞물리고 서로를 구성하는 것으로 생각하는 것이 더 바람직할 것이다. 이(Lee)는 코리아타운의 사업 관행에 관한 연구에서 다음과 같이 지적한다.

> 코리아타운과 한국인 상점소유자의 관계는 종족 관계라는 물질적 표현을 넘어서 사회문화적 의미를 전달하고 있다. 많은 사람들이 부를 쌓게 되면 교외로 이사를 가게 되지만, 대다수는 종종 주말이나 휴일에 가족과 함께 한국인 식당과 서점에 간다. 이러한 종족적 유대감은 코리아타운이 건설된 환경 속에 내재되어 있고, 사회적 네트워킹의 공간적 실천에 의해 지속적으로 재창조되고 있다. 그것은 종족의 역사, 집단 경험, 특정한 환경에 대한 의도들에 초점을 맞추고 있다. 그러므로 코리아타운은 상품 관계를 넘어서는 의미를 달성하고 있는 것이다(Lee, 1995).

이렇게 종족의식이 바탕에 깔린 사회적 상상력에도, 코리아타운이라는 특정한 환경에 의미를 두는 한국인 이민자 기업가들의 담론적이고 물질적인 실천에 의해 건설된 결속력 강한 "한국인 공동체"는 1990년대 코리아타운에서 생긴 여타의 사회적 실천, 관계, 상상에 의해 흔들리게 되었다. 이렇게 불안한 상황에는 한국인 소유 기업체에 근무하는 노동인력의 종족적 재구성, 코리아타운 자체의 거주환경 변화, 코리아타운의 한국계 미국인 노동계급 간의 계급인식에 대해 새롭게 생겨난 조류들이 포함되었다. 코리아타운이나 로스앤젤레스의 다른 곳에 사업체를 세우면서, 한국인 중소기업 분야는 원천적으로 가족이나 다른 한국인이 기반이 된 사회 네트워크에 의해 공급된 노동인력에 의지했다. 펄스톤(Pearlstone, 1990: 88)에 따르면, 1990년까지 로스앤젤레스에서 일하는 한국인의 80%는 코리아타운에 있는 한국인 소유 기업과 로스앤젤레스 S.C. 같은 빈민 지역에 세워진 다른 한국인 소유업체에서 근무했다. 그와 동시에 1980년대 한국인 소유 중소기업이 급격하게 팽창한 것은 라틴아메리카에서 초국적 이주의 물결이 급속히 증가했기 때문이었다. 로스앤젤레스로 초국적 노동력이 유입된 가장 큰 원인은 멕시코에서 발생한 경제위기와 미국의 개입으로 벌어진 중앙아메리카 지역의 내전 때문이었다. 초국적 이주민의 대부분은 미등록 멕시코인이거나 엘살바도르인과 과테말라인들이었다. 이들은 IMF의 긴축정책, 미국 외교와 군사정책을 주도한 냉전체제의 내란기도 진압정책과 세계은행의 수출주도형 개발정책으로 지역적 소득 불균형이 심화되어 고국을 떠난 사람들이었다. 이러한 맥락적 요소에 의해 멕시코와 중앙아메리카의 많은 가정들은 국내에서의 기본 생존전략을 유지할 수 없었으며, 로스앤젤레스와 같은 미국 도시에서 소득 창출이 가능한 노동수요에 부응할 수 있는 초국적 가정을 이룰 수 있는 무대를 만들지도 못했다(Smith and Feagin, 1995; Rodriguez, 1995, 1996).

이미 서술했듯이 로스앤젤레스의 많은 "노동력 수요"가 한국인 이주 기업가에 의해 생성되었기 때문에 상당수의 초국적 라틴계 가정들은 한국인 소유업체에서 노동자가 되었다. 한국인 이주 기업가의 노동자 고용정책들은 결국 한국계 공동체를 넘어서 초국적 이주 노동자의 다른 집단에까지 망라했는데, 그들 가운데 가장 대표적인 집단이 미등록 라틴계 이주자였였다. 일례를 들면 의류 하청 분야에서 한국인 소유 의류 영세공장은 1980~1990년대 초반까지 대부분이 여자인 미등록 중앙아메리카인과 멕시코인 노동자들에게 크게 의존했다(Kwong, 1992). 라이트와 보나치크 (Light and Bonacich, 1988)가 지적했듯이, 한국인이 경영하는 의류 하청업체는 자신들이 직접 고용한 저소득 초국적 이주노동력뿐 아니라, 한국인 하청업체 사업자에게 하도급을 주어 대량 주문하는 대규모 초국적 의류제조업체와도 연결되었음을 인지하는 것이 중요하다. 이러한 형태의 초국적 사회관계가 1992년 로스앤젤레스 지역의 불안을 폭발적으로 분출시켰다.

1980~1990년대 초반, 교차적인 초국적 연계들은 또한 로스앤젤레스에서 가정의 재생산과 주거환경의 재조정을 가져왔다. 많은 미등록 저임금의 라틴계 가구들이 근무지 근처로 주택을 빌려 이사를 하는 것은 놀랄 만한 일이 아니었다. 이로써 코리아타운은 점진적인 주거환경의 변화로 다종족 지역이 되었고, 현재 이 지역은 한국인보다는 더 많은 라틴계 사람들의 고향이 되었다. 이러한 초국적 유입의 중심지인 코리아타운과 로스앤젤레스에 모여든 한국인과 라틴계 주민들 간에 형성된 내부적 종족 관계는 또한 계급 간의 문제이기도 했다. 즉, 고용주-노동자, 임대인-임차인 사이의 반목은 "로스앤젤레스 폭동"이라는 이름 아래 응축된 도시 폭력으로 폭발했다. 우리가 앞서 살핀 라틴계와 한국인 간의 분절뿐 아니라, 이러한 로스앤젤레스의 불안한 상황은 또한 로스앤젤레스 이외 지역에서 발생한 한국인 상인과 흑인 소비자 간에 나타난 상인 대 소비자의 불편한 관계에서 비롯된 부작용도 포함하고 있다. 상인 대 소비자의 갈등은 한국인 상인이 라타샤 할린(LaTasha Harlins)이라는 젊은 흑인 여성을 오렌지 주스 한 병 때문에 말다툼하다가 살해함으로써 상징화되었다. 이것은 현재 로스앤젤레스 폭동을 재촉한 중요한 사건의 하나로 널리 알려져 있다. 로스앤젤레스 폭동 초기에 파괴된 건물이 약 47%가 한국인 소유의 상점이었다는 점을 감안하면 특히 한국인 대 흑인 간의 갈등은 심했다(Reinhold, 1993: A1).

열심히 일하는 사명감으로 자신의 기업체를 생각하고, 자기 자신을 돌보는 자아상을 가진 많은 한국인 기업가들은 흑인과 라틴계 사람들이 자신들에게 가한 폭력뿐만 아니라, 로스앤젤레스경찰당국(LAPD)이 코리아타운과 다른 초국적 이주민들이 소유한 사업체를 약탈과 방화로부터 보호하지 못한 점에 많이 놀랐다(LAPD는 로스앤젤레스 서부의 특권지역인 백인 거주지를 보호하느라 인력을 충분히 배치하지 않았다). 로스앤젤레스 폭동 이후, 일단 정치적으로 침묵을 지킨 로스앤젤레스의 한국인 상인들은 재빨리 지역적·초국적으로 결집되었다. 지역적으로 그들은 70%가 한국인 소유였던 주류 상점의 재건축을 제한하기 위해 로스앤젤레스 S.C. 지역의 흑인사회가 강력히 요구해 로스앤젤레스 시의회가 승인한 조례에 반대하는 시위를 조직했다(Mydans, 1992: 1). 기업가들은 정치적 관심을 얻기 위해 북을 두드리는 등 한국의 도심 속 시위 경험에서 나온 정치적 의식에 참여하면서 시청 앞에 2주간 서 있었는데, 이는 사업지역 제한의 철회를 위한 시장과의 만남을 성사시키기 위해서였다. 이렇게 함으로써 중산층 한국인 시위자들은 면담을 할 수 있었지만, 그 조례는 계속 유지되었다(Smith and Feagin, 1995).

초국적으로는 한인 사업가계급이 전 세계에 있는 한국인 이민 엔크레이브와 한국 내 사람들을 연계해 사회적·재정적으로 지원하는 네트워크를 활용할 수 있는 구호단체를 설립하기 위해 결집되었다. 코리아타운응급구호자금위원회(KERFDC)와 같이 그들이 조직한 몇몇 단체들은 쫓겨난 사업주뿐 아니라 방화로 피해를 입은 한국인 사업체에 고용된 한국인 및 기타 노동자들에게 소액의 자금을 나누어주었다. 그러나 대부분의 경우, 한국인 기업가 계급이 조직한 다른 단체들은 한국인 기업주에게만 구호자금을 전달한 한국계미국인구호자금(KARF)의 행태를 따랐다(Lee, 1996: 51~52).

흥미롭게도 이렇게 종족 내부의 정치적 동원의 형식과 같이 계급이 바탕이 된 요소들은 그들의 종족 문화적 요소에 가려지는 경향이 있다. 한국인 주류가게 소유주들의 경우, 소유주들의 계급 구성과 로스앤젤레스 S.C. 지역의 상인과 소비자 간의 계급 관계는, 시위자가 가지는 종족적 동질성과 자신들의 관심을 표현하기 위해 한국에서 수입한 저항의 문화적 형태에 의해 감춰지고 있다. 구호지원을 얻기 위한 기업가 계급의 초국적 동원의 경우, 로스앤젤레스 지역의 한국인 형제자매들을 돕기 위한 전 세계적인 호소는 초국적 종족단결을 촉진하기 위해 "한국인"이라는 민족적 호소에 의존했다. 이러한 초국적 종족단결은 한국인 중소기업과 상인 계급들에게 계속 유입되고 있는 특정계급의 이익을 감추려는 경향이 있었다.

계급차이의 시각이 종족차이의 시각과 덧붙여지고, 교차하는 초국적 연계가 고려될 때, 로스앤젤레스의 정치적 차이를 읽는 우리의 시각은 더 복잡해지고 역설적인 점을 갖게 된다. 일례로 내가 앞서 라틴계와 한국인 사이의 관계를 일반적으로 이야기했지만, 라틴계 초국적 이주 상인들 또한 로스앤젤레스 사태 때 피코유니온, 맥아더파크, S.C. 지역 같은 곳에서 약탈과 방화를 당했다. 역설적이게도 이들 라틴계 상인들은 다수가 고국에서 폭력과 정치적 불안정을 피해 이주한 사람들로, 로스앤젤레스 사태 이후 항의 시위를 계획했다. 그들은 로드니 킹의 시민권리를 위반한 것으로 기소된 LAPD 소속 경찰관의 두 번째 재판 때, 로스앤젤레스의 도시 폭력에 대항하는 시위를 벌였다. 라틴계 상인들에 의한 이러한 도심 시위는 경찰폭력에 대항한 것이 아니었다. 오히려 그들은 또 다른 면죄부가 더 불안한 거리를 만들 수 있으며, 그로 말미암아 그들의 생활터전이 위협을 받을 수 있다는 우려를 표현했다. 왜냐하면 그들은 여타의 후속 폭력사태로부터 LAPD가 보호를 할 수 있을지 의문스러웠기 때문이다(*LA Times*, 1993.3.18).

코리아타운의 이야기와 밀접하게 관련된 또 다른 흥미로운 상황은 로스앤젤레스의 초국적 도시성 정치학에 대한 우리의 논의에서 계급차이의 시각이 중시되었을 때 드러나게 된다. 로스앤젤레스 폭동 이듬해에 코리아타운에서 발생한 폭동 때문에 큰 손해를 본 "동료 한국인"들을 돕기 위해 모금한 초국적 구호자금의 대부분은 로스앤젤레스 한국인 상인과 경영자협회의 구성원들에게 주어졌다(Lee, 1996). 이것은 구제금의 모금과 분배과정에서 부당한 대우를 받았다고 느꼈던 해고된 한국인 노동자가 계급을 동원하는 추동력을 제공했다. 1993~1995년 초반까지 수백 명의 해고된 한국인 노동자들은 구호활동 속에서 지역적·초국적으로 모인 자금은 필요에 따라 즉각적으로 쓰이기보다는 "투자" 목적의 기금이 되어야 한다는 경영자협회의 주장에 반대해 자금의 용도를 바꾸기 위해 격렬하게 싸웠다(Lee, 1996: 47). 이들 노동자들은 풀뿌리 조직인 한인타운이주노동자연대(KIWA)라는 정치연합체에 가입하여, 구호자금을 공유하기 위해 한국인 사업가계급에 대항해 지속적인 캠페인을 벌였다. 노동자들은 그들 스스로가 동포(co-nationals) 노동자계급을 잃어가면서 종족민족주의에 호소해 부당하게 이익을 취하며 로스앤젤레스 종족경제를 구성해온 내부단체에 도전하는 것으로 생각했다(Lee, 1996: 50).

KIWA는 이 싸움에서 결국 승리했다. 그들의 조사에 따르면 로스앤젤레스 사태 때 해고당한 한국인 근로자의 1/3 이상이 한국인 소유 기업체에서 근무했고, 영어를 거의 말하지 못하는 사람들이었다고 한다(Lee, 1996: 51). 이는 그들에게 정치적 지지를 이끌어내는 정당한 논점이었다.

KIWA의 정치적 조직화의 노력이 자신들의 초국적 정보 자원을 효과적으로 결집시켰다는 것은 의미가 있다. 이런 것들은 투쟁에서 상당히 유효했음을 입증했다. 일례로 로스앤젤레스 이주 노동자의 어려운 상황에 대한 관심을 유도하기 위해, KIWA는 노조에 가입한 대다수의 라틴계 사람들을 해고하는 대신, 노조에 가입하지 않은 값싼 초국적 이주 노동자들을 고용한 새로운 플라자호텔의 한국인 사장의 노조파괴 전술을 저지하기 위해 호텔직원및식당종업원조합(HERE) 11지부의 시위에 가담했다(Kim, 1999: 6; Lee, 1996). 이(Lee)가 지적했듯이, KIWA는 "조합에서는 이용할 수 없는 한국에 대한 정보를 접근할 수 있었기" 때문에 그들 자신의 초국적 연결고리를 이용해 한국인 기업의 역사를 성공적으로 연구했다.

KIWA는 지역적인 정치 분야에서 더 나아가 로스앤젤레스 한인 종족 미디어의 보도와 기업가도 아니고 노동자들과 직접적으로 연결되지 않은 한국인들의 지지를 얻기 위해 피켓 시위, 반대시위자 연합, 공공캠페인을 조직했다. 1995년 1월, KIWA가 겨냥한 주요 한국인 사업가협회인 KARF가 더 이상의 비호의적인 여론을 피하기 위해 구호자금을 KIWA에 보내면서 결국 KIWA가 이 투쟁에서 승리했다(Lee, 1996: 59).

이 승리 이후, 정치적 행동주의로 대표되는 KIWA는 로스앤젤레스 코리아타운의 도시정치에서 눈에 띠는 세력이 되었다. 지난 2년 동안 KIWA는 코리아타운에 있는 수백 개의 한국인 소유 레스토랑에 대해 임금인상, 초과근무 수당과 노동조건 개선을 외치는 2,000여 명에 달하는 레스토랑 근무자들을 위해 투쟁에 참가했다. 이들 노동자의 2/3 이상은 한국인이며, 나머지는 주로 라틴계 사람들이라는 것은 의미 있는 사실이다. 따라서 KIWA는 "한인타운이주노동자연대"라는 이름을 가지고 있으면서도 한국계 노동자뿐 아니라 한국인 사업가가 소유한 업체에서 일하는 모든 노동자들의 이익을 대변하기 시작했다.

이렇게 계속되는 정치적 투쟁은 코리아타운의 한국인 초국적 이주민 공동체를 계급·세대·문화·이데올로기에 따라 확실히 분리시켰다. KIWA

에서 정규직으로 활동하는 8명의 구성원들은 대다수가 한국에서 태어났지만 20~30대에 미국으로 건너와 미국에서 자란 이주 한국인이다. 이민 관련 학자들은 이들을 이민 "1.5"세대라고 부른다. 이들 활동가들은 주로 한국에서 태어나서 자란 이민 1세대인 코리아타운 레스토랑 소유자들이 미국의 최소임금, 복지, 초과근무 법규를 위반하면서 노동자들을 착취한다고 비난한다. KIWA의 공동 설립자인 대니 박(Danny Park)은 이 단체의 목적은 "한국사회가 교육과 위계질서를 중요시하는 분위기 때문에 경제구조 밑바닥에서 일하는 사람들을 천시하는 경향이 있는" 한국인 초국적 이주자들의 사고방식을 바꾸는 것이라고 했다(Kang, 1998b). 반대로 레스토랑 소유자들은 대니 박과 같은 활동가들을 너무 정치적이고, 과격하며, 예의 없고, "공동체 밖"에서 정치적 지지를 구하려고 부모님세대를 파괴하려 한다고 비난했다. 그들은 코리아타운의 사업체들이 이미 "한국의 경제위기에 의해 역으로 영향을 받고 있다"는 심각한 결과를 경고하고 있었다(Kang, 1998b). 이러한 분위기는 한국인 소유 바비큐 한우전문 레스토랑에서 해고된 요리사를 이전 월급까지 주면서 복직시켜야 하는지에 관해 1998년 4월 KIWA가 중요한 법적·정치적 승리를 거뒀을 때 확고해졌다(Kang, 1998b).

지금 코리아타운 종족경제의 레스토랑 분야에서 겪고 있는 여러 조직적인 시위의 결과가 무엇이든 간에 이렇게 계속되고 있는 투쟁의 강도는 코리아타운의 사회건설 과정이 아직도 끝나지 않은 숙제라는 것을 보여주고 있다. 그렇기 때문에 장소 만들기의 지역 정치와 이번 설명에서 자세하게 논의된 다양한 초국적 흐름과 관계 안에서의 생계 투쟁에 의해 재건설되고 있는 사회체로서의 로스앤젤레스 코리아타운이 지속적으로 중요한 역할을 할 것이라고 보는 것은 유익하다.

희생논리를 넘어서

도시와 그 안의 인종·계급·젠더, 종족적 관계들은 좋든 나쁘든 간에, 문화적으로 구성되었고, 정치적으로 중재되었으며, 역사적으로 바뀔 수 있는 인간의 창조물들이다. 초국적 도시성이라는 시각은 내가 로스앤젤레스를 철저히 다시 재구성하는 작업을 매우 복잡하게 할 뿐만 아니라, 인간의 행위성에 의해 쉽게 이해하고 바뀔 수도 있게 만들어준다. 이는 이 책의 제1부에서 논의된 글로벌시티들, 시공간의 압축과 포스트모던 도시 이론의 서사와 같은 담론보다 기본적으로 유리한 위치를 점하고 있다. 그러한 서사들은 초국적 시대에서의 인간 행위성에 관한 물음을 생략하고, 여성·소수자·이주민들에게 "희생자"의 역할을 투영시켰으며, 노동과 공동체의 조직자인 피터 올니(Peter Olney)가 거의 100만 명이나 되는 멕시코와 중앙아메리카 이주민 서비스, 그리고 지난 10년간 로스앤젤레스의 불평등한 노동조건과 생활환경에 저항하기 위해 종종 성공적으로 결집되었던 경공업 노동자들에 의해 점화된 "주관적인 사회적 위험물"로 일컬어왔던 것을 간과했다(Olney, 1993: 13). 도시 재구성에 관한 주인 서사들은 모두 이처럼 긴급한 정치적 실천들을 그들의 지역적이고 초국적 관점에서 간과해왔다. 이는 코리아타운의 사례에서 드러난 지역적·초국적인 정치적 상호작용을 주목하는 데도 실패했다. 대부분의 경우, 이들 담론의 지지자가 "지구적 경제"를 초역사적으로 작동하고 그 자체의 운동법칙에 의해 수도 되는 어떤 것으로 구체화하는 대의적인 시각을 확고하게 유지하기 때문이다. 나는 지구적 경제를 일군의 역사화된 정치적·경제적·문화적 실천들로 그리는 것이 바람직하다고 생각한다. 이는 특정 시간, 특정 장소에서 지역화된 사회적 관계들의 담론적이고 실천적인 교차점 속에서 지구화를 "자리매김하게 할" 수 있는 사회적 상상에 의해 가장 잘 이해될 수 있다.

　어떠한 실천적 의미가 있든 없든 간에 지구화가 기저에서 확립되었다는 것이 입증되었기 때문에, 우리는 이제 이 책의 제2부를 구성하는 4개의 장으로 넘어가야 한다. 그 글들은 내가 초국적 도시성이라고 명명한 것의 주요 윤곽을 파악할 수 있는 현실에 기반을 둔 인식적 시각을 개발하기 위해 도시이론에서 전개된 지구화 담론에 대한 나의 비평 위에 작성된 것이다. 이러한 탐구에서 중심이 되는 근본 전제는 초국적인 사회적·정치적 네트워크의 지역화된 실천들에 대한 유의가 공간적으로 유동적인 시기의 도시정치학을 이해하는 데 도움을 줄 수 있다는 것이다.

[유승희 옮김]

제2부 도시이론의 재구성

제5장 지역을 재론한다: 공동체주의적 은유를 넘어서
제6장 포스트모던 시티를 넘어서: 초국적 시대의 민족지학
제7장 초국가화하는 풀뿌리
제8장 지구화에서 초국적 도시이론으로

5

지역을 재론한다
공동체주의적 은유를 넘어서

> 로컬리티는…… 일시적으로 가두어진 자본에…… 관한 것만은 아니다. 그것은 자명하게도 반드시 역동적이고 변화하는…… 사회적 행위들과 사회적 관계들 간의 상호 교차에 관한 것이다. 우리가 우리 세계 또는 우리의 로컬리티를 무한한 변화라는 단어로 정의한다면, 정지된 균형상태라는 점에서 안정된 순간은 존재하지 않는다. …… 자본은 하나의 사물이 아니며 과정이라는 논점이 받아들여지고 있다. 장소 역시 과정으로서 개념화될 수 있다는 것을 더 분명히 입증해야 할까?
>
> ─ 도린 매시, 「로컬리티 연구의 정치적 위치」
> Doreen Massey, "The Political Place of Locality Studies"

도시연구가 '지역(local)'의 사회, 경제, 정치 및 문화적 진행을 연구대상으로 하는 하나의 영역이라는 점은 어느 정도 분명한 듯하다. 그러나 지난 20년 동안 대체적으로는 지구화, 각별하게는 지구-지역(global-local) 간의 상호작용에 대한 관심이 증가함에 따라, 도시를 지역과 직선적으로 등치화하는 방식은 무너졌다. 많은 도시이론가들은, 도시는 더 폭넓은 사회적 공간의 매트릭스에 속한 한 요소로 간주하지 않으면 명확히 이해될 수 없다고 주장하면서, 초국가적 심지어 전 지구적 사회적 공간의 스케일에서의 진행을 포착하기 위해 그물을 더 넓게 던져왔다. 그렇지만 이러한 도시이론들 가운데 가장 전 지구적인 경우에서조차 '지역'은 여전히 순수한 '내면'으로서 존재하는, 경험적으로 또 심지어 존재론적으로 인식할 수 있는 공간으로 개념화한다. 그들은 그것을 개념, 정보, 금융 거래, 종교 및 사회운동, 미디어 이미지, 사람 등 "외부로부터" 로컬리티들을 횡단하면서 기존의 문화, 사회 조직의 로컬 양식들을 파괴하는 초국가적 흐름과 명확히 구별되는 것으로 이해한다.

지구-지역 간 상호작용에 관한 도시연구 분야에서의 논의 속에서 특히 두 주제는 이러한 '지역' 개념을 구성해왔다. (요컨대) 지역은 한편으로 그 속에 자리 잡은 공동체들의 문화적 공간으로, 다른 한편으로는 그와 반대로 지구화의 파괴적 진행에 대한 집합적 저항이 행해지는 자연화된 공간(naturalized space)으로 묘사되어왔다. 이 장에서 나는 지역에 대한 이 두 시각이 안고 있는 한계에 대해 논의하여, 지역을 보다 역동적으로 인식하려는 내 작업의 서장으로 삼을 것이다. 이는 복합적이고 공간적으로 분산된 국가를 초월해서 오늘날 일상의 도시생활이 경험되고 영위되는 방식들에 긴밀한 영향을 끼치고 있는 소통 회로와의 연결하에 사람과 장소에 대해 더 잘 파악할 수 있도록 해줄 것이다.

이 장의 첫째 목표는 도시연구가 로컬리티의 자연주의적 해석을 넘어서도록 하는 것이다. 나는 주요 도시이론가들이 지구-지역 관계를 개념화하면서 사용한 도식이 그 변증법 속에서 이 용어들을 구체화하는 경향이 있었다는 것을 보여주고, 그들은 그렇게 함으로써 지역에 '진정성'과 '공동체'의 공간으로서의 특권을 부여하고 그 용어의 본래 의미를 전화시키는 총체화된 이원적 틀을 재생산해왔음을 지적할 것이다. 둘째, 나는 이러한 이원적 사고가 어떻게 지역 간의 상호 관계와 지역 '내면'의 근거성에 의해 구성되는 초국가적 네트워크의 한계를 간과하는지 보여주려고 한다. 셋째 목표는 정치적 지배의 경계영역 내에서의 장소 만들기 정치(politics of place-making)와 탈지역화한 네트워크 기반의 정치생활 개념이 겹쳐 있는 오늘날 도시 정치의 위기를 예증하는 것이다. 나는 그렇게 겹쳐진 정치적 횡단들은 겹침 없이 순전한 '흐름의 공간(space of flows)' 속에 위치시키는 것이 중요하다고 생각한다. 로컬과 국민국가는 지리적 영역을 가로지르는 경제, 정치, 문화적 흐름들을 중재하는 데 중요한 역할을 담당하면서 점차 시계에서 사라지기 시작한다. 넷째이자 마지막 목표는 현 초국주의 조건에서 사회적으로 구성된 도시 정치생활의 특성을 포착할 수 있는 도시연구의 방법들을 모색하는 것이다.

공동체의 방어적 편제로서 로컬리티

마을, 종족, 도시의 민족 공동체들에 대한 전통적 인류학에서부터 부상하고 있는 지구화 담론에 이르기까지 기존 저작들에서, '로컬리티'는 그 속에 자리 잡은 공동체를 나타내는 데 사용되어왔다. '공동체'는 또한 개인적 의미들이 생산되고 일련의 문화적 가치들이 형성되고 전통적 생활방식이 언명되고 영위되는, '존재'의 정지, 한정된 공간으로 표현되었다. 로컬을 '진정한 공동체'의 장소로 보는 이러한 어떻게든 시각은 이를 자본시장과 이항적으로 대립하는 것으로 다뤄왔다. 고전적 도시사회학의 사고 속에서 '도시적인 것'은 자본시장의 이성적 기능주의, 생활세계의 관료화[공동사회(Gemeinschaft) 같은 사회적 관계들의 이익사회(Gesellschaft) 같은 도시사회의 조정된 비인격적 결합으로의 전환]를 위한 대리인으로 기여했다. 오늘날

'도시적인 것'은 지역공동체들을 묶어주는 주요한 사회적 결합들에 대한 중심적 '외부' 위협을 은유하는 '지구적인 것'으로 대체되어왔다. '지구화'는 또한 사회적 조직화와 의미 생산의 지역 형식들을 지속하는 것과 본질적으로 적대적인 진행으로 묘사되었다.

지역을 공동체를 기반으로 하는 사회적 조직화가 이루어지는 확고히 존재하는 문화적 공간이라고 보는 이러한 관점이 지금 자본가 근대성의 지구적 역학에 의해 흔들리고 있다는 사실은, 하비의 『포스트모더니티의 조건』에서 인용하는 다음 구절에서 잘 포착되고 있다.

중단 없는 자본의 흐름에 의한 가정, 공동체, 영토, 국가의 와해에 저항하는 운동들은 많다. …… 그렇지만 그러한 모든 운동들은 아무리 그들의 목적에 잘 절합(articulation)시킨다고 해도 움직일 수 없을 것으로 보이는 모순을 향해 달려간다. …… 그 운동들은 그들 자신의 재생산에 적합한 공간과 시간의 조직화 요구뿐만 아니라 가치와 그 표현의 문제에 직면해야 한다. 그렇게 그들은 필연적으로 자본 순환의 역학을 통해 야기되는 공간, 시간 정의의 변화뿐만 아니라 해체하는 화폐의 힘에 그들 자신을 노출시켜야 한다. 요컨대 자본은 계속해서 지배하며, 그것은 부분적으로 공간과 시간에 대한 우월적인 지휘를 통해 이루어진다. 포스트모던 정치가 강조하는 '타자성'과 '권역적 저항'이 어떤 특수한 장소에서 번성할 수 있다. 그러나 그들은 모두 보편적으로 파편화된 공간을 조정하는 자본의 능력과 **그들 가운데 어떤 특정한 것의 범주 바깥에 놓여 있는** 자본주의의 지구적인 역사적 시간의 행진에 너무 자주 종속된다. …… 사회적 편제로서 자본주의를 괴롭히는 불안전성은 부분적으로 사회적 생활이 조직(전통 사회들의 방식으로는 의식화)될 수 있는 공간적 시간적 원리들에서의 이러한 불안정성으로부터 발생한다. 격심한 변화의 국면에서 사회적 질서를 재생산하는 공간적·시간적 기반들이 심각하게 붕괴되기 쉽다.

자본가의 지구화에 직면해 지역의 문화적 편제들이 약화된다는 이 서술은 많은 복잡한 전환이 있지만, 하비의 핵심 논점은 매우 분명하다. 자본은 사회적 변화를 쓰는 작가이다. 시간과 공간을 개조하는 자원들에 대한 그 우월한 지구적 지배력은 가족·공동체·장소·권역, 나아가 국가의 이해를 대변하는 방어적 '지역'의 사회적 운동이 방향감각을 상실하고 있는 것과 상대된다. 후자는 사회적 조직의 정적 형식들, '생성(becoming)'보다는 '존재(being)'를 둘러싼 사회적 생활을 조직하는 노력들로 표현된다. 방어적인 장소 기반의 운동들은, 지구화의 역동적 흐름이 완전히 그들 범주 바깥에 존재하는 한 세계 속에 있는 전적으로 장소에 묶인 정체성들을 표현하는 문화적 전체성으로 묘사된다. '로컬리티'를 대변하는 저항 운동들은 하비가 '포스트모던 정치'라고 지칭하는 몇몇 전투에서 승리할 수도 있다. 그러나 그들은 로컬의 사회적 조직이 구축될 수 있는 견고한 공간, 시간의 배치들을 번번이 무너뜨리는 데 성공해온 활동적인 적을 대면한다. 그러므로 이러한 거대 서사, 마지막 분석에서 '자본'은 사회적 변화의 유일한 동인이다. 자본가의 경제적 활력은 그 특유한 역사들이 쓰레기통으로 내버려진 로컬리티를 계속 지배하며, 그것을 단지 주기적인 반동적 노스탤지어에나 부합하게 만든다.

마누엘 카스텔은 지역을 지구적인 경제적·기술적 재편에 포위되어 소멸될 위기에 빠진 문화적·정치적 의미들을 지키는 사회운동의 정치적 공간으로 묘사하는 또 하나의 유력한 도시이론가이다. 얼핏 보기에 로컬리티에 대한 그의 견해는 하비의 이론화와 전혀 다른 것처럼 보인다. 카스텔의 저작에서 후기 현대성은 발전의 정보적 유형으로 표현되고, 금융과 비공식적 측면에서 지구적 연계를 가속화하는 "흐르는 공간(space of flows)"은 장소를 공간으로 전화시키고 문화적 의미의 지역적 진행을 지배할 우려가 있다. 흐르는 공간이 경제적·기술적 역량의 지구적 공간이지만 문화적 의미와 경험의 공간은 지역에 남는다(Castells, 1984). 부와 권력의 지구적 네트워크는 제도적 권력의 핵심 원천으로서 정보를 축적하고 동시에 교환한다. 이러한 경계 침투 현상의 진행은 국민국가의 주권을 무너뜨리고 지역의 문화적 '종족'들의 생활세계를 주변화할 위험이 있다. 카스텔은 그 논점을 간결하게 표현한다.

> 한편에서 힘의 공간은 흐름들로 전환되고 있다. 다른 한편에서 의미의 공간은 새로운 종족 공동체들의 소영토로 축소되고 있다. 그 사이에 끼어 도시와 사회들은 사라진다. 정보는 커뮤니케이션과 해리되고 있다. 힘은 정치적 재현과 분리되고 있다. 그리고 생산과 소비의 진행은 숨겨진 추상적 논리에 의해서만 통합이 다시 구성될 뿐 공간적으로 분리되어 작동하면서, 양자는 점점 더 서로 분리된다. 이러한 역사적 추세의 지평은 인간 경험의 파괴, 그로 말미암은 커뮤니케이션의 붕괴, 그 결과로서 사회의 절멸이다 (Castells, 1984: 236).

이러한 논리로부터 따라오는 것은 일종의 지배와 저항의 구조적 변증법이다. 지구적 지배는 지역적 저항을 낳는다. 지구화에 대한 저항은, 특유한 역사적 위기에 직면한 특정 행위자의 작용과 연결되어 있는 것이 아니라, 지역의 '종족들'을 새롭게 형성되어온 정보세계에 부적합하도록 만들 위협을 가하는 기술혁명의 매우 구조적인 역학과 연결되어 있다.

카스텔은 정체성을 형성하는 공동체적 유형으로서의 로컬리티가 새로운 네트워크 사회에서 실제로 점점 더 중요해지고 있다고 주장한다. 왜냐하면 정보시대에서 '주체'는 결합된 국민적 시민사회를 대표적인 권력 기반으로 구성되지 않기 때문이다. 오히려 카스텔은 정체성 형성의 두 형식이 이제는 지구화에 대한 서로 다른 형태의 공동체적 저항을 일으키고 있다고 생각한다. 그는 이 두 유형의 주체 형성을 각기 '기획 정체성(project identities)'과 '저항 정체성(resistance identities)'이라고 지칭했다. 카스텔은 "기획을 기반으로 한" 공동체적 정체성들이 종교 근본주의, 종족 민족주의와 같은 사회적 정체성의 기반을 포함한다고 본다. 카스텔(Castells, 1984)로 하여금 멕시코의 사파티스타(Zapatistas), 미국의 민병과 애국은행, 일본의 옴진리교(Aum Shinrikyo) 등 다양한 사회적 운동이 목표, 이데올로기, 민족적 지역적 맥락, 특수한 역사 등의 면에서 역사적 차이가 있기는 하지만 기능적으로 "새로운 지구적 질서에 저항하는 사회적 운동"으로 동일하게 취급하면서 한 덩어리로 묶도록 한 것은, 허물어지는 국가적 시민사회의 맥락에서 만들어진 "우회된(bypassed)" 문화적 공간들과 같은 매우 다른 문화적 편제들의 구조적 결합이다.

카스텔은 이러한 기획을 기반으로 한 정체성 형성의 유형을 그가 '저항 정체성'이라고 지칭하는 순전한 지역과 극소지역의 방어적인 공동체 편제들과 구별한다. '지역'의 사회적 운동이라는 후자의 유형에 대한 그의 분석 역시 지구화 또는 초국주의의 다양한 국면에 대한 전유와 적응, 저항의 사회적 실천에서 출현할지도 모르는 정체성 형성의 지역적 진행에 여지를 거의 남기지 않는 구조적 논리를 사용해 그 틀이 세워졌다. 그는 지역적 정체성의 다양성이 지구화 또는 초국주의의 진행을 경험하는 역사적으로 변동하는 지역적·국가적 시민사회의 맥락 속에서 작용하는 다양한 입장에 처한 사회적 행위자들에 의해 선택적으로 내면화될 수도 있다는 가능성을 고려하지 않는다. 그 대신 그는 도시의 사회적 운동의 "지역적" 차원을 바로 지구적 진행의 역학에 전적으로 저항하는 의미를 생산하는 무언가로 묘사한다. 이는 카스텔의 『정체성 권력(The Power of Identity)』에서 잘 포착되고 있다. 카스텔에 따르면 1980년대 도시의 사회적 운동은 다음과 같이 변화하고 있었다.

> 자본주의, 국가통제주의(statism), 정보주의(informationalism)의 일방적 논리에 대한 저항의 비판적 근거들. 이는 …… 지금까지 해왔던 운동들(예를 들면 정당, 조직화된 노동자)의 실패 때문에 …… 사람들로 하여금 가장 즉각적인 근거인 자기인식과 자치조직, 즉 그들의 로컬리티를 근거로 항복하거나 반항하는 것 말고 어떤 선택도 남겨주지 않는 경제적 착취, 문화적 지배, 정치적 압박에 직면하게 한다. 따라서 점점 더 지구적 진행들에 의해 구성되는 한 세계에서 지역 정치가 더욱 증가하는 역설이 나타난다. 그곳에서 의미와 정체성이 생산된다. 나의 이웃, 공동체, 도시, 학교, 나무, 강, 해변, 예배당, 평온, 환경 …… 갑자기 불어닥친 지구화의 회오리에 대해 무방비한 사람들은 자신들에게 집착한다. 그들이 무엇을 가졌든 무엇이든 간에 그들의 정체성이 된다(Castells, 1997: 61).

1990년대에 카스텔은 통일적 전체로 인식되는 그러한 방어적 장소 기반의 운동들이 정치적 통제와 사회적 의미의 한 원소로서 지역이 활력을 찾도록 도와주고, 민중 특히 중산층 지구의 환경보존주의를 키워주고 또한 미국 도심 구역의 불법 거주자(squatter) 정착지와 아시아 노동자 지구의 생존을 진전시킨다(Castells, 1997: 62~63)고 믿는다.

『정체성 권력』에서 방금 인용한 구절은 앞서 인용한 하비의 글과 논조가 근본적으로 다르다. 하비가 경제적·기술적 지구화에서 출현한 사회적 붕괴를 본 곳에서 카스텔은 공동체적 저항을 본다. 하비가 **직관적으로** 정체성 정치를 배격하는 반면, 카스텔은 정체성 정치를 그 결과로써 판단한다. 하비는 지역주의가 막다른 길에 다다랐다고 보는 반면, 카스텔은 지역 정체성이 여전히 지구적 자본가 헤게모니에 대한 실효적인 저항의 공간을 구성할 수 있다고 본다. 아직은 하나의 기본적 관점에서 하비와 카스텔은 일치한다. 즉, 양자는 지역을 공동이 의식하는 문화적 공간, 완전히 돈, 권력 및 정보의 지구적 흐름들 바깥에서 의미를 생산하는 공간으로 표현한다. 사람들은 이 좁은 사회적 세계 속에서 문화적으로 고착된 극소 지역, 로컬리티에서 자신들의 세계를 인식하고 또 그 정치적 정체성을 형성한다. 또한 지역의 이러한 문화적 의미들은 사회와 공간의 지구적 재구성에 본질적으로 대항적인 정체성들을 낳는다고 묘사된다. 그 다음에 양자는 '장소'를 지구화 논리의 바깥에 존재하는 응집된 공동체 편제들이 자리하는 곳으로 이해한다. 하비와 카스텔이 지구화가 이러한 공동체 편제들을 절멸시킬 것인지 아니면 방어적으로 활기를 띠게 할 것인지에 대한 평가에서 차이가 있지만, 그들은 모두 지역적·지구적 사회적 진행들 간의 계통적 분리를 주장한다.

  이 장에서 나는 사회적 네트워크의 운용이 장소와 정체성 정치의 사회적 구축에 중심적임을 논할 것이나. 그렇지만 경제, 이주, 문화의 초국적 연결이 가속화되고 있는 오늘날의 세계에서, 우리는 오늘날 지역적·국가적 정치공간의 지리적 경계를 규칙적으로 횡단하는 의미, 권력의 초국적 네트워크를 충분히 설명하지 못하는 지역의 공동생활이라는 관점을 넘어서야 한다. 이러한 초국적 네트워크는 순수한 흐르는 공간 속에서 작동하지 않는다. 그것들은 특정 시간, 특정 로컬리티의 토양 위에 위치한다. 그렇게 할 때 그들은 의미, 권력의 지역 네트워크와 더욱더 순전히 교차하면서 지역의 장소 만들기 정치의 특성을 의미 있게 구체화한다. 우리는 사회적 실천에 대한 스케일들의 이 같은 교차 양상을 어떻게 가장 잘 인식할 수 있을까?

로컬리티의 경계를 다시 생각하기

매시는 '장소'의 개념화를 로컬리티와 공동체의 융합에서 풀어놓으려고 노력하면서 전 지구와 지역의 상호작용 문제에 대해 상상력이 풍부한 답변을 진전시켜왔다. 매시의 장소에 대한 시각은 매우 유동적이다. 한편으로 그녀는 하비의 시공간 압축(time-space compression) 개념에 대한 비판에서, 하비가 모두에 똑같이 접근하기 쉬운 포스트모더니티의 조건이라고 지칭한 시간과 공간의 붕괴를 바라보는 경향에 대해 경계한다. 그녀의 시선 속에서 서로 다른 개인과 사회적 집단들은 자본과 문화의 '지구화'를 구성하는 흐름들, 상호 연결을 마주하며 위치가 달리 정해진다(Massey, 1993: 61). 다른 한편으로 이러한 흐름들, 상호 연결은 특정 장소와 특정 시간에서 교차하면서 각각의 장소에 자신만의 독특한 역학을 제공하고 우리가 장소를 "지구적" 또는 "진취적"인 감각으로 그릴 수 있도록 만든다.

이론적으로 매시는 로컬리티가 어떤 장기간 내면화된 역사 또는 침전된 특성으로부터가 아니라, 공존 "그러나 그러한 관계들의 대부분은 …… 우리가 그 시점에 그 장소 자체로 우연히 규정한 것보다 훨씬 큰 스케일에서 구성"(Massey, 1993: 66)되는 환경 속에서 함께 나타나는 같은 시기의

"사회적 관계, 사회적 진행, 경험, 이해"들의 특별한 상호작용과 절합들로부터 자신의 특성을 획득한다고 지적한다. 사회적 관계, 이해(理解)가 종횡으로 교차하는 네트워크를 둘러싼 분절화된 순간들로 이해할 때, 장소는 단수가 아닌 복수의 상호 경합하는 정체성들을 갖는다. 장소 만들기는 다른 입장에 처해 있고 때로는 적대적으로 연관되는 사회적 행위자들(그들 일부의 네트워크는 지역적으로 얽매여 있고 다른 일부의 사회적 관계, 이해는 전 권역에 미쳐 있으며 국가적 범위를 초월하기도 하는) 간의 갈등, 차이, 사회적 협상에 의해 형성된다. 요컨대 매시는 내가 이 책에서 서술하려고 하는 초국적 도시이론(transnational urbanism)을 개념화하는 데 중요한 이론적 요소들을 제공한다.

매시는 두 편의 평론(Massey, 1991a, 1993)에서 지역 쇼핑센터인 킬번하이 로드(Kilburn High Road)를 산책하면서 자신이 목격한 종횡으로 교차하는 사회적 세계들을 자세히 묘사함으로써 이러한 이론 구성에 구체적으로 반영했다. 아일랜드의 존재와 IRA의 정치적 활동을 보여주는 많은 흔적에 덧붙여서, 그녀는 상점 진열창의 인도 모델들이 쓴 사리(sari)를 유심히 쳐다보고, 한 무슬림과 걸프전쟁에 관해 얘기하고, 머리 위를 지나가는 비행기들을 바라보고 또 런던을 떠나는 자동차들의 교통정체를 마주한다. 참여 관찰하는 민족지학을 이렇게 간단히 연습하는 것은 그들을 둘러싸고 고정된 경계를 그리지 않고 장소들을 "지도로 그리는" 유용한 방법이다.

매시의 접근법은 거주자, 비거주자가 한 장소를 통과하는 길들의 궤적을 모두 추적하고 아울러 "그 안에서 그들이 선호하는 장소들, 이 장소와 세계의 나머지 장소들 간에 그들이 만드는 연결들(물리적으로 또는 전화로 우편으로 또는 기억과 상상 속에서)"을 확인한다. 이는 어떤 장소와 그 장소에 영향을 주는 사회적 연관들이 공간과 기억(즉 시간)을 넘어 확장되는 방식들의 유동성, 다기성, 다원성을 파악하는 좋은 방법이다. 또한 이는 로컬리티와 아르준 아파두라이(Arjun Appadurai)가 '지구적 종종 경관(global ethnoscape)'이라고 지칭한 것(Appadurai, 1991) 사이의 연결들을 추적함으로써, 로컬리티를 사회의 또는 지구적 '외부'에 대항해 구축된 닫힌 공동체, 존재론적 '내부'로 보는 본질주의자의 해석을 피하는 좋은 방식이다.

문화인류학자 울프 한네르츠(Ulf Hannerz)는 혼혈화된 도시 스톡홀름을 거닐면서 마주치는 터키와 핀란드 신문들, 베트남과 중동의 어린이 보행자들, 아르헨티나 연극을 위한 광고판들 속에 내포된 연결들을 상상력을 동원해 추적해오곤 한 것은(Hannerz, 1996: 150~151) 같은 방식의 민족지학적 실천이다. 나는 최근 종종 코펜하겐으로 짧게 여행하면서 그곳에서 한 시간 정도의 공간 안에서 터키, 아프리카, 중동 등 소수 집단 이주민 속을 스치며 걸었고, 베일을 쓰거나 쓰지 않은 아랍 여인들을 관찰했으며, 다양한 비유럽 언어로 쓰인 표지들을 읽었고, 티볼리가든을 가로질러 영국 펍에서 아일랜드인 바텐더와 흥미로운 대화를 나누었는데, 이것도 같은 방식의 현지관찰이다. 그 바텐더는 예전에 캘리포니아 발보아비치(Balboa Beach)에서 살았으며 뉴욕에서 증권 브로커로 일했다. 이러한 모든 장소들에서 사람들과 맺은 관계를 유지하면서, 그는 지금 그가 폭력에 덜 직면하는 장소라고 묘사하는 코펜하겐에서 사는 것을 택했다. 이러한 현장경험들은, 한 주 뒤 코펜하겐에서 한 질문자가 초국가주의는 뉴욕이나 런던 같은 '글로벌시티'들에나 적용될 수 있는 현상이고 코펜하겐 같은 더 외떨어진 장소들에는 거의 관계가 없는 것이라고 주장할 때, 내가 초국적 연관에 관한 이야기를 계속하는 데 유용하다는 것이 입증되었다.

내가 초국적 도시이론을 개념화하고 초국적 연관을 조사하는 데 적합한 연구방법들을 개발하는 데에 매시의 로컬리티 이론(Massey, 1991a, 1991c,

1993, 1994a, 1994b)에 빚을 지고 있다는 점은 분명하다. 그렇지만 한 측면에서 나의 접근방식은 매시의 것과 첨예하게 다르다. 내가 읽기에 그녀의 작업은 그녀가 있어야 할 장소로 지정된 초국적 흐름들과의 역동적 연관을 완전히 결여한 채로 그들을 지구적 진행들과 단절된 희생자로 그림으로써 이러한 초국적 공간들 속에서 사회적 행위자들을 "아래로부터" 본질화하는 경향이 있다. 그래서 매시는 예를 들어 사람들이 지구화의 진행에 대해 상이하게 접근해왔다고 주장하면서, 지구적 흐름을 주도하는 권력을 갖고 시공간 압축을 "담당하는" 사람들과 리우데자네이루의 벌집에 사는 사람들과 같은, 지구화의 결과이며 또한 시공간 압축 속에 "갇힌" 가난한 이주자들, 움직일 수 없는 수용자들을 포함해 그녀가 이 압축으로부터 배제되었다고 함께 묶어서 보는 다른 행위자들을 구별한다(Massey, 1993: 62). 그녀 자신의 지구적 시선은 위성·비행기·팩스·이메일·영화와 그 외 문화적·금융적 흐름들에 의한 이동성 네트워크와 연결된, 단지 사하라 이남 아프리카의 어떤 곳에서 "그녀의 전 생애를 물을 긷는 데 소비하는" 어느 지친 여인과 구별될 뿐인 사람들만을 묘사한다(Massey, 1993: 61).

이러한 현실 재현의 방식은 사회적 법규와 통제의 국가 시스템 하위에 위치한 사람들은 자동적으로 위계적으로 구축된 초국적 이동 시스템들의 하위에 자리 잡게 된다고 가정한다. 그렇지만 두 가지 반증을 들자면, 많은 초국적 이주자들이 초국적 이주의 흐름에 합류하고 초지역적 (translocal) 사회적 관계늘을 구축했던 것은 바로 상향적 사회적 신분이동에 대한 국가의 속박에서 탈출하기 위한 것이다. 또한 상대적으로 주변적인 지역 주민의 조직들이 초국적 스케일에서의 집단행동에 협력해 참여해온 것은 사회경제적·정치적 계층분화의 불평등한 국가 시스템들에 대해 저항하기 위한 것이다. 스케일 뛰어넘기(Jumping scales)는 지역적 또는 국가적 권력관계를 변화시키기 위한 경제, 정치 또는 문화적 전략일 수 있다. 초국적 흐름에의 접근은 사람들 "본래의" 경제적 계층, 사회적 지위로부터 직접 읽어낼 수 없다. 멕시코, 중앙아메리카의 외딴 마을은 지금 위성 접시안테나를 보유하고 있으며(Kearney, 1995) 멀리 떨어진 우물에서 물을 긷는 한 아프리카 여인이 활동적인 사회적 실천들에 참여하는 한 초국적 가정 속의 뉴욕의 한 아프리카인 행상과 연결되어 있을 수도 있다.

쿰베와 스톨러(Coombe and Stoller, 1994)가 진행한 뉴욕의 '흑인 공론장(black public sphere)'을 재구성하고 있는 초국적 아프리카인 행상들의 사회적 관계와 문화적 생산들에 관한 민족지학에 대한 대조를 보여주는 것은 바로 매시의 사하라 이남 아프리카 여인에 관한 일화이다. 쿰베와 스톨러는 뉴욕의 서아프리카인 행상과 그들의 아프리카계 미국인 고객들 간의 긴장된 상호 관계에 관한 연구를 시작하면서 전형적인 아프리카 농촌 여인에 대한 매시의 행위성 배제의 관점에 대해 날카로운 비판을 전개했다.

그녀의 고립이라는 것을 낭만적으로 묘사하거나 그 행위성을 부정하지 않고 그녀의 특유한 입장을 인식하면서 그 물 긷는 아프리카 여인을 상상할 다른 방법이 있다. 이 여인은 뉴욕 거리에서 모자를 파는 그녀 남편에게서 송금을 받고 있을지도 모른다. 이는 그녀로 하여금 이제 다른 사람을 고용해 물을 긷도록 하고 그녀 자신은 손에 물을 묻히지 않는 장사를 하도록 할 수 있다. 올해 초 세계은행과 IMF의 구조조정 정책으로 아프리카 프랑의 가치가 하룻밤 새 반이 되었다. 갑자기 그녀의 사업비용이 두 배로 뛰었다. 그러나 지역의 살림살이에서만 생겨나는 그녀의 이웃들과 비교해서, 그녀의 수입으로 보면 여전히 상대적으로 유복하다. …… 뉴욕의 서아프리카 행상들은 우리에게 이주가 평가절하에 적응하는 가장 유효한 방식이라고 말한다.

점점 더 많은 여인들은 홀로 아이들과 친척들의 요구에 대처하기 위해 남아 있다(Coombe and Stoller, 1994).

나의 관점은 쿰베와 스톨러가 아프리카의 특정 여인을 상상하는 방식이 이 경우에 따라 경험적으로 반드시 사실이라는 것은 아니지만, 그것이 단지 이 시대에 초국적 이주, 투자, 교통통신, 교역, 여행 등이 좋든 싫든 가능하게 만들어온 "아래로부터" 행위자의 새로운 형성 가능성들을 매시가 한 것보다 더 효과적으로 포착한다는 것이다. 그들의 서술은, 샌프란시스코 공항의 초국적 나이지리아 택시운전사들, 뉴욕의 초국적 멕시코인 꽃장사들(Smith, 1996), 다양한 기원의 로컬리티 출신으로 지금은 캘리포니아의 버클리, 이탈리아 밀라노, 시카고 등 다양한 도시들에서 일하는 초국적 송금자들(Guarnizo, 1999)에 의해 그들이 떠나온 송출지의 사람들 사이에서 현재 활발히 유지되고 있는 초국적 연결과 상호 의존성에 잘 공명한다.

보다 그 요점에 맞추어본다면 쿰베와 스톨러의 서술은, 뉴욕경찰국의 거리범죄반(Street Crime Unit)에 의해 뉴욕 거리의 집 앞에서 무장하지 않은 상태로 사살된 서아프리카 출신의 초국적 이주민 행상 아마두 디알로(Amadou Diallo)의 죽음으로 촉발되어 매우 효과적으로 진행되고 있는, 뉴욕 경찰의 야만성에 대항하는 시민 불복종 캠페인과 잘 공명한다. 뉴욕에서는 다양한 새로운 정치 주체들이 시민 불복종의 일상활동을 지원하는 하나의 광범위한 정치연합으로 이끌려왔다. 전횡적인 경찰의 습관적 행위에 저항해 동원된 새로운 주체들은 지역적·초국적 행위자들—급진적이고 온건한 흑인, 백인 시민, 유대인 랍비, 미디어 명사, 지역·주·국가의 정치거물, 그리고 자신의 시민 불복종 행위로 체포될 것을 감수했던 수많은 보통 사람들—을 모두 포함했다. 그들은 전임 시장들(그리고 오랜 적들)인 데이비드 딘킨스(David Dinkins),

에드워드 코크(Edward Koch), 동료인 공화당 뉴욕시장 루디 줄리아니(Rudy Giuliani)를 비판해온 현직 공화당 주지사 조지 파타키(George Pataki), 결코 가볍지 않은, 유감을 표현하는 줄리아니의 뒤늦은 노력을 거부하고 아프리카 고향 마을에 묻힐 그녀 아들의 시신을 공항까지 동반하면서 목사 알 샤프턴(Al Sharpton)에 의해 조직된 항의집회에 참여했던 아마두 디알로의 서아프리카 어머니 등과 같은 이상한 동료들을 포함했다. 아들을 그가 묻힐 아프리카로 돌려보내기 바로 직전, 디알로의 어머니는 집회에 참석한 보도기자들의 무리를 향해 몸을 돌려 강한 어조로 "나는 돌아올 것이다"라고 선언했다. 그 뒤 그녀는 말한 대로 미국으로 돌아가서 경찰의 야만적 행위를 끝내기 위해 기획된 여러 도시의 시민권리 캠페인에 참가했다.

이러한 새로운 정치적 연합의 출현은 단순히 '지구화'가 수반한 현상이 아니다. 도시 정치에서 정치적 연합은 문화생산의 "지역적" 환경 속에서, 그리고 그 환경을 통해서 작동한다. 하지만 상당한 정도에서 이 사례가 보여주듯이 '지역' 그 자체는 교통통신, 이주의 흐름, 정치·경제적 왕래의 초국적 유형들이 문화생산의 공간들을 지속해서 대체하고 재배치하면서 초국화해왔다. 이러한 사회적 관계들의 의의를 인식하는 사회적 상상의 필요는 이러한 초국적 연결들을 총체적으로 인식하고 '지구적 상호 의존성'의 개념에 확실한 의미를 제공할 수 있는 재조합되고 역사화된 정치경제와 초국적 민족지학을 요구한다.

로컬리티와 차이의 정치

인류학자인 아킬 굽타와 제임스 퍼거슨은 장소와 문화를 학문적으로 융합하는 또 하나의 탁월한 비평을 냈는데(Gupta and Ferguson, 1997a, 1997c), 이는 부상하는 초국적 사회관계를 맥락화하고 그것들을 도시연구 분야에 놓으려는 나의 시도와 밀접한 관계가 있다. 굽타와 퍼거슨은 고착적인 공동체의 편제로서 로컬리티를 묘사하는 것으로는 우리가 살고 있는 오늘날 초국적 세계의 일부인 경계를 관통하는 사회적 행위자들과 진행들의 다양성을 인식하고 다룰 수 없다고 지적한다. 그러한 지역화된 공동체주의적 서술에는 로컬리티, 권역, 국민국가를 나누는 경계를 따라 거주하는 변경주민들이 빠져 있다. 그러한 사회적 행위자들은 인류학자들이 지금 "초문화적응(transculturation)"이라고 부르는 상호적인 문화적 차용과 대여가 진행되는 사법적 경계의 반대편에 근거를 둔 행위자, 네트워크들과 연동한다[이러한 진행에 관한 유용한 연구는 Herzog(1990), Martinez(1994) 참조]. '공동체로서 로컬리티' 논리는 마찬가지로 이주민, 망명자, 난민, 이산 등 오늘날 전 지구에 걸쳐 광대한 지리적 거리를 가로질러 사회적 네트워크를 잇는 공존의 환경을 창출함으로써 그들의 삶을 편성하는 수많은 경계초월자(border-crosser)들의 사회문화적·정치적 함의를 간과하기 쉽다(제8장 참조). 그 같은 경계를 관통하는 진행들은 정치적 관할권으로서 또 사회문화적 공간으로서 규정되는 로컬리티들의 내부에서 문화적·정치적 정체성과 차이를 만들어내는 차이 생성의 역관계를, 비록 남김없이 규명하지는 못하더라도, 설명하는 데 도움을 준다.

굽타와 퍼거슨은 공동체주의적 술어로 로컬리티들을 보고 그에 따라 초국적 세계에서 지역적으로 민족지학적 실천과 도시연구를 행하는 노력들을 까다롭게 하는 세 차원의 문화적 생산을 확인해왔다. 첫째, 개별적·독립적 지역문화의 개념이 거짓임을 보여주는 이어진 공간들을 가로지르는 상호 의존성(경제적·사회문화적·비공식적)의 증가이다. 둘째, 좀 더 광범위한 탈식민 정치의 담론과 실천의 출현(내 생각에 미디어의 지구화에 의해 자극된) 이 사회분석가들조차 깊이 새기고 보존하려고 하는 "진정한 문화적 전통" 이라는 바로 그 개념을 의심쩍게 만드는 다양한 혼성 문화들을, 지리적으로 멀리 떨어진 로컬리티와 국가들에서조차 만들어내고 있다. 셋째, 지금 우리의 초국적 세계를 특징짓는 경계횡단적 진행들은 종종 동일한 지리적 장소를 점유하는 상상된 공간들로서 "만들어지고 있는 공동체"가 사회적으로 구축되는 것을 촉진해왔다. 이러한 공동의 정체성에 대한 상상들은 필연적으로 내포와 배제의 과정 즉 '타자'를 만들어내는 과정을 수반한다. 예를 들어 구성적 외부 또는 '타자'의 사회적 구축은 바로 1990년대 전 세계의 초국적 도시들에서 적대적으로 분출되었던 민족적·인종적 관계들의 많은 부분을 점했다[예를 들어 Smith and Tarallo(1995) 참조].

문화적으로 정치적으로 구축된 그러한 인종적 반목과 그들의 권력과 장소에 대한 관계의 특징은 굽타와 퍼거슨에 의해 잘 파악되어왔다. 그들은 정체성(identity)과 타자성(alterity)은 다음과 같이 만들어진다고 설명한다.

> (그것은) '로컬리티'와 '공동체'의 형태로 동시에 만들어진다. '공동체'는 …… 다양한 형태의 타자 배제와 구성을 전제로 한다. 또한 로컬리티에 관해 쟁점이 되는 것은 단지 그것이 어떤 특정한 장소에 자리 잡고 있다는 것이 아니라 특정 장소가 다른 장소와 분리되어 있고 대항하고 있다는 데 있다. 우리가 논의해온 "지구적" 관계들은 로컬리티의 구성요소이며 따라서 '지역' 정체성의 생산에도 핵심적으로 간여한다(Gupta and Ferguson, 1997c: 17).

로컬리티를 [민족성(ethnicity), 국민성(nationality)과 같이] 시간을 초월한 본질이라기보다 정치적·역사적 진행들의 복합적이고, 우연적이며, 경합되는 결과라고 보는 것은 또한 지구화에 대한 저항의 굽히지 않는 공간으로서의 로컬리티라는 이론적 틀에 도전한다. 굽타와 퍼거슨은, 그것들을 지구적 자본의 경제적 지배, 균질화하는 문화적 지구화의 움직임, 또는 패권화하는 지구적 소비주의의 유혹에 대립하는 부족, 민병, 도시 편제 또는 권역 등 독립적 지역문화들로 대비하는 것(Barber, 1995) 대신에, "로컬리티들을 더 넓은 세계로 연결하는 권력관계들의 장 속에서" 지배적인 지구적 문화 유형들이 전유되고 사용되며 심지어 중대하게 변형될 수도 있는 방식들에 대해 면밀히 주목할 것을 권고한다.

이러한 더 큰 문제와 밀접한 관계가 있는 것은 좀 더 구체적인 몇 가지 질문들이다. 로컬리티와 공동체의 인식들은 어떻게 상이한 시공간의 배치들 속에서 다양하게(discursively) 구성되는가? 이러한 인식들로부터 생겨난 이해들이 어떻게 내면화되고 존속되는가? 로컬리티들 내부에 정치적으로 현저한 차이가 만들어지는 데는, 로컬리티들이 상호 의존성을 갖게 하는 그들 경계 '바깥' 세계와의 문화적·정치적·경제적 연관들이 어떤 역할을 수행하는가? 지구적·지역적 매스미디어는 사회적으로 구성된 공동체들과 그들이 구성해놓은 타자의 영역들 내에서 그 이해와 실천이 형성되는 데 어떤 틀을 제공하는가?[뒤의 두 질문에 관해서는 Smith and Feagin (1995), Thompson(1995), Cvetkovich and Kellner(1997), Gupta and Ferguson(1997c), Kellner(1997) 참조].

이러한 질문들을 제기하면서 나는 더 나아가 우리가, 특정 로컬리티들을 특정 시기에 그물로 묶어내는 문맥화된 사회공간적 상호 의존성의 특성에 대한 민족지학적·역사학적 조사를 제안하려고 한다. 특히 나는 지역적 개입들이 지배적인 문화 유형들을 "중대하게 변형"시킬 가능성이 있다는 굽타와 퍼거슨의 지적에 동의한다. 그래서 나는 로컬리티들의 지반 위에 모인 종횡으로 교차하는 권력관계들이 반드시 위계적으로 이해되어야 하는지 여부의 질문을 열어놓으려고 한다. 굽타와 퍼거슨이 우리의 초국적 세계에서 장소와 공간들을 잇는 상호 의존성의 형태들에 대한 연구에서, 우리가 우리 시선을 공동체 형성의 지역적 위치로부터 "위계적 권력관계들의 공간적 배분"이라는 더 광범위한 논점으로 옮겨가야 한다고 언급할 때 그렇게 이해될 것이 분명하다고 추측하는 것처럼 보인다.

만약 굽타와 퍼거슨이 여기서 더 큰 스케일이 더 작은 스케일을 지배하고 제한하는, 큰 것에서 작은 것으로의(예를 들면 로컬리티로부터 권역으로, 국가로, 세계로의) 공간적 스케일들 간의 위계구조를 그리고 있다면, 그들은 지역적인 것에서 지구적인 것으로의 변형에 관한 자신들의 통찰을 부정하고 단지 내가 전에 글로벌시티의 은유의 한계를 논하면서 철저히 비판했던, 스케일 속에 자리 잡은 위계구조의 은유를 재생산하고 있는 것이다. 그렇지만 굽타와 퍼거슨이 지구 차원의 행위자들과 지역 차원의 행위자들 간의 사회적 관계가 필연적으로 위계적이라는 것을 지적하려고 했다면, 다른 문제가 제기된다.

사회적 행위의 차원에서, 위계적인 권력관계는 단지 초국적 시선이 인식할 수 있는 수많은 상이한 사회공간적 권력 패턴 가운데 하나일 뿐이다. 누군가 "지구적 지역화(global localization)"라고 지칭한 것에 연관되어 있는 행위자 기반의 권력관계는, 다국적 기업들이 수출업무 처리 지구를 가난한 제3세계에 둘 때 또는 새로운 지역, 국가적 환경 속에서 이주자 집단들이 도시의 인종적 위계구조를 완만히 변화시키는 재교섭을 모색할 때와 같이, 종종 분명히 비균형적이고 위계적이다. 그렇지만 초국적인 권력관계들은 초국적인 소기업들이 그들 집주인, 고객과 관계들을 만들어 갈 때처럼 더욱 경쟁적으로 구축된다. 이는 초국적 기업가들과 그들 노동자들(종종 같은 민족의 "새로운 이주자") 간의 관계가 위계적으로(비록 종종 각축하지만) 구축되는 것과 같을 수도 있다. 따라서 문맥적으로 또 상관적으로 볼 때 초국적인 권력관계들은, 지역의 환경운동가들이 열대우림 벌목 또는 대규모 도시개발계획과 같이 지역적으로 환경을 악화시키는 특정 사업에 반대하기 위해 국경을 초월해 연합할 때처럼, 오히려 상대적으로 평등주의적일 수 있다. 내가 주장하려는 것은 권력관계들이 종종 위계적으로 구축된다는 것을 부정하는 것이 아니라 모든 권력관계들은 정치적 투쟁들의 우연적 결과들처럼 문맥적으로 봐야 한다는 것이다. 역사적으로 이러한 투쟁들은, 특별한 권력구조를 만들고 개조하는 역사적으로 특유한 환경과 이해에 따라서, 더 위계적이거나 덜 위계적인 데서부터 비위계적인 것까지 다양한 권력관계들을 만들어왔다.

장소로서 공간의 사회적 구성

굽타와 퍼거슨이 공간을 가로지르는 권력관계들을 정리하는 문제로부터 장소로서 공간의 사회적 구성이라는 쟁점으로 전환할 때, 그들은 이러한 우연성(contingency)을 인식했다. 이 논쟁점에 대해 그들이 제한 없이 열어놓은 문제들은 내가 보기에 그것들이 정체성과 장소 만들기의 문제와 관련이 있는 것만큼 권력의 공간적 배분 문제와 밀접한 연관이 있다. 다음과 같은 질문들이다. "실천으로서 이해되는 의미 만들기로, 어떻게 공간적 의미들이 구축되는가? 누가 공간을 장소로 만드는 권력을 갖는가? 누가 이것을 겨루는가? 무엇이 운명이 걸려 있는가?"(Gupta and Ferguson, 1997a: 40).

도시연구자들로 하여금 로컬리티와 문화를 등치하는 본질주의자들의 가정을 넘어서 로컬리티의 사회적 구성에 대해 관심을 갖도록 하는 것은 바로 이와 같은 질문들이다. 예를 들어 도시 전통의 정치에 관한 연구는 건축 활동가, 역사유적 보존주의자, 지구적 개발가들과 같은 사회적 실천의 좀 더 광범위한 네트워크는 물론이고 지역 이웃집단, 정부 관료, 사업 관계자들을 포함하는 매우 다양한 정치적 행위자들에 의해 '장소 만들기'에 관한 연구들을 쏟아져 나오게 했다. 특정 장소들에서 이러한 행위자들은 장소의 문화적 의미를 둘러싸고 경쟁하면서 공모하고 또 충돌한다[예를 들어 Bird(1993), Watson(1991) 참조]. 역사학, 민족지학에 근거한 사례연구들은 재현의 정치라는 쟁점에 초점을 맞추게 하고, 그것에 의해서 도시와 지역의 변화에 대해 자본가 외의 행위자들과 그들의 공간과 장소에 대한 재현을 고려에서 배제하는 경향이 있던 행위자 부재의 서술에 의해 지배되어 온 지구화와 공동체에 관한 담론을 수정한다.

'전통 논쟁'에서 그러한 두 거대 서사의 개입 속에서, 하비(Harvey, 1989)와 주킨(Zukin, 1991)은 자본가 근대화의 행진에 의해 삭제되려고 하는 토착 전통으로서 지역문화를 본질화해왔다. 그들의 자본 대 공동체의 중심 주제 속에서 단일한 행위자로서 지구적 자본은 분산적이고, 내적으로 결집되어 있으며 "진정한" 다양한 지역문화들에 대비해 구성되었다. 전자는 신비화와 권력의 일방적 흐름에 의해 후자에 침투하는 것으로 보인다. 추상적인 '자본'은 지역 토착 건축을 전유·활용해 테마파크, 고급 아파트 단지, 쇼핑 아케이드 같이 조성된 환경을 만들어내는 부동산 자본가들의 사례에서와 같이 다양한 차원의 진정한 문화 전통을 전유하고 시장화한다고 비난된다. 이러한 시각에서 보면 지역 거주민들은 사멸해가는 문화 전통의 담지자로서 수동적 존재로 밀려나고 있는 데 반해서, 이러한 건축 구조물에서 지역문화 형식의 전유는 일방적이고 전능한 힘으로 자본을 투자하는 한 거대 서사의 또 다른 주선율이 된다. 정지되고 침전된 공동체로서 지역을 사회적으로 구성하는 것은 자본가 이외의 행위자들을 장소 속에 뿌리내리고 시간 속에 얼려 가둔다. 그것은 또한 그들이 "묶인" 고정된 장소가 지구적 자본에 의해 거짓 환영에 의해 대체되려 한다는 것을 암시한다.

피터 잭슨(Peter Jackson)은 한 통찰력 있는 평론에서 역사유적 보존에 관한 일련의 상세한 사례연구를 통해 발견된 장소 만들기의 복잡한 정치에 주의를 기울인다(Jackson, 1991). 잭슨의 연구는 하비, 주킨 같은 주요 도시 정치경제학자들에 의한 문화 분석에로의 전환이 어떻게 그들을 편향적이고 순진한 모더니스트, 심지어는 본질주의자가 되게 했는가를 잘 보여준다(Jackson, 1991: 225). 그것은 역사적 현재에서 자본주의의 역할을 비판할 목적으로 사라지고 있다고 추정하는 역사적 과거에 대해 행하는 '진정성'의 투영이다. 잭슨은 전통 논쟁이, 실제로 존재하고 있는 "진정한" 도시의 과거를 "진짜 보존"하는가 "잘못 전용"하는가 하는 경직된 선택에 놓는 것보다 재현의 정치에 관해 제기된 문제들로서 더욱더 잘 이해될 수 있다고 제안한다. 그는 자본이 어떻게 문화를 도구적 방식으로 '사용'하는가를 단순히 보여주기보다는 풍부한 사례연구의 증거가 다음과 같이 증명한다고 결론을 맺는다.

그러한 서진 논법은 각각의 특별한 상황의 우연성들이라는 시각에서 수정되어야 한다. 어떤 집단들이 연관되어 있고 그들의 이해들이 어떻게 표현되는가? 변화하는 입법, 재정 환경은 어떻게 투자의 특정 유형을 다른 것보다 매력적으로 만드는가? 다른 이익집단들 간에 어떤 연합이 모색되고 달성되며 또한 어떤 효과를 거두는가? 확실히 누구도 재투자 또는 보존의 "문화적"

측면들을 명백히 "정치적", "경제적"인 차원들로부터 분리할 수는 없다. …… 그러나 그 문화 정치에 대해 좀 더 충분히 진전된 이해가 없이는 도시, 권역 변화의 정치적 경제가 이해될 수도 없다(Jackson, 1991: 225).

요컨대 '장소'에서 투자, 마이너스투자, 재투자와 같은 경제적 진행들이 문화적으로 코드화하는 것은 불가피하다. 마찬가지로 재현의 문화적 진행들은 도시의 건조 환경을 포함하는 그들의 물리적 맥락들 속에서 발생하며 또는 그것을 변화시킨다. 따라서 우리는, 분석가들처럼 누가 장소와 공간의 특정 이미지들을 생산하고 소비하며 또한 어떤 효과를 발휘하는가 하는 해석적 재구성에 불가피하게 개입한다. 문화 연구에서의 재현의 정치라는 유리한 관점으로부터 이러한 진행들에 대해 분석하는 것은, 도시연구자들로 하여금 '자본'과 같이 '행위자들'에 대한 구상화되고 일원화된 관점을 넘어서 바로 "누구의 과거가 인식되고, 그것이 어떻게 재현되고 있으며, 또한 누구의 이익이 그러한 불가피하게 선택적인 독해들을 통해서 제공되는가" 하는 역사화된 분석으로 이행할 수 있도록 한다(Jackson, 1991: 220; Jackson, 1992도 참조). 말하자면 어떤 지역공동체의 역사적 과거도 시간을 초월해 끼워 넣어 있다기보다 역사적으로 경합되는 사회적 현상인 것이다.

나아가 경합되는 재현의 정치는 어느 로컬리티의 역사적 과거에 적용될 뿐 아니라 그 현재를 구성하고 선택적 미래를 형성하는 데도 적용된다. 이는 무엇이 한 장소를 다른 어떤 장소와도 같지 않은 장소로 만드는가와 같은 성가신 질문들을 가져다준다. 달리 말하자면 무엇이 한 장소를 존속시키고 또 시간이 흐르면서 무슨 변화가 일어나는가? 이는 곧 전적으로 '장소 만들기'를 둘러싸고 어떤 권력 투쟁들이 진행되는가에 관한 것이다.

즉, 어떤 장소의 현재와 미래에 대한 양자택일적 재현들 가운데 누가 무엇을 변화시키며, 이러한 변화들은 어떤 장소의 역사적 과거 가운데 특정 요소들을 어떻게 선택적으로 전유하거나 거부하는가?

이러한 종류의 질문들에 의해 영향을 받은 경험적 도시연구의 좋은 일례는, 현재 파산한 지구적 개발회사인 올림피아앤요크(Olympia and York)의 런던 도크랜드(Dockland) 개발에 대한 대중예술가, 활동가들에의 지역적 저항을 다룬 존 버드(Jon Bird)의 연구이다(Bird, 1993). 버드는 런던의 지역 활동가들이 포스터 캠페인과 그 외 거리 전술을 사용해서 올림피아앤요크와 그들의 지역 정부 협력자들에 의해 전개된 도크랜드 계획의 공식 담론에 대해 반대 의견을 제시하려고 했던 노력들을 묘사한다. 버드는 이 캠페인을 떠오르는 "저항의 포스트모던 문화", 즉 "하위문화적인 거리 생활의 리듬 속에 기호화된 도전과 저항의 목소리 …… 그리고 재현의 선택적 전통의 현존"을 기록함으로써 상실과 유감의 우울한 정치를 회피하는 선택적 역사 기억의 지역문화 정치라고 그 특색을 묘사한다(Bird, 1993: 134).

앞서 살펴본 지역적인 것과 공동체적인 것의 융합이라는 관점과 비교할 때, 로컬리티의 재현에 대한 이러한 접근의 한 장점은, 그것이 동일한 장소에서 지역 전통들의 선택적 재현의 구성을 허용하며, 따라서 지역을 단일한 지역적 주관성의 저장소라기보다 의미와 권력을 둘러싼 논쟁의 장(site)으로 개념화할 여지를 만들어준다는 것이다. 그렇지만 네트워크 기반의 상상이라는 견지에서 볼 때, 버드의 접근방식의 한계는 그것이 일상생활의 정치를 순전히 지역적인 인식의 정치와 하나로 묶는다는 데 있다. 따라서 예를 들어 버드의 서술에서 런던 도크랜드의 지구적 개조에 대항해 예술가, 활동가들이 행했던 저항은 전적으로 지역적인 "재현의 선택적 전통"을 회복해온 거리 생활의 좁은 하위문화로부터 도출되었다.

이러한 대중행동에 관여한 행동가들 역시 런던과 국제적 예술과 건축 현장 등 세계의 선택적 담론에 종사할 듯하다고 가정한다면, 어쨌든 '지역'의 항의가, 이러한 사회적 행위자들을 형성하고 그들의 정치적 실천에 영향을 끼쳐왔을, 지역을 초월한 교통통신 네트워크로부터 발생해왔을 수도 있다고 주장하는 것이 합리적이다. 이러한 다양한 담론적 영역에서의 종횡교차는 내가 이 책에서 설명하려고 하는 초국적 도시이론의 핵심적 측면이다.

일상생활의 정치를 재고함

그렇지만 버드가 일상생활을 지역의 공간적 스케일과 쉽게 등치하는 것은 놀랍지 않다. 그렇게 함으로써 그는 단순히 르페브르(Lefebvre, 1971, 1991), 드세르토(de Certeau, 1984)와 같은 '일상생활'을 논한 주요 프랑스 도시이론가들의 행보를 좇고 있다. 일상생활의 실천들에 대한 민족지학적 기록에 관심을 갖는 도시연구자들은 종종 분석의 지역적 차원을 일상생활의 정치와 하나로 묶어왔다. 그들은 그렇게 하면서 종종 자본주의, 국가통제주의, 기술 발전 등 다양한 형태의 현대성에 대한 지역의 저항 공간을 정당화하는 과정에 참여한다. 예를 들어 르페브르, 드세르토에게 보통 사람들은 그들의 일상생활의 활동들 속에서 자본과 국가에 의해 구성된 추상적 도시공간에 도전하는 방식으로 도시공간을 전유 및 사용한다. 르페브르(Lefebvre, 1971, 1991)는 상황주의자(situationist)의 투로 이 중심주제를 사용해 모든 도시 거주민의 "도시에 대한 권리"를 지켜주기 위한 직접행동의 초국적 정치를 정당화한다. 드세르토(de Certeau, 1984)의 상상은 한층 제한적이다. 그는 일상생활의 수사를 사용해 도시 계획자의 종관적 시선을 벗어나 중앙 계획자들에 의해 법령화된 도시공간 계획의 규율적 경계를 뚫고 미끄러지는 방식으로 "거리에 거주"하는 사람들의 둘러가는, 어린애 같은 공간적 실천들을 그려낸다. 그들의 차이점에도 불구하고 이러한 일상의 도시이론가들은 하비나 카스텔과 마찬가지로, '지역'을 좀 더 지구적인 지배 구조에 대한 개인적·집단적 저항의 대립적 공간과 동일시하는 경향이 있다.

드세르토(de Certeau, 1984)는 자신의 이름으로 사회적 공간이 담론적 실천들에 의해 생산되고 유지되는 수많은 방식들의 일부를 확인한다. 그의 견해로는 '도시(city)'의 진정한 의미가 재현의 정치와 긴밀히 결합되어 있다. 민족지학적 관찰에 접근하기 쉬운 담론적 실천들은 어떤 도시의 "분리가능하며 상호 연결된 자산들"로부터 대안적인 태피스트리(tapestry)를 직조함으로써 도시공간의 대안적 이미지와 경계들을 지휘한다(de Certeau, 1984: 94). 그렇지만 이러한 초국적 시대에 일상생활에 대한 민족지학적 해석을 앞에 놓고 맨 먼저 직면하는 중대한 문제는, '일상생활'이 고정된 조사대상, 쉽게 위치를 정하고 경험적 관찰과 인식적 지도제작이 가능한 즉각 식별할 수 있는 실천들의 집합이 아니라는 것이다. 내 생각에 현재의 초국적인 시점에 '일상생활의 정치'는 사회적·정치적 상상으로서 더욱 넓게 열어놓을 필요가 있다. 초국적 도시들에서 사람들의 일상적 도시 경험들은 경계를 쉽게 정하지 못하게 하는 갖가지 현상, 실천, 교차하는 네트워크들에 의해 영향을 받는다. 복수적 차원의 분석과 사회적 실천이 지금 전 세계에 걸쳐서 도시의 일상생활 정치를 형성한다.

데이비드 캠벨(David Campbell)은 그가 "횡단적(transversal)" 일상생활 정치라고 지칭하는 것에 대해 논의하면서 이러한 복수성을 분명히 표현한다.

마찬가지로 '일상생활'은 지역적 차원과 동의어가 아니다. 왜냐하면 그 속에서 지구적 상호 결합, 지역적 저항, 초영토적 흐름, 국가 정치, 지방적 (regional) 딜레마, 정체성 형성 등은 항상 이미 현존한다. 따라서 일상생활은 하나의 고정된 분석 차원이라기보다 횡단적인 쟁론의 장이다. 그것은 횡단적이다. …… 왜냐하면 그곳에서 나타나는 갈등들은 모든 경계들을 단지 횡단하는 것만은 아니다. 그것들은 그들이 만들어내는 이러한 경계들, 삭제와 기록, 정체성 형성에 관계되어 있다(Campbell, 1996).

사회학자 앨브로와 그의 동료들(Albrow, Eade, Dürrschmidt and Washbourne, 1997)은, 다음과 같은 초국적 도시 정체성들의 출현에 주목하면서 영국 도처 도시들의 영국 무슬림 지구에서 상상된 공동체의 경계들이 사회적으로 구성되는 상황에 대해 통찰력 있게 기술했다. 바버(Barber, 1995), 카스텔(Castells, 1997)의 저작에서처럼 종교적 근본주의를 경제적 지구화에 대항해서 구성된 지역적인 귀속과 정체성의 표현으로 보는 것보다, 이러한 학자들은 다양한 지역의 영국 무슬림 거주지(enclave)에서 발견된 귀속의 수사들을 초국적인 종교적·문화적 네트워크에 의해 전해지는 이슬람 공동체 움마(umma)의 좀 더 광범위한 사회적 구성으로 연결한다. 무슬림 지구의 일상생활에서는 이러한 초국적 네트워크에서 생산되고 일상의 기반 위에 지역의 이웃들 속에서 조우하는 지식과 의미들이 주입된다. 초국적 이슬람 공동체에 귀속하는 사회적 구성은 종교의식, 전화 통화, 텔레비전과 라디오 프로그램, 신문기사, 비디오, 음악을 포함하는 사회적·기술적 결합들의 초국적 네트워크를 통해 생산되고 전달된다. 지역의 무슬림들은 친척과 친구들에 대한 일상 방문에서, 업무 중의 상호작용에서, 공동체가 개입하는 다른 이웃의 구성에서 물리적으로는 존재하지 않지만 정신적으로 전혀 멀지 않은 이러한 초국적 네트워크를 활용해 그들의 '로컬리티'를 사회적으로 구성한다. 이러한 구성에서, 이슬람은 자본주의의 지구화에 대한 순전히 지역적인 또는 "부족적인" 반작용으로서가 아니라, 우리가 지금 자본의 지구화라고 생각하는 것으로 구성된 금융 거래의 네트워크보다 정보의 초국화(transnationalization), 문화적 왕래, 네트워크 형성에 많이 개입하는 초국적인 문화적 편제로서 간주된다.

요컨대 일상생활은 고정된 공간적 스케일이 아니며 또한 자본가든 아니면 다른 것이든 간에 더욱 지구적인 지배양식들에 대한 지역적 저항의 보증된 장소(site)도 아니다. 그보다, 초국적 도시이론의 조건에서 우리의 일상세계는 실재(reality)에 대해 경쟁하는 담론과 해석들이 이미 우리가 파악하려고 하는 실재 속으로 포용된 그런 세계이다(Campbell, 1996: 23). 우리가 지금 이러한 종류의 실재를 파악하기 위해서는 이 재현의 정치와 경계 설정으로부터 출현하는 새로운 정체성들을 이해할 수 있는 인식수단(tool)을 만들어내는 것이 필요하다.

1980년대 후반 영국의 도시지리학의 로컬리티 연구를 둘러싼 논쟁을 배경으로, 세이어(Sayer, 1989)는 이러한 새로운 도시연구 상상의 모색을 진전시키는 데 도움을 주는 중요한(내 생각에 낮게 평가되고 있는) 평론을 썼다. 세이어는 사회적 구조가 문맥 의존적(context-dependent)이며 따라서 특정한 역사적·지리적 (시공간) 맥락에서 생산되고 재생산된다는 논의를 진척시켰다. 세이어는 에이전시(agency), 즉 사회적 행위자를 역사적으로 특정한 시공간 조건들 특히 로컬리티의 조건에 위치시키고, 또 이러한 조건들을 "수동적이라기보다 그 구성에 주도적으로 작용하는 것으로" 인식하는 도시연구 서술 방법론의 훌륭한 예를 제시했다(Sayer, 1989: 255). 세이어는 자신의 입장을 맥락화하면서, 도시연구에서 구조적인 마르크스주의 사회이론에서의 이른바 "경험적 전환"이란 것은 계급 기반의 인식이론들과 1980년대 일반 시민과 노동자 사이에서 재현된 신보수주의, 신자유주의적 사고 사이에서 벌어진 격차로부터 밀려왔던 것이라고 설명했다. 그것은 또한 일상적 도시생활의 조건에서 증대되는 사회공간적 불평등에 의해서도 연료를 공급받았다.

세이어는 로컬리티 연구로의 전환이 추상적으로가 아니라 사회적 실천을 구체화하는 방법으로 보통 사람들의 일상생활 경험을 파악하려 한다고 칭찬한다. 세이어는 자신의 이름을 걸고 당시 도시연구에서 지배적이던 정치경제적 접근을 인류학에서 출현한 포스트모던 민족지학에 관한 논쟁들과 긴밀하게 결합할 것을 요구했던 첫 번째 도시이론가들 가운데 하나이다. 그는 정치경제와 민족지학의 방법론적인 결혼을 주장했다. 왜냐하면 그의 견해로 민족지학은 정치경제적 분석을 통해서는 밝힐 수 없는 "앞서 존재하고 있는 인식적·문화적 요소들"(Sayer, 1989: 256)에 빛을 비출 수 있기 때문이다. 이러한 움직임은 민족지학과 정치경제의 이상적인 통합을 전제로 급진적인 도시지리학의 한 흐름과 문맥화된 민족지학적 실천을 추구하는 인류학자들 사이에 새로 생겨난 한 흐름이 한곳에서 만나게 했다[인류학에서 이러한 접근에 대한 집단적 옹호에 관해서는 Marcus and Fischer(1986) 참조; 그러한 성공적 결혼의 훌륭한 최근의 예는 Gregory(1998) 참조].

내 생각으로 이러한 방법론적 접근의 결혼은 세이어가 제시했던 것과는 다른 이유로 바람직하다. 민족지학이 다른 추상적인 정치경제적 영역에 대해 "앞서 존재하고 있는 인식적·문화적 요소들"을 그려내는 착실하고 명료한 경험적 수단이라고 가정하는 것은 지나치게 단순한 것이다. 문화적 요소들은, 미리 주어진 의미와 사회적 행위의 동인(動因)들로서 실천적 생활영역의 바깥에 서 있다기보다는, 정치경제적 배치들과 마찬가지로 인간의 실천에 의해 끊임없이 생산되고 재생산되며 또는 변형된다. 따라서 정치 경제와 민족지학 모두를 역사화하는 것이 필요하다. 이것이 일단 성취된다면 도시연구에 대한 두 가지 접근방식은 나란히 함께 사용되어 특정 장소 특정 시간에 영향을 끼치는 고도로 유동적인 사회적 진행들을 이해하도록 도와줄 수 있다. 역사화된 사회조사방법론들의 이런 결합은 에이전시와 의미 만들기(meaning-making)의 불확실한 우연적 문제들에 관심을 갖도록 압박한다. 그것은, 그것을 통해서 지금 초국적 맥락에서 사회적 행위가 여과되고 형성되는, 공간적으로 분산된 사회적 관계들이 종횡으로 교차하는 네트워크의 궤적들을 정리해낼 수 있도록 도와줄 수 있다.

얀 린(Jan Lin)의 저서 분량의 사례연구는 신중하게 역사화하고, 문맥적으로 자리를 잡은 민족지학적 연구계획으로 초국적 도시들에서 일상생활 정치의 횡단적 특징을 포착한 훌륭한 일례이다(Lin, 1998). 린은 도시의 '장소'로서 뉴욕 차이나타운의 역사적인 변모에 관한 이야기를 들려준다. 차이나타운들, 암묵적으로는 초국적 중국인 이주민들은 씨족성, 편협성, 집중된 사회문제들, 변화에 대한 저항 등이 영속되는 장소로서 오래도록 부정적 기호들로 재현되어왔으며, 이 책은 그에 대한 교정의 의도로 작성되었다. 린은 그 이웃에 활력을 주입하고 그 "내부의" 정치적 갈등들을 설명해주는, 의미와 권력의 초국적인 사회, 조직 네트워크가 종횡으로 교차하는 장소로서 뉴욕의 차이나타운을 묘사한다.

린의 『차이나타운을 재구성하기(Reconstructing chinatown)』의 주제는 지구적 맥락에서 공동체의 변화이다. 공동체의 변화는 지역적·초국적인 노동과 자본, 공동체 기반의 신구 종족조직들, 지역의 권력구조와 그 상대들, 국가와 지역 당국의 에이전시들 등을 대변하는 행위자들 사이에서 형성된 상호 교차와 사회적 관계들에 의해 끊임없이 일어난다. 린의 민족지학적·

역사적 연구는 이러한 종족적 엔크레이브에서 일상적 생계방식과 사회적 생활 간의 연관들과 태평양을 건너 뉴욕의 차이나타운으로 초국적 이민과 자본투자의 흐름을 가속화했던 1980, 1990년대 동아시아의 여타 도시와 사회에서의 정치적 불확실성, 자본 과잉, 경제적 이행들을 추적한다. 그는 또한 뉴욕시 정부의 토지 이용, 법률 시행, 금융 규제철폐, 다른 도시정책들은 물론이고 미국의 출입국 관리, 무역, 경제, 통화정책들을 포함해 자본, 사람, 문화의 이러한 흐름들을 중재하는 공공정책들에 대해서도 면밀히 주목한다.

특히 흥미를 끄는 것은 '차이나타운'의 의미가 지속적으로 경합되는 장소의 정치로부터 유래한 차이나타운 지역 당국의 분파주의에 대한 묘사다. 이러한 "내부의" 정치투쟁들의 일부는 중국 본토, 다양한 권역들, 홍콩, 타이완-사람, 돈, 생각의 흐름들과 뉴욕 차이나타운의 안팎을 연결하는 초국적 연관들이 기원한 장소들 간에 여전히 진화하고 있는 지리적 관계들로부터 유래한 문화적·이념적 결함의 갈래들을 드러낸다. 이러한 연관들의 역사적·문화적·정치적 이종성(heterogeneity)은 종종 미국의 정치 담론 속에서 "중국의 것(Chineseness)"이라는 범주[심지어 '아시아계 미국인(Asian-American)']의 명백한 종족적 동종성에 의해 가려진다. 린은 예컨대 한때 선조였던 광둥 성 출신의 상인 엘리트가 새로운 푸젠인상인협회에 의해 도전을 받는 것 같은 지역의 영향력을 둘러싼 정치적 투쟁들을 논의함으로써 그 연관들과 그 정치적 귀결을 실생활로 가져왔다. 그는, 지역 정부의 도시개발과 법령시행 정책들에 대해 대항하는 것은 물론이고 이러한 자본 분파들에 대항하는 새로운 이주자 기반의 노동자와 공동체 조직들을 겨루게 하는, 장소 만들기를 둘러싼 또 다른 내부적 갈등들에 대해서도 긴밀히 주목한다. 그는 또한 초국적 일본인과 다른 아시아인 부동산 자본가들이 뉴욕시 정부의 재개발 에이전시들과 연합해서 주도한 특정 도시개발계획에 의해 담론적으로 조성된 '외부'의 정치적 개입이 그들 지구에 대해 가해진 데 대해 그에 저항하는 일시적인 정치적 연합을 만들어내는 실천을 통해 이러한 분파적 분쟁들이 극복된 사례들을 찾아낸다. 린의 역사화된 정치경제, 민족지학적 분석은 자신의 존재를 방어하는 한 지구의 정치적 정체성들은 로컬리티의 존재론의 미리 부여된 특색이 아니라 구체적인 정치투쟁과 집합적 행위들의 한 결과로서 나타난다는 것을 증명해준다.

『차이나타운을 재구성하기』는 공동체, 민족성, 장소는 모두 우연한 결속들의 사회적 구성물이라는 것을 인정한다. 이렇게 사회적으로 만들어진 "일시적으로 봉합된"(Mouffe, 1988) 결속들은, 린(1998: 204)이 적절히 설명하는 것처럼 "제휴와 협력의 네트워크들을 동원하고 강화하며, 인간에게 역할과 정체성을 제공하며 또한 '가정'과 '영역(turf)'이 땅과의 감정적 또는 방어적 결합을 의미하는 것 같은 방식으로 물리적 공간에 정서적인 의미를 부여할 힘을 가지고 있다". 여기서 이해해야 할 것은 공동체 의식이 이웃의 물리적 공간을 방어하는 가운데 생겨났다는 것이 아니라 왜 그것이 생겨났는가 하는 것이다. 말하자면 그것은 '로컬리티'의 의미를 재규정하려는 특정한 노력에 응해서 특정 시점에 일시적 연합을 형성한 정치화한 행위자나 네트워크에 의해 사회적으로 또 정치적으로 구성되어왔기 때문이다.

린은 어떻게 오늘날 뉴욕 차이나타운의 재구성 가운데에서 이러한 지역과 경계초월자(cross-border) 세력 간의 상호작용을 그렇게 잘 파악할 수 있었을까? 그의 재조합형 연구 접근방식은 세밀하게 검토할 가치가 있다. "지구적 시각에서" 수행된 질적인 공동체 연구의 항목 아래, 린은 장기간에 걸쳐서 몇몇 공동체 기반 조직들, 민족지학적인 조우들("중립적" 관찰과 그가 연구하는 몇몇 논쟁에 대한 적극적 개입 양자를 모두 포함하는)과 소공동체

(micro- community) 수준의 사회적 상황과 초국적 투자와 이주 흐름들 같은 "외부적" 맥락 사이의 연결을 추적하기 위해 고안된 확장된 사례 처리방식 (Buroway, 1991; Feagin, Sjoberg and Orum, 1991 참조), 차이나타운의 경제, 공동체, 노동자, 정치조직, 도시 계획자, 공무원 등의 대표자들과의 공식적인 인터뷰들, 즉 영화, 소설, 텔레비전 연속극, 신문잡지의 기사들에서 발견되는 차이나타운과 중국인 이민자들의 정치적 재현에 대한 문맥화한 기호 분석 등의 참여 관찰을 결합해 진행했다. 이러한 후자의 방법론들은, 소수민족 집단거주지 편제에 대해 미디어가 생성한 재현과 역사화된 민족지학적 재현 간의 뚜렷한 대조를 보여주며, 내 생각으로는 특히 린의 역사화한 정치경제적 시각을 장소, 종족성, 공동체의 사회적 구성의 미묘한 차이를 간취하는 문화적 이해로 굴곡시키는 데 도움이 된다. 이는 그의 도시연구에 대한 접근방식을 초국적 도시이론을 연구하면서 검토해야 할 유용한 모델로 만들어주고 있다. 사회 연구와 분석에서 그가 취한 재조합형의 방법론은 도시연구에 대해 진정 역사화되고 초국화된 방식으로 접근해가는 길을 따라 유용한 걸음을 내디뎠다.

초국적 장소 만들기

이 장을 시작하면서 나는 도시이론에서 지역화된 공동체주의적 은유에 대해 네 가지 목적을 가지고 재검토하겠다는 것을 명확히 했다.
첫째는 도시연구를 지역을 본질적으로 방어적인 공동체 편제로 보는 '로컬리티'의 자연주의적 구성 너머로 옮기는 것이다. '인종', '젠더'가 오늘날 사회적으로 구성된 범주들로 폭넓게 간주되고 있는 반면, '로컬리티'는 여전히 인간의 사교성으로부터 생겨난 본성의 공간으로 추정된다. 이 장에서 나는 어느 로컬리티의 가장 물질적인 요소들조차 다양하게 독해될 수 있으며 다른 입장에 처한 사회집단들과 그들이 교통하는 광범위한 네트워크들에 의해 상이한 기호적 의미를 부여받는다는 것을 보여주려고 했다. 그 결과는 장소의 재현이 구성되고 경합되는 고도로 정치화된 사회적 공간이다.

둘째, 나는 하비, 카스텔, 그 외 주요 도시이론가들이 지구-지역 결합을 개념화하는 데 사용한 도식이 이 변증법 속에서 그 용어를 구체화하는 경향이 있었다는 것을 보여주려고 했다. 그렇게 함으로써 그들은 지역에 '진정성', '공동체'의 공간으로서의 특권을 부여하고 그에 따라서 용어들의 의미를 전화하는 총합적인 이원적 틀을 재생산해왔다['도시성(urbanity)'의 재현에 관한 관련 비평을 위해서는 Goss(1997) 참조]. 이러한 도식 속에서 지역적인 것이 구체성, 특이성, 위협받는 안정성 즉 '공동체'의 성격이 부여되는 데 반해 지구적인 것은 추상적·보편적·동적인 것 즉 '자본'과 동일시된다. 자본 대 공동체의 담론은 정적이지만 긍정적인 용어들로 로컬리티들을 구성하면서 지구적인 것을 선험적으로 압박하는 사회적 힘으로 간주한다(Cvetkovich and Keller, 1997). 이러한 이원적 공식은 지역과의 상호관계와 그에 따른 그 내부의 근거성에 의해 구성되는 지구적·초국적 네트워크의 방식들을 바라본다. 그래서 그들은 공간적 스케일과 담론적 실천 사이의 무시할 수 없는 상호작용이 어떤 로컬리티에서도 발견된다는 것을 무시하고, 초국적 도시이론의 조건에서 복잡한 장소 만들기 정치를 구성하는 복수의 공간 스케일에서 사회적 상호작용과 진행들과 뒤얽혀 있는 복잡한 사정을 과소평가한다.

이 장에서 나의 세 번째 목표는, 제한된 정치적 관할구역에서 장소 만들기 정치가 탈지역화한 네트워크 기반의 정치생활의 개념과 중첩되어 있는, 오늘날 도시 정치에서의 위기들을 설명하려는 것이었다. 이러한 중첩은 뉴욕 차이나타운의 구성과 재구성에 관한 린의 연구에 대한 나의 재해석을 통해서 구체적으로 설명되었다. 그것은 우리가 지역, 국가, 초국가적 진행들 간의 그와 같은 중첩된 정치적 횡단들을 자리매김할 수 없다면 우리에게 순수한 흐르는 공간으로서 초국적·지구적인 것을 공식화하는 과제가 남겨지는 상황을 반복하게 한다. 이러한 분석방식에서 지역 및 국가 정부는 지리적 관할구역들을 가로지르는 경제, 정치, 문화적 흐름들을 조정하는 데 중요한 역할을 담당하지만 점차 시야에서 사라지기 시작한다.

그것은 지구화와 민주주의에 대해서 정치적·사회적 사고에서 경계 지어진 정치적 공동체들의 중심성을 다시 주목해야 한다고 주장하는 몇몇 비판적 국제관계 이론가들의 연구계획이었는데, 왜냐하면 이는 정치에 대한 네트워크 기반의 관점으로 장소 만들기 정치에 특권을 부여해주기 때문이다(Low, 1997 참조). 나의 목적은 이러한 특권을 뒤엎으려는 것이 아니었으며, 권력, 의미, 정체성을 만들고 있는 지역과 초국적 네트워크들의 절합을 망라하도록 장소 만들기 정치를 전개할 것을 주장하는 것이었다.

내가 새로운 천년이 동트는 새벽에 도시이론에서 로컬리티의 역할을 비판적으로 재검토했던 마지막 목적은, 오늘날 초국주의(transnationalism)의 조건에서 사회적으로 구성된 도시 정치생활의 특성을 포착할 수 있는 도시연구방법론들에 대한 충분한 검토를 시작한다는 것이었다.

사람들이 세계에서 자신들의 사회적 위치에 부여하는 의미들—그리고 이러한 이해에 따른 결과들—을 인식하려는 이런 노력은 내가 앞으로 할 작업의 근간을 이룬다. 이 책의 다음 세 장들은 지구화에 대한 지배적인 도시이론들을 비판적으로 검토하는 데서 더 나아가 지금 우리가 처해 있는 복수적이고 종횡교차적인 세계들에서 재현과 경계설정의 정치로부터 생겨나는 새로운 정체성들을 이해할 수 있는 인식 수단을 만들고 시각을 개발하고자 하는 인식론적 탐구를 수행한다.

[김승욱 옮김]

6

포스트모던 시티를 넘어서
초국적 시대의 민족지학

분명한 것은…… 사물, 제도, 실천, 담론들에 관한 비평이 점점 취약해져 간다는 사실이다. …… 그러나 이와 같은 비평의 불안정성은, 불연속적이고 부분적이며 지역적인 비평의 놀라운 효과와 더불어, 지구적 차원에 걸쳐 억압적 효과를 드러낼 것이 분명한 전체주의 이론을 미처 예견하지 못했을지도 모른다는 것을 말해준다. 지역연구를 위한…… 유용한 비평적 툴로서 이와 같은 지구적 이론은, 지금까지 없었던 것도 아니고 계속 시도되지 않은 것도 아니다. …… 단적인 예로 마르크스주의와 정신분석학이 있다. 하지만 나는 이 이론들이 다음의 조건에서만 제공되었다고 믿는다. 어떤 의미에서 이들 담론에 대한 이론적 통합이 일시적으로 중단되었다는 조건, 아니면 적어도 축소되었거나 분리되고, 혹은 전복되고 단순화되고 희화화되고 연극화되었다는 조건에서만 제공되었다고 말이다. …… 이 모든 경우, 전체성이라는 말로 사유하려는 시도는 지역연구에 방해만 될 뿐이다. 비평이 본질적으로 지닌 지역적 특성이란 …… 자율적이고 탈중심화된 이론적 생산의 일종으로서, …… 그 효력은 체계화된 사상의 승인에 의존하지 않는다.

— 미셸 푸코, 『권력과 지식』
Michel Foucault, *Power/Knowledge*

포스트모더니즘 담론은 1980대 후반과 1990년대 초에 걸쳐 도시이론에도 틈입했다. 이는 도시사회학과 지리학·인류학·정치학 분야에서 벌어진 논쟁들, 이를테면 사회적 공간의 지구적 재구조화, 도시 간 문화 교류의 증대, 정체성 정치의 대두, 정치적 집단행동의 상호작용 등에 관한 일련의 논의를 통해서였다. 포스트모더니즘을 도시 분석에 적용하는 것에 대해 회의적인 견해를 피력한 샤론 주킨(Sharon Zukin)은, 포스트모더니즘이 "도시 양극화에서 보는 것처럼 오늘날 경제적 재구조화가 진행되면서 나타나는 지역 중심주의의 붕괴와" 직접적으로 공명하기 때문에 도시연구에 "타당한 목소리를 낸다"(Zukin, 1988: 431)고 지적했다. 포스트모더니즘에 대한 주킨의 시대적 이해는, 우리가 제2장에서 다루었던 하비의 구조주의적 마르크스주의 읽기와 더불어, 제임슨(Jameson, 1983, 1984, 1989)에 의해 촉발된 포스트모던 시티의 개념화와 유사하다. 이들 사회이론가들은 도시의 물리적 형태는 물론 사회구조에 영향을 미치는 새로운 정치경제의 사회공간적 배치가, 문화 및 구성원들의 정체성과 어떤 상관이 있는가를 문제시하는 경향이 있다. 특히 하비는 후기 자본주의나 '포스트-포드주의'의 역사적 구분과 함께 유연적 축적체제의 지배적인 영역에서 '포스트모던'이란 용어를 널리 유포시켰다.

이 장에서 나는 탈현대적 도시론의 거대 서사를 비판하고 민족지학의 탈현대적 프로젝트를 다시 생각하도록 만든 에르네스토 라클라우, 샹탈 무페, 마이클 사피로 등 탈구조주의자들을 중심으로 논의를 진행할 것이다. 사실 내 목적은 제5장에서 다뤘던 내용, 즉 초국적 민족지학의 실상을 어떻게 하면 좀 더 적절한 양식으로 발전시킬 수 있는가, 그래서 민족지학이 실제적이고 역사적인 정치경제적 지평과 결합했을 때 현재의 초국가주의적 조건 속으로 도시연구를 끌어들일 수 있는 유용한 방법이 무엇인가를 찾아내는 것이다. (제4장에서 로스앤젤레스를 다루었던 것처럼) 포스트모던 시티를 일종의 패러다임으로 보는 시각에 의문을 제기하면서 이 장을 시작하려고 한다. 즉, 후기 자본주의의 정치경제적 기반 위에서 도시를 개발하는 전형적인 방식, 그러니까 탈현대적 메트로폴리스라는 완전히 새로운 종류의 도시를 상상하는 것에 의문을 제기하는 것이다. 그리하여 나는, 도시연구에서 포스트모던 담론의 과잉에도, 인문사회과학 분야에서 탈구조주의의 인식론적 전환이, 때로는 '포스트모던'이라는 용어가, 인간적 실천의 교차로로서 도시를 상상하는 새로운 도시이론을 제공할 수 있다는 것을 보여주고자 한다. 그래서 이 장은 민족지학의 실제에서 탈현대적 전환이 꼭 그 한계만큼 유용하다는 것을 말하고 있다. 이는 궁극적으로 민족지학 연구가 어떻게 다원적으로 재조정되고 있는가, 다시 말해 초국적 도시이론의 조건에서 장소의 경계가 이동하고 있다는 것을 고려하는, 초국적 민족지학 연구의 구체적인 실례를 제공하는 것이다.

'포스트모던 시티'에 대한 하비(이 책의 제2장을 보라)와 주킨(Zukin, 1988, 1991), 제임슨(Jameson, 1984, 1989), 소자(Soja, 1989, 1996)의 이해는 여러 관점에서 각기 다르다. 그렇지만 그들은 아주 새로운 어떤 것의 출현이라는 공통된 주제를 공유하고 있다. 그것은 다국적 자본에 의해 만들어진 도시 스펙터클이 "진정한" 지역문화를 대체할 것이라는 포스트모던 시티이다. 이와 같은 관점은 신비화된 소비사회가 도시생활자들의 잠재의식 속에 스며들게 되면서, 지역공동체의 문화적 실천들을 부정하는 것으로 간주한다. 또한 정치적으로도 무분별한 '가상공간'의 난립은, 일반인들로 하여금 자본주의의 헤게모니에 효과적으로 저항하는 능력을 신장시키기는커녕 오히려 그들이 처한 상황을 파악하는 능력을 저하시킴으로써 사회적이고 정치적인 의식을 파편화하는 것으로 얘기된다.

도시가 탈현대적으로 발달한다는 거대 서사에서 아쉬운 점은, 도시에 영향을 미치는 일반인들의 공간적 실천이나 도시간의 정책적 차이를 고려하지 않고, 그것들을 스펙터클의 부분으로 과소평가한다는 것이다. 포스트모던 시티에 대한 이러한 설명은, 도시인들의 일상생활은 물론 그들의 존재 조건에 대한 느낌과 이해, 도시문화와 지구적 자본의 중개, 도시 일상의 구조적 조건들을 빈번하게 조정해가는 과정 등에서 일어나는 수많은 방식들[이러한 실례들을 다루고 있는 민족지학 연구들로는 다음을 참조하라. Smith, Bernadette Tarallo and G. Kagiwada(1991), Smith and Tarallo(1995), Donald Nonini and Aihwa Ong(1997), Smith and Luis Eduardo Guarnizo(1998)]을 무시한다.

포스트모던 시티 논쟁에서 하비나 제임슨 등은 문화적 과정을 마르크스주의의 정치경제적 주인담론(master discourse)의 하부에 종속시키는 경향이 있다. 그렇게 함으로써 그들은 특히 사회구성주의에 기반을 둔 탈구조주의 철학이, 마르크스주의적 전통뿐 아니라 모든 본질주의에 대해 취하는 존재론적이고 인식론적이며 방법론적인 도전을 평가절하한다. 경제 구조의 '포스트포드주의' 형태와 자본 및 노동의 지구적 재구조화는 탈현대적인 미학적·문화적 실천과 일방적이거나 단방향의 관계가 아니라 복합적으로 관련되어 있다. 노동시장과 산업 현장의 유연성 증가, 도시 일상에서 새로운 문화의 출현, 철학과 사회과학에서의 탈구조주의와 해체론의 등장 등은 모두가 '포스트모던'을 공유하고 있다. 하지만 이들 사이의 관계는 신기원으로서 주어진 탈현대적 전체성의 조화로운 부분들로 간주되기보다는 더욱 신중하게 고려되고 명료하게 기술되어야 한다.

이 책의 주된 목적은 사회구성주의에 입각해 도시사회학을 전개하는 것인데, 이는 다양한 포스트모더니즘 사이의 차이들을 뭉뚱그려 모호하게 만드는, 일종의 전체화 장치로서 포스트모더니즘을 활용하는 최근의 경향과는 정반대이다. 따라서 이 장에 배치된 탈현대적 경계들을 상술하는 것이 중요하다. 도시계획 분야의 이론가인 시몬센(Simonsen, 1990)과 디어(Dear, 1986, 1991b)는 도시계획의 이론과 실제에서 다양한 '포스트모던 조건'의 함축적 의미를 평가해왔다. 그렇게 함으로써 그들은, 건축, 예술, 문학연구에서 가장 두드러졌던 패러디와 혼성모방 등 스타일로서의 포스트모더니즘과 하비의 시대 구분과 같은 신기원으로서의 포스트모더니즘, 탈구조주의와 해체주의 비평 혹은 포스트모던 민족지학과 같은 **방법**으로서의 포스트모더니즘을 유용하게 구분할 수 있었다. 나는 이미 제2장과 제4장의 논의에서 시대 구분으로서의 포스트모더니즘을 거칠게나마 비판한 적이 있다. 여기서는 미학적 스타일로서의 포스트모더니즘 문제를 따로 떼어놓고, 사회조사방법으로서 포스트모더니즘이 지닌 다양한 차원과 이러한 관점에 아무런 도움이 되지 않는 다른 국면들을 구분해 다룸으로써 초국적 도시이론에 대한 진일보한 이해를 돕고자 한다.

사회구성주의와 포스트모던 사회조사

사회과학에서 포스트모던과 사회구성주의를 도시연구를 위한 방법으로 채택한 사람들은, 개인과 집단, 문화적 차이의 다양성을 인식하지 않고, 그리하여 역사적으로 특수한 이해에 의한 불가피한 매개를 파악하지 않고 역사나 인간 행동에서 오직 일반적인 패턴을 찾으려는 실증주의자, 네오마르크스주의자, 전통적인 인류학자는 물론, 사실상 거의 모든 사회 연구자들과의 논쟁에 적극적으로 참여했다[이에 대한 논쟁은 Clifford and Marcus(1986), Mascia-Lees, Sharpe and Ballerino Cohen(1989), Deutsche(1991), Massey

(1994b)를 찾아보라]. 문화적 상상이 경제적 문제로부터 자율적이어야 한다는 믿음은 사회조사에도 그대로 반영되었다. 이러한 믿음은 포스트모더니즘이 사회구성주의와 공유하는 것이다.

그러나 더 중요한 문제는 사회분석의 방법으로서 포스트모더니즘이 도시적 삶의 거시적 구조에서부터 인종, 민족성, 젠더, 생태, 지역성 등의 쟁점과 관련해 권력과 지배, 저항, 갈등 등 미시 정치의 일상적인 영역에 이르기까지 적극적으로 도입되었다는 점이다. 포스트모던 시티 연구에서 '지역'으로 회귀하는 은유적이고 경험적인 과정은 하비에 의해 그 약점이 잘 드러났다. 그것은 "지구적" 규모의 프로젝트를 달성하기 위해 이념적 규칙의 적용이라는 합리성의 계몽적 프로젝트를 포기하는 것이었다. 장 프랑수아 리오타르(Jean-Francois Lyotard)가 사용한 '주인담론'으로서 계몽이라는 이념적 근간을 포기함으로써 포스트모던 담론은, 자유주의는 물론 마르크스주의의 정치경제적 환원주의 둘 다에 반대하는 자리에 놓이게 되었다. 그것은 경제적 발전이나 정치적 자유, 혹은 사회적 변화에 대해, 확고한 주인담론이 있을 수 있다는 생각에 의문을 품게 만들었다. 신고전파 경제학과 역사적 유물론에 기초한 전체성 이론은, 문화와 감정, 욕망의 문제에서 종종 "소프트"하다거나 "부수적"이라는 이유로 그들이 설명할 수 없는 문화적 요소를 주변화시키거나 무시한다는 점에서 환원주의이다. 일상의 문화적 실천을 주변화하고 배제시키는 것은, 도시 행위자들의 역사적 양식으로서 그것들이 지닌 중요성을 부정하는 것이나 마찬가지이다.

이와 관련해 나는 초국적 도시이론의 조건에서 일상의 정치가 단지 '지역'의 문제로 환원되거나 폄하될 수는 없다고 이미 앞 장에서 설명한 바 있다. 몇몇 사회이론가들은 푸코가 말한 "비판철학의 본질적인 지역적 특성"에 주목함으로써 거대 서사에 대한 사회이론에서 벗어나고자 한다.

그들은 개인적 지식에 이르는 믿을 만한 채널로서 민족지학 논의와, 이 세계의 작용에 관한 '부분적 진실'로 간주되는 개인적 지식을 특권화해서 이해하는 지역적 지식을 똑같이 '거대' 이론으로 취급해야 한다고 주장한다. 예를 들어 타일러(Tyler, 1987)는 전체주의적인 무성한 수사학을 거론하면서 "담론은 이 세계의 거울이 아니라, 이 세계를 만든다"라고 말한다.

사회구성주의의 관점에서 보면 담론의 실천을 분석할 때, 다시 말해 "사회적으로 자가생산"되는 공간으로서 담론 그 자체를 분석할 때, 더 이상 단순화할 수 없는 두 개의 대립항이 있는 것처럼 가정하여, 거시정치에서 미시정치로 우리의 관심을 이동시키는 것에 초점을 맞추어서는 안 된다. 그 경우 후자에만 관심이 집중된다. 오히려 분석의 초점은, 가장 "지역적"인 것에서부터 가장 "지구적"인 것에 이르기까지 모든 영역에 걸쳐 존재하면서 형성되고 변화되는 **권력의 네트워크** 전 과정에 맞춰져야 한다. 사람들의 행위는 단지 "지역적" 영역이나 사회문화 부문에 한정되지 않고 수많은 공간적 영역에서 수행되기 때문에, 국가적·초국적, 심지어 지구적 규모로 다양하게 **지역화하는** 실천들이 상호작용하는 사회적 공간으로서 '도시'의 개념을 재개념화하는 작업이 필요하다. 왜냐하면 이와 같이 다양한 차원에 걸친 권력의 네트워크와 사회적 실천들의 네트워크, 의미 있는 네트워크가 좀 더 지역적인 차원에서 형성된 여러 네트워크와 실천들, 정체성 등과 접촉하기 때문이다.

현대의 초국가주의를 상상하는 이러한 방법은 지구화를 "자리매김하고", 또 역사적으로 특수한 상황에서 지구적-지역적(global-local) 상호작용을 평가한다. 그것은 단지 '지역공동체'와 상호작용하는 '전 지구적 자본'의 사회적 활동뿐 아니라, 지역·지역 간·초국적인 규모의 사회는 물론 특정한 시간과 특별한 공간에서 작동하는 문화적·정치적·경제적 네트워크의 복잡한 상호작용을 두루 포괄함으로써 지구적-지역적 통합의 의미를 확장시킨다. 이러한 상호작용에 대한 긴밀한 연구는, 도시연구자들로 하여금 새로운 "주체의 위치들"이 어떻게 형성되는지를 설명할 수 있게 하고, 지배적인 양식에 대한 대항논리를 개발하게 하며, 또한 지배적인 권력관계에 적응하고 저항하는 다양한 패턴들, 특히 현재의 지구화 그 자체의 담론이 초래한 지배적인 패턴들에 대한 관심을 촉구할 것이다.

이 책에 개진된 '문화'의 관점은, 폐쇄적이고 자족적인 지역공동체에서 형성된 문화 이해에 국한되지 않는다. 거기에 포함된 사람들의 커뮤니케이션 통로는 그 한계만큼이나 유용한 자원이다. 사람들의 일상적인 삶은, 지역사회와 정치적 생활 반경을 넘어서는 숱한 커뮤니케이션 통로들이 상호 교차하는 지점에 있다. 그것들은 어떤 쟁점을 놓고 모였다가 흩어지고, 때로는 서로 겹치며 더러는 경쟁하기도 한다. 그것은 마치 지배적인 권력과 이데올로기에 적응하는 만큼 저항하면서 문화적 의미가 재생산되는 것과 같다. 이는 사회적 행위들이, 도시연구에서 중요한 의미를 함축하고 있는 지배적 양식에 적응하고 저항하는 개인 및 집단의 행동에 의해 문화적으로 구축된다는 것을 강조한 것이다. 이 책은 지역화된 갈등의 장소로서, 또 '지구적 조건'이 효력을 상실한 대안 담론으로서 **지역성**을 개념화하는 새로운 방식을 요구한다. 이러한 노력은 '지구화'가 "저 너머의" 필수영역으로서 불가피한 경제력에 의한 것이 아니라 역사적 구성이라는 사실을 적시하도록 도시연구를 유도할 것이다. 이와 같은 연구는 가까운 지역에 대한 조사를 우선적으로 요청하는데, 그렇다고 해도 '지구적 조건'이 유의미한 특별한 장소와 특정한 시간에 형성된 만큼 역사적이고도 현대적인 **특수한** 조건들 역시 풍부하고 섬세한 맥락을 지닌다는 것을 고려해야 한다. 따라서 도시는 평범한 사람들이 일상적인 삶 속에서 경험하고 해석하며 이해한 '지구적 조건'을 문화적으로 전유하거나 거기에 적응 혹은 저항하는 지역적 장소로 개념화될 수 있다.

이러한 개념화를 감안할 때, 도시이론에서 민족지학은 분명 불가피한 접근법이다. 왜냐하면 그것은 의식이 형성되고 사회적 네트워크가 만들어지며 개인 및 집단 행위가 연결되면서 의미화되는 과정을 파악하고 그 방식을 추출하기 위해 고안된 도구이기 때문이다. 세이어(Sayer, 1989: 256)는 다음과 같이 진술한다. "정치적 표현과 또 다른 행동을 이해하는 과정에서 지역연구가 꽤 성공적인 것처럼 보이는 곳에서조차, 민족지학이 없는 정치경제는 그 이해가 함축적인 채로 남아 있다. 즉, 그 행동이 우리가 분명히 파악한 이해나 느낌의 명료한 구조 때문이 아니라 다만 사람들의 동조를 얻어 확산되었다는 뜻으로 이해된 것처럼 보인다." 그러나 민족지학은 사람들이 그들 스스로를, 그들의 도시를, 또는 그들의 세계를 형성해가는 의미를 이해하는 데 분명한 배경을 제공하는 것은 아니다. 민족지학 연구가 사회구성주의에서 출발할 때 인간 행동의 문제는 대단히 복잡해진다.

누가, 무엇을 안다는 것인가

"방법으로서의 포스트모더니즘"은, 표현되고 이해되는 이 세계의 의미체계와 동떨어져 존재하는 실재로서의 "저 너머"를, 누군가가 알 수 있다는 가능성에 의문을 제기한다. 탈구조주의의 인식론에서 **담론적 실천**은 "저 너머의" 흐름을 불가피하게 조직한다. '도구적 인간' 또는 '경제적 인간'과 같은 몰역사적이거나 보편주의적, 혹은 본질주의적인 실재는 역사나 도시 발전의 의미를 결코 통합해낼 수 없다.

이것은 인문사회과학에서 지식과 의미의 영역이 순수하게 주관적이라는 것을 의미하지는 않는다. 오히려 담론적 실천은 다른 것들을 억압하고 "저 너머의" 어떤 재현을 쉽게 특권화하는 권력과 이데올로기의 사회적 관계 속에서 늘 구체화된다. 이런 이유에서 포스트모던 인식론은 누가, 무엇을 알고 있는가가 문제시된다. 탈구조주의 사회과학은 천재적이고 창조적인 예술가의 낭만적 개념과 보편적 이성을 추구하는 지적 아방가르드의 모더니즘 개념을 모두 거부함으로써, 저자의 객관성과 독창성, 권위가 지닌 계몽적 개념에 의문을 제기하면서 '글쓰기 문화' 과정을 역사화한다. 이들은 지식을, 역사적으로 특수하고 문화적으로 중개된 재현적 실천에 의해 만들어지는 사회적 생산물로 간주한다.

그러나 '저자의 죽음'에 대한 탈현대적 분석이 스스로를 평가절하하려는 기이한 운동이라는 것은 사실이다. 사회과학적인 검증 가능성의 실증주의 개념에 도전하는 것과 마찬가지로 '저자' 개인의 자율성과 독창성을 까발리기 위해 포스트모던 비평은 문화 연구에서 패러디와 메타픽션, 민족지학에서의 실험적 글쓰기, 심지어는 '혼성모방'[또는 구성사진가로 알려진 신디 셔먼(Sindy Sherman)과 데이비드 프린스(David Prince)의 작업이나, 영화 <브라질>의 감독인 테리 길리엄(Terry Gilliam)의 작업과 같은 직접적인 베끼기]이라 부르는 것들을 다루었다. 하지만 전혀 새로운 형식의 창조적인 표현들이 계속 나오기 때문에, 과학적 검증 가능성에 대한 도전이 강화되었지만 저자의 독창성에 대한 그들의 노선은 설하뇌었다.

이와 같은 대조적인 현상과 무관하게, 사회구성주의의 입장에서 보면 인간의 이해가 구성적으로 구조화된다는 탈현대적 담론으로부터 도출될 수 있는 중요한 교훈이 있다 역사적으로 살펴보면 문학적 담론에서처럼 비록 상상의 산물이긴 해도 서술적인 언어는 그것이 묘사하고자 하는 것을 구성한다. 예를 들어 영화 <브라질>은 뭔가 새로운 것을 구성하기 위해 예전 영화인 <1984>와 <시계태엽 오렌지>의 부분들을 선택적으로 차용한다. 그것은 단순한 카피가 아니다. 다른 것에서 빌려왔지만, 이미지와 기호의 병렬적 배치를 통해 새로운 의미를 창조하고 있다는 것을 객관적으로 보여준다. 마찬가지로 식민주의 담론의 '여행기'는 대상을 고정시키고 구성함으로써 주인이 대상을 식민화하는 '서술'에 의존했다. 그것은 식민지를 포괄적으로 "알기" 위해서 사람들의 습관, 관습, 말하는 행동, 신체적인 행위들을 생생하게 그려냄으로써 식민지인을 암암리에 통제하고, "서술적으로 검증 가능한 다양성과 차이들을 이데올로기적인 가치의 위계로 변형시킴으로써"(Ahmad, 1987: 6) 그들을 복종시킨다. 아이로니컬하게도 그 반대 또한 사실이다. 가령 도시의 부랑아나 거리의 깡패들, 또는 엘살바도르의 파라분도마르티 민족해방전선(FMLN)과 같은 반군 사회운동의 일상생활에서 드러난 것처럼, 이는 '탈식민적 주체'를 낭만적으로 묘사하는 탈식민 담론의 "두터운 기술(thick description)"[1)]에서 확인할 수 있다.

해석이란 한마디로 말해서 서술적인 서사의 불가피한 차원이다. 탈현대적 인식론에서는 앎의 가장 직접적인 매체인 카메라가 찍은 "저 너머"에 대한 증거 자료조차도 매개되지 않은 실재에 대한 묘사가 아니다. 모든 인식의 형태와 마찬가지로 사진 역시도 "카메라 폴더라는 담론적이고 미학적인 가늠을 통해"(Hutcheon, 1988: 230) 여과된 것이다. 사진가들은 분명히 프레임과 크로핑,[2)] 선택적 초점화는 물론이고, 사진 자체의 서사를

---

1) 두터운 기술이란 인류학자 클리퍼드 기어츠가 「문화의 해석(Interpretation of Culture)」에서, 현상 자체를 묘사하는 엷은 기술(thin description)에 반해 현상 그 자체보다는 그것의 의미를 행위자의 관점과 주어진 맥락 속에서 파악해야 하는 인류학적 연구방법의 특질을 정의하면서 사용한 용어이다. — 옮긴이

위한 부분들의 선택과 배제 과정, 실제 대상을 이미지화하는 암실의 기술적 조정 등을 통해 자신들의 이미지를 구성한다. 이와 동일하게, 도시적 삶의 사회학적 서사를 통한 이야기의 의미 또한 일상생활에 패턴화된 규칙성을 부여하는 일정한 틀이나 함축에 의해 만들어진다. 현대의 사회역사가들 역시 이와 같은 방식으로, 역사적 텍스트 기술에서 선택적으로 "과거를 배치한다". 또 문화인류학자들은 민족지학 주체들의 목소리를 담은 테이프를 선택적으로 편집한다. 그리고 현대의 도시이론가들은 현대적이거나 탈현대적인 도시의 삶을 재현하는 과정에서 '지구화'와 '지역성'의 선택적인 속성들을 전경화 또는 배경화한다.

포스트모던 이론가들에 의해 맨 처음 알려진 것, 다시 말해 지식이나 의미가 개인의 발명이 아니라 사회적 생산물이라는 인식은 제2의 인식론적 이동을 이행하는 데 유용하다. 따라서 일반적인 사회과학 서술에서 저자의 선택은 자의적이거나 텅 빈 진공 속에서가 아니라, 합리적으로 잘 훈련된 자기 내면의 청중에 의해 이루어진다. 이 청중은 분명 텍스트의 독자이고 커뮤니케이션의 수신자이다. 그런데 독자는, 직접 공동 작업을 하는 것은 아니라도 적어도 암시적으로 저자의 마음의 눈 바로 앞에 있기 때문에, 그 텍스트는 공동의 생산물이라는 최소한의 함의를 띠게 된다. 사회구성주의의 인식론은 이와 같이 드러난 지식이 잠재적으로는 사회적 생산물이라고 간주한다. 이는 종종 모더니스트 이론가들에 의해 비판된 아이러니, 콜라주, 혼성모방(pastiche), 상호 텍스트성 등에서 보는 것처럼 이미 그렇게 인식되어왔다. 이러한 운동의 목적은 서사적 실체의 **문화적 구조로서 독자의 위치를 명료하게 만드는 것이다.** 가끔 이야기하는 도중에

---

2) 크로핑(cropping)이란 인화된 사진의 불필요한 부분을 제거하는 작업이다. ― 옮긴이

작가가 분명 의도적으로 자기 반영적인 훼방을 놓는 것은, '실재'란 오직 문화적 재현에 의해서만 알 수 있다는 것을 독자에게 일러주기 위해 고안된 것이다(Hutcheon, 1987: 7).

지식을 사회적 생산으로 간주하는 포스트모던의 분석에서 더욱 명심해야 할 것은, 텍스트 바깥은 물질도 사회적 실체도 없다고 선언했던 데리다(J. Derrida)의 탈구조주의로부터 하루빨리 벗어나는 것이다. 문예이론가 린다 허천(Linda Hutcheon)처럼 말이다. 문학작품처럼 특수한 사회적 담론에 대해서는 다음과 같은 사실을 깨달을 필요가 있다. "우리가 작업해야 하는 모든 것은 기호 체계인데, …… 이것은 실재적인 것을 부정하기 위해서가 아니라, 이들 의미화 체계를 통해 실재적인 것에 의미를 부여한다는 것을 기억하기 위해서라는 점에 주의해야 한다"(Hutcheon, 1988: 230). 그리하여 상징체계가 우리의 세계와 그 역사적 맥락을 필연적으로 이어준다면, 맥락화된 것과 사회적 행동 사이의 기호적 매개를 어떻게 해석할 것인가? 여기서 도시이론은 무엇을 배울 수 있는가?

주체의 구성

포스트모던 논쟁에서 '탈중심화된 주체' 문제는 많은 논란을 야기했다. 탈중심화하는 수단은 무엇이며 주체는 누구인가? 주체성이 어떻게 인간 행위에 관계하는가? 바꾸어 말하자면 행동하는 인간 주체가 어떻게 그들의 역사적인 맥락에 의해 권한이 강화되고 또 제한되는가? 도시적 삶이 여러 가지 방식에서 초국적으로 변해가고 있고, 다른 한편으로는 그것이 여전히 지역적인 의미나 실천, 권력관계에 의해 구체화되고 있는 역사적 맥락에서, 사회적으로 구성된 정체성과 정체성 정치의 역할에 관한 논쟁에서 배울 수 있는 것은 무엇인가?

포스트모던 담론에 따르면, 주체들로 하여금 역사적 소임을 수행하도록 만드는 분명한 역할이 없기 때문에 주체가 탈중심화된다고 한다. 하지만 그 반대로 사람들이 역사적으로 수행해야 할 역할은 복합적으로 존재한다. 이 역할들은 완전한 정체성을 가진 단일한 '자기'로 경험되지 않고, 서로 다른 다양한 사회적 공간 속에서 특별한 역사적 관계를 형성하면서 복합적이고 불완전하며 부분적인 정체성을 지닌 '자기'로 경험된다(Hall, 1988을 보라). 이러한 관점에 비추어볼 때 주체성의 구성은, 사람들이 살아가는 모든 공간적 특수성과 시간적 교차 속에서 필연적으로 맥락화되고 역사화되는 것으로 이해하는 것이 가장 좋을 것이다.

따라서 포스트모던 주체성은 반드시 사회성 속에 함축되어 있다. 주체의 사회적 생산은 특수한 '언어 게임'과 그들의 담론적 실천을 통해 '주체의 위치'에 의미를 부여하는, 의미의 상징화 과정 속에서 구체화된다(Laclau, Mouffe, 1985: Lyotard, 1984, Boggs, 1986). 그러므로 '주체'는 자연적이거나 보편적이지 않으며, 커뮤니케이션과 기호 변화에 의해 형성되고 대체되며 재형성되는 과정 속에 늘 있는 것이다. 국제 질서에서 냉전체제가 사라진 후 짧은 시간에 민족주의가 급격히 대두되고 새로운 상황이 조성된 것을 어떻게 달리 설명할 수 있을 것인가?

샹탈 무페는, 주체의 위치들이 지닌 문화적 매개와 "탈중심화된" 주체, 개인적 정체성의 형성, 인간 행위의 구성이 서로 어떻게 연결되는지 명료하게 밝혔다. 무페는 개인적 정체성이, 그녀의 관점에서는 매우 개방적이고 유동적인 상황에서 형성되어 고도로 차별화된 맥락 속에서 사회의 외부로 드러난다고 주장한다. 흔히 '지구화'라든가 '탈민족주의'라는 이름 아래 구성된 현대의 맥락에서는, 자유주의도 마르크스주의도 주체 문제에 적절한 이론을 제공하지 못한다. 특히 이 이론들은 정치적 행동에서 주체의 위치들이 왜 합치되는가를 적절하게 설명하지 못한다. 무페는 다음과 같이 주장한다.

주체는 선험적이거나 필연적인 관계로 존재하지 않고 복합적이고 교차적인 주체의 위치들로 존재하면서 탈중심화되고 파편화되면서 **구성되는** 까닭에 주체에 대한 이론이 발전하는 것은 당연한 일이다. 결론적으로 정체성은 서로 다른 주체의 위치들이 표현되는 방식에서 비록 그것이 명확하게 정립되었다 하더라도, 개방성과 모호성 때문에 늘 일정하게 존재하는 것이 아니다. 분명한 것은 사람들이 자신의 이익만을 추구한다는 개인주의적 이상을 간직한 자유주의는 물론, 모든 주체의 위치를 계급 문제로 환원시키는 마르크스주의가, 상상은 고사하고 인정할 수도 없는, 정치적 행동에 대한 완전히 새로운 시각이다(Mouffe, 1988: 35).

주체성과 집단행동에 대한 계급론과 개인주의 이론이 탈구조주의 이론가들에게 외면당한 것처럼, 도시이론에서도 '공동체'의 일관된 정체성과 사회적 행동을 토대로 한 역사적이고 존재론적인 문제를 전혀 문제 삼지 않고 '지역성'을 해명하려는 급진적인 탈중심주의자도 마찬가지 신세이다. 이와 관련해 무페는 다음과 같이 분명히 말한다.

많은 공동체주의자들이 우리가 단지 구체적으로 정의되고 심지어 지역적으로 …… 하나의 공동체에 속한 것으로 믿고 있는 것처럼 보인다. 그러나 사실 우리는 (우리가 참여하고 있는 사회적 관계들이나, 그들이 규정한 주체의 위치들만큼이나) 다양한 공동체의 일원이고, 복잡하고 불확실한 다양성에 의해 구성되며, 또한 다양한 주체의 위치들이 교차하는 곳에서 일시적으로 접합되는, 늘 다중적이고 모순적인 주체들이다(Mouffe, 1988: 44).

나는 이와 같은 주체 형성의 모순적인 성격에 대체로 동의하는 바이지만, 무페가 언급한 "우리"가 모든 사람들을 의미하고, 그래서 지나치게 보편적으로 사용될지도 모른다는 점에서 약간의 회의를 품고 있다. 요컨대 그녀는 다양한 공동체와 사회적 관계의 일원으로서 또 다중적인 주체로서 사람들이 처한 지리적 장소나 사회적 위치를 고려하지 않은 것 같다. 예를 들어 '개발도상'국의 어떤 시골 마을에 살고 있는 여성은 지나치게 폐쇄적이고 가부장적인 단 하나의 지역사회에 속해 있을 수 있다. 또 다른 '개발도상국의 여성들'은 좀 더 개방적인 공동체나 덜 엄격한 지역사회 속에서 살아갈지도 모른다. 앞 장에서 논의했던 물을 긷는 아프리카 여성의 사례에서 보는 것처럼, 이들 여성들은 초국적인 친척, 가족, 송금 네트워크와 같은 그들이 속한 지역사회 외부의, 다양한 네트워크와 연결되어 살아갈 수도 있다. 이러한 접합은 시골 아프리카의 지역성만큼이나 혹은 떠돌이 가사 도우미가 아닌 붙박이 임금 노동자와 마찬가지로, 뉴욕과 같은 초국적 도시에 새로운 위치성(positionalities)을 형성할지도 모른다. 전자의 거주자 정체성은 좀 더 지역적으로 묶여 있을 터이지만, 후자는 한결 다중적이고 모순적이며 유동적이다. 이 책의 다른 곳에서 인용했던 다음 사례가 이를 분명히 보여줄 것이다. 우리는 '개발도상'국의 먼 시골 지역이나 '선진'국 도시의 자생적인 소수민족집단 거주지에 자연스럽게 형성되어 있는 결속력 강한 공동체를 명확하게 구분할 수 없다. 그렇지만 내가 초국적 도시라고 부르는 개발도상국과 선진국 도시 모두에서, 무페의 다중적 주체 형성에 가장 크게 기여하는 것은 권력과 지배의 사회적 구조이다. 왜냐하면 복잡하고 이질적인 도시에서 많은 사람들이 살아가면서 형성하는 사회적 관계들을 더욱 밀접하게 교차시키는 것이 바로 권력과 지배의 사회적 구조인 까닭이다.

이런 이유로, 제임슨(Jameson, 1984)이 '소비사회'라고 칭하면서 지구적 차원의 문화적 균질성을 가정한 것은 이 책에서 다룬 도시이론에 의해 거센 도전을 받는다. 이전에 나는 다양한 근대화 이론과 개발 이론이 지닌 일반화 경향에 대해 비판한 적이 있다(Smith, 1980; Smith and Richard Tardanico, 1987). 그때와 마찬가지로 초국적 도시이론의 복잡한 정치를 규명하기 위해 도시이론을 정립하려는 현재의 작업은 점증하는 문화적 차이들에 대한 인식과 지구적인 소비사회의 획일적인 논리에 저항하는 도구이자 잠재적 양식으로서 초국적인 사회문화적 네트워크에 의해 복잡하게 형성되는 다중성에 그 기초를 두고 있다. 내 생각에 바로 그 '지구적 소비주의'의 개념 자체가 특정한 이론가들의 사회적 구성물이며 어떤 사회적 이익을 위한 정치적 프로젝트이다. 나는 어떤 집단 정체성의 구성은 정체성 형성에 포함되어 있는 자아들로부터 '구성적 외부(constitutive outside)'[3]를 배제하는 과정을 통해서만 수행될 수 있다는 탈구조주의의 주장을 조심스럽게 말하고자 한다(Derrida, 1978, 1981, 1985; Laclau, 1990를 보라). 그러므로 지구적 소비주의 정체성의 '타자들'이 과연 누구인지, 또 그들이 지구적 소비주의의 유혹에 맞서나가야 한다는 대항 정체성이 과연 무엇인지 따져 묻고 싶다.

이러한 관점에서 볼 때 도시적 삶과 관련해 꽤 널리 알려진 "지구적

---

3) 구성하고 윤곽을 그리는 활동 자체가 배제를 유발한다는 것. — 옮긴이

맥락"은, "저 너머에" 존재하는 객관적인 구조가 아니라, 재화와 문화, 역사적 승인과 억압에 관한 다양한 이해들의 상호주관적이고 경쟁적인 모습의 일종이다. 사회적 행동에 대한 허용과 제약의 맥락을 정의하는 것(예를 들어 '지구적 조건'을 정의하는 것은, 지적인 장에서 행동하는 사람들의 역사적인 실천이 허용과 제약을 매개하거나 조정하는 **명시화**로서 적극 개입하기 때문에 그 자체가 경쟁과 갈등의 지속적인 과정이다. 이와 같은 명시화들의 접점은 단지 새로운 사회적 정체성만을 의미하지는 않는다. 그것들은 문화, 자본, 권력의 초국적 흐름에 의해 점증하는 도시 내부 및 도시 간 사회적 네트워크를 형성하는 과정에 결정적인 요소로 작용한다.

나는 현대의 '지구적 조건'을 더 꼼꼼히 읽어내면서, 사회적 관계와 정체성은 한층 더 복잡해진 도시정치학의 접점에서 구성되었음을 알게 되었다. 국가 내의 계급 형성은 몇몇 초국적인 과정과 상호작용하는 실천들의 효과와 결합됨으로써, 그리고 국가나 도시 차원의 사회적 관계들을 재조정함으로써 특히 더 복잡해진다. 이것은 생산의 탈영토화와 더불어 커뮤니케이션 기술의 지구적 확산과 속도 및 동시성의 문제, 냉전의 종식과 그에 따른 지리정치적 재구조화, 그리고 초국적 이주의 급속한 증가와 그에 따라 지구적 규모로 진행되는 지역성과 지역의 인종적 재구성의 문제를 포함하고 있다. 이와 같은 드라마틱한 사회공간적 변화는 전 세계의 크고 작은 수많은 지역에서 장소에 대한 사람들의 일상적 경험과 불협화음을 일으키면서 기존의 일, 주거, 사회적 교류가 형성해놓은 지배적인 구조에 영향을 미친다. 이러한 변화와 이에 대한 우리의 이해는 커뮤니케이션에 대한 기회와 제약을 재구조화한다. 따라서 지구적-지역적 상호작용은 문화적 실천에 대한 심원한 공간적 재조정으로 쉽게 이해된다. 초국적 도시들에 대한 정치경제적 연구에 문화 분석을 통합하려는 시도는 이와 같이 문화적 생산이 사회공간적으로 새롭게 부각된 데 따른 것이다 (Wilson, Dissanayake, 1996; Cvetkovich, Kellner, 1997).

내가 조목조목 짚어본 복잡한 변화는 정치적으로 새로운 목소리를 내도록 만드는 새로운 정치적·경제적·사회적 조건들을 창출한다. 현대의 초국적 도시에서 인종, 젠더, 계급, 민족, 성, 지역성, 지역, 국가, 초국가 등에 걸친 다양한 차이들에 기반을 둔 정체성의 형성은 사회적 차원에서 이루어진다. 이러한 정체성은 자연적이거나 선험적으로 주어진다기보다 사회적으로 구성되는 것이다. 이와 마찬가지로 개인의 정체성과 집단의 정체성이 형성되는 담론의 복잡한 상호작용 역시 새로운 담론적 실천의 사회적 기초가 되며 그리하여 도시정치학에서 새로운 주체의 위치로 나타난다.

이는 최근 뉴욕시에서 인종 차별적인 경찰 활동에 대한 일상적인 시민 불복종운동을 지지함으로써 폭넓은 정치적 연대를 이끌어낸 '새로운 주체'의 출현에서 매우 뚜렷하게 나타난다. 이 시위대들은 경찰이 한 사람의 무고한 시민을 사살한 데서 촉발된 도덕적 분노 때문에 정치적 지지를 얻을 수 있었다. 서아프리카 이민자로서 노점상을 하던 아마두 디알로는 비무장이었는데도 뉴욕경찰청의 거리범죄단속반 소속 경찰들에게 41발의 총탄 세례를 받고 그의 현관에서 즉사했다. 새로운 주체들은, 뉴욕경찰청에 맞서 시민 불복종운동을 조직한 흑인 운동가 알 샤프턴(Al Sharpton)을 지지하고 나섰다. 여기서 제5장의 논의를 떠올려보자. 지역적·국가적·초국적으로 단합하며 활동하는 사람들을 비롯한 새로운 지지자들은 무폐가 말했던 것처럼 위와 같은 초국적 도시의 사회운동에서 새로운 대립적 주체가 되어 "일시적으로 접합한다"는 것을. 또한 이렇게 출현한 정치적 연대가 아마두 디알로의 어머니 카디아투 디알로(Kadiatou Diallo)라는 상징적 존재로 하여금 운동의 선봉에 나서게 만들었고, 거기서 카디아투 디알로는 매우 뚜렷한 초국적 존재가 되었다는 점을 상기해보자. 뉴욕시를 비롯한 폭넓은 정치적 지역에서 디알로의 죽음을 통해 일시적으로 접합된 정치적 정체성은 놀라운 지역적·국가적·초국적 결과를 가져왔다. 지역적인 의미에서, 시민 불복종운동은 뉴욕시 경찰국장인 하워드 사피르(Howard Safir)의 사임을 요구했고, 여론조사에서 뉴욕시장의 대중적 지지도를 떨어뜨렸으며, 디알로를 사살한 해당 경찰관들을 기소시켰다. 뉴욕시 경찰의 탄압에 초점을 맞춘 이 지역적인 서사(narrative)는 전국적인 반향을 불러일으켰다. 미국 법무부가 뉴욕시 거리범죄단속반에 대한 공식적인 조사를 촉구함으로써, 다도시적(multi-city) 시민인권운동이 미국 내 다른 도시들의 경찰 행정에 대항하는 촉매제가 되었던 것이다. 카디아투 디알로는 이 광범위한 캠페인의 뚜렷한 상징으로서 중요한 역할을 수행했다. 그녀의 행동주의는 비단 국가적인 차원에 그치지 않고 그녀의 모국인 기니로 번져 초국적으로 확대되었다. 기니에서 그녀는 공식적인 기념행사에 참석했다. 아이로니컬하게도 그 기념식은 초국적인 이민 노점상이었던 그녀의 아들이 위협적인 국가 정체성의 상징인 경찰에 의해 그 운명을 강탈당한 데 따른 것이었다. 따라서 이 아이러니한 이중의 운동에서 카디아투 디알로의 초국적인 정치적 맥락은 슬픈 어머니로부터 힘 있는 저명인사로 이동하는 반면, 그녀가 다른 장소에서 이루어낸 정치적 행동주의의 새로운 양식은 제시 잭슨(Jesse Jackson)이 벌인 미국 시민권운동의 국가적 부활 신호로 재현되었다. 동시에 기니의 지배 엘리트들은 그녀의 활동과 그녀 아들의 운명을 그들 자신의 민족적인 담론으로 전유한 것으로 나타났다(Sachs, 1999a, b).

내 견해로는 카디아투 디알로의 사례는 정치적인 정체성 형성에 대한 라클라우와 무페의 독창성을 꼭 집어 말해주는 것 같다. 새로운 사회운동을 문학과 비교할 때 대개는 정체성을 미리 주어진 관심사에서 추출되는 것으로 취급하지만(Tilly, 1978; McAdam, McCarthy, Zald, 1996), 라클라우와 무페는 정체성을 정치 이전의 무엇이 아니라 담론에서 형성된, 그러니까 정치적 투쟁에서 형성된 것으로 바라본다. 그들은 로센탈(Rosenthal, 1988)이 "미리 주어진 정체성(달리 말해 '관심사')을 가진 인물끼리의 경쟁이 아니라, **위험에 처한 정체성**"을 문제 삼아야 한다고 밝힌 것처럼, 정치적 과정을 통찰력 있게 이해한다. 그렇게 함으로써 라클라우와 무페는, 그람시의 명시화 이론(theory of articulation)의 관점에서 맥락상의 허용과 제약을 해석한다.

문화이론가 로렌스 그로스버그(Lawrence Grossberg)는 주체, 행위자, 맥락 사이의 까다로운 관계를 다음과 같이 표현한다.

어떤 문화적 텍스트나 사회적 실천, 혹은 역사적 사실을 해석하는 문제는, 그것을 둘러싼 맥락의 구성을 고려해야 한다. …… 그러나 맥락은 늘 완전한 것이 아니고, 안정된 지형을 갖고 있지도 않으며, 다른 요소들에 대해 수동적인 태도를 취하기 때문에 경험적인 차원에서 전적으로 유용한 것은 아니다. 맥락은 우선적으로 주어져 있는 것이 아니고, 오히려 모순과 갈등, 투쟁의 장 자체이다. …… 그람시의 용어로, 어떤 해석 (혹은) …… 역사적 실천은, 텍스트와 맥락 모두의 정체성과 영향력을 결정하는 맥락의 관계에 적극적으로 개입하는 **명시화**이다. 명시화는 맥락을 지속적으로 해체하고 재구축한다. 이렇게 명시화된 관계들은 의식적이든 무의식적이든 서로 싸우지만, 어떤 경우에도 명시화는 항상 **이루어지고** …… 정치적 영향력을 가지게 된다 (Grossberg, 1988: 168~169).

'역사적 필연'이라는 개념을 거부하는 대신 경쟁의 장인 문화 정치의 영역에 초점을 맞춤으로써 그람시의 영감을 받은 명시화 이론은 사람들이 단순히 지배 엘리트나 계급 헤게모니 또는 본능적인 욕망의 수동적인 대상이 아니라는 것을 함축하고 있다. 오히려 사람들은 상호작용하고 의사소통하며 간섭하면서 살아가는 사회적 존재로서 서로 싸우고 때로는 그들의 이해 맥락과 갈등하는, 사회적이고 정치적인 행위자들이다. '실제의 삶'에서 지배-복종의 관계는 존재하지만, 그들은 항상 복잡하게 구성되고 활발하게 경쟁한다.

이런 이유 때문에 도시문화에 대한 이해는 일상의 영역으로 전환되었으며, 도시의 민족지학 분야에서 활발한 담론을 생산해냈다. 이러한 방법론적 전환의 목적은 명시화적인 실천이 일상생활의 특정 지역에 얼마나 활발하게 개입하고 또 이들 명시화가 청중들에게 어떻게 권한을 부여하고 박탈하는지를 통찰하는 데 있다(Grossberg, 1988: 169). 종종 포스트모던 민족지학은 이렇게 명시화된 목소리들의 능력을 실험하는 프로젝트로 드러나곤 한다. 여기서 나는 이것이 유효한 인식인지 묻고 싶다. 곧 알게 되겠지만 내 대답은 단정적이지 않다.

포스트모던 민족지학의 성과와 한계

1980년대 후반에 포스트모던 민족지학 담론이 처음 출현했을 때, 다양하고 새로운 민족지학의 실천들은 백인, 서구, 남성 중심주의를 비롯하여, 민족지학 연구의 "식민주의적" 위치성과 기존의 인류학적 서술방식 등을 극복할 수 있는 새로운 방법으로 인식되었다. '포스트모던' 민족지학에 대한 옹호는 "탈식민적" 주체에 대한 서술 공간을 확보함으로써 실험적인 연구방법과 글쓰기 전략을 발전시켰다. 그중에 어떤 연구는 의미의 상징화와 생산과정에 민족지학 연구의 문화적 주체를 직접 끌어들이는, 더욱 효과적인 방법을 시도했다. 이러한 운동의 목적은 탈식민적 주체의 '목소리'를 듣자는 것이었다. 예를 들어 인류학자 스티븐 타일러(Stephen Tyler)는 "공동으로 스토리 만들기"라는 포스트모던 민족지학을 주장했다(Tyler, 1986). 그것은 연구자 편에서 보면 일종의 전망 모색으로서, 독자들에게 주체의 생활세계에 관한 '지역의 서사', 다시 말해 인류학자나 또 다른 '문화 저작가들'이 쓴 권위적인 원고가 아니라 주체들의 직접적인 대화를 통해 만들어진 이야기를 들려주고 환기시키는 것이었다. 타일러의 목표는 "사실, 주체도 저자도 독자도 그 누구도 '초월적 시야'에 대한 배타적인 권리를 전혀 갖지 않은 채, 공동으로 발전시킨 텍스트"를 만들어내는 것이었다(Tyler, 1986: 126, 129).

이런 관점에서 타일러는 "간주관적인 대화" 과정을 낭만적으로 만들었다. 민족지학을 "관통하는(penetrating)" 조우는, '전이'라는 상호 정신적 과정과 '다중음성'이라는 초월적인 과정을 통해 부분적 진실에 대한 "심오한" 발견으로서 민족지학적인 대화를 숭배하고 신비화함으로써 그 자신의 권위를 갖는, 일종의 거대담론이 되었다(Tyler, 1987: 5~7). 포스트모던 민족지학의 이러한 변화는 두 가지 방식으로 진행되었다. 우선 객관적 진실 위에 가식이나 자만이 없도록 하는 것이었다. 실제로 타일러는 민족지학자가 인용하고 있는 탈식민적 주체를 높게 평가하면서도, 그것을 오만하게 과학화하려는 태도는 비판했다. 그리하여 모든 것의 평가를 이들 주체의 목소리로 만드는 것이었다. 그렇게 함으로써 포스트모던 민족지학은 평범한 사람들의 실천적 행위를 부정했던 낡은 주인담론을, 뛰어난 민족지학자에 의해 그 세계에서 탈맥락화되어 왕과 여왕들이 된 대중들의 "아래로부터의" 목소리로 이루어진 새로운 주인담론으로 대체했다. 구조-기능, 메타서사의 지적 한계를 넘어서려는 이러한 움직임은, 탈식민적 주체성의 부분적 진실을 품고 있다고 생각되는 '현장' 노동자들의 '지역 서사'를 과도하게 낭만화했다.

민족지학의 상상은 탈식민적 저항에서 복화술의 목소리가 되어버린, 기이하고 사소한 서사로 환원되어야만 하는 것일까? 꼭 그렇지는 않다. 마르쿠스와 피셔(Marcus and Fischer, 1986)가 1980년대에 처음 제기한 또 다른 포스트모던 민족지학의 줄기는, 지구적인 사회문화, 정치, 경제적 재구조화의 와중에서 그들이 권력-지배-적응-저항의 모티프라 부르는 것에 민족지학 연구의 초점을 맞추려고 한 움직임이다. 이 모티프는 주체의 구성을 사회공간적 경계들이 빠르게 바뀌는 한가운데에 위치시킴으로써, 복잡하고 역동적으로 전개되는 도시 상황에 대한 이해의 단초를 제공했다. 구체적으로 그것은, 도시의 사회공간적 재구조화, 초국적 이민과 풀뿌리의 행동주의, 새로운 국가 형성, 전 세계의 초국적 도시에서 정치적 상징조작에 의해 촉발되어 민족과 인종적 갈등의 도가니가 된 "지구적" 현상들의 내부 또는 외부에서, 거기에 동조하거나 반대하는 형식으로 새롭게 나타난 주체의 위치들을 살펴볼 수 있게 만들었던 것이다.

따라서 마르쿠스와 피셔는 도시이론가들에게 지구적-지역적, 구조-행위, 역사적 기점으로서의 현대-탈현대의 구분 등 의식의 형성과 사회적 실천에서 이분법의 한계를 넘어설 수 있는 개방성을 일찍이 제공한 셈이다 (Marcus and Fischer, 1986). 현대의 '지구적 조건'에 대한 그들의 특징을 보면, 문화적 차이로 가득 차 있지만 전부 다 그렇지는 않은, 그래서 가장 발달한 '문화의 세계'는 "현장에서" 접촉하고 커뮤니케이션하는 그런 세계를 그들은 상상했다. 그들은 또 문제적인 것은 "다른 곳 또는 다른 시간에 있는 이상적인 삶이 아니라, 어디에서건 일상적인 과정에서 새롭게 재결합할 수 있는 가능성과 의미를 발견하는 것"이라고 주장했다(Marcus and Fischer, 1986: 122).

마르쿠스와 피셔는 그들의 프로젝트를 "문화비평으로서의 민족지학"이라고 불렀다. 그들은 일상의 다양한 위치에 있는 사람들이 자신의 시공간 속에서 서로 담합하고 갈등하는 문화적 세계에 적응하거나 저항하는 방식을 연구함으로써 현대의 삶이 혼종하거나 재결합할 수 있는 가능성을 찾고자 했다. '지구적 조건'에 대한 "지역적" 적응과 저항의 다양한 양식을 정립하는 것은, "위로부터" 시작된 지구적 현대성이 점점 더 균질화되는 것처럼 보이는 이 세계를, "아래로부터의" 실제적인 문화적 변화와 짝짓기하려는 것만큼이나, 삶의 새로운 재결합 가능성을 발견하기 위한 하나의 전략이다.

이렇게 말함으로써 나는, 마르쿠스와 피셔가 맨 처음 문화비평으로서의 민족지학이라고 이름 붙인 이후 10년 넘게 풍부하게 진행돼온 초국적 민족지학의 스토리텔링을 계속 이어나갈 것을 재촉한다. 1990년대를 통틀어 맥락성의 사회적 구성을 중요하게 여기면서 초국적 민족지학을 다중위치적으로 실천한 사람들(Rouse, 1991; Kearney, 1995; Schein, 1998a, b)의 작업에서, 이와 같은 새로운 형식의 민족지학 연구는 몇몇 사람들에게 꽤 중요한 질문을 성공적으로 던졌고 매우 흥미로운 결과를 얻었다. 이주자들은 이주지에서 다양한 기회를 얻고 제약을 받게 되는데, 이때 그것에 대한 이해를 최초로 구성하는 것이 이주자 네트워크이다. 새로운 민족지학 양식은 이 네트워크에 가입되어 있는 이민자들에게 그들이 이주지에서 전유하고 적응하고 저항했던 권력과 지배의 형식이 어떠한가를 질문함으로써,

그리고 그들이 가로질렀던 정치적 문화적 경계들과 마찬가지로 그들이 경험했던 다양한 기회와 제약의 방식들에 대해 얘기함으로써, 초국적 사회적 실천들의 뚜렷한 특징을 담은 민족지학의 서사들을 맥락적으로 위치시키기 위해 담론적 공간을 개방시켰다. 나는 이러한 작업의 상당수는 다음 장에서 설명하고 더 나아가 나의 이론적 쟁점들을 발전시킬 것이다.

초국적 분야에 대한 연구가 확대되면서, 굽타와 퍼거슨(Gupta and Ferguson, 1997b: 42~44)은 마르쿠스와 피셔의 포스트모던 민족지학을 토대로 문화적 차이에 대한 공간화된 이해를 보여주었다. 그들은 분명 민족지학의 지역적 서사에 대한 지구적 맥락이 무엇인지를 탐색함으로써 우리를 자극했다. 하지만 지구적 맥락에 대해 그들이 의존하고 있는 '문화적 세계'의 프레임은 서로 너무 달라서 많은 측면에서 매우 빈번하게 충돌한다. '문화적 비평'의 관점에서 지구화에 근거한 주요한 차이는, '우리 자신'이 포함된 "다른 사회들(different societies)"과 "다른(other)" 사회들이, "하나의 사회에서 무엇이 다른지 규명하려는 비평적 질문"을 도출하기 위한 비평적 툴을 우리에게 제공한다는 점이다[Marcus and Fischer(1986: 112~177). 이 관점에 대한 더욱 폭넓은 견해는 Gupta and Ferguson(1997b: 42~43)을 보라].

굽타와 퍼거슨의 지적처럼 문화 간(intercultural) 교류를 필연적으로 수반하는 것으로 지구화를 보는 관점은, 의도적이든 아니든 '본토'와 '외국'의 영역적 차이를 문제 삼지 않고 공간적으로 매우 유사하게 취급하면서 문화적 차이를 설명하려고 한다. 마르쿠스와 피셔는 여기(here)와 거기(there)의 내적인 상호 연관성을 문제화하는 초국적 민족지학을 발견하는 데 실패했는데 이는 다음 장에서 명료하게 다룰 것이다. 마르쿠스와 피셔의 관점은, 초국적으로 연결되었지만 권력과 의미에서 역사적으로 독특한 자생적 차이를 지닌 여러 지역들 자체나 그 지역들의 관계보다는 그런

'사회들'과 '문화 교차' 사이에 일어나는 접촉과 커뮤니케이션에 초점을 맞추고 있다. 마르쿠스와 피셔의 '지구적 맥락'을 비평하면서 굽타와 퍼거슨은 한층 의미 있는 대안을 제시한다. 그들의 관심은 "지리적으로 구별되는 사회들 사이의 대화적 관계를 정립하는 것보다, 문화적·사회적으로, 또 경제적으로 서로 연결되어 있고 상호 의존적인 공간들에서 차이가 만들어지는 과정을 탐험하는 데" 놓여 있다(Marcus and Fischer, 1986: 43).

'문화적 비평'으로서 인류학의 결점은, 비록 민족지학에 민감한 사회연구자라 할지라도, 대상 주체들의 구성보다는 그들 자신의 상상력에서 유발된 지구화 담론으로 새로운 의미를 해석하려는 불가피한 경향이 있을 수 있다는 점이다. 그러나 그 대안으로 평범한 사람들이 지구화의 특징에 대해 말하는 것을 가까이에서 듣고 "녹음하는 것"으로써 맥락의 구조적 변화와 관계들을 충분히 설명할 수 있을까? 내 생각에 "주변적인" 사람과 "다른" 사람의 순수하고 진정한 목소리를 "녹음하는" 과정에서, 비록 저자의 수동성은 아니라 하더라도, 주체의 위치를 추정하려는 포스트모던 민족지학의 노력은 그 자체로 명백한 위험이 있다. 문화적인 목소리는 역사적으로 수반되는 것이지 무시간적으로 순수한 것이 아니다. '지역적 목소리'의 정수를 담아내고자 하는 유혹, 그리고 그것을 지구적 현대성의 압력에 맞선 영웅적인 개인이나 집단적 도전으로 여기고자 하는 것은, 식민지 담론으로 묘사된 아주 낯선 실재로서 '다른 문화'를 이상화하려는 문제를 여실히 드러낸다. 수잔 헤그맨(Susan Hegman)은 "인디언 중심의" 서사에서 '정수'를 발굴하려고 한 인류학자들(모던이든 포스트모던이든)의 수고에 대해 논평하면서, "진실한" 문화적 목소리를 재현하려는 학문적인 노력을 신랄하게 비판했다(Hegman, 1989). 그녀의 말에 따르면 "현대 나바호족[4]은 유럽인의 그림자가 아니며(즉, "나와 당신과 똑같은" 사람) …… 아주 이상한 존재(즉, 매우 일탈적이고 이해할 수 없는 세계관을 가진 주체)도 아니고, 다양한 문화와 가치, 신념체계 속에서 살아가는 — 그들이 적당하다고 생각되는 곳에서 적응하고 발명하며 보존하고 방어하면서 — 사람들이다"(Hegman, 1989: 153).

도시 분석에서 사회구성주의에 대한 내 견해는, 이와 같은 관점에서 문화적 실천을 적응하고 발명하며 다면적인 것으로 보는 것이다. 그렇기 때문에 단일한 현대주의/자본주의의 사회공간으로의 '지구적인 것'에 의문을 품는 것과 마찬가지로, '문화'가 닫힌 시스템이나 단일한 전체라는 시각을 거부한다. 특정한 시간, 특별한 장소에서 **지역화되고 관계적이며 상호 구성적인** 문화적 생산의 역사적 조건을 무시하려고 하는 모든 추상적 개념은 의심해볼 필요가 있다. 이러한 견지에서 초국적 도시에서 경쟁하고 충돌하는 '목소리들'의 상호작용은 지적인 절망에 대한 혼돈의 표시도 아니고 청사진도 아니다. 이러한 상호작용을 의미화하는 데는, 문화적 즉흥성을 느슨한 국경과 경계로 특징지어진 도시적 삶의 일부로 다루기 위해, 또한 혼종적인 문화생산의 장에서 도시와 세계에 대한 지식에 의해 구축된 재현과 지적인 구성을 비판적으로 검토하기 위해, 이분법적 사고를 중지하고 이들을 잠정적이고 일시적으로 보는 시각이 필요하다.

개인과 집단 정체성에 대한 사회적 구성, 그리고 여기에서 파생된 차이의 정치는 사회적으로 경쟁하면서 역사적으로는 유동적이다. 현재의 초국가적 시대에 도시정치학을 구성해가는 차이의 정치에 대한 사회적 기반 분석은, 영역이나 공동체, 자아 등의 경계가 크게 달라지면서 과거 거대담론이 그 효력을 상실하고 불완전해짐으로써 더욱 어렵게 되었다. 이러한

---

4) 나바호족은 북미 인디언의 한 부족으로 현재까지도 다른 인디언에 비해 자신들의 문화와 언어를 잘 보존해왔으며, 현재 인구도 10여 만 명에 이른다. — 옮긴이

토대 분석의 프레임은, 자기 이익을 극대화하려는 몰역사적인 "개인적" 주체나 사회적 생산양식에서 주체의 계급에 근거한 의식 이론과 사회행동 이론을 추구함으로써 사회적 복잡성을 축소시키고 역사적 특수성을 초월해버렸다. 현재, 국가 경제에서 부분적으로 이탈하는 몇몇 도시들, 국민국가 차원의 계급구조 파괴, 산경험의 직접성을 떠나 초국적 규모에서 작동되는 사회적 관계로서 자본-노동의 재구성, 이주와 미디어 환경, 정보의 초국적 확산 등은 도시에서의 의식과 집단행동의 유일 이론으로 특히 문제시된 계급투쟁의 전형적인 거대 서사를 폐기하도록 한다. 게다가 초국적 이주의 증가에 기인한 지역성의 급속한 사회적 변화는, 문화적 생산과 장소가 얼마간 수렴되는 사회적 공간에서, 전통적인 민족지학에 토대를 둔 '공동체'의 사회적 관계를 수정해 나간다. 이와 같은 분화의 증가는 새로운 도시연구의 방법을 개발하도록 요구하며, 낡은 사회조사방법을 쇄신시켜 문화적 생산과 재생산이 이루어지는 새로운 공간에 더욱 적합하게 만들도록 주문한다.

패턴화된 네트워크의 혼종적 주체

모더니스트인 사회활동가들은 자연스런 주관성이 아니더라도, 사회적으로 구성되어 서로 경쟁하는 사람들보다 지속적이고 안정적인 것처럼 보이곤 한다. 레나토 로잘도(Renato Rosaldo)는 국경을 넘어 "빌려주고 빌리는" 수많은 과정과 같은 민족적 정체성의 형성을 상상하면서, 이런 시각에 도전하는 "경계 가로지르기(border-crossing)"라는 은유를 사용한다(Rosaldo, 1989: ch.9). 그의 견해에 따르면 초국적 이주는 문화적 유실의 원인이라기보다 문화적 즉흥성과 뒤섞임, 창조의 역동적인 과정을 가장 잘 보여준다. 방법으로서 포스트모더니즘의 '국경 긴장'은, 사회활동가들을 유동적인 존재가 아니라 고정된 존재로 묘사함으로써 그들의 문화적 이미지에 권위를 부여하는 이원적 대립들— 중심-주변, 지구적-지역적, 동화-순수민족— 사이의 경계를 흐릿하게 만들었다(Anzaldúa, 1987; Rosaldo, 1989; Elizondo, 1989). 바꾸어 말하면 이와 같은 국경 긴장에 주의를 환기함으로써 문화의 혼종 과정을 평가할 수 있었다.

문화의 혼종에 대한 평가는 포스트모던 시티 담론에서 반복되는 주제이다(Soja, 1996). 그것의 빈번한 호출은 도시사회이론과 실제 사이의 또 다른 긴장과 관련해 흥미로운 문제를 유발시켰다. 한편으로는 정체성 형성에 대한 탈현대적 개념이 자유로운 흐름으로 자리 잡게 되는데, 이는 포스트모던 시티의 복합문화적 공간에서 꼭 자발적이지 않더라도 문화적 콘텐츠를 서로 빌려주고 빌리면서 혹은 전유하거나 저항하면서 교차 배치시키는 사람으로서 개인적인 자아가 형성되는 과정이 자유롭다는 것을 의미한다. 다른 한편으로는 초국적 연구의 장이 확대되면서 초국적 가족(Hagan, 1994; Rodriguez, 1995, 1996), 초지역적 사회 네트워크(Smith, 1998; Goldring, 1998), 경계 가로지르기 사회운동(Smith, 1994), 국제적인 연합조직(Sikkink, 1993; Drainville, 1998)에 대한 민족지학과 역사적인 사례연구가 풍부하게 제시되었다는 점이다. 이들 연구는 개인과 집단의 정체성이, 그룹 형성과 집단행동을 통해 사회적으로 구조화되고 정치적으로 매개되면서 구체화된다고 생각했다. 개인의 정체성이 어떻게 혼종과 채널, 다중적 위치와 제한된 네트워크, 이탈과 친밀, 자유로운 형성과 사회적인 생산이 겹치는 것으로 이해될 수 있을까? 이 긴장을 조화시킬 수 있을까?

사피로(Shapiro, 1992)는 "미국인의 허구와 정치적 문화"라는 매력적인 제목의 장에서, 겉으로 상반되어 보이는 이들을 조화시키는 지혜로운 방식을 보여준다. 사피로는 푸코의 작업을 적극 참조하되 그의 개념적 범주를 넘어서서 "자아와 타자의 의식 형성에 영향을 주는……경쟁 상황, 지역적 공간, 담론, 미디어, 장르" 등에 대한 지도 그리기를 시도한다(Shapiro, 1992: 70~72). "사람들이 이동하면서 그들 자신의 성격과 정체성을 형성하고 재형성하는" 다른 장소들 중에서, 그는 "교육적인 공간, 군사적인 공간, 메트로폴리탄적 공간, 외국의 관념적인 공간"으로 역사화되고 구조화된 담론의 장들을 추출해낸다. 사피로는 주관성에 대한 탈구조주의적인 관점을 위해 설득력 있는 하나의 사례를 제시하는데, 그 관점이란 '자아'는 "균질적으로 존재하거나 중심화된 메커니즘으로 조종된다기보다, 지배적이고 주변적인 담론적 실천의 다양성 위로 흩어짐으로써 파편화되고 서로 다투는 것"이라고 생각하는 것이다.

그러나 사람들이 공간을 가로질러 여행하면서, 또 삶의 대안을 구성하면서 만들어진 **담론의 장**은, 자아와 정체성을 넘어 그 자체의 내적 긴장과 경쟁 때문에 사회적 행동의 네트워크를 구축한다. 그래서 '탈중심화된 주체'는 무한히 유동하는 주체성이 아니다. 오히려, 내가 이 책에서 연관지었던 내용들(예를 들면 초지역적 이주 네트워크, 초국적 도시 여건, 초국적 노동 형태, 경계를 가로지르는 정치적 운동, 신자유주의의 국제정치)과 함께 다양한 사회적 공간에서 발생한 담론은, 특별한 장소에서 성격과 정체성, 행동하는 주체의 형성에 영향을 미칠 것으로 여겨질 것이다. 이와 동시에 불안정하고 불확정적으로 보이는 개인의 정체성은, 항상 변하고 있는 도시의 시공간과 더불어 지역성의 내부나 지역성 사이에서 행동하는 주체에 의해 전유되거나 저항한다.

초국적 도시이론에 대한 연구를 미리 암시하는 것은 흥미로운 일이다.

지역, 국가, 초국적 행위자를 포함한 인간 주체들에 의한 담론적 공간은 사회적으로 생산되고, 그러면서 특징과 정체성을 형성한다. 또한 가부장적인 젠더 관계, 인종적 위계, 경제적 불평등 등 좀 더 일반적이고 지속적인 사회적 특징을 만들어간다. 그러나 사회적 활동가에 의해 조정되고 "지역화된" 공간은 매우 결정적이고 차별화되며, 그리하여 상당히 폭넓은 지역에 걸쳐 정체성 형성을 가능케 하면서, 사회적 불평등이 아닌 "특징을 만들어갈" 것으로 예측된다.

초국적 이주 네트워크, 초국적 정치 행동가의 이념적 프로젝트, 초국적으로 변해가는 대도시의 문화 등에 의해 강화된 지지와 저항은, 진행 중에 있기 때문에 "도달했다"는 말보다 "되어간다"는 말이 더 적절하다. 그들은 제약만큼이나 기회를 만들어간다. 간단히 말해 초국적 도시이론의 조건에서 개인적 정체성의 형성은, 특정한 위치에 놓인 복수의 자아를 불가피하게 교란시켰다가 멈추고 또다시 교란시키는, 고정시키기와 이탈시키기의 변증법으로 이해하는 것이 가장 좋을 것이다. 따라서 정체성은 맥락적이지 급격하게 단절적인 것이 아니다. 사람들은 풍랑 속에 닻을 내리고 안정적으로 정박하기 위해, 자신의 삶 속에서 의미를 고정시키려고 한다. 나는 이 장에서 민족지학의 실천이, 특히 지배-적응-저항의 모티프와 결합된 실천이, 이와 같이 의미를 만드는 과정을 파악하고 구축하는 데 유효한 수단이라고 주장했다.

끝으로, 하위계층(subaltern)의 정체성 형성은 지속적인 투쟁의 과정이며, 담론적 공동체들이 만들어내는 소속, 저항, 혹은 탈출의 서사에 담긴 싸움이다. 정체성 형성과 관련해 개인적 의미가 있는 이들 서사에서, 비본질주의자의 정체성은 틈새, 즉 그들이 지배저인 담론이 장소인 '구민국가', '지역공동체', '민족과 인종의 형성', '새로운 세계 질서' 사이에 벌려놓은 틈새이다. 정제된 정체성 내에서 차이를 만드는 과정은 쉬운 일이 아니지만, 필요하고 바람직한 것인지도 모른다.

초국적 민족지학의 경계 가로지르기

초국적 경계를 가로지르고 도시의 새로운 주체성을 구성함으로써 기존 권력의 불균형이 개선될 수 있지만 그들이 어떻게 그럴 수 있는지는 의문이다. 포스트모던 인류학자들이 제안한 이중초점의 시각이 썩 만족스런 것은 아니지만 유효한 출발점이 될 수 있다. 우리는 이제 경계를 넘어 사회적 관계를 변화시키는 모든 측면에 주목해야 한다. 이는 다초점의 상상력과 다중적인 민족지학을 요청한다.

초국적 민족지학의 다음 사례를 살펴보자. 로버트 스미스(Robert Smith)는 멕시코의 시골에서 뉴욕시로 이민 온 사람들에 대한 연구에서, 초지역적 이주와 관련된 두 가지 연구를 수행했다(Smith, 1998). 택시운전사에서 꽃 파는 행상에 이르기까지 다양한 직업을 가진 남성 이민자들은, 시내 중심가의 뉴요커에게 하층민의 종족으로 취급당하는 차별을 겪었다. 이런 고정관념에 맞서기 위해 이민자들은 뉴욕시의 인종 차별과 민족 차별에 적응해가는 집단 정체성을 주장하고 재창조했다. 뉴욕에서 그들은, 그들과 비슷하게 가난한 푸에르토리코인이나 미국 흑인들보다 우월한 종족으로 그들 스스로를 위치시키는, 민족적 기원으로서의 지역화된 신화를 만들었다. 이와는 정반대로 그들은 멕시코의 고향 마을에서는 그 지역의 권력관계에 저항하고 지역 공동의 공간을 확대했는데, 그것은 그들이 정기적으로 귀국해 '풀뿌리' 기념행사와 지역공동체의 발전 프로젝트를 통해 조직을 정비하고 재정을 확보함으로써 가능했다. 스미스는 이중초점의 이미지를 활용해 이주자의 '초지역성'과 맞물려 변해가는 권력관계를 검토함으로써, 여러 기점을 순회하는 이민자들이 각기 다른 권력 형태에 적응하고 저항하는 동시적인 패턴을 밝혀낼 수 있었다.

다음은 더 복잡한 사례를 검토해보자. 인류학자 나겐가스트와 커니(Nagengast and Kearney, 1990)는 멕시코의 시골 마을에서 캘리포니아주나 워싱턴주의 여러 도시와 농공복합단지로 이주한 인디언 미스텍족의 집단행동과 정체성의 변화를 연구하기 위해 다중초점과 다중장(場) 전략을 사용했다. 그들은 미스텍족 이주민들이 미국과 멕시코의 국경 북쪽인 미국에서는 정치적으로 확대된 자유를 즐기는 한편, 그들의 고향인 멕시코 오악사카로 이동해서는 주 정부를 대상으로 민족성에 기초한 초국적 풀뿌리운동을 벌여 고향의 생활조건을 개선해나간다는 사실을 알게 되었다(Nagengast and Kearney, 1990; Smith, 1994). 그렇다 해도 그들은 자신들의 고용주나 미국 내 혼혈 멕시칸들에 의해서는 사회적으로 차별 받고 주변화된 존재였다. 미스텍족은 '타자'로서 그들 스스로를 위치시키면서, 캘리포니아 노동시장에서 자신들의 노동력을 조직화했다. 그리하여 그들을 차별적으로 대하는 혼혈 노동자들을 임금 면에서 평가절하시키는 동시에, 집단적인 권한 강화에 유리한 중간상인의 이익을 차지했다(Zabin, 1995 참조).

어떻게 이와 같이 초국적인 차원에서 정치경제적 변화가 일어났는가? 초국석인 민족운동과 십난석인 경제활동 보두에서 강화된 미스텍속의 정치화 과정은, 마을 연대에 근거한 집단 정체성의 형태가 바뀌었다는 것을 함의한다. 미스텍 이주민들이 그들 고향의 한정된 담론공간에서, 그리고 그들이 참여해왔던 일련의 마을독립 기념행사들에서 벗어나, 미국의 도시들과 농공복합단지의 새로운 담론공간으로 이동함에 따라, 그들의 오랜 '위치성'은 분열되었다. 미국의 새로운 일터와 일상에서 그들은 은연중에 열등한 인디언 종족으로 차별 받았다. 미스텍족은 자신들의 경제적 주변성을 "인디언다운 것"에 연결시키는 담론적 실천을 통해 원주민운동을 벌이는 미국의 초국적 정치활동가들과 조우함으로써 소수민족인 자신들을 긍정적으로 받아들일 수 있었다. 그들은 그와 같은 새로운 담론공간에 기반을 두고 차이를 발생시키는 메커니즘의 핵심적인 요소로부터 영향을 받고 또 그것을 전유했기 때문에, 오악사카 주의 특별한 지역 구성원으로서 가졌던 집단적인 정체성은 이제 '미스텍족'이라는 새로운 종족적 정체성으로 확대되었다. 더 나아가 그들은 두 지역 양쪽을 오가면서 정치경제적 조건의 변화를 역사화시켜 이해할 수 있었기 때문에, 이 새로운 정체성은 그들로 하여금 경계를 가로지르는 정치적 전략을 구사하고 '오악사캘리포니아'(Kearney, 1995 참조)라는 새로운 초국적인 정치적 공간을 상상하는 것을 가능케 했다.

이러한 전략이 도시이론에서 함축하는 바는, 초국적인 풀뿌리운동에 대해 다루는 다음 장에서 자세하게 논의될 것이다. 지금은 다만 이와 같이 복잡한 다초점과 다중장의 민족지학 사례가 다음과 같은 사실을 설명해준다고만 말해두자. 즉, 사회적 불평등과 그것에 저항하고 적응하는 것이 특수한 장소와 특정한 시간에 근거한 지식권력의 장에서 여러 활동가와 네트워크, 실천에 의해 역사적이고 사회적으로 구축된다는 것이다. 무시간적인 것은 없으며, 모두가 "만들어지는 과정 중에" 있다. 다초점과 다중장의 민족지학은 우리로 하여금 이처럼 복잡한 역동성을 의미화할 수 있도록 도와줄 것이다.

사회분석에 대한 탈구조주의적 접근을 비판하는 이들은, 탈구조주의가 뚜렷한 행위성의 이론과 건설적인 투쟁의 어젠다를 결여한 것은 잘못되었다고 지적한다. 이것은 핵심적인 포인트를 놓치고 있다. 탈구조주의 사유의 중핵인 표현의 탈자연화(denaturalization)는 어떤 효과적인 표현행위에 필요한 전제조건이라고 해도 무방하다. 따라서 정치적으로 뚜렷한 차이가 문화적으로 생산되는 방식에 초점을 맞춘 이 장에서는, 그러한 차이들의 의미가 좋든 나쁘든 가변적이고 역사적이며 사회적으로 구조화된다는 점을 보여주려고 했다. 이 장에서 발전된 도시이론과 유사한 사회구성주의는, '문화'를 표현의 자원이 아니라 유동적이고 역동적인 **효과**로 여긴다. 이러한 시각에 비춰볼 때 의미와 정체성, 장소의 사회적 구성, 즉 '장소 만들기'는 인간에 의해 수행되는 것이며, 그리하여 정서와 이해에 따라 가변적으로 구성된다. 다음 장에서 우리는 이와 같은 정치적 표현 행위에서 초국적인 사회적 네트워크의 부상과 그 역할에 대해 살펴볼 것이다.

[김동우 옮김]

7
초국가화하는 풀뿌리

우리가 살고 있는 현실(the reality)은 문화적 구조물이며 그것에 대한 우리의 표상들은 우리와 세계의 관계에 대한 여과기를 제공한다. 오늘날 우리가 거주하는 세계는 지구적이고 행성적인 규모(scale)의 세계이며 이런 세계는 오직 정보, 즉 우리가 우리의 세계를 표상하는 문화적 과정에 의해서만 가능해질 수 있다. 이런 변화의 결과는 거대하다. 우선, 국제적인 시스템, 즉 전 지구적 문제를 다루는 주권국가들 사이에서의 무능이 커지고 있다. 그러나 정치적 문제를 넘어선 쟁점과 사회적 행위자들이 초국적 차원에서 출현하고 있다는 것은 인간 행위가 이제 그 자신의 공간을 문화적으로 창조할 수 있다는 사실의 징조이다. …… 개인들은 사회적 시스템들, 회원 네트워크들, 회의 그룹들의 다원성을 받아들이고 있다. 메트로폴리스의 미궁들, 행성의 여행자들, 현재의 노마드들 속에서 이주하는 동물들처럼 우리는 과거보다 훨씬 더 쉽고 빠르게 이런 관계들의 안과 밖으로 움직이고 있다.

— 알베르토 멜루치, 「지구적 행성과 국내적 행성」
Alberto Melucci, "The Global Planet and the Internal Planet."

풀뿌리를 순전히 도시적인 대상으로 개념화하는 것은 하나의 지역화하는 움직임이다. 오늘날 초국적 도시주의라는 맥락에서 볼 때, 이 지역화하는 움직임(이라는 개념)은 그것이 드러내주는 것보다 오히려 모호하게 만드는 측면이 더 많다. 1970년대와 1980년대에 '도시'와 '풀뿌리'는 지역사회운동 앞에 동등하게 붙는 접두사로 간주되었다. 도시사회운동들은 대개 두 가지 방식으로 개념화되었다. 하비는 도시사회운동들을 작업장이나 생산영역, 또는 재생산영역을 "대체하는" 계급투쟁의 "지역화된" 형태라고 주장했다(Harvey, 1973, 1978). 그 밖의 다른 저자들은 도시사회운동들이 공간의 방어, 지역문화의 증진 또는 도시사회 서비스에 관한 법조항들과 같은 독특한 도시 사회적 쟁점들을 활성화하는, 더욱 넓은 다계급(multi-class) 또는 비계급(non-class)적 토대 위에서 형성된 좀 더 넓은 사회적 갈등의 형태들로 간주하고 있다(Castells, 1983; Mollenkopf, 1983: Katznelson, 1981).

최근까지 도시사회운동에 대한 상세한 사례연구들은 분석과 사회적 실천의 초국적 수준을 무시하고 배경으로만 다루었을 뿐이다. 지구적 정치경제학, 초국적인 문화적 실천들, 그리고 다양한 지역적인 문화·정치·경제들의 상호작용을 매개하는 메커니즘은 밝혀지지 않은 채로 남아 있다. 초국적인 것이 나타날 때 그것은 경제적인 지구화와 융합되며 초국적인 것이 지역화되는 곳이면 어디에서든지 일반적으로 지구적인 것은 도시적 삶을 지배하는 새로운 양식의 도입을 가져오는 사회변형의 아주 중요한 추진력으로서 일차원적인 것으로 표현되었다(Sassen, 1991; Harvey, 1989, 1990).

이런 경제적 지구화와 도시적 삶의 문화적 (포스트)모던화의 융합에 대응하면서 '정치적 소재들'을 끌어모으는 다른 도시학자들은 '도시체제이론'이라는 접근방식을 개발했다[Stone(1989), Lauria(1997). 이런 접근을 강조하는 지역주의자와 정치적인 결정론자의 가정들에 대한 예는 Cox(1998)를 참조]. 도시체제이론은 선거연합을 만들고 도시 공공정책의 대안적 '체제'를 형성하는, 도시의 정치적 엘리트들의 행위를 매우 중요하게 다룬다. 이런 장르는 구조적 결정론에 대한 매우 중요한 해독제였다. 영국의 도시연구들 안에서 이루어지는 "지역성 연구들"(Cooke, 1986; Urry, 1986; Harlo, Pickvance and Urry, 1990)처럼, 이런 도시연구자들은 경제적인 재구조화의 충격에 대한 지역적 변이들의 중요성을 강조한다. 그러나 이 두 가지 접근은 지역정치를 지구적 경제의 재구조화에 대한 다른 적응책들의 비교 분석으로 생각하는 경향이 있다. 그들은 자본이 주도하는 것 이외의 다른 초국적 과정들에 대한 인식을 결여하고 있다. "지구적인 것(global)"을 도시 분석에 끌어들일 때조차도 그것은 단지 지역적(local) 대응과 저항이 지구적 경제의 구조조정에서 중요한 역할을 하는 한에서, 도시정치학의 "지역"적 드라마가 '소재(matter)'가 되는 것에 대응하는 다른 하나의 항으로서만 취급했을 뿐이었다(Cox, 1997b). 하지만 도시체제이론에서 지역적 드라마가 지역의 정치·경제 엘리트들의 활동 이상의 것으로 해명되는 일은 드물었다. "아래로부터"의 압력은 아주 상세하게 분석되지 않거나 선거연합에서 이기기 위한 대안적인 도시 정치체제로 방향을 돌리는 한에서만 의미 있는 것으로 표현되었다.

'풀뿌리'를 개념화한다고 해도 도시의 사회운동 연구자들뿐만 아니라 도시체제이론가들도 보통 사람들이 도시 가구의 수준에서 부딪치는 개인적인 어려움과 같은 일상적인 생활에 근거하고 있는 의미의 정치(politics of meaning)에 많은 관심을 기울인 것은 아니었다. 이것은 사소한 누락이 아니다. 왜냐하면 가족이 비록 균일한 실체는 아니라고 할지라도 가족은 사람들이 도시적 삶의 질과 특성을 실천적으로 인식하는 데 핵심적인 사회적 공간 중의 하나이기 때문이다. 집단적 행동(collective action) — 그 뿌리가 무엇이든, 그것이 발단이나 초점이 지구적이든 지역적이든 간에 — 을 일으키는 것은 바로 '일상'에 대한 이러한 실천적인 이해이기 때문이다.

가족을 의미의 중요한 공간이자 정치의 현장으로 고려했던 지도적인 도시이론가 가운데 하나가 마누엘 카스텔이다. 카스텔은 『도시와 풀뿌리』에서 유럽과 미국, 남미의 도시사회운동들에 대한 포괄적인 분석을 내놓았다. 그의 목표는 일상적인 도시생활의 조건들을 변형하는 의식, 행위성(agency), 사회적 행위의 역할에 초점을 맞추는 것이었다. 그는 이러한 문제의식을 가지고, 구역적인 정체성을 방어하고 집단적 소비의 '공동체적 통제'를 추구하는 남미의 지방도시들 안에서 풀뿌리 도시사회운동의 활동들을 연구했다. 카스텔은 도시사회운동들을, "지구적 노동분업"과 결합된 "지역의 사회정치적 배치들"이 라틴아메리카의 도시 대중들을 어떻게 사적인 주택 및 서비스시장으로부터 점점 더 많이 추방하는가라는 관점에서 분석해야만 하는 다계급적(multi-class) 투쟁이라고 주장했다(Castells, 1983: 179~185).

『도시와 풀뿌리』에서 발전시킨 도시변동이론의 근거는 몇 가지의 이원성들(dualisms)로 채워졌다. 이 중에서 가장 중요한 것은 가부장제와 일상생활의 집중화된 관리의 핵심 현장으로서 국가에 대항해 짝을 이루는, 시민사회의 공간이자 여성주의 정치의 공간이면서 "도시의 자기-경영" 공간으로서 도시라는 이원적 표상들이었다. 카스텔은 국가와 마주 보고 있으면서 작업장의 '생산관계들' 안에서 계급투쟁에 종사하고 있는 노동자계급운동의 이미지와 함께 도시 가족과 주민들의 '재생산관계'에 바탕을 두고 있는 '도시 모순'을 극복하고자 하는 여성의 이미지들을 병렬시켰다. 따라서 도시사회운동들은 본질적으로 풀뿌리 정치의 "비생산적(non-productivist)" 형태들로 여겨졌다. 도시사회운동들은, 만약 그것들이 생산의 정치로부터 근본적으로 분리되어 나와서 자신들의 실천적 요구들, 즉 집합적 소비,

문화적 영감들, 지역정부의 정치적 통제와 결합된다면 중요한 사회적 변화를 만들어낼 수 있는 것으로 묘사되었다.

카스텔은 『도시와 풀뿌리』에서 도시사회의 저항에 대한 사례연구를 통해 세심한 비교-역사적 접근을 보여주고 있다. 하지만 이는 카스텔 자신이 계급에 토대를 둔 생산의 정치학에 대한 최선의 대안으로 보는 사회정치적인 행위의 순전한 지역적 형태라는 그의 이론적인 주장과는 서로 어긋난다. 그 대신에 카스텔의 감칠맛 나는 사례연구들은 분석의 지구적 수준과 지역적 수준, 생산과 재생산과정, 집단행동이 모두 엄연히 연결되어 있다는 점을 제시한다[이런 연계에 대한 더 정교한 분석은 Smith and Tardanico(1987)를 보라]. 하지만 이런 기술적(narrative) 사례연구들에서는 양자택일의 모더니스트적 논리를 다소 모호하게 묶여 있는 이해 방식의 틀로 대체할 뿐이다. 예를 들어 카스텔은 1917년 글래스고의 집세거부운동(Glasgow rent strike) 사례를 "도시의 집합적 소비", 즉 지역적 산업 성장과 주거 공급 사이의 부조화에 대한 보기로 제시했다. 분명히 이런 부조화는 글래스고 도시사회갈등의 촉매제였다. 그러나 이 사례연구에서 기술된 내용이 드러내는 것처럼 그것은 또한 전쟁 시기라는 조건에서 일어난 장인조합들의 프롤레타리아화에 대한 저항이기도 했다. 그리고 이들을 프롤레타리아로 만들려는 압력은 다시 한창 진행 중인 제국주의 전쟁이라는 더 큰 맥락에서 이루어진 국가의 생산요구들이 낳은 부산물이었다. 따라서 이런 '도시' 투쟁에서는, 국가적인 상황적 조건과 초국적인 상황적 조건 양자가 글래스고에 거주하는 사람들의 일상적인 생활세계에 파열음을 내고, 현재의 상황을 받아들일 수 없다는 이해를 공유하도록 하는 조건을 창출한 것이었다. 지구적이고 지역적인 환경들은 작업장과 공동체의 투쟁들과 생산적이고 재생산적인 정치의 융합을 촉진시키며, 이것이 집세

거부라는 형태로 표현된 것이다.

카스텔이 1980년대 샌프란시스코 미션 지역(Mission District) 주민들의 운동 참여를 사례연구로 살펴보면서, 사회적 갈등을 유발하는 사회정치적 조건으로 꼽은 것은 집합적 소비와 문화적 정체성, 특히 불충분한 지역의 주택공급, 라틴계(Latino) 가족들의 도시 재생적 퇴거와 같은 지역적 쟁점들이었다. 그러나 그가 서술하는 세부 내용은 오히려 이런 지역적 조건들이 더욱 넓은 **맥락**(context)에서 분명히 초국적이라는 것을 나타내고 있다. 도시 안에서 고용기회구조와 주민의 변화는 엘살바도르와 과테말라에서 온 초국적 이주민들의 집중화 때문이었다. 다시 이 초국적 이민과정은 물론 한편으로는 초국적 사회 네트워크 안에서 만들어진 이동(mobility)이라는 선택의 직접적 결과이지만, 간접적으로는 냉전적 대외정책의 일환으로 중앙아메리카에서 지구적 제국주의 전쟁을 지지하는 로널드 레이건의 결정으로 비롯되었다. 게다가 순전히 지역 정치적인 주제로만 본다고 하더라도 미션 지역에서의 도시 저항은 불충분한 주택, 일자리를 요구하는 목소리들, 라틴계 청년들을 위한 하계고용(summer employment), 직장 내에서 인종차별의 철폐처럼, 집합적 소비를 둘러싼 쟁점을 벗어나 있는 요구들을 포함하고 있었다.

요약하자면 이런 초국적인 라틴계 주민의 이민에서 '풀뿌리' 이동은 담론들 안에서 사회적이고 정치적으로 상호 관련되어 있는 주거, 일자리, 문화적 존중에 대한 요구들과 도시 가구들의 수준에서 공간을 다루는 논쟁들로 둘러싸여 있다(Castells, 1983: 113ff). 저항자들은 생산과 재생산, 경제와 문화 사이의 차이를 뚜렷하게 구별하지 않는다. 비록 카스텔의 도시이론이 이런 시으료 그들이 저항을 특징짓더라도 말이다. 문화와 경제, 생산과 재생산, 지역적이면서 초국적인 네트워크들은 도시 분석의 대립적 범주들이라기보다는 오히려 사회적 경험의 양식들과 분리불가능하게 연결되어 있다. 지구적·초국적·국가적·지역적 동학은 특별한 시간(1980년대)과 공간(미션 지역) 속에서 도시 가족구성원들의 일상적 삶의 경험들에 동시적으로 파열음을 낸다. 이렇게 복합적으로 얽혀 있는 도시의 '현실'에 대한 항의자들의 해석은 도시사회운동에 의미, 충동, 복잡성을 제공했다.

초국적 풀뿌리 정치의 발흥

1990년대 경, '초국적 풀뿌리 정치'에 관한 연구(Smith, 1994)는 사회연구에서 새로운 주제에 대한 호기심을 불러일으키는 계기가 되었다(Kearney, 1995; Guarnizo and Smith, 1998; Smith, 1998; Goldering, 1998; Mahler, 1998). 분석과 사회적 실천에서 초국적 스케일로의 전환은 분석의 '도시' 수준과 시민, 시민사회, 정치적 표상, 국가적이고 도시적인 정치가 일상적으로 불러일으키는 광범위한 실천에 묶여 있는 국민국가 양자를 다시 구성했다. 변화하는 노동 수요와 지속적인 국가폭력이라는 현재적 맥락 속에서 국경을 가로지르는 인종적 공동체들과 가족들의 공간적인 확장은 어떤 방식으로든 두 개의 국민국가에 참가하면서도 다른 방식으로 둘 사이를 넘나들며 이동하는 초국적인 이민자, 피난민, 망명자, 돈을 벌려고 온 노동자, 디아스포라들에 의한 새로운 유형의 문화적이고 정치적인 이해와 저항을 생산하고 있다.

이제 도시사회운동들에 관한 연구는 도시이론화의 새로운 순환(new round), 즉 다초점적 주체들(multifocal subjects), 초지역적인 사회적 실천

(translocal social practice), 초국적인 정치적 공간을 구성하는 행위성과 실천들을 적절하게 표현하는 포괄적인 개념들을 창안하기 위한 시도에 몰두하고 있다. 카스텔의 풀뿌리 사회운동에 관한 가장 최근 저작(Castells, 1997)은, 1980년대의 저작과 달리 이러한 강조점의 이동을 반영하고 있다. 카스텔의 지구화와 사회변동에 관한 3부작 중 두 번째 책인 『정체성 권력(The Power of Identity)』은 다지역적이며(multilocal) 경계를 가로지르는 정치적 실천들이 멕시코 사파티스타운동의 사례에서처럼 의사소통의 새로운 기술적 수단(이메일, 인터넷 등)에 의해 가능해지고 있다는 점을 특별하게 밝히고 있다. 그러나 이런 기술적 변화를 넘어서 사회-문화적 개발과 정치경제적 개발의 양자 모두는 문화적 생산양식들에서의 극적인 이동을 밝혀준다. 다시 말해 새천년이 동터오는 시점에 진행되고 있는 도시들의 재이미지화(reimagining)를 다시 형상화하고자 하는 사회이론가들의 시도에서 가장 훌륭한 점은 이런 문화적 생산의 활동중심이 지역적인 것에서 초국적인 스케일로 이동한 것이다.

맥락적으로 '중심' 도시들과 지구적 자본주의 경제 영역들이라고 하는 곳으로 초국적인 이민의 속도와 스케일, 분화가 가속화되는 배경에는 구별되면서도 겹치는 사회문화적이고 정치적이면서 경제적인 과정들이 있다. 이런 과정들은 다음과 같은 것들이다. 중심과 지구적 자본주의 경제 영역들이라는 경계들 내부에서 창조되는 노동을 흡수하기 위한 주변적인 정치·경제들의 쇠퇴 경향성, 국제적인 은행에 의해 개발도상국과 사회들에 부가되는 긴축정책들, 냉전적인 군사적 투쟁들에 의해 야기된 중앙아메리카와 극동아시아로부터 온 피난민들의 생산, 냉전의 종식에 따른 국가 구조의 해체, '이미지화된 삶'의 상징적 성분들과 중심에서 가장 먼 주변 오지에서조차 '중심'에서의 자기능력 키우기(self-empowerment)이라는 양식들을 살포하는 텔레비전, 비디오, 영화, 음악을 포함하는 대중매체의 지구화, 이런 모든 것들을 포함하는 초국적인 과정들은 도시의 사회구조적 풍경을 재구축하고 있으며 국민국가의 국경선을 부식시키고 있다. 그것들은 안과 밖, 시민과 이방인, 자아와 타자 사이의 분명한 구별을 전제했던 국가와 시민사회 사이의 상호작용에 관한 문제제기적 표상들을 제공한다.

한때 국가 내부에 포함되어 있었던 가족, 사회적 네트워크, 인종적 형성체들이 국경을 가로지르면서 공간적으로 확장되는 것은, 현재의 환경이 "경계 없는", 이런 의미에서 최소한 "묶여 있지 않은" 사람들을 만들어낸다는 점에서 문화적인 이해와 저항의 새로운 유형들을 생산하고 있다. 국민국가의 경계들은 더 이상 이런 국경 없는 사람들이 거주하는 사회적 공간과 일치하지 않는다. 당연하게 받아들여졌던 각기 다른 국가들, 민족성들, 시민사회들 사이의 경계의 흐려짐은 일상생활의 새로운 공간들, 문화적 의미의 새로운 원천들, 국경을 가로질러 흐르는 사회와 정치적 행위성의 새로운 형태들을 생산하고 있다. 경계 없는 사람들의 일상적 실천들은 현재 생존적이고 자기-확증적이며 정치적인 실천의 초국적인 사회공간들을 구성해가고 있다.

이 장의 뒷부분에서는 현재 초국적인 이민자들, 망명자들, 디아스포라, 피난민들의 생활체험을 특성화하는 문화적 생산의 초국적 사회공간의 출현에 대해 논의한다. 또한 초국적 풀뿌리운동들은 사회이론에서의 글로벌(global)-로컬(local)이라는 이원성의 제한된 한계와 그것의 실천적 표현인 "지구적으로 생각하고 지역적으로 행동하라"는 정치적 슬로건을 넘어서서 우리의 정치적 상상력을 바꾸고 있는 사유와 행위의 양식들이 이미 실행되고 있다는 점을 밝힐 것이다. 나는 다음의 네 가지 사례에서처럼 식별불가능하게 복합적인 층을 이루고 있으며 다중적으로 뒤엉켜 있는 사유와 행위의 스케일들을 조망할 것이다. 네 가지 사례는 다음과 같다. ① 리고베르타 멘추(Rigoberta Menchu)가 지도한 과테말라 토착피난민들의 초국적인 정치, ② 중앙아메리카에 대한 미국의 군사적 개입에 대항해 나아갔던 초국적인 풀뿌리운동, ③ 멕시코, 캘리포니아, 오리건에서 형성된 미스텍 연합들(Mixtec associations)의 초국적인 연맹, ④ 이민자, 피난민의 초국적 동맹, 샌프란시스코의 여성 인권단체들과 국제적인 인권 정책들을 변화시키고자 하는 초국적 도시들.

초국화하는 도시연구

문화적 생산과 수용의 초국가화에서 핵심적인 몇 가지 차원들(예를 들면 Featherstone, 1990)은 '지구문화'라고 하는 것들이 변화하는 경로를 파악하기 위한 기초적인 기획에서 유용한 출발점이 된다. 나는 이 문제(문화적 생산과 수용의 초국화)를 고려함으로써, 다국적인 자본주의와 의사소통적 대중매체들의 '지구적 범위'에 대한 통상적인 기획을 넘어서 나아가고 문화의 지구화에 관한 담론을 열어놓으며 "아래로부터" 생산되는 문화적이고 정치적인 실천들의 초국화에 관한 연구의 새로운 지점을 확보하려는 것이다. 나는 비판적 인류학의 여러 업적들(Appadurai, 1990, 1991; Rouse, 1990, 1991; Nagengast and Kearney, 1990; Kearney, 1991)을 읽으면서 영감을 얻게 되었다. 이들 연구는 탈현대적인 인류학의 이론적 요청을 넘어서 이중초점의 상상력(bifocal imagination)을 발전시켰다. 그것은 망명자들, 초국적 이민자들, 난민들과 같이 공간적으로 이동하는 세계 인구에 의해 이루어지는 문화적 흐름들의 실제적인 생산과 수용, 초국적인 정치적 실천들의 출현에 대해 연구하는데 그런 사회적 상상을 정확하게 사용함으로써 이루어졌다. 더 적절한 표현을 찾지 못해서, 나는 이 장을 "풀뿌리 정치의 초국가화"라는 것이 윤곽을 잡아가는 모습을 이론화하고 조망하려는 노력이라고 일단 간주할 것이다. 나는 "풀뿌리 정치의 초국가화"라는 표현이 모순어법과는 전혀 상관이 없으며, 초국적인 이민자·망명자·난민의 집단들이 구성해가는 사회문화적이고 정치적인 공간의 네트워크들과 경계들을 정확하게 포착하고 있다는 것을 보여주길 희망한다.

이미 말해온 바와 같이 경제적 생산과 교환의 관계뿐만 아니라 문화적 생산과 재생산, 교환의 양식들도 더 공간적으로 유동적이면서 영토적으로 변경되고 있다. 이것은 자신의 생활세계가 '여기' 또는 '저기'가 아니며 '여기'와 '저기' 둘 다(both)인 조건에서 의미 있는 삶을 조직해야 하는 초국적인 이민자, 돈을 벌기 위해 이주한 노동자·망명자들의 사례에서 명백하게 드러난다. 물론 이런 문화적 이중초점의 조건은 미국으로 이주해 온 다수의 1세대 베트남 피난민들의 사례처럼 무수한 심리적 고통의 원천이 될 수 있다. 그들이 '집'으로 돌아가거나 '여기'와 '저기' 사이를 움직일 수 있는 기회는 애초부터 미국의 군사적 패배로 배제되었고, 그다음에는 최근까지도 미국의 대외정책 논리에 따라 서서히 그리고 조금씩 생겼다 (Freeman, 1989; Smith and Tarallo, 1993b, 1995). 그러나 초국적인 네트워크들의 제휴, 상징적이고 물질적인 상호 의존, 상호 원조(예를 들어 미국과 멕시코 사이의 순환적인 이주자들), 문화적인 재생산을 위한 사회적인 공간에 연계되어 있었던 이주자들과 난민들은 역사적으로 덜 속박되었기 때문에 탈지역화되고 초국가화되었다. 그들은 장소의 경계를 넘어서 국민국가 사이를 이동하며 "초지역적으로(translocally)" 삶과 미래를 조직하고 있었다.

아파두라이(Appadurai, 1991: 191)는 이것이 인류학과 온갖 종류의 도시연구에 제기하는 난제를 설득력 있게 표현하고 있다. "집단들이 이주해 새로운 입지들을 재편성하고 그들의 역사를 재구성하고 그들의 인종적 '기획들'을 변경함에 따라 인류학에서 종족/인종(ethno)은 잘 잡히지 않고 지역화되지 않는 속성을 갖게 된다. 집단들은 더 이상 영토에 묶여 있거나, 공간적으로 구속되거나, 역사적인 자기의식이 없거나, 문화적으로 동질적이거나 한 존재가 아니다." 아파두라이는 이러한 탈영토화와 재구성의 과정을, 다국적 회사, 금융시장, 종족집단, 종교적이고 사회문화적 운동, 새로운 정치적 형성체들과 같은 제도적이고 집단적인 행위자들의 다양한 공간적 실천들이라는 관점에서 유용하게 정의하고 있다. 이런 부문들 모두의 실천은 주어진 지역적 경계와 정체성들의 제한을 넘어서 움직이는 방식으로 재구성된 것들이다.

내가 초국적 도시주의라고 부르는 것의 출현에 의해 생산된 '영토화'와 '재영토화'는 두 가지의 특별한 물음을 제기한다. 첫째, 부, 인구, 영토 사이의 결합을 느슨하게 만드는 것은 "근본적으로 문화적 재생산을 위한 토대를 변경시킨다"(Appadurai, 1991: 193). 둘째, 민족지학자들(ethnographers)은 초국적인 이민자들, 망명자들, 피난민들의 '거기' 또는 '고국'이 탈영토화된 사람들에 의해서 만들어진, 그들의 삶에서 느끼는 부재에 대한 선물로 창조된, 베네딕트 앤더슨(Benedict Anderson)의 "상상된 공동체"(Anderson, 1983)라는 것을 점점 더 많이 발견하고 있다.

이것은 아주 흥미로운 질문을 제기한다. 실존의 초국적인 조건에서 탈영토화된 사람들이 상상할 수 있는 삶의 종류는 무엇인가? 아파두라이는 인도아대륙에서 미국으로 온 초국적인 이민자들에 대한 연구와 그 자신의 개인적 경험으로부터 뽑아낸 풍부한 사례들을 통해 이 문제에 걸맞은 새로운 스타일의 공동체 연구의 모범을 보여준다. 그는 자신이

고안한 지구적 종족 경관(global ethnoscape)[1] 개념을 통해 새로운 사회적 공간 안에서의 사회적 재생산을 탐구할 수 있다는 점을 보여주었다. 이런 지구적인 것 또는 적어도 초국적인 것으로서 민족지학(ethnography)은 탈영토화가 초국적인 이민자들과 난민들의 상상적 원천들에 대해 미친 충격을 이해하는 것을 자신의 목표로 삼고 있다. 아파두라이는 "지구화되고 탈영토화된 세계 안에서 이루어지는 살아 있는 경험으로서 지역성의 본질은 무엇인가?"(Appadurai, 1991, 1996)라고 묻는다. 이런 질문에 나는 다음과 같은 질문을 덧붙일 것이다. 사람들은 오래된 국가와 사회적 구조들이 풀어지는 과정 속에 있다. 그러나 그들 자신의 행위를 이해하는 일관성 있는 새로운 채널은 아직 형성되어 있지 않았다. 이런 세계, 즉 권력과 징후의 새로운 변경에 따른 가능성과 속박의 원형경기장을 폭넓게 감지(感知)하는 양식이 아직 형성되어 있지 않은 세계 속에서 그들 자신을 이끌고 재조정하는 경계는 무엇이었는가? 뒤따르는 논의에서는 다양하게 탈영토화된 이민자, 난민, 돈을 벌기 위해 이주한 노동자·망명자들의 경제적·사회-문화적·정치적 실천들이 식별 불가능하게 엉켜 있는 것에 관한, 이와 같은 물음에 대한 각기 다른 반응들을 탐색한다.

아마도 탈영토화에 대해 특히 망명자와 난민들이 내놓는 가장 친숙한 반응은 재영토화의 욕망일 것이다. 재영토화는 양날의 칼과 같은 현상이다. 이런 정치적 상상의 혐오(noire)스러운 측면은, 잃어버렸다고 느끼는

---

[1] 종족 경관(ethnoscape)은 인류학자 아파두라이가 종족성(ethnicity)이 더 이상 특정한 영토나 고정된 민족성을 근거로 하지 않는 반면, 한 종족이 지구적으로 분산되어 거주하면서도 자신의 종족 정체성을 유지하고 재해석하는 현상을 가리키기 위해 고안한 용어이다. 이에 대한 자세한 설명은 이 책에서도 인용된 아파두라이의 책, *Modernity at Large*(1996)의 2장, 한국어판 『고삐 풀린 현대성』(2004)을 참조하라. — 옮긴이

'고국'을 재탈환하거나 재영토화하려는 개인적 또는 집단적 욕망을 표현하는 것으로서 '귀환의 정치'이다. 미국에서 이런 반응은 캘리포니아 여러 도시들의 '남베트남' 우익들과 몽족(Hmong)의 군사조직체들과 같은 집단들에게서 뚜렷하게 나타난다. 전 지구적 범위에서 가장 두드러진 사례는 구(舊)유고슬라비아에서의 '인종청소'라는 야만적인 행위들을 정당화하기 위해 발동되었던 다양한 정치적 수사들이다.

'귀환의 정치'에서 가장 긍정적인 측면은 미국 대도시에 있는 라틴아메리카와 아시아 사람들에 의해 만들어진 다양한 문화적이고 사회공간적 변형인 '리틀하바나', '코리아타운', '리틀사이공'에서 예시되고 있다. 이런 사회적 공간들에서는 옛것 중에 선택된 요소들이 새로운 이민자들과 난민들의 장소-만들기(place-making)라는 공간적 실천들 속에서 다시 되돌아온다. 리고베르타 멘추가 지도한 과테말라인의 난민운동이 지닌 초국적인 정치적 전망과 실천에 관한 이 장 뒷부분의 논의는 귀환의 정치에 대한 또 다른 긍정적 형태(affirmative form)이다. 이런 식의 다른 사회적 행위들은 대부분의 측면에서 각기 이동(displacement)과 탈영토화에 대한 집단적 반응으로서 재영토화의 욕망을 표현한다.

그러나 오늘날 초국적인 이민자와 난민들 사이에서 이루어지는 '재영토화'는, 국경 밖으로 추방되어 고립된 공간에서 집단적으로 거주하는 사람들이 잃어버린 고국을 새롭게 대중적으로 창조하는 문제나 잃어버린 고국으로의 귀환이라는 문제보다 훨씬 더 복잡하다. 오늘날 대다수의 초국적 이민자들은 좀 더 넓게 공간적으로 퍼져 있는 사회적 네트워크들에 의해 활발하게 유지되고 고무되고 있다. 그런 사회적 네트워크들 속에 있는 몇몇은 '송출 공동체들(sending communities)' 안에서 아직 살고 있는 반면, 특정한 네트워크들의 다른 이들은 되찾고 다시 돌아가야 할 '거기'(필연적으로 변화하는)에서 점점 더 많은 시간을 떨어져 나와서 지내고 있다. 초국적인 이주민들은 개인적이면서 집단적으로 영토적인 경계를 절단하고 한 개 이상의 국적을 가진 몇 개의 지역성들을 연결하며 지리적 공간을 가로질러 의미 있는 사회적 행위를 확장한다. 그리고 그렇게 함으로써 이런 사회적 네트워크들은 "아래로부터"의 사회적 실천의 매개체이자 결과물의 양자가 된다. 가족과 친척의 증가, 이전에 마을에 기초해 있었던 사회적 네트워크들이 국경을 넘어서 확장하고 비록 다국가적이지는 않더라도 이중-국가적인 것이 됨으로써 도시연구의 질은 말 그대로 지역으로부터 초국적인 스케일로 '대체'되고 있다.

이런 변화하는 사회공간적 맥락에서, 지구적 종족 경관 속에서 도시라는 장을 연구하는 데 제기해야 할 핵심적인 세 가지 문제가 있다. ① 당신이 관심을 갖는 것이 누구이며 어디인가? ② 당신이 유지하고 있는 상호적 책무는 무엇이며 어디인가? ③ 왜 그리고 어떻게 당신은 이런 공간적으로 확장된 사회적 관계들을 활동적으로 유지하는가?

이런 물음으로부터 나온 가장 훌륭한 민족지학적 연구 중의 하나는 멕시코와 미국의 지역성 사이를 넘나들면서 둘 중 어느 한 쪽에서만 살지 않고, 하나 이상의 문화를 동시적으로 관계하면서 이중 초점적으로 삶을 조직하는, 순환하는 이주민들에 관한 루즈(Rouse, 1990, 1991)의 연구이다. 루즈의 연구는 '이주민(immigrant)'이라는 개념을 소위 "새로운 이주화(new immigration)"라고 부르는 것으로 다루었을 때의 문제를 제기한다. 그가 연구한 초국적 이주민들 대다수는 미국 도시에서는 공장 노동자나 서비스 노동자이면서 동시에 멕시코 농촌에서는 소규모 가족 농장이나 사업체를 운영하는 사례처럼 두 개의 독특한 삶의 방식을 동시적으로 수행하는 전략의 레퍼토리를 개발해왔다. 이런 이주자들은 그가 태어난 나라에 전적으로 머무르는 것도 아니며 새로운 환경에 그 자신을 완전히 맞추지도 않는다. 오히려 그들은 그들의 삶을 초국적·이원적으로 조직하는 '사이성(betweenness)'이라고 개념화할 수 있는 상태로 존재한다. 루즈는 이렇게 이해된 사회적 공간에 "초국적인 이주 순환"이라는 별칭을 붙였다. 단일한 지역성보다는 이 순환 전체가 순환적인 이민자들이 개인적이고 집단적인 기획을 이해하는 관계에서의 조합 원리이다. 루즈의 연구는 한 사람의 중요한 사회적 관계들이 추정적인 경계 양쪽에 걸쳐서 몇 개로 가로질러 퍼져 있을 때, 경제적이고 정치적 새로운 배열들뿐만 아니라 정체성 형성과 의미 있는 사회적 행위의 생산이라는 새로운 사회적 공간들이 생성된다는 것을 명확히 하고 있다.

이런 초국적인 정치경제적이고 문화적인 변형은 밀접히 연결되어 있다. 이제 현금 송금은 초국적인 네트워크가 실제적으로 유지되고 재생산되는 원칙적인 전술 중 하나라는 점을 잊지 말자. 역사적으로 지구적 자본주의의 사회적 조직화의 핵심적인 변화들은 "아래로부터"의 가족에 기초한 초국적인 사회적 네트워크들의 형성이 정치경제적 맥락을 구성하는 데 도움을 준다는 것이다. 국제적인 은행과 IMF와 같은 국제 조직체들의 긴축정책들, 냉전의 폭동 대응정책들, 세계은행의 수출 지향적 개발에 의해 커져가는 지역적인 소득 불평등은, 이들 정책에 영향 받는 국가에서 국가의 생존전략들을 유지하는 가계의 생활을 점점 더 어렵게 만들었다. 높은 환율을 유지하는 사회의 노동력 수요를 충족해 수입을 올릴 능력을 갖춘 이중 국가적 또는 심지어 다국적인 가족을 구성하는 것이 지구적 범위로 가구와 사회적 네트워크를 형성해 생존하는 대안전략이 되었다. 하지만 다른 한편으로 이런 네트워크는 일단 형성되자, 지구적 이주, 상징적이고 물질적인 '자본', 예를 들어 기호, 정보, 돈과 같은 것들이 국경을 가로지르는 순환을 위한 문화적인 매체 속에서 그 자체로 독특한 사회구조가 된다.

이런 현금 송금의 규모는 "아래로부터" 형성된 사회적 네트워크들에 의해 최근 몇 년 사이에 극적으로 증가했다. 예를 들어 현재 미국에 살고 있는 엘살바도르 출신의 초국적인 난민들(엘살바도르 전체 인구의 20%로 추정되는 규모)이 보내는 송금액은 전쟁으로 파괴된 "국가의" 경제에서 GNP의 거의 1/3을 구성하고 있다. 이것은 제조업을 초과하고 탈지역화된 '경제적인 정상화'의 '기둥'(강철 기둥 또는 모래 기둥?)인 농업에 필적하는 규모이다. 미국 공중파 텔레비전의 프로그램 <60분>은 로스앤젤레스의 저임금작업장에서 한 멕시코 공장노동자가 네 번이나 강제추방당했지만 국경을 네 번 넘는 동안 1만 5,000달러를 저축했다는 이야기를 보여주었다. 이 금액은 그를 멕시코의 '중산층' 주택소유자로 만들기에 충분한 액수이다. 세계은행과 IMF같은 공식적 기관이 집계한 통계로도 이러한 송금액의 전 지구적 규모는 384억 달러에 달한다(IMF, 1991; World Bank, 1991; Commission Economica para America Latina y el Caribe, 1991). 더욱이 이제는 "밑으로부터의" 기호와 정보, 송금액의 전 지구적 순환은, 수용국(host country)의 거주지역과 소위 제3세계의 출신지역을 일상적으로 연결하는 다국적 택배회사, 송금회사, 여행사, 버스 회사와 다목적 대행사를 포괄하는 제도적인 하부구조에 의해 촉진되고 있다[예를 들어 Rodriguez(1995)를 보라].

이런 개발이 '의미'하는 바는 여러 가지가 있겠지만, 송금의 전개가 더 이상 단순하게 제3세계 국가의 가족 재생산을 돕는 사회적 실천만은 아니라는 점은 확실하다. 그것은 초국적인 사회적 힘으로서, 주변부 나라의 경제적 토대에 강력한 영향을 미치고 송출 지역의 계급 관계를 바꾸며 전 세계적으로 변화를 희구하는 늘어나는 개인과 가구에게 획기적인 사회적 상향이동의 기회를 지구적으로 또 지역적으로 확산한다. 또 이주자 네트워크에서 초국적 이주를 더욱 늘리는 물질적인 수단을 갖추게 되자, 수용국에서는 지구적 경제 위기로 어려움을 겪으면서 소위 '이민자 문제'라는 것이 생겨나게 되었다. 이주자 송금에 따른 소위 '현금 유출'과 '경제적 미끼'는 이제, 수많은 초국적 이주자와 난민들, 신자유주의적 정치경제로 이루어진 선진사회에서 국가 행위자들과 다른 사회 부문들이 형성하는 이주에 관한 정치적 담론의 한 요소가 되고 있다. '이민'의 사회적 구성의 이런 변화는, 수용국의 국가 공공 정책이 더 케인스주의적이었던 시기 고용주의 요구에 따라 '손님 노동자(외국인 노동자, guest-worker)'의 다양한 틈새노동시장을 만들어내고 합법화함으로써 이주에 공헌했다는 사실을 축소한다는 것은 놀랄 만한 일도 아니다.

 선진사회의 정치·경제 엘리트들 사이에서 '이주 문제'에 관한 논쟁이 제한적이며 배제하기 위한 것이기는 하지만 지구적인 종족 경관이 출현하는 모습에 관심을 갖는 이들에게는 더 흥미로우면서도 더 적절한 두 가지 물음이 있다. ① "오늘날 초국적 이민자와 난민들이 관심을 가지고 있는 사건은 무엇인가?" ② "어떻게 지구적인 것, 국가적인 것, 또는 지역적인 것이 이민자와 피난민들의 행위를 근거 짓는 정보의 원천이 되는가?" 『지구적 문화(Global Culture)』(1990)의 몇몇 저자들은 지구적인 대중매체에 의해 순환되는 이미지와 정보들이, 새로운 장소에서 재조정된 삶을 사는 한 사람의 네트워크 속에서 개인적인 관심의 원천이 되었으며 새로운 삶의 가능성을 벼리는 초국적인 이주자로서 타자들에 의해 순환되는 이야기만큼이나 중요하게 되었다고 주장한다(Featherstone, 1990). 영화, 텔레비전, 비디오의 지구적 확산은 지리적으로 고립되어 있고 사회적으로 속박되어 있는 사람들에게 삶의 미래에 가능한 이미지들을 제공하고 있다. 또 다시 아파두라이는 이론적인 통찰력과 유용한 실례를 제공하고 있다. 인도의 외진 촌락에 관한 그의 민족지학적 설명은 어떻게 이런 매체가 제공하는 드라마·노래·이야기·환상들이 인도 내부와 그 바깥으로의 지리적인 이동과 인간의 생성을 만들어내는 추진력이 되었는지를 생생하게 기술하고 있다. 사회적 삶 안에서 이루어지는 이런 상상력의 향상을 반영하면서 아파두라이는 오늘날 증가하는 초국적 이주민들의 일상적 삶은 전통적이거나 물질적인 제공물에 의해서가 아니라 지구화하는 대중매체의 가능성에 의해 더욱 강력해지고 있다고 결론 내린다. 그가 간결하게 제시했듯이 "지난 20년 동안, 개인·이미지·관념들의 탈영토화가 새로운 힘이 되고 있는 것처럼 …… 세계 도처에 있는 개인들은 그들의 삶을 모든 형태의 대중매체에 의해 제공되는 프리즘을 통해서 본다. 즉, 환상(fantasy)은 이제 사회적 실천이다. 그것은 여러 가지 방법들로 다양한 사회들 속에 있는 사람들의 사회적 삶의 제작물로 들어간다"(Appadurai, 1991, 198).

전적으로 그런 것은 아니지만 아파두라이의 저작은 대체로 인간 이동성이 지닌 긍정적 가능성과 이런 지구적 환상들이 자신의 행동에 체현되는 것에 초점을 맞추고 있다. 나 자신의 연구는 지구적 환상이 **혐오스러운 측면**(noire side)을 가지고 있다는 것도 보여주었다. 예를 들어 최근에 수행한 나의 민족지리학적 연구(Smith and Tarallo, 1995)는 쿵푸 영화에 영향을 받은 권력, 부, 폭력에 대한 지구적 환상은 '자아의 표상들'에 재앙을 낳는 것을 보여주는데, 그 사례 가운데 하나가 캘리포니아 새크라멘토(Sacramento)의 전자상가에서 있었던 네 명의 베트남 청년 인질범들의 요구이다. 이들은 자신들의 지구적 환상을 행동에 옮겨, 인질 예닐곱 명이 총에 맞았고 카운티의 경찰특공대는 난민 청년 중 세 명을 사살하는 비극을 연출했다. 1975년 사이공이 함락될 때 어린아이였던 이 청년들의 요구 중 하나는 자신들이 공산주의자들과 싸우기 위해 베트남으로 날아갈 수 있는 헬리콥터였다. 세 청년의 비극은 '귀환'의 신화를 의미 있는 사회공간적 실천의 추진력으로 삼고 있는 세계 곳곳의 망명자와 난민들을 떠올리게 한다.

지구적 미디어의 표상들이 지역사회의 삶을 제조하는 것이 됨에 따라, 도린 매시(Massey, 1991a)가 제기한 일련의 질문들은 중요하게 고려해야 한다. 왜냐하면 그들은 이주 문제를 권력 문제로 다시 마음에 새겨 넣었기 때문이다. 매시가 물었고 하비가 바꾸어 말했던 것(Harvey, 1989)처럼 만약 케이블TV, 영화와 비디오, 팩스, 이메일을 경유한 지구적 대중 소통의 즉시성(instantaneity)이 실제로 "시간에 의한 공간의 소멸"이라면 핵심적인 물음은 제도적 권력에 관한 것이 된다. "이런 정보의 흐름을 보내고 받는 것은 누구인가?", "누가 그것들의 내용을 생산하는가?" 나는 여기에 덧붙여 "누가 이런 흐름들을 소비하고 어떤 효과를 낳는가?"라는 질문을 던진다. 만약 매시가 주장한 것처럼 이런 새로운 소통 수단에 의해 제공되는 차별적인 이동성이 이미 허약해진 지레를 더 허약하게 만들 수 있는 것이라면 초국적인 이민자·망명자·난민들을 연구하는 민족지학자들은 이미 활발하게 이동하고 있는 시공간의 여행자들을 어떻게 다루어야 하는가?

이 지점에서 내게 따라 나오는 물음들이 있다. 사회적 상향이동이라는 지구적 이미지들에 의해 부채질되는 초국적인 이주자들은 그들이 저축하는 달러의 현재 환율에 대한 관심만큼이나 그들이 살고 있거나 꿈꾸고 있는 지구적인 주요 도시들(global metropoles)의 일상생활을 묘사하는 케이블TV 쇼의 내용에 관심을 가지고 있는 것일까? 남성·여성·젠더 관계의 어떤 이미지들이 지구적인 대중적 의사소통의 항상적 흐름에 배치되는가? 이미지화된 삶의 이런 형태들은 젠더의 사회적 관계들, 특히 ① 공간에서의 남성과 여성이 가지고 있는 지리적 이동의 격차 비율과 ② 서로 다른 이주의 흐름 속에서 가족 내부나 가족간의 젠더 관계에서의 변화에 어떤 효과를 가지는가? 지구적인 동기든 지역적 동기이든 여성이 일단 가부장적 가정영역이었던 그들의 오랜 '장소'를 떠나 공적 영역으로 들어가고 초국적인 이주자로서 새로운 삶을 추구하게 된다면 시민권에 근거해 행동할 수 있는 '공적 공간'을 결여한 불법 월경자(border-crossers)로서 그들이 직면해야 하는 특별한 위험은 무엇인가? 나는 젠더와 이주에 대한 이런 물음들로 되돌아갈 것이며, 새로이 형성되는 이주 여성과 난민 여성의 권리의 정치에서 부각되는 사유와 행위에 관한 다중적인 스케일들을 다루는 후속 논의에서 그것들에 특별한 공감을 가지고 살필 것이다.

지구-지역의 이원성을 넘어

사회이론에서 지구-지역의 이원성은 지역을 정체(stasis)의 공간이자 존재론적 의미의 공간이면서 인격적 정체성(즉, '장소')의 문화적 공간으로, 지구를 역동적 변화의 현장이자 의미의 탈중심화와 문화의 파편화/동질화(즉, 지구적 자본주의의 '공간')의 현장으로 등치시키는 잘못된 대립에 기대고 있다. 이런 이원성은 사라지는 이국적인 지역문화들을 '구출하기'라는 전통적 인류학적 실천의 기본적인 가정들[이에 대한 비판은 Smith(1980: ch. 5), Clifford(1987)를 참조]과 마찬가지로 현대화 이론의 기본 가정들에 명백하게 반영되어 있다. 이는 후기 자본주의의 초공간에 의해 일어난 '혼란(confusion)'이라는 프레더릭 제임슨의 개념에 함축적으로 표현되어 있다(Jameson, 1984). 마찬가지로 『포스모더니티의 조건』에서 하비의 지역성의 융합과 하이데거적 존재론, 반동적인 노스탤지어, 파시즘은 이 두 가지 대립에 기대고 있다[이 책의 2장을 보라. 또 이런 관점에 대한 또 다른 비판은 Morris(1992)를 참조]. 이런 종류의 이원적 사고는 단지 "지역적으로 생각하고 지역적으로 행동하라", 또는 "지구적으로 생각하고 지구적으로 행동하라"는, 실천적 이성과 정치를 위해서는 단지 두 개의 공간만을 남겨 놓는다. 초국적 이주를 개념화하는 데에 이런 식의 이원적 사고는 '이주'의 과정을 인지하는 방식에서 지속적인 한계를 지워줄 뿐이다. 다시 말해 일관성 있는 전통문화로 추정되는 '낡은 것'으로부터의 탈배치(delocation)의 이행과정을 통한 단선적 이동 과정 이후에는 '새로운 것'과 더 "현대적인" 문화적인 맥락과 생활 방식에 적응하고 재배치되는 시기가 온다는 식으로 말이다.

지난 20년 동안 대중매체와 학계는 "지구적으로 생각하고 지역적으로 행동하라"는 슬로건을 이런 이원적 사고에 대한 유용한 해독제로 여겨 왔다. 이 슬로건은 "현장에서(on the ground)" 움직이는 사람들이 자신의 삶은 더 폭넓은 맥락 안에 뿌리내려(embedded) 있고 지구적 조건과 기회, 한계에 맞서거나 수용하는 것임을 어느 정도 이해하고 있다고 생각할 수 있도록 하는 장점을 가지고 있다. 그렇다고 해도 이런 슬로건으로 투영된 정치조차 대중적인 힘과 운동이 사용하는 주요 노선은 지역성(locality)이라고 간주할 뿐이다. '풀뿌리 정치'를 이런 방식으로 보는 관점은 시장(市長), 도시 서비스 제공자들, '성장 기계들', 사업의 이해당사자들, 지역 언론 등과 같은 지역의 정치, 경제적 엘리트의 다양한 행동들에 대해 저항하는 정치적 행동을 제한한다.

초국적 이주자들과 난민들 가운데에서 출현하고 있는 풀뿌리 정치적 실천의 유형은 지역적인 것을 지구적인 것에 연결시켜 편리하게 사용하는 지역정치의 제한된 경계선들에 잘 들어맞지 않는다. 지구-지역의 이원성에 둘러싸여 있는 포괄적인 공간을 개방하고, '풀뿌리'라는 개념을 더 풍부하게 재구성하고, 지역(neighborhood) 정도의 규모에 정치를 융합하는 쉬운 방식을 피하기 위해서, 우리는 초국적 이주자들과 난민들이 실천하는 풀뿌리 정치에 형성되는 '불법 월경자들'의 세 가지 유형을 밝히는 기술적인 방법으로 관심을 돌리려 한다. 이런 동적인 정치과정들을 특성화하는 포괄적 개념들이 마땅치 않고 또 '놀이'는 '심각함'이 아니라 '일'의 반대말이라는 프로이트의 통찰을 떠올리면서, 나는 지구-지역의 연결망 안의 차이의 놀이(play of difference)에 작용을 가하며 또 바라기로는 거기에 더 많은 여지를 허용할 개념들의 조합 세 가지를 만들었다. 그것은 ① 지구적으로 행동하는 반면 지역적으로 생각하기, ② 이중 초점적으로 살기, 즉 다중 지역적으로(multilocally) 행동하는 반면 초국적으로 생각하기, ③ 복합적 스케일로 동시에 생각하고 행동하기이다.

지역적으로 생각하고 지구적으로 행동하기

1993년 초 수천 명의 과테말라 난민들이 망명한 지 10여 년 후 다시 자신의 고국으로 돌아간 이야기는 새로운 유형의 초국적 풀뿌리 정치의 적합한 사례를 제공한다. 이 사례에서 정치적 실천의 형태는 집단의 목적이 대체로 과테말라에 있는 계급·민족성·공동체의 정치 주변에 "지역화되어" 있는 반면 그들의 목적을 성취하기 위해 싸웠던 정치적 전장은 대체로 "지구적"이었다. 이런 사례에서 난민들이 자체 조직한 집단은 '귀환'['재지역화'는 적절하지 않은 말이며 오히려 그들의 예전 '현장들(locale)' 속에 있는 지배-종속의 관계들에 관한 재구성이라고 해야 함]이라는 관점에서 조직화를 생각하면서 미국의 국제적 중재를 이끌어내기 위해 지구적으로 행동했으며 지구적 시계(visibility)를 이용했고, 그때까지는 불확실했지만 진행 중인 '귀환'에 대한 성공적인 협상을 위해 노벨평화상 수상자 리고베르타 멘추에게 그들의 상징적 지도자라는 문화적 지위를 부여했다.

크게 봐서 남부 멕시코 국경에 한정된 일련의 캠프에서 활동하면서 스스로를 조직한 이 난민들은, 국제적 난민기구들이 "대변하는(spoken for)" 제도적으로 규정된 주변성을 극복한 최초의 국제 난민공동체로, 자신들의 귀환조건을 구체적으로 협의하는 2년 동안의 국제적 중재기간 동안 스스로 대표자를 내세웠다. 이 협의기간 동안 기본적으로 억압적인 과테말라 군사정권은, 안전한 귀환을 보장하고 피난민들에게 제공되어야 할 토지를 할당하는 것뿐만 아니라 인권침해의 재개에 대항하는 보장조치에 도움을 주려는 국제적인 감시자들(이를테면 국제적십자위원회와 유엔고등난민판무관의 대표자들) 때문에 몇 가지 양보를 했다. 이 교섭에 비공식적으로 참가했던 UN의 한 외교관은 이들의 귀환에 관해 논평하면서 이들은 유엔의 중재에서 스스로 대표자를 조직함으로써 과테말라 정부뿐 아니라 이들 자신의 새로운 정치적 공간을 창조했다고 지적했다. 또 정부로서도 난민들과 협상함으로써 반군과 협상하는 것을 피할 수 있었고 난민들에게 양보를 했기 때문에 난민들이 자신의 문제를 반군과 거래하는 것을 막았다. 아이러니하게도, 군부 내에서 지배적인 우파가 조직한 친위 쿠데타가 실패하기 이선, 이 난민 십난이 유례없는 '귀환'을 통해 세계석으로 기관과 언론에서 관심을 얻었기 때문에 억압적인 과테말라 정부와 반군인 국가혁명단체(National Revolutionary Unity) 모두가 난민들을 포용하고 그들의 귀환이 자신 덕택이라고 서로 주장하는 상황을 만들 수 있었다(Robertson, 1993) 친위 쿠데타가 실패한 것은 부분적으로 리고베르타 멘추와 그녀의 운동이 펼친 초국적인 실천에 의해 지구적인 관심이 과테말라인의 정치와 사회에 쏠려서, 과테말라 시민사회의 다른 부분들이 압제에 저항하는 데 용기를 주었기 때문이라고 주장할 만하다.

이중초점적인 국경 횡단자들

1992년 8월 7일 중앙아메리카에서 온 초국적 이민자들과 캘리포니아 대학 버클리 캠퍼스 학생들의 다문화적 연합은 트럭에 옷, 의료 장비 등을 가득 싣고 사무실 비품을 챙겨 엘살바도르로 떠났다. 이런 "지역적인" 정치적 행동은, 미국 내 대학공동체들에서 전쟁으로 폐허가 된 중앙아메리카 '국가'로 지원단을 보내는 "미국 전역에서 구성된" 학생조직체인 SAICA(Students Against Intervention in Central America)의 노력으로 통합되었다. 비록 하나의 국가 단위로 조직되기는 했지만, SAICA의 평화를 위한 지원단은 전적으로 학생·평화운동가·난민, 그리고 텍사스 주와 캘리포니아 주 대학의 이주민 및 난민 권리단체들의, 지역적이지만 이중초점적인 의식적 연합이 풀뿌리 차원으로 노력한 결과이다.

지원단은 미국과 엘살바도르와 중앙아메리카의 다른 지역의 양쪽 모두에 정치적 효과를 얻으려는 뚜렷한 목적을 지니고 조직되었다. 여행자금을 마련하고 미국의 대중에게 중앙아메리카에서 미국 외교정책이 남긴 악영향을 교육하기 위해서 이들 집단은 니카라과와 과테말라, 엘살바도르에서의 사건에 초점을 맞춘 영화를 보여주고 자선공연콘서트를 후원했다. 엘살바도르 야당 파라분도마르티 민족해방전선(FMLN)이 다가오는 선거에서 합법적인 정당으로 참여하면서 지원행렬의 조직자들은 농촌 캠페인을 촉진시키기 위해 차와 트럭, 버스를 남겨둘 것이었다. 지원행렬을 파견한 버클리 대학의 대변인은 "이것은 자비의 행위가 아니다. 이것은 엘살바도르 인민을 위한 더 도덕적이고 정치적인 지지"라고 설명했다. 정치적 망명자로 지금은 버클리에 살고 있는 파라분도마르티 민족해방전선의 옛 병사는 "작은 마을로 난 많은 도로들이 폭파되었기 때문에 우리가 보낸 아홉 개의 자전거는 사람들이 주위를 돌아다닐 수 있도록 할 것이다"라고 덧붙였다(*Daily Californian*, 1992년 8월 7일자: 1면).2)

우리가 이 이야기에서 얻을 수 있는 것은 무엇인가? 무슨 일이 있었는지에 대한 나의 해석은 다음과 같다. 이 연합의 학생회원들은 초국적으로 생각하고 다중 지역적으로 행동하고 있다. 이 연합에 결합한 정치혁명가는, 엘살바도르의 국가 정치와 시민사회의 구성을 변형시키고자 하는 의도를 가지고 그의 행위가 가지는 지구적 맥락을 끊임없이 인식하면서도 행렬이 특별한 내용을 제공하도록 하기 위해 엘살바도르의 조건들과 버클리의 피난처 운동이 하는 일들에 대한 지역적 지식을 사용했다. 맥락을 따져보면, 미국의 국가적 법률체계가 풀뿌리 지역연합을 구성하는 학생들이 스스로 정당성을 '구성'할 수 있도록 제도적 틀을 부여한 전후 관계상, 실질적으로는 지역적인 스케일로 작동하는 지역 풀뿌리 연합들의 구성 인자인 학생들에 의해서 미국의 국가 법률시스템은 국가적 합법성의 '구성'을 위한 제도적인 틀을 제공했으며 캘리포니아와 텍사스에 있는 대학공

---

2) 원문에는 1972년 8월 7일로 되어 있지만, 이는 1992년 8월 7일의 오기로 보인다. ― 옮긴이

동체들이 발산하는 초국적인 풀뿌리 정치의 정치적인 내용을 만들어냈다. 학생들의 행동범위는 사실 지역적인 것으로, 이들의 초국적 풀뿌리 정치가 활발하게 나타난 곳은 캘리포니아와 텍사스의 대학들이었다. 이와 같은 것들이 출현하고 있는 초국적 이민자·난민·활동가들이 만들어내는 풀뿌리 정치의 일상을 특징짓는 복합적인 경계횡단이다.

이런 종류의 복합적 경계횡단들의 또 다른 사례는 미스텍 종족성(Mixtec ethnicity)의 출현과 서부 오악사카에서 온 미스텍족들이 수행한 새로운 정치적 실천 형태의 창조이다. 미스텍족들은 멕시코의 농촌이 너무나 경제적으로 낙후되어 있었기 때문에 캘리포니아와 오리건에서 농업노동 일자리들을 구했다(Nagengast and Kearney, 1990을 보라). 의식과 행위가 초국화하고 있다는 증거는, 캘리포니아와 오리건에서 설립된 초국적인 범미스텍(pan-Mixtec)협회들의 정치적 실천에 대한 나겐가스트와 커니의 기술(記述)에서 찾을 수 있다. 이들 협회는 이중국가적으로(bi-nationally) 작동한다. 그들의 목적 중 하나는 멕시코 내의 여러 미스텍 마을들이 스스로 일어설 수 있도록 개발 프로젝트를 위한 재원을 늘리는 것이다. 1986년 이민개정조정법(Immigration Reform and Control Act: IRCA) 처리 이후, 미국에서 상업적 농경의 작업 목적과 조건들이 악화되어 이민개정조정법으로 특별한 지위를 부여받지 못한 미스텍 농장노동자들의 핵심 회원들을 곤경에 빠뜨렸다. 캘리포니아와 이웃 주들의 미스텍과 다른 미등록 노동자들이 겪는 곤궁은 멕시코와 미국에 있는 인권단체와 시민권단체들의 중요한 쟁점이 되었으며 미스텍족 스스로 조직한 협회들의 우선적 관심이 되었다.

프레소(Freso), 마데라(Madera), 캘리포니아와 세일럼(Salem)에 기지를 두고 있는 ACBJ(Mixteca Asociation Civica Benito Juarez)에 대한 나겐가스트와 커니의 기술로부터 뽑아낸 다음의 구절은 길게 인용될 가치가 있다. 왜냐하면 그것은 복합적으로 주변화되어 있었던 이런 '타자들'이 창조한, 자체 생산한 정치적 공간 중 압권이기 때문이다. 이 타자들은 고향의 시민사회와 미국의 시민사회 양자에 참여하면서 더 넓은 정치적 공간을 형성하는 작업을 하고 초국적인 풀뿌리 정치를 실천한다. 이런 흐름은 인간 행위자들(agents)의 다초점성(multifocality), 그들이 추구했던 연합전략, 아직 드러나지 않은 프로젝트의 성격을 예고한다. 그것은 또한 유의미성과 사회적 행위가 가지고 있는 시대를 초월한 측면으로서 '지역'을 문제화한다. ACBJ의 회원인 나겐가스트와 커니는 다음과 같이 썼다.

> (ACBJ 회원들은) …… 어느 마을 출신이든 관계없이 오악사카의 마을 개발 프로젝트를 진척시킬 뿐 아니라 캘리포니아와 오리건에서 미스텍에 대한 차별, 착취, 보건, 인권 유린에 관심을 높이고 있다. 그들은 이제 그들 단체의 한 부분을 노동계약단체로 변형하고자 하는 시도를 하고 있다. 노동계약단체는 미스텍 농장노동자들이 그들의 노동력을 재배상(栽培商)에게 직접 팔 수 있도록 함으로써 대부분의 노동자들이 자신의 노동을 착취하는 청부업자에 의존하는 것을 피할 수 있도록 한다. 또한 그것은 독자적인 인권단체들을 통해서 인권침해에 대한 증언을 모으고 공론화하는 데 초점을 맞추고 있다. ACBJ는 국경 **양쪽**에서 이주자들이 겪는 인권침해에 대한 멕시칼리의 초국적 학술회의, 국제인권법과 그것의 로스앤젤레스 이민자들에 대한 적용가능성(applicability)에 관한 세미나에 참여하고 있다. 전체적으로, ACBJ는 국경 양쪽에서 미스텍 집단들을 협력하게 만드는 미스텍협회들의 **초국적인 연맹**을 형성하는 작업을 진행하는 중이다. 미국에 있는 미스텍족들은 멕시코를 넘어 국경 북쪽을 조직하기 위한 '더 **많은 공간**'을 가지고 있다고 말한다. 이것은 미국의 공공연한 정치적 억압이 훨씬 약해졌다는 것을 의미한다.

미스텍 이야기에 아이러니가 없는 것은 아니다. 미스텍족들의 이런 노력이 그들의 삶을 조직하는 이중국가적이고 다지역적인(multilocal) 사회공간을 포괄할 수 있는 초국적 정치공간을 창조하게 되자, 이에 대응해 제도혁명당(PRI)이 지배하는 멕시코 국가는 초국적 이민자들을 멕시코 내에서는 지금껏 그래왔듯이, 정치적으로도 잡음이 없을, 후원자-피후원자(patron-client)의 정치 의례와 일상으로 재조직하려는 기묘한 발걸음을 내디뎠다. 1989년 4월 총선거를 앞두고 스스로를 미스텍족으로 칭하는 오악사카의 주지사 에랄디오 라미레스 로페스(Heladio Ramirez Lopez)는 오악사카 주와 전국에서 미스텍족들의 선거지지율이 하락하는 것을 우려해, 캘리포니아 주의 왓슨빌(Watsonville)과 마데라(Madera)를 방문해 미스텍 이민노동자들을 만나고 멕시코 정부에 대한(vis-a-vis) 그들의 불만과 요구를 경청했다. 그들의 불만과 요구는 북쪽 지방을 거칠 때 정부 관리들과 경찰들이 돈을 빼앗는 것, 부패한 전신국 직원의 송금액 중 일부에 대한 유용, 믹스테카의 낙후된 경제적 조건들에 집중되었다. 명백한 푸코적 아이러니는 아니지만 로페스는 미스텍족에 대한 더 많은 후원을 맹세했고, 그의 정부가 더 효과적인 당국의 '감시'를 보장하도록 하기 위해 노력할 것을 제안했다(Nagengast and Kearney, 1990: 85).

흥미롭게도 미국-멕시코의 경우, 이런 유형의 국경 가로지르기가 제도화되는 중이다. 1988년 멕시코 총선거에서 제도혁명당에 맞서 카르데나스(Cardenas)가 이끄는 야당은 미국 국경에 인접한 멕시코 지역에서 선거지지율을 높임으로써 PRI 헤게모니를 상당히 잠식할 수 있었는데, 그 마지막 수순이 미국 로스앤젤레스에서 열린 정치집회에 참석해 열광적 반응을 이끌어낸 것이었다. 이와 같은 위협에 대응해 언제나 조합주의자인 제도혁명당은 멕시코 국가의 새로운 정부 부처인 재외멕시코인청(Office for Mexican

Communities Abroad)의 후원 아래 캘리포니아와 텍사스의 여러 도시들, 심지어는 시카고까지 제도혁명당 주지사를 정기적으로 보내 초국적 이민자들과 정치적 회합을 갖는 국가정책을 추구했다. 비록 멕시코 국가기구가 이런 추가적인 조치를 취한 목적은 정치적일 뿐만 아니라 경제적인 것이었지만, 새로운 부처의 신설은 멕시코에서 태어난 초국적인 이민자들만 아니라 이제는 스스로를 '멕시코-아메리칸'과 '멕시코계 미국인(Chicano)'으로 여기는 이들을 위해 국경을 넘어 "문화를 재건설하기"와 "멕시코인의 정체성을 재구성하기"를 해야 한다는 것을 문화적인 근거로 정당화했다.

멕시코-아메리카인의 월경 정치의 이런 사례들은 초국적 이주에 관한 다른 연구자들의 작업에서 발견되는 것들과 유사하며, 월경이 사람들이 생각하는 것처럼 그렇게 드문 일이 아니라는 점을 시사한다. 예를 들어 뉴욕시의 도미니카인과 푸에르토리코인 순환이주자[3]들 또한 정치적 지지와 문화적 정체성, 본국 경제를 지탱하는 송금의 지속적인 흐름을 추구하는 고국 정치인들의 정기적인 방문을 맞이하고 있다. 그러나 이런 (정치인들의) 노력들은, 과르니조(Guarnizo, 1994)의 뉴욕의 도미니카인 이주자에 관한 민족지학적 연구가 잘 밝혀주었듯이, 이중초점적인 생활세계를 생산하는 문화적 혼성화(hybridization)의 흐름을 저지할 수 없다. 이런 이민자들은 그들이 방문 또는 정착하기 위해 고국으로 되돌아갔을 때 고국에 남아 있는 사람들에게 "너무 미국적"으로 보이는 반면, 뉴욕에 있을 때에는 사회경제적 차별에 대한 방어로서 또 정치적인 영향력을 실행하기 위한 방편으로서 "도미니카의 문화적인 특색들"을 강조한다.

---

[3] 이 맥락에서 순환이주자(circular migrant)란 이주한 나라(수용국)에 영구거주하는 것이 아니라, 모국(송출국)과의 관계를 유지하며 초국적 네트워크를 통해 상황에 따라 수용국과 송출국 가운데 어느 곳에서든 거주하는 이주자를 말한다. — 옮긴이

동시성의 정치

1993년 3월 8일, 세계여성의 날에 150명이 넘는 초국적인 이주자·난민·이주자 및 난민 관련 활동가들이 샌프란시스코 포트메이슨(Fort Mason)에서 열린 회의에 참석하기 위해 모여들었다. 베이 지역(Bay Area)에 있는 여성과 이주자 권리단체들의 정치적 연합이 조직한 이 회의는 '이민자 및 난민의 권리와 서비스를 위한 동맹(Coalition for Immigrant and Refugee Rights and services)'과 라틴아메리카계 미국인 여성(Latina) 가사노동자들이 스스로 조직한 단체인 '단결하고 행동하는 여성들(Mujeres Unidas y Activas)'이 주도했다. 이 회의는 미국에서 일하는 초국적 이주 여성이 겪고 있는 인권침해에 대한 증언을 모을 목적으로 기획되었다. 7시간 동안 칠레, 멕시코, 과테말라, 중국, 필리핀, 아이티 등 여러 나라에서 온 연설자들의 퍼레이드는 그들이 국경을 넘거나 난민 캠프에서 살 때 또는 미국에서 일하고 있을 때 경험해왔던 물리적이고 정신적인 고문, 강간, 노예상태의 작업장, 가정폭력, 기타 다른 형태의 인권 침해에 대한 증언으로 이어졌다.

베이 지역 이주 여성의 증언청취(hearing)는 세계 곳곳의 많은 도시들에서 여성과 인권집단이 개최하는 많은 사례 중 하나일 뿐이다. 다양한 지역 회의에서 모은 증언은 1993년 6월 유엔인권위원회(United National Human Rights Commission)가 연 비엔나 세계인권회의(World Conference on Human Rights)에 제출되었다. 국제적인 정치적 인식의 고양을 위한 노력의 일환으로 정한 이 운동의 지구적 목표는 인권침해가 미국과 같이 고도로 발전한 선진국에서 일어나지 않는다는 신화를 깨뜨리며 더 중요하게는 '인권'이라는 보편적 개념을 젠더화함으로써 학대를 막기 위해 국제적 정책들을 바꾸는 것이다. 비엔나의 증언 청취 후, 유엔인권위원회가 "문화적·인종적으로 독특하다는" 근거를 가지로 여성에 대한 특별한 학대를 정당화하는 주장을 기각한 것은 의미심장하다.

이런 지구적 목표 외에도 샌프란시스코의 증언청취에 제출된 증언의 다른 부분들은 미국에 있는 국가권력의 한층 더 낮은 수준에 위치한 다양한 정치적 목표들을 동시적으로 제기했다. 예를 들어 미국 이민국(US Immigration and Nationalization Service: INS)에 의해서 국외추방에 직면한 한 칠레 여성은 캘리포니아 로너트파크(Rohnert Park)에 사는 전문직 부부를 위해 일하는 합법적으로 등록된 오페어(au pair)[4]로서 경험한 학대와 임금 체불을 증언했다. 그녀는 캘리포니아 농촌법률구조공단(California Rural Legal Assistance)이라는 기관의 도움으로 캘리포니아 주 정부가 그녀의 고용인에게 임금과 초과근무수당을 되돌려주도록 강제하는 보상청구를 성공적으로 제출했다고 말했다. 다른 연설자인 '단결하고 행동하는 여성들'의 대표인 마리아 올레아(Maria Olea)는, 이민국(INS)에 보고되어 국외추방될 것이라는 두려움이 광범위하기 때문에 초국적 이민자와 난민 주거지역 인근의 많은 범죄들이 보고되지 않고 있다고 지적하면서 이민규제와 지역 순찰을 분리할 것을 호소했다(Espinoza, 1993).

다른 국가, 사회, 지역성들이 '증언청취(hearing)'의 다수준적 양식(multilevel mode)의 정치적 실천 속에 서로 얽혀 있다. 예를 들어 한 이란 여성은 그녀 자신의 삶을 향상하고 출신 국가 이란의 가정과 사회 관습에 대해 지구적으로 관심을 끌어내기 위해 증언하면서, 이란에서 여성에 대한 억압을 피해 미국으로의 정치적 망명을 위한 지원을 신청했다고 지적했다.

---

4) 가정에 입주해 집안일을 거들며 언어를 배우는 외국인 유학생, 특히 젊은 여성.
— 옮긴이

국경과 난민 캠프에서의 여성에 대한 성적 학대에 관심을 둔 다른 증언 역시 이주 여성의 유입을 규제하고 그들의 교차로를 '감찰(policing)'하는 미국 이외의 국가기구들이 권력 남용 관습들을 바꾸게 되도록 널리 알려지기를 바란다고 했다.

이 베이 지역 한 곳에 대해서만도, 이제 유엔 인권헌장을 젠더화해 다시 쓰는 작업을 성공으로 이끈 여성, 이주자, 난민단체의 지구적 연합이 형성되어 조직한 복합적인 텍스트들과 하위 텍스트(subtext)에 대해 훨씬 더 많이 말할 것들이 있을 것이다. 하지만 이 사례와 그 이전 사례를 통해 오늘날 상당수의 초국적 풀뿌리 정치는 '동시성의 정치'라는 결론을 내리기에는 충분하다. 여기서 '동시성의 정치'란 단일한 정치적 행동들이 복합적인 목표를 향해 조직될 수 있으며 제도적이고 지리적인 규모에서 다양하게 작동하고 초국적인 풀뿌리운동들이 전유하는 대중 매체의 지구적 수단들에 의해 매개되며, 지구적 풀뿌리운동의 새로운 사회적 주체의 복합적 정체성들을 반영하고 있는 정치를 말한다.

정치적 공간의 생산

나는 하비(Harvey, 1989)나 제임슨(Jameson, 1984)과 같은 '포스트모던 조건(postmodern condition)'에 관한 지도적인 논평자들이 믿고 있는 것보다 보통 사람들이 복합적인 규모로 동시적으로 생각하고 행동하며 그들의 실천을 따라 초국적인 적대의 정치(oppositional politics)를 형성하는 것이 더 쉽다고 주장한다. 소위 후기 자본주의의 '초공간'이 낳는 '혼란'에 의해 만들어진 탈정치화에 대한 그들의 묘사는 우리가 방금 고려한 풀뿌리 정치의 행위성이라는 새로운 형태를 상상하는 데에서 무의지 또는 무능력을 드러낸다.

이렇게 말하는 것은, 이 장에서 논의된, 출현하고 있는 새로운 사회주체들의 사회적 구성을 향한 가능성들에 의해 풀려나온 일상적 실천들이 양날의 칼이라는 점을 분명히 깨닫는 것이 중요하다는 점 때문이다. 수립된 질서들이 제공하는 것에 의해 대체로 자신들의 삶을 억압된 것으로 보았던 사람들이 만들어내는 정체성의 재생은 위에서 논의된 것들과 같은 고도의 정치적 효능을 가진 새로운 해방적인 사회운동을 생산할 수도 있다. 그러나 최상의 경우에서조차 공식적으로 구성된 정체성의 범주들 밖에서 작동하는 새로운 초국적 주체들의 출현은, 비록 그들의 헌신이 있어야 한다고 할 수는 없을지라도, 그들의 행동을 규율하기 위한 새로운 권력구조들을 수립하려는 새로운 노력을 야기한다. 후기 모더니스트(late-modernist) 수용국은 '문화적 소외', '미등록노동자', '비합법' 정치적 피난민들과 같이 '결핍'이라는 관점에서 초국적인 이민자들을 다시 정의하기 위한 새로운 수단들을 발견함으로써 그들이 느끼고 있는 주권의 부식을 거듭 강조하고 있다. 주변화되고 침묵하고 배제된 미등록 '타자들'에 관한 최근 미국에서의 담론적 노력들은 과거에 효과적이었던 것들을 가지고 초국적 이민자들을 국민국가와 국민경제로 통합하려는 작업이 실패하고 있다는 것의 징후이다. 공장노동자, 노동조합, 공립학교, 도시 정치 모두는 스스로 초국가화되있으니 따라서 국민경제적이고 정치적인 통합 수단과 복잡하게 뒤엉키게 되었다. (반면) 저개발국가와 사회들은 초국적인 이주자들을 그들의 국가적 담론과 기획들로 다시 통합해가면서 풀뿌리 정치를 탈정치화하고 그들의 영토에서 싹트는 반대세력을 규제하기 위해서 다양한 수단을 고안하고 있다. 이 장에서 논의된 새로운 정치적 공간들은 스스로 조직한 프로젝트로 생존하기 위해 실질적으로 싸워야만 하며 버텨내야만 한다. 이것은 새로운 정치적 공간들이 서서히 쇠퇴해갈 것이기 때문이 아니라 현존하는 권력의 네트워크들이 새로운 초국적 정치적 공간을 없애 버리려고 시도하기 때문이며 정치의 범위를 그것들이 현재 지배하는 영역으로 되돌려 놓으려고 하기 때문이다.

[박영균 옮김]

8
지구화에서 초국적 도시이론으로

> 나는 국경을 가로지르는 어떤 과정 또는 관계를 표현하는 데 '지구화'라는 용어가 상당히 넓게 사용되는 점이 좀 거북하다. 그런 많은 과정과 관계는 분명 모두 다 세계를 가로질러 확장되지는 않는다. '초국적'이라는 용어는 어느 정도 좀 더 겸손하고, 다양한 스케일과 분포를 보이는 현상에 더욱 적합한 표지가 된다. 심지어는 그것들이 한 국가에 한정되지 않는 특징을 공유하고 있을 때에도 그러하다. 그것은 법인 행위자(corporate actors)로서의 국가와 관련되어 있다는 점에서, 논의되고 있는 많은 연계(linkages)가 '국제적(international)'이지 않다는 점을 강조한다. 초국적 영역에서 행위자는 개인이나 집단, 운동단체, 기업체일 수 있는데, 적지 않은 부분에서 조직의 이러한 다양성은 바로 우리가 고려해야만 하는 것이다. '초국적'이란 용어가, 그것이 부인하는 것 — 즉, 국가의 지속적인 중요성 — 에 주목을 끌게 하는 경향도 있다는 점은 약간 아이러니하기도 하다.
>
> — 울프 한네르츠, 『초국적 연결망』
> Ulf Hannerz, *Transnational Connections*.

도시와 도시화 과정에 대한 모두 지술은 사회적 구조물이다. 도시연구에서 초국적 도시이론이 왜 글로벌시티와 시공간의 압축구조(compression frameworks)보다 더 효과적인 시각인가? 구조주의적 형이상학에 매몰되고 구조주의적 성향을 보이는 후자와는 달리, 초국적 도시이론은 사회과학에서 최근의 탈구조주의적 국면을 설명하는 해석적 정치학을 직접적으로 언급한다. 사회과학과 문화연구 둘 다에서 초국적 연결망에 관한 담론의 등장이 갖는 핵심적 주제는 정보, 교환, 의미, 권력의 초국적 순환에 의한 국가 문화, 정치 시스템, 정체성 형성과정에서의 경계 침투(boundary penetration)이다. 이런 담론에서 국민국가는 종종 초국적 자본, 글로벌 미디어, 신생 거대국가적(supranational) 정치제도에 의해 "위로부터" 약화되는 것으로 설명된다[예를 들면 Cvetkovich and Keller(1977), Drainville(1998)을 보라]. 다르게는 "아래로부터의" 분산된 지역적 저항— 예를 들면 민족적 국가주의(ethnic nationalism)나 초국적 풀뿌리운동— 에 직면한 것으로 파악되기도 한다[예를 들면 Portes(1996a, 1996b), Mahler(1998)를 보라]. 이러한 발전은 때때로 위로부터의 글로벌 마켓으로의 합리성의 선구자, 또는 초국적 이주에 의한 포스트모던 도시생활이 초래한 문화적 혼종(hybridity)과 같이 아래로부터 나온 자유로운 실천의 선구자라는 찬사의 용어로 표현되기도 한다. 비관적으로 보면 이러한 발전은, 전 지구를 지구적 소비자로 전환하게 하는 자본주의적 현대화의 새로운 형태의 시작으로 표현된다. 이런 표현들 대부분에서 위와 아래로부터의 초국가론은 상당히 "새로운" 무언가로 표현된다.

그러나 국제무역, 지구적 이주, 국경을 가로지르는 정치적 행위와 문화적 상호 침투 등에 의해 만들어진 초국적 연결망은 결코 완전히 새로운 현상은 아니다. 실제로 각각의 이런 흐름은 오랜 역사를 가지고 있는데, 마르코 폴로의 체류, 도시국가의 경제적 동맹, 20세기 초의 대량 이주, 또는 이탈리아 통일을 이끈 정치적 행위 등이 그것이다. 그렇지만 당대의 역사적 순간에서, 사회적 행위의 초국적 네트워크 형성에 기여한 동시대의 네 가지 과정은 새로운 것으로 보인다. 이러한 과정은 "탈국가적인" 지구적 문화 경제에서 초국가론을 도시연구의 초점으로 전환하는 것과 함께 도시의 역할에 대한 토론의 논쟁적인 성격을 도출하는 것으로 보인다 (Appadurai, 1996을 보라). 거기에는 다음이 포함되어 있다.

1. 지구화의 의미에 대한 논쟁에서 국민국가와 관련된 도시의 광범위한 위치 전환.
2. 탈식민지화와 인간 권리에 대한 담론과 이제까지 주변화되어왔던 다른 것에 관심을 촉진시키는 그 밖의 다른 보편적 수사용법을 배치하는, 국가를 가로지르는 정치적·제도적 네트워크의 출현.
3. 초국적 여행, 통신 등을 가능하게 한 새로운 기술 발전에 의한 초국적·사회적 연대의 촉진.
4. (이를 통한) 이주, 경제 행위, 문화적 신념, "아래로부터의" 정치적 행위성(agency)의 재생산을 촉진하는 사회적 네트워크의 공간적 재구성.

현대의 초국가론에 대한 이러한 다차원의 개념으로부터 출발하여, 나는 초국적 도시이론의 출현에 초점을 맞추어 네 가지 주제를 탐구하고자 한다. ① 초국적인 사회적·경제적·정치적 네트워크의 사회공간적 행위성(agency), ② 초지역성(translocality)이라는 용어 등장에 대한 연구의 필요성, ③ 초국적 도시이론의 사회구조에서 역할자(player)로서의 국민국가의 중요성, ④ 초국적 네트워크의 비교 도시 분석의 필요성.

초국적 네트워크의 행위성

초국적인 사회문화적·정치경제적 행위성은 복합적 공간 스케일에서 작용한다(Smith, 1994를 보라). 국제 조직과 다국적 법인의 지구적 지배 의제(agenda)에서부터 가장 지역적인 사회적 행위에 이르기까지, 초국적 네트워크의 사회적 구조는 지구적 시스템 안에서 분리되거나 때로는 평행하거나 때로는 경쟁하는 기획의 결과로 다뤄져야 한다. 지구적 수준의 분석에서, 맥마이클(McMichael, 1996)과 드레인빌(Drainvill, 1998)에 의해 확인된 특별한 다각적 집합성(collectivities)은 지구적 신자유주의적 문맥의 공간, 즉 자본, 무역, 사람, 문화의 초국적 흐름을 통제하는 '새로운 세계 질서'를 구성한다. 그 과정 속에서 그것은 케인스주의와 포드주의의 국가적 경영체제 붕괴를 대체한다(Drainvill, 1998). 가장 지역적인 차원에서는, 특별한 집합성 ― 지역 가구, 친족 네트워크, 소수의 엘리트, 그 밖의 신생 지역 형태 ― 은 신자유주의의 폭풍에 맞서 문화자원을 포함한 각종 자원을 유지하거나 또는 변형시키기 위해 초국적 이주[예를 들면 Goldring(1998), Smith(1998)를 보라], 초국적 사회운동(Sikkink, 1993; Smith, 1994; Guarnizo and Smith, 1998; Mahler, 1998) 또는 초국적인 경제적·문화적 기업정신(Portes, 1996a, 1996b; Schein, 1998a, 1998b)과 같은 전략을 활발히 추구한다.

초국적 행위는 적어도 하나 이상의 국가 영토에 위치한 사회적 네트워크와 연결된다. 그러나 그러한 행위가 본래부터 관습을 거스르는 새로운 사회적 주관(subjectivities)의 산물을 의미하는 것은 아니다. 오히려 초국적인 정치적·경제적·사회문화적 행위는, 역사적으로 특별하고 문화적으로 구성된 사회관계 안에서 구체화된다.

따라서 초국가론의 '지역(local)' 범위는 조심스럽게 고찰될 필요가 있다.

비록 사회이론에서 정지(stasis) 또는 정착(settlement)의 장소로 간주된다 하더라도 포스트모던 민족지학과 비판이론의 중요한 공헌 중의 하나는, '지역'을 대안적 세계주의(cosmopolitanism)의 역동적인 원천으로 재정의했다는 점이다(Smith, 1992; Robbins, 1993; Schein, 1998a). 지역성(locality)에 대한 더욱 역동적인 시각으로, 초국적 도시이론의 이동하는(shifting) 경계가 특정한 국면 특히 빈번하게 대도시에서 발견되는 합법화된 또는 강제적인 사회문화적 네트워크에 반영되는 것으로 보는 것이 중요하다.

지역적 정지-지구적 역동성이라는 두 개의 분열을 통해 초국적 담론에서는 '도시(the urban)'라는 표현이 강조된다. 이 책에서 진전된 초국적 도시이론의 견해에 따르면, 도시는 초국적인 표현상 텅 빈 그릇으로 간주되지 않는다. 자본투자, 이주 형태 또는 IMF 정책과 같은 초국적 흐름은 단순히 외부로부터 도시에 강요된 것이 아니다. 오히려 지역은 종종 지구화의 의미를 재구성한다. 예를 들면 지역문화적 이해는 투자의 의미를 조정하고 상호 구성하는데, 홍콩의 자본투자 네트워크가 선전(深圳)이나 밴쿠버를 서로 비교하며 형성되는 점은 중요하다[예를 들면 Smart and Smart(1998)와 Mitchell(1996)을 비교하라]. 이와 마찬가지로 지역문화적 행위와 정치적 이해가 지구적 권력관계를 조정하기 때문에, IMF 긴축정책이 코스타리카의 산호세 또는 멕시코시티에서 효력이 있는가 하는 것도 중요하다[예를 들면 Tardanico(1992)와 Barkin·Ortiz·Rosen(1997)을 비교하라]. '이주자'의 지역사회적 구성은 어떤 한 도시와 그 인접 도시 사이에도 차이가 나기 때문에, 라틴아메리카와 환태평양에서 온 이주자가 뉴욕 또는 마이애미, 로스앤젤레스 또는 샌프란시스코로 이동하는 것과 더불어, 아시아 또는 유럽의 대도시로 이동하는 것 역시 중요하다[Smith and Tarallo(1995)를 보라. Mahler(1996), Smith and Tarallo (1993a), Smith and Guarnizo(1998)의 사례연구와 비교하라].

여기서 나는 지역문화의 본질을 말하고자 하는 것이 아니다. 뉴욕이나 로스앤젤레스의 지역문화적 행위의 사회적 생산은 매우 이질적인 기획(enterprise)이다. 왜냐하면 도시, 지역 국가(local states), 공동체 형성은 한정되거나 자기 충족적이거나 일관된 존재가 아니라 오히려 복합적이고 심지어 모순적이기 때문이다. 어느 장소와 문화적 의미 사이에는 어떤 필수적인 상호 관련도 존재하지 않기 때문에, 연구자들은 '지역(local)'이 언제 어떻게 '지구(global)'를 조정하는지에 대한 두 가지 분석적 질문을 반드시 개방된 채로 두어야 한다. 초국적 도시이론을 만들어내는 지역적·국가적·초국적 연결망은 상호 구성적이다.

초국적 연결망에는 빠르게 성장하는 문학(literature) 영역이 있다[예를 들면 Hannerz(1996)의 사례연구, Ong and Nonini(1997), Smith and Guarnizo(1998)를 보라]. 이러한 문학은 특정 시간 특정 도시에서 공모하고 충돌하는 사회적 행위를 가로지르는 네트워크 내에서의 초국가론 연구에 기초를 둔다. 역사적으로 정치, 문화의 특정 형태와 특정 장소에서 형성된 경제생활은 사람, 자원, 아이디어, 정보의 초국적 흐름을 조절한다. 특정한 초국적인 경제적·정치적·문화적 흐름을 수용한 도시라면 어디나 잠재적 기회와 강제의 특정한 형태(예를 들면 노동시장 조건, 투자 기회, 이주자 집단의 대중적이고 공식적인 인식, 다른 정치활동가의 존재 혹은 부재)를 이주자, 투자자 또는 정치적 문화적 브로커에게 제공한다. 따라서 행위성의 역할은 장소마다 다르게 작동하고, 심지어 같은 장소라도 시간이 다를 경우 다르게 작동한다. 특정 시간 특정 장소에서 상호작용하는 다양한 네트워크 사이의 힘의 격차 때문에 이런 상호작용의 지역사회적 맥락은 변함없이 유동적이다. 그러나 다양한 안으로의 흐름과 특별한 도시적 지역적 환경의 영향은 초국적 연대를 생산하고 유지하고 또는 그만둘 가능성뿐만 아니라 구축될 수 있는 연대의 특성도 형성한다. 초국적 도시이론의 복잡성을 해결하기 위해서는, 의미 생성의 기초적 국면으로서 도시가 갖는 지속적인 중요성에 주의를 환기시키는 데 그쳐서는 안 된다.

초지역성의 등장

초국가론에 대한 최근의 연구에서는 초국적 행위가 일어나는 특별한 사회적 공간이 단지 지역적이지 않고 종종 "초지역적(translocal)"이라고 설명한다. 초지역적 관계는, 초국적 이주자, 투자자, 정치적 행위자, 사회문화적 기업가에 의해 만들어진, 기원(origin)과 종착(destination)의 역사적이고 지리적으로 특별한 지점 안에서 구성된다. 그것들은 초국적 행위자를 연결하는 다면체적인 연결망을 형성한다. 초국적 도시이론과 관련된 기원의 지점은 아마 다음과 같은 곳이 될 것이다. 투자 자본가가 투자(금)를 다른 지역으로 향하게 하는 환태평양에서의 홍콩과 같은 도시, 가정(households)에서 뉴욕이나 로스앤젤레스로 이주자(transmigrants)를 보내는 멕시코의 시골 마을, 호텔과 음식점 노동자들의 '지역'연합이 초국적인 다인종의 노동계급을 조직하는 캠페인을 창시한 캘리포니아의 오클랜드와 같은 소규모 도시, 활동가가 다양한 초국적인 인간 권리 담론과 행위를 배치하고 재영토화한 암스테르담이나 샌프란시스코 해안 지역과 같은 정치적 동요의 중심지 등. 초국적 네트워크에 의해 형성된 사회적 관계는, 송출지(sending location)와 수용 도시(receiving cities)를 복잡한 방법으로 연결시키고 권력관계를 재형성시키거나 심지어 바꾸기도 하는 초지역적인 광범위한 공간적 행위를 생산한다.

중요한 예로서 중국 본토 선전 지역의 홍콩 기업 자본가의 투자 행위에 관한 앨런과 스마트(Alan and Smart, 1998)의 최근 연구를 살펴보자. 그들은 지구적 투자의 형태를 조정하는, 역사적으로 형성된 초지역적 관계에 대해 조사했다. 그들의 연구는 브리티시 콜롬비아(British Columbia)에 있는 밴쿠버로 투자를 돌리는 홍콩 출신의 중국 법인 자본가에 의해 형성된 초지역적 연대와는 현저하게 차별되는, 초지역적 네트워크의 결속과 배제를 구성하는 토대로서 "놓인 민족성(situated ethnicity)"의 특별한 형태를 보여준다 (Mitchell, 1993, 1996). 이 연구에서는 세계 경제에서 서로 다른 도시와 지역을 관통하여 홍콩 출신의 초국적 자본가가 전적으로 자유로운 행위자는 아니라고 설명한다. 사실 그들은 널리 퍼져 있는 지역문화적 이해 안에서 자신들의 행동을 정당화해야만 한다. 홍콩 기업 자본가는 선전에서 그들의 '중국민족성(Chineseness)'을 앞세우는 반면, 밴쿠버의 홍콩 출신 자본가는 우세한 다문화적 공공 담론 안에서 그들의 중국민족성을 무시하고 자본가적 경제 지위를 앞세우면서 달라진 환경에 적응한다. 초국가론은 지역적 동일성과 의미의 시스템을 지워버리기보다는, 초국적 연대를 유지하기 위해 사실상 그것들에 의지하고 있는 것이다.

『기반 없는 제국(Ungrounded Empire)』에서는 초국적 도시이론을 구성하는 지역적·초지역적 사회연대의 역동적인 특성을 보여준다(Ong and Nonini, 1997). 옹과 노니니는 현대 중국의 초국가론과 동시대의 환태평양 도시화의 이해를 위한 핵심이 되는 초지역적 사회관계 형성에 대한 연구들을 수합했다(Ong and Nonini, 1997). 민족지학적 연구에서 '여행(travel)'을 '정착(settlement)'에 필수적인 요소로 간주해야 한다는 클리퍼드(Clifford, 1992)의 권고에 따라, 남중국 내부와 외부에서 대만 기업가들의 운동에 의해 형성된 사회적 네트워크와 행위(Hsing, 1997), 일본 도시에서의 중국계 말레이시아인의 초국적인 이주 노동자의 체류(Nonini, 1997), 방콕과 마닐라에 사는 중국 소수민족 사이에서의 국가적·초국적·범아시아적(Pan-Asian) 정체성 (Blanc, 1997) 등을 탐구했다.

아시아 도시에서의 초국적 도시이론 연구는 다량의 이주 연구에 의해 보완되었다. 이들 연구를 통해, 라틴아메리카의 작은 마을과 미국 대도시 사이에 이주자의 이동에 의해서 사회적 연대가 형성되고 그 연대에 유지되는 초국적 공동체가 출현하게 된 것이 탐구되었다[예를 들면 Goldring(1998), Rodriguez(1995), Mahler(1998), Smith(1998)를 보라]. '초국적 공동체'는 초지역성에 기초한, 문화적 생산과 사회적 재생산의 구조를 의미한다. 초국적인 사회문화적 구조는 이주라는 사회적 네트워크와 그에 수반하는 사회 조직에 의해 유지된다. 예를 들면 로스앤젤레스, 뉴욕, 휴스턴에서 초지역적 '고향' 연합을 조직하고, 가족을 부양하고 공동체 발전계획을 추진하며, 출신지역에서의 지역 권력과 지위 관계를 재형성하기 위해 초국적 도시에서 벌어들인 수입에서 현금 송금을 하는 것 등이 그것이다. 그러한 초지역적 연결망은 운송과 통신의 좀 더 간접적인 기술 수단─ 제트 비행기, 위성 안테나, 여행 가이드 서비스, 전화·팩스·이메일 ─ 에 의해서도 유지되는데, 지금은 초국적 사회연대의 구축이 손쉬운 상황이 되었다.

초지역성을 구성하는 이러한 과정은 '가구 재생산'이라는 경제주의적 규정으로 쉽게 환원될 수는 없다. 사실 그늘이 관리하는 송금액을 포함하여, 이주자의 일상 행위는 가족의 생존에 관여할 뿐만 아니라 송출 지역에서의 이주자의 정치적 영향을 증대하는 지위의 재정립(reinscription)에도 관여한다(Goldring, 1998; Smith, 1998). 이주자에 의해 동원된 자원은 송출 및 수용 지역에서 공동체 권력관계(Nagengast and Kearney, 1990; Smith, 1998)

를 변형시키는 것으로 드러난다. 초국적인 육체적 이동은 중립적인 공간을 횡단하는 이동이 아니다. 오히려 서로 다른 도시적·민족적 체계와 젠더의 서로 다른 지역적·사회적 관계에 기반을 둔 논쟁적 접점과 관련된다. 이러한 초지역적 구역은, 지역적·인종적·젠더화된 경계의 침범을 통해 새로운 공간을 창출한다[예를 들면 Sorensen(1998)에서 뉴욕과 마드리드에 사는 도미니카 출신의 이주여성과 흑인의 사례를 보라]. 중국 소수민족 미아오족(Miao)과 몽족(Hmong)의 초국적 연대의 창출에 관한 셰인의 사례연구(Schein, 1998a)는, 지리학적 이미지와 문화적 아이콘을 담은 민족 비디오를 생산, 보급, 소비함으로써 한 민족의 기원을 재창조할 수 있다는 것을 보여준다. 캘리포니아, 미네소타, 그 밖의 다른 크고 작은 도시에 살고 있는 라오스 출신의 몽족 난민은, 라오스가 아닌 중국의 미아오 지역과 연결된 문화적 기원의 신화를 창조한다.

이러한 예에서 제시하는 바와 같이 앤더슨(Anderson, 1983)이 말한 '상상의 공동체'의 사회적 구조는 매우 복잡한 방식으로 지역주의, 국가주의, 초국가주의와 연결된다. 셰인(Schein, 1998a)과 스마트와 스마트(Smart and Smart, 1998)의 연구를 비교해보면, 서로 다른 중국 지역에서 정치적 엘리트들이 미국에 기반을 둔 몽족의 문화적 브로커와 홍콩에 기반을 둔 기업가들과 연계해 '우리(we-ness)'라는 문화의식을 형성하는 것을 알 수 있다. 중국을 대표하는 제도적 행위자는 외국의 송금액과 투자를 끌어들이고 중국의 경계 안에서 초지역적 연대를 묵인하려 한다. 그러나 그들은 민족 분리주의의 위험과 지역 정치에 대한 지배 정당의 통제력 상실을 염려하기도 한다.

이와 마찬가지로 멕시코의 마을과 미국 도시들을 연결하는 초지역적 구조의 과정은 초지역적 홍콩-선전의 연결망과 비교되는데, 여기서 정체성과 연합에서 매우 다른 초지역적 사회구성을 발견할 수 있다. 멕시코 이민자들이 출신지역에서의 권력과 지위 관계의 재형성을 위해, 재형성된 '고향'의 정체성을 유지하기 위해 초국적 연결망을 이용하는 것과는 달리 (Goldring, 1998; Smith, 1998), 스마트와 스마트(Smart and Smart, 1998)의 연구에 따르면 홍콩의 소규모 자본가들은 그들에게 억지로 떠맡겨질지 모르는 "과도한"(즉, 쓸데없는 것과 연관된) 기대와 요구를 염려해 중국내 자신의 출신지역과 경제적 연결이 성립되는 것을 조심스럽게 회피한다. 그들의 초국적인 경제적·사회적 관계 형성의 토대는 고향에 대한 충성이 아닌, 민족성(즉, 완전히 현대적인 '초국적 중국민족성')에 놓여 있는 것이다.

탈국가적 담론을 문제 삼기

초국적 연결망을 표현하는 이러한 방식은 누군가 주장한 바와 같이(예를 들면 Appadural, 1996: part 3) "위로부터의" 그리고 "아래로부터의" 초국적 네트워크가 "탈국가적인" 지구적 문화 경제라는 약화된 민족주의의 새로운 시대를 안내하는 것을 의미하는가? 그것은 국민국가가 냉혹한 몰락에 직면한 것을 의미하는가? 이러한 주장을 회의적인 입장에서 다루어야 할 몇 가지 이유가 있다.

첫째, 현재 초국적 이주가 증대된 시대에서 외부로의 이주를 경험한 많은 국민국가는 국가 중심의 기획을 통해 이주자들의 초국적 재통합을 촉진시키는 과정에 진입하고 있다. 이것은 왜 그런가? 세계 경제에서 지구적 경제 재구조화와 국가의 재조정은 외국 투자에 대한 경제적 의존도를 증가시킨다. 정치적 엘리트와 경영자계층은 발전한 자본주의 국가로의 이주가 증가되면서 이주 투자자에 의해 제공된 화폐의 이동이 자신의 국가 도시 경제에 중대한 공헌을 하게 된 것을 알게 된다(Lessiger, 1992). 마찬가지로 초국적인 가정 송금액은 사회적 안정성과 지역공동체 발전의 새로운 형태를 추진해왔다(Kearney, 1991; Smith, 1994; Mahler, 1996을 보라). 이주자의 고정적인 송금에 대한 의존도가 증가되면서, 송출국은 다양한 방법으로 해외의 '국민들(nationals)'이 국내 시장과 국가정책에 통합되도록 촉진해 왔다. 수용국보다는 "국가의" 이익을 증진시켜줄 것을 희망하면서 이주 기업가 사이에 '명예대사'라 이름 붙여준다든가, '고향'과 '모국'의 연합으로서 초국적 이민자에게 보조금을 준다든가(Goldring, 1998; Mahler, 1998; Smith, 1998), 국경을 가로질러 이런 후원자들과 의사소통할 수 있는 공식 통로를 마련한다든가(Nagengast and Kearney, 1990; Guarnizo, 1996; Glick Schiller and Fouron, 1998), 이중시민법을 통과시킨다든가, 심지어 엘살바도르의 경우에는 정치망명자들이 미국 내에서 수용시설을 얻을 수 있도록 자유로운 합법적 지원을 제공하기도 했다. 대수롭지 않게 생각되어온 송출국은 탈국가주의라는 '획기적인 시대'에 쇠퇴하기는커녕, 초국적 국민의 재생산을 추진하면서 그런 과정 속에서 '새로운 세계 질서'에서 그들 자신의 역할을 재설정하고 있다.

둘째, 수용국의 에이전트(agents)는 행위자(actors)와 관련된다. 비록 국경 안에서 사회복지를 추진하는 능력 면에서는 신자유주의의 공격으로 약화되었지만, 국가는 여전히 국경을 경비하기 위한 강제력이라는 합법적 수단을 독점하고 있다. 국경의 위와 아래로부터의 초국적 침투에 의해 배치된, 국가 정체성의 불확정성은 정책적 경계의 상징적·물리적 중요성을 강조해 왔다. 수용국에서의 이주 제한 법률의 등장은 이런 문제를 제기한다. 그들 자신의 국가적·영토적 사법권을 넘어 다른 국가로 '출신 국가'의 영역을 확장하는 것을 '국가의 탈영토화'로 표현하는 것은 문제가 있다. 예를 들면 멕시코 출신 정치가가 캘리포니아의 로스앤젤레스나 프레스노에서 초국적 멕시코 이민자로 전환되거나(Nagengast and Kearney, 1990을 보라) 중국 출신의 사업가가 미국과 유럽 도시에서 시장을 열고 경영할 때, 그들의 영향은 오히려 '수용' 국가의 제도적 행위자에 의해 공식적으로 통제되는 특정의 영토 안에서 작용한다. 이러한 국가 중심 행위자에 의한 초국적 사회구조의 사법적 구성은, 종종 그들의 '지구성(globality)'을 부정하고 그 의미를 '경계 침투'로서, 국가 사법권의 '위반'으로서 탈영토화한다. '아시아 돈의 침투'가 미국 국가 정치 운동에 우려된다고 보는 최근 미국에서 벌어진 정치적 논쟁이 그 적절한 예가 된다. 국민국가를 지배하는 정치엘리트들의 사회적 행위는 그들의 영토 안에서 초국가론의 범위와 의미에 대해 단순히 반작용할 뿐만 아니라 그것들을 부분적으로 구성해내기도 한다. 국가에서 기원한 담론은 위로부터 그리고 아래로부터의 초국가론에 직면해 국가주의 이데올로기와 국가 주체의 재정립에 중요성을 두고 있다.

초국적 시대에서 도시의 문화적·정치적 경제의 탈국가적 특징을 회의적으로 보는 세 번째 이유가 있다. 비록 경제발전에 공헌한 위로부터의 초국적 투자 흐름이 도시에서 환영받고 있다 하더라도, 아래로부터의 초국적 이주자를 수용하는 지역적 맥락 또한 동등하게 잘 받아들여지고 있다는 증거가 있다. 이주자들은 재능, 풍부한 자원, 잡종성으로 환영받기보다는 종종 가난, 차이, 도시 몰락의 의미로 낙인찍히고 틀에 박힌다. 미국 도시에서 이주자의 존재는, 초국적 도시에서 도시생활의 활력을 불어넣는 데 공헌하는 공적 담론을 낳기보다는 미국을 "분열시키는" 민족주의 담론을 다시 일으키게 했다(Schlesinger, 1992). 서유럽에서 도시생활의 특징을 형성하는 인종차별적 반이주자(anti-immigrant) 담론의 경우도 마찬가지다.

역설적이게도 초국적 이주의 확대는 송출 및 수용 지역 둘 다에서 견고한 본질주의적 민족주의의 폭발을 초래했다. 수용 도시와 국가에서는 신화적인 국가 정체성을 회복하고 구체화하는 것을 목표로 삼는 운동이 이질적인 '다른 것'의 침투를 제거하는 방법으로 확장되고 있다. 다른 한편으로 송출 국가는 국가적 정체성을 재본질화하여, 외국에 있는 국민들에게 그들의 충성과 "집으로 돌아오는" 자원의 흐름을 유지하는 방식으로 이를 확장한다. 또한 그들에게 이중의 시민권을 부여함으로써 국가는 이주자가 수용 사회에 유용하게 적응하도록 독려하는 한편, 동시에 그곳의 문화에 동화되는 것을 금하고 그들 자신의 국가 문화를 보존하도록 한다. 바꾸어 보면 이는 수용 도시와 국가에서의 원주민 보호 정서에 기름을 붓는 셈이기도 하다.

확실히 초국적 행위는 정치적으로 설치된 도시와 국가의 경계를 가로지른다. 그렇다고 해도 이러한 초국적 행동은, 영토적으로 지역적·국가적 공동체에 기반을 둔 정책과 행위에 영향 받는다. 그러나 상상의 공동체를 형성하는 권력-지식 시스템 역시 무역, 여행, 이주, 지역성, 초지역성, 초국적 네트워크의 의미생산으로부터 나온 디아스포라 등에 의해 형성된다. 초국적 도시이론은 권력과 의미의 지역적·국가적·초국적 관계의 상호작용의 이동에 의해 서로 구성된다.

초국적 도시연구를 향하여

분명히 초국적 도시이론 연구를 초국적 과정의 관점을 포함해 확장시킬 필요가 있다. 그뿐 아니라 미래 도시연구에서 다양한 초국적 사회공간의 행위가 갖는 지역적·초지역적 특성에 초점을 맞출 필요가 있다. 도시민을 연구하는 전통적인 방법론 — 민족지학, 생활사, 역사적 사례연구 — 은 여전히 우리가 다뤄야 하는 과제에 부합하지만, 그것의 범위와 경계는 심각하게 재고되어야 한다. 초국적 연결망의 복잡성, 경계를 가로지르는 네트워크의 역동성, 행위성 발생지역에서의 공간 스케일의 이동 등을 표현할 수 있는 시각과 언어를 개발하는 데 도전해야 한다.

초국적 도시이론 연구를 위한 효과적인 접근은 도시의 사회적 공간에 위치한 사회문화적·정치적·경제적 네트워크의 분석에서 시작되어야 한다. 분석된 사회적 공간은 초지역성으로 유용하게 이해되어야 한다. 초지역성이란 사회적 행위가 지역적·초과지역적(extra-local) 제도와 권력·의미·정체성의 형성에 사회적 과정 사이에서 상호작용하는, 경계를 가로지르는 유동적인 공간이다. 반면 하비나 글로벌시티 애호가의 작업에서처럼, 지구적 수준에서 시작해 지구적 발전에서 나온 도시 결과를 연역하는 것은 종종 지나친 일반화로 이어지고 자기충족적인 '위대한 이론'을 생산하게 된다. 학자가 자기 공식의 이론적 고상함에 갇히게 될 때 이것은 상당히 문제가 있다. 예를 들면 후기 자본주의, 시공간 거리 혹은 압축에서, 그들은 "저기 밖에 있는" 세계가 어떻게 상상되고 사회적으로 구조되며 존재하는지에 대한 질문을 무시한다[예를 들면 Jameson(1984), Giddens(1991), Harvey(1990)를 보라].

순전히 지역 차원에서 초국적 도시이론의 분석을 시작하고 끝내는 것도 동시에 함정이다. 지역적 지식(Geertz, 1983)에 특권을 부여하거나 지역공동체를 존재론적 의미의 신성한 공간으로 본질화함으로써 연구자들은 종종 안쪽을 향한 터널의 시야를 개발하지만, 그것은 모두 인간의 의도를 사회적 네트워크, 구조적 맥락, 역사적 변화와 연결시키는 데 실패한다. 그러나 초지역성으로 바라본 특정 도시의 차원에 초국적 도시이론 연구를 위치시킴으로써 이런 함정을 피할 수 있다. 특히 초국적 네트워크가, 그것이

완전히 지역적으로 기반을 두고 유지되는 점과 비교하면서, 어떻게 작동하고 진리와 결속의 원칙이 어떻게 국가 영토를 가로질러 구성되는지 질문할 필요가 있다. 어떤 장소 형성 담론과 행위가 초국적 네트워크를 유지시키는가? 사회적 연결과 통제가 약속을 보증하고 사회적 행동을 자극하는 데 있어 경계를 가로질러 어떻게 조직되는가? 초국적 네트워크는 지역 권력구조와 어떻게 상호작용하고 적응하고 혹은 조절하는가? 초지역성의 사회적 형성은 지역적·초국적 관계를 지탱하는 사회문화적 기반에 어떻게 영향을 주는가?

초지역성을 탐구하기 위해 도시연구의 틀을 바꾸는 작업은 중대한 도전을 표방하는 것이자 창조적 학문의 새로운 기회를 제공하는 것이다. 최근 초국적 네트워크에 관한 연구의 대부분은 도시적·국가적·문화적·제도적 경계를 교차하는 다중입지적(multi-locational) 연구 전략을 추구하는 초국적 관계의 시각에 의해 요구된 것이다(Ong and Nonini, 1997; Smith and Guarnizo, 1998의 연구를 보라). 예를 들면 셰인(Schein, 1998a)의 "만들어진(forged) 초국가론" 연구는 현재 미국에 살고 있는 라오스 출신의 몽족 난민들이 중국 미아오족의 '고향'에서 기원한 가상의 공동체와 연결되는 사회적 연대를 탐구한다. 그녀의 작업은 교차 연구 전략의 훌륭한 사례를 제공한다. 셰인은 텍스트와 컨텍스트, 관찰과 참여, 미국의 지역성과 중국의 지역성 사이를 왔다갔다 움직이며 민족지학적 유목민으로서 자기표현 역할을 실행하는 등의 정통이 아닌 민족지학 방법을 창조적으로 전개한다. 한편 클리퍼드(Clifford, 1992)는 '여행(traveling) 문화'의 연구에 여행 조사원(researchers)이 필요하다고 주장해왔다. 그러나 단지 여행은 오늘날 초국적인 민족지학적 유목민에게 필요한 것 이상이다. 예를 들면 셰인은 미세한 네트워크에 효과적으로 접근하기 위해 심지어 초국적 결혼 브로커 역할까지 했다.

몽족의 초국적 문화 브로커는 새로운 몽족·미아오족의 민족 정체성을 사회적으로 구성하고, "전통적인" 미아오족의 의례와 기념식을 상연하는 비디오테이프를 캘리포니아와 미네소타에 사는 몽족 난민들에게 판매했다. 셰인은, 중국 시골에 사는 미아오족 여성이 미국에 사는 몽족 남성 가운데 장래의 구혼자가 그녀에게 보내온 팩스를 번역해주고 전화를 받을 수 있도록 도왔다. 미국에 사는 몽족 남성들은 "그들(몽족)의" 여성이 미국화되어 각성된 사람들로, 신비화된 중국 고향에서 공통 종족이라 추정되는 사람 중에서 더욱 "전통적인" 결혼 상대자를 찾고 있었다. 지역성에 기반을 둔 사회적 네트워크들의 수가 증가하면서 문화적 구성물, 풀뿌리운동, 기업 활동은 국가적 경계를 넘어 확장되고 공간의 스케일에서도 다국적 아니면 양국적(bi-national)으로 되어가고 있기에, 도시연구는 지역으로부터 초지역적·초국적 스케일로 문자 그대로 '재배치'될 필요가 있다. 셰인의 연구에서 보여준 바와 같이 이는 쉽지 않은 작업이 될 것이다.

비교 초국가론

초국적 네트워크, 초지역성, 초국적 도시이론에 대한 기존 지식이 갖는 최근의 또 다른 한계는, 비교 도시연구가 부족하다는 점이다. 내 생각으로는 앞으로 도시연구는 초국적 네트워크 형성과 초지역성 구성의 다양한 사례를 비교 분석하는 데 초점을 맞춰야 한다. 그런 연구는 몇 가지 상이한 형태를 취할 수 있는데, 비교하는 데 세 가지 유용한 형태는 다음과 같다.
① 동일한 도시에 작용하는 상이한 초국적 네트워크의 비교, ② 상이한 국가와 도시를 가로질러 작동하는 초국적 네트워크의 비교, ③ 상이한

국가적·도시적 형성에 신자유주의적·정치적 의제를 실행하기 위한 지구적 지배 애호가의 노력의 비교.

그러면 각각의 접근이 어떠한지 살펴보자.

동일한 도시에 작용하는 상이한 초국적 네트워크의 비교

초국적 도시이론의 요소를 좀 더 충분히 설명하기 위해서 동일한 도시에서의 상이한 사회적 네트워크에 의한 초국적 행위를 비교 대조하는 것이 중요하다. 이를 통해 ① 초국적 사회 조직의 다양한 형태가 미치는 상이한 지역적 영향, ② 특정 도시의 사회적·정치적 조직이 네트워크에 미치는 상이한 영향 둘 다를 조사할 수 있다. 예를 들면 뉴욕에 살고 있는 도미니카인과 멕시코인의 초지역적·사회적 네트워크는 현재의 도시적 인종 체계, 지역적·정치적 시스템, 그리고 뉴욕에서 가능한 경제 분야를 어떻게 해석하고 적응하고 또는 저항하는가? 로스앤젤레스를 다른 라틴아메리카와 환태평양 대도시와 연결시키는 상이한 민족 네트워크는 로스앤젤레스 안에서 어떻게 서로 관련을 맺는가? 그러한 지역화된 내부집단 관계는 적대적인가 아니면 순응적인가? 초국적 도시이론의 역동성이 특정 도시 형성에서 완전히 이해되기만 하면 도시를 가로지르는 초국적 도시이론의 연구 문제를 언급하기가 더욱 쉬워질 것이다.

공간을 가로지르는 네트워크 작동의 비교

이 두 번째 연구 전략을 추구하기 위한 유용한 출발점은 상이한 도시들 간의 동일한 또는 유사한 초국적 네트워크의 작동을 비교하는 것이다. 문제가 되는 네트워크는 이주집단, 사업투자 네트워크, 초국적 사회운동에 참여하는 구성요소이다. 그러한 접근의 목표는 초국적 측면에서 지역의 영향을 결정하는 데 있다.

　이주의 경우, 상이한 초국적 도시로 이주해왔으면서도 동일한 국가 기원과 도시 배경을 공유하는 집단을 연구해볼 수 있다. 소렌센(Sorensen, 1998)은 산토도밍고, 뉴욕, 마드리드에 사는 도미니카 출신의 초국적 이주자에 대한 비교 민족지학적 연구를 수행했다. 소렌센은 뉴욕과 마드리드에 사는 도미니카 출신 여성과 남성의 개인적 이주 담론으로부터 집단 정체성의 사회적 구성을 논의했다. 그는 "미국식 관점에 의해" 쓰인 도미니카인의 초국적 이주 경험을 다룬 "모국의(native)" 소설을 본문 그대로 분석했고(Sorensen, 1998: 243), 뉴욕과 산토도밍고를 연결하는 '지역' 텔레비전 광고의 초국적인 젠더-암호화된 상징적 내용을 해석했다. 구술된, 쓰인, 읽힌 정체성들 간의 관계를 깊이 생각해본다면, 소렌센은 북미와 유럽 도시의 대도시적 다수집단과 도미니카인의 '소수자' 사이의 관계뿐만 아니라 젠더 관계의 반대 담론에 근거한 이주자 집단 '내(within)'의 관계마저 해체하는 상당히 차별된 초국가론의 개념화를 발전시킬 수 있다. 도미니카 출신 이민자들은 오래되고 새로운 맥락에서 그들의 처지를 설명하고 문화적으로 그들의 역사와 "그녀들의 이야기"를 구성하면서 일상적인 이야기들이 공간을 장소로 변형하도록 조직한다(Sorensen, 1993, 1996, 1998). 여기서는 '이주자 공동체'라는 균질화된 담론으로 정체성을 본질화하기보다는 동일한 이주집단(예를 들면 산토도밍고와 뉴욕 사이를 왔다갔다 움직이는) 내의 이주자가 상이한 때로는 생생하는 성 변환된(genderinflected) 정체성 담론을 구성하는 것을 보여준다. 미국 사회의 다른 이주자 집단과 차별되는 집합적 경험으로서 '이주의 전설'을 본질화하면서도, 이들 이주자는 대체되고 재배치된 그들 자신과 그들의 개인적 경험을 이러한 집합적 전설의 문맥 내에 위치시킴으로써 평행적이고 개인화되고 성별화된 이주 담론을 분명히 표현한다. 뉴욕에서 그들의 개인화된 담론은 다른 경쟁하는 담론의 제도적 문맥 내에서 표현되는데, '이주자' 단체의 초국적인 조직의 행위를 포함하기도 한다. 그 지도자들 중 몇몇은 신화적인 '히스패닉' 가부장제에 각인된 특수한 민족적 젠더 역할을 구성하고 강제하는 "국가적" 전통의 설계에 관여하고 있는 반면, 다른 사람들은 도미니카인의 국가적 정체성으로부터 '흑인'을 배제하는 데 저항하고 그 과정에서 도미니카 이주 전설상 한층 덜 가부장적인 아프리카-캐리비안 가문 풍습을 포함할 수 있는 공간을 창출한다. 문화적·정치적 정체성은 국가를 가로지르는 이러한 복잡한 제도적 맥락에서 끊임없이 (재)협의된다.

젠더 정치학은 뉴욕과 마드리드에서 달리 작동한다. 그 차이는 국가정책과 젠더 관계에서의 국가적 차이뿐만 아니라, 계급과 젠더 구조, 네트워크 연결, 문화적 차이에 의한 이주 흐름 사이의 차이에서도 기인한다. 또한 이주자 조직은 뉴욕에 비해 마드리드에는 덜 발달되어 있는데, 이는 거기에 초지역적 이주 네트워크가 최근에 형성되었기 때문이다. 따라서 중재를 담당하는 그러한 제도는 마드리드에서 도미니카인의 정체성 담론을 발전시키는 데 아직 중요한 역할을 하지는 못한다. 그러나 그것은 여전히 뉴욕시에서는 중요하다. 비록 두 개의 초지역성은 모두 도미니카 출신 이주자들과 관련되지만, 상이한 초지역적 사회공간은 상이한 초국적 네트워크를 형성하고, 상이한 정체성 담론을 생성하며, 정치적 동원에서 상이한 정도를 낳아 매우 다른 논쟁 지대를 만들어내게 된다.

다음으로 초국적 사업투자 네트워크의 경우를 보면 유용한 두 가지 비교 모델이 있다. 기업은 서로 다른 문화적·정치적 환경 하에서 '자기표현'을 위해 광고와 같은 다양한 활동을 한다. 밴쿠버와 선전의 초국적 중국 사업투자자가 사용하는 자기표현의 상이한 형태에 대한 민족지학적 분석은,

상이한 초국적 도시에서 지역적·문화적 맥락의 중요성을 강조하는 점에서 재미있는 비교를 보인다. 이는 또한 상이한 도시와 사회에서 투자 활동을 독점하기 위한 나이키 또는 맥도날드와 같은 다국적 법인의 행위를 비교하는 데도 유용하다. 이를 통해 우리는 국가적·지역적 담론과 행위로부터 '글로벌'을 분리해낼 수 있고, 세 가지의 종잡을 수 없는 공간들이 어떻게 정체성의 사회적 생산과 사회적 행위 안에서 상호작용하는지도 볼 수 있다. 아울러 상이한 도시와 국가 환경에서 지구적 소비 물자와 서비스가 전유되고 지역화되는 과정 사이의 차이점도 구분해낼 수 있게 해준다.

이러한 비교 도시연구의 훌륭한 사례로 왓슨(Watson, 1997)의 유용한 사례연구 모음집을 들 수 있다. 왓슨은 그의 동료들과 함께 베이징, 홍콩, 타이베이, 서울, 일본의 여러 도시에 있는 맥도날드 음식점의 마케팅, 전유(appropriation), 지역화 등의 과정을 비교했다. 이러한 환상적인 민족지학적 연구를 통해, 맥도날드의 지구적 접근에 대한 지역적 반응이 뚜렷하게 차이가 난다는 점이 드러났다. 예를 들면 베이징의 새로운 여피(yuppies) 계급의 관점에서 보면 맥도날드는 중국 바깥의 세계로 연결해주는 수단이 되지만, 경제민족주의에 물든 많은 한국 거주자는 빅맥을 먹는 것을 문화적·경제적 반역으로 간주한다[Watson(1997)에서 Yan and Bak의 연구를 비교하라]. 이 연구는 글로벌 상품과 상품표지(commodity-signs)의 국가적 전유 논쟁에서 형성된 본질주의를 회피하고 있다는 점에서 특히 유용하다. 이러한 민족지학은 동아시아 사회구조 안의 소비행위에서 계급·젠더·지위의 뚜렷한 차이를 잘 보여준다. 몇몇 동아시아의 초국적 도시연구에 따르면, 여성은 맥도날드라는 음식점 공간을 남성 주도의 공공 환경으로부터의 피신처로 이용하기 시작했다. 마찬가지로 많은 한국 남녀가 맥도날드를 애국심에서 벗어난 것으로 보고 멀리하는 것과는 달리, 서울에 새로 등장한 여피 계급은 베이징의 경우와 같이 맥도날드 음식점을 뚜렷한 소비구역으로 간주한다(Watson, 1997: 9).

또 다른 사례로는 미국의 생산품과 미디어 패키지를 위한 글로벌 마켓을 만들기 위해 NBA(the National Basketball Association)를 통해서 미국 상품표지 문화를 전개하려는 노력에 관한 앤드루스(Andrews, 1997)의 연구를 들 수 있다. 여기서 앤드루스는 NBA를 "(Trans)National Basketball Association(초국적 농구협회)"로 특징짓는다. 앤드루스는 NBA의 미디어 메시지뿐만 아니라 장소에서 장소로 다양화되는 대중적 수용을 발견한다. NBA는 글로벌 상품을 위한 지역 마켓을 만들기 위해서 영국의 도시적 청년 문화를 겨냥해 미국 흑인의 에너지와 성공을 찬미하는 반면, 미국의 대도시 마켓에서는 상업 중심지에서의 백인 지배집단의 마음에 들게 하려고 아프리카계 미국 선수에 대한 과대표현을 경시한다. 이런 차이 때문에 미국 상품표지의 소비는 지역문화의 미국화와 동일하지 않다. 영국의 NBA 광고에 나타난 흑인과 흑인의 성공에 대한 긍정적인 측면이 미국에서는 소비에 효과적이지 않은 것과 달리, 흑인을 이용한 영국 대도시에서의 NBA의 기획은, 영국의 유색인 청년들로 하여금 "영국 제국주의 담론의 우물쭈물하는(lingering) 인종주의"에 대항하는 공간을 형성하게 했다고 앤드루스(Andrews, 1997: 94)는 결론짓는다. 그러나 앤드루스는 이러한 마지막 결론을 충분히 뒷받침하기 위한, 미디어 수용에서 차이의 결과에 대한 충분한 증거를 제시하지는 않았다. 그렇지만 그의 분석의 틀은 법인의 글로벌 미디어 메시지가 상이한 장소에서 수용되고 소비되는 이질적인 지역 방식의 비교를 통해 도출된, '지구적 지역화'에 대한 효과적인 통찰을 시사한다는 점은 분명하다(Lash and Urry, 1994: 308ff를 보라).

초국적 사회운동을 구성하는 네트워크의 경우에는 몇 가지 비교 방식이 있다. 그 중 하나는 그린피스나 국제사면위원회와 같은 상이한 초국적 도시에서 행해지는 "지구적" 풀뿌리운동에 의한 정치적 결집의 역동성을 비교 조사하는 것이다. 이것은 지구적 범위의 이러한 운동들이 상이한 도시와 국가 구조에서 그들의 의제를 추구하기 위해 의존하는 지역적 변화와 네트워크, 행위들을 제대로 파악하기 위함이다. 이와 동일한 접근법은 이슬람 원리주의와 같은 문화적·종교적 운동의 지역적 변화을 연구하는 데도 이용될 수 있다(Wapner, 1995; Imig and Tarrow, 1996; Princen and Finger, 1994; Eikelman, 1997; Kane, 1997을 보라). 거대국가적(supranational) 제도의 네트워크에 의해 규제되는 서유럽과 같은 세계의 어느 부분에서 작동하는 초국적 사회운동이, 규제되지 않는 세계의 어느 부분에서 정치적 행위와 관여될 때는 다르게 작동하는지를 알아내는 것은 중요하다(Tarrow, 1998: 177을 보라). 내가 제7장에서 초국적 풀뿌리운동에 대해 명확히 분석한 것과 같이, 그러한 모든 초국적 운동이 지구적인 범위를 갖는 것은 아니라는 점을 깨닫는 것도 마찬가지로 중요하다. 제7장에서 논의했던 미스텍족의 초국적 연맹과 같이(Nagengast and Kearney, 1990; Smith, 1994를 보라) 많은 경우 목표와 과제를 매우 지역적으로 규정짓지만, 새로운 초국적 공적 영역과 통신, 여행 수단을 이용해 서반구 전체를 아우르는 연합을 만들기도 한다. 비교적 관점에서 '지역(local) 대 지구(global)'의 운동을 바라 볼 때는 상이한 지역적·문화적·정치적 행위가 상이한 정치적 기회와 강제를 포함하는 초과지역적(extra-local) 영역에 배치됨에 따라 얼마나 달리 변화되는가에 대한 세밀한 이해가 필요하다.

신자유주의 기획의 지역화 비교

신자유주의와 지구적 지배 의제의 시각과 한계를 탐구하기 위해서는 상이한 도시와 국가 구조에서 나타나는 신자유주의 경제 정책의 이질적인 결과를 고려하는 것이 중요하다. 비교 역사학적 연구는 지배, 적응, 저항의 새로운 공간을 만들어내면서 '지구(global)'와 '지역(local)'이 상호작용하는 데 초점을 맞춘다. 세 번째 연구의 유효성을 강조하기 위해 나는 코스타리카의 산호세와 멕시코시티에서의 신자유주의 정치학의 영향을 간략히 비교하고자 한다.

타다니코(Tardanico, 1992)는 산호세에서의 글로벌 경제적 재편의 영향을 조정하는 데 있어 코스타리카의 사회민주주의 국가의 역할을 분석했다. 타다니코는 라틴아메리카에 있는 도시들이 글로벌 경제 재편 과정에서 지역 조건이 상호작용하는 방식으로 뚜렷한 다양성을 드러낸다고 지적했다. 이러한 다양한 지역 차이는 라틴아메리카 도시 사이에서의 분배 결과의 다양성뿐 아니라 도시 안의 상이한 계급, 젠더, 세대 변화의 원인이 된다. 다른 중미 국가와는 달리 코스타리카에는 사회민주주의적 가치를 가진 현대화된 정치엘리트가 있어서, 상비군(standing army)을 없애고 은행을 국유화하고 노동운동을 잠재우고 빈민들을 사회 프로그램의 고객(clientele)으로 통합시키는 국가정책을 사용해왔다. 그러나 글로벌 경제 위기는 이러한 현대적 제도를 심하게 붕괴시켰다. 사회민주주의 국가는 긴축 재정 수단을 도입하는 것이 요구되었다. 이에 부응해 산호세의 도시 가구는 노동과 관련한 생존전략을 추구했다. 도시 가구는 우선 타다니코가 "예비 소득 생산자(reserve income producers)"라고 말했던 중장년 여성을 동원했다. 이 여성들은 순소득의 손실을 다른 가구 구성원으로 상쇄하고 사회적 임금 삭감은 국가에 의해 상쇄하는, 비공식적 노동구조에 편입되었다.

그런데도 코스타리카의 정치엘리트들은 빈민들에게 호감을 줄 만한 식품 지원, 일시적인 공공 고용, 선택적 가격 조절과 같은 수단을 통해 신자유주의적 긴축정책의 부정적 영향을 완화해왔다. 이를 통해 그들은 섬세한 정치적 균형을 유지할 수 있었다. 긴축정책을 통해 그들은 미국으로부터 상당한 원조와 채무 경감을 얻어낼 수 있었다. 식량 폭동(Walton, 1987을 보라) 및 그 밖의 대중적 저항을 야기한 긴축정책에 직면하여 그들은 사회 정책 창출을 통해 정치적 안정을 유지할 수 있었다. 코스타리카인들의 정치 구성체에 의해 수행된 구조조정 정책은 전반적인 감축의 바람을 순화시켰다. 도시 가구의 재조직화와 공동체 수준에서의 비공식적 노동의 확산은, 경제 위기와 국가 재편 둘 다를 조정해왔다. 신자유주의의 기획에 직면하여, 정치적·경제적 복지국가 제도가 약화되면서도 생활수준의 계속되는 하락을 완화하기 위한 사회 정책은 없는 다른 도시와 사회에서 사회적 환경에 대한 의문과 추방된(displaced) 가구의 대응(responses)은 여전히 중요하다.

그런가 하면 멕시코에서만큼 신자유주의가 뚜렷하게 이행된 경우도 없다. PRI 중심의 멕시코 정부가 무자비하게 실행한 신자유주의정책은 미국 클린턴 정부와 더불어 신자유주의, 지구적 지배의 초국적 행위자와 협력하는 것으로 이해되었다. 과거 10년 동안의 국가정책 변화는 공유지에 대한 농민 권리의 폐기, 상품 시장의 규제 철폐, 거대 규모의 공공 자산 매매, 사회적 임금 삭감, 이자율의 증가를 가져왔다. 이러한 긴축 수단을 독점하고 멕시코 국가정책을 지구적 지배 의제에 통합시키기 위해 PRI는 근래 70년 동안 비공개했던 선거과정을 공개하기 시작했다. PRI 중심의 정부가 1994년 1월 북미사유무역협정(NAFTA)의 삼국 통행에 협력하자 시골 치아파스(Chiapas)에서 사파티스타(Zapatista) 폭동이 일어났다. 이런 충돌은 멕시코 전체에 걸쳐 사회 경제적 관계를 불안정하게 한 페소(peso) 위기로 이어졌다. 그 이후로 "위로부터의" 초국적 행위자에 의해 요구된 정치적 공개는 사파티스타 폭동의 초국적 지지자를 포함한 "아래로부터"

나온 다양한 반대의 목소리에 의해 심각하게 다뤄지면서, PRI 중심의 멕시코는 영구적인 정치 위기에 직면하게 되었다.

조절되지 않은 멕시코의 신자유주의는 사회적 불평등을 증가시켰고, 토지가 없는 농민들과 더불어 멕시코시티 내의 바리오스(barrios)를 팽창시켰으며, 도시 노동 중산층을 돌아올 수 없는 지점으로 몰아냈다(McMichael, 1996: 43~44). 국가 지원의 신자유주의정책은 멕시코가 예상했던 것보다 더 많은 억만장자를 탄생시켰다. 동시에 그들은 지구화와 신자유주의정책에 대한 대중적 반발을 일으켰다. 시골 치아파스의 사파티스타 폭동으로 점화되고 PRI가 시작한 선거 공개에 의해 촉진된, 이런 대중적 반발은 다차원적이었다. 여기에는 멕시코시티와 그 밖의 멕시코 도시에 사는 자택 소유자와 소규모 사업가, 채무자가 포함되어 있다. 풀뿌리 민중은 멕시코 도처에 있는 지역적 후원 정치의 부패에 도전했는데, 인간과 공동사회의 권리를 지지하는, 널리 퍼져 있는 시골 공동체들이 동원되었고, 멕시코시티의 대중적 후원에서부터 인터넷으로 연결된 사파티스타 지지 집단의 초국적 연합의 사회구조에 이르는, 사파티스타 운동의 민주화 의제를 위한 광범위한 지지층이 출현했다. 지구화와 신자유주의, 멕시코의 지배권 등의 이슈를 정치화함으로써 세 개의 멕시코 주와 입법부에서 일당(one-party) 지배를 종식시키고, 좌파인 코스멕 카데나(Cothumec Cardenas)가 PRI가 아닌 첫 멕시코시티 시장으로 당선되었다(Barkin, Ortism and Rosen, 1997을 보라). 이러한 발전은 권위주의적이고 과학기술자적이며 포퓰리즘적인 파벌 사이에서 PRI 내부 분열을 가속화했다. 이전의 지배적인 정치적 지위의 와해에 대한 PRI의 대응은 즉흥적이어서, 지역공동체, 국가, 시민사회의 좀 더 나은 민주화를 요구하는 풀뿌리 민중의 압력에 대해 적응하기도 하고 탄압하기도 하는 둘 사이를 교차하는 식이었다.

요컨대 코스타리카의 산호세는 지역화된 신자유주의에 도시적·국가적·초국적으로 대응한 결과 정치적으로 비교적 조용했던 반면, 멕시코의 정치적 위기는 장기화되고 심각해졌으며 때로는 격렬했다. 도시적·국가적·초국적 네트워크, 행동, 권력관계라는 상이한 집합(set)이 멕시코시티에서는 동시에 발생했다. 이런 공모(collusion)와 충돌은 멕시코시티의 정치적 변질과 멕시코 사회를 민주화하기 위한 투쟁에서 절정에 달했다. 따라서 지구화는 지역화된 도시와 국민국가에서 명백히 서로 다른 형식을 취하고 서로 다른 영향을 끼쳐왔다. 지구(global)와 지역(local)은 분리된 용기(containers)가 아닌 상호 구성적인 사회적 과정이다.

요약

몇 가지 이유로 도시연구에서 초국적 도시이론은 시공간의 압축이나 글로벌시티, 포스트모던 도시이론의 접근보다 더 낫다. 그것은 행위자 지향의 관점으로, '지구화'가 역사적으로 초국적 네트워크를 조직하는 특별한 사회적 행위에 의해 어떻게 사회적으로 구성되는지 알게 해준다. 좀 더 경제주의적인 틀에서의 "탈국가적" 가설은 초국적 연대를 형성하고 재조직하는 과정에 관련된 제도적 행위자로서 국민국가가 일정한 몫을 부여받는다고 보는 접근법에 의해 대체된다. 평범한 사람들은, 뒤에 숨은 경제적 또는 문화적 논리에 의해 추진되는(propelled) 수동적인 물체로서 무시되거나 혹은 표현되기보다는, 그들이 형성한 사회적 네트워크에 의한 초국적 도시이론이 사회적 구성물에 관여하는 창조적 행위자로 여겨진다. 사회경제적 조직, 정치 문화, 정체성 형성에서 지역적 형태는, 지워지거나 본질화되지 않고 반작용적 향수(nostalgia)의 역류(backwaters)로서 고려된다. 초지역성의 등장과 새로운 도시공간에 나타난 의미 생산 행위는 초국적 도시이론의 사회 조직에서 중심적인 것으로 나타난다.

이 책에서 나는 초국적 도시이론의 연구가 초국적 이주자, 기업가, 정치 행동가, 제도의 정치경제적·사회문화적 행위와 관련된 도시의 전 범위를 포괄함으로써 우리의 시야를 확장해줄 것이라는 점을 증명하고자 했다. 그것을 통해 우리는 권력을 자본의 탓으로 돌리고 획일화를 도시화의 탓으로 돌리는 지구화의 접근법을 뛰어넘을 수 있다. 그 지점에서 초국적 도시이론은 월드시티 내부의 혹은 그 사이를 교차하는 복잡한 차이를 이해할 수 있는 접근법을 제공한다. 이런 차이는 특정 도시와 특정 생활(lives)에서 교차되는 사회적 상호작용의 네트워크와 순환에 의해 사회적으로 생산된다.

초국적 도시이론은 복잡하고 다면체적이다. 이런 점에서는 비록 다이아몬드와 비슷하지만, 그것은 물건도 아니고 쉽게 파악되는 사건의 연속도 아니다. 그것은 지구적·초국적·지역적 역동성과 관련된 의미 생산의 복잡한 과정이다. 그 과정을 따라가는 데 유효한 출발점은 지구적 정책과 초국적 네트워크가 도시와 지역적 권력구조와 보통 사람들의 생활에 끼치는 영향과 특정 도시와 사람들이 권력, 의미, 정체성의 네트워크에 끼치는 영향을 연구하는 것이다. 이런 두 가지 작업을 수행하기 위해 지구적 정책과 초국적 네트워크는 지역화되어야 하고, 지역성은 초국적이어야 하며, 사회적 행위의 다양한 스케일 사이에 교차되어 있는 연결망은 역사화되어야 한다. 초국적 도시이론의 장소로서 도시를 기획하는 것은 현재와 미래의 도시연구를 위한 중심 과제이다.

[정인숙 옮김]

에필로그

교차로로서의 도시

훌륭한 여행자는 계획도 목적도 없이 간다.

노자, 『도덕경』

나는 기억이 금지된 이후 내내 떠돌이가 되었다. 정착이란 단지 환상일 뿐이다.

— 줄레르모 고메스-페리아, "현장기록"
Guillermo Gomez-Peria, field notes, Sproul Plaza, Berkely, 1993

지난 20여 년간 도시연구를 주도해온 지구화 담론에서 사회진화론의 영향력은 아직도 막강하다. 이 책에서 나는 이러한 진화론적 담론을 사회구성주의적 도시이론으로 대체하려 했다. 여기서 사회구성주의적 이론이란, 지구화를 사람들의 배후에서 작동해 우리의 미래를 냉혹하게 결정하는 구조적 힘이라기보다는 정치적·문화적으로 구성된 사회적 실천의 끝나지 않은 산물로 간주하는 입장을 말한다. 나는 세 개의 지구화 담론을 해체하는 작업으로 이 책을 시작했다. 이들 담론은 세계 자본주의의 구조적 변동에만 초점을 맞추고 사회문화적 측면이나 정치적 과정보다는 경제적 과정을 우위에 놓음으로써 우리로 하여금 사회적 실천에 대한 시야를 놓치도록 유도했기 때문이었다.

　사회적 실천에 대한 이러한 선회는, 도시연구자들이 글로벌에서 로컬로 시야를 완전히 돌려야 한다는 것을 의미하지는 않는다. 진실로, 이 책은 행위성 지향(agency-oriented)의 도시연구에 초국적 차원을 포함시켜야 할 필요가 있다고 주장한다. 나는 초국적 도시이론의 수사를 동원함으로써, 도시의 개념을 지역적·국가적·초국적 행위자들과 네트워크들의 상호작용을 통해 구성되는 사회관계의 교차점으로 정립하려고 했다. 초국적 도시이론의 눈은 이들 사회적 상호작용에 따라 제도화되고 재생산되며 변형되는, 역사적으로 특정한 행위들과 프로젝트들에 초점을 맞출 수 있게 해준다. 이러한 관점에서 볼 때, 장소를 만들어내는 실천들의 다양성, 정치적 갈등과 수용의 동역학, 국가정책 프로젝트의 다양성, 사회적 네트워크의 행위자들이 도시 분석의 전면에 등장하게 된다.

　이 책의 제2부에서 나는 우리가 역사화된 정치경제와 초국적 민족지학의 방법을 이용해 현장에 더 가까이 감에 따라, 특정 도시들의 문화와 정치, 이들이 뿌리내리고 있는 다른 지역성의 초국적 망, 이들 도시거주자들의 사회적·공간적 실천, 이들의 일상생활의 사회적 조직, 심지어는 이들의 정체성을 분별해낼 수 있게 된다는 것을 보여주려 했다. 이러한 미시세계(micro-worlds)에서 만들어진 표상에 귀를 기울일수록 우리는 불가피하게 더 많은 목소리를 듣고, 그럼으로써 차이의 정치가 지닌 복잡한 성격을 분별할 수 있다. 거꾸로 이는 우리에게 역사화된 분석 안에서 이들 목소리의 맥락을 자리매김할 것을 요구한다. 그럼으로써 나는 진화론적 도시이론에 바탕을 둔 지구화 이론들을 역사화된 정치경제적 분석의 틀 내에서 비판했다. 이 틀은 동시에 특정한 정치적·경제적·제도적 행위성과 네트워크들을 지구화하는 프로젝트인 신자유주의의 확산에 대한 비판이기도 했다. 아마도 비교 역사적 방법을 도시연구의 초국적 민족지학과 결합하는 주요 장점은 지역적인 것 안에서 초국적인 측면을 고찰할 수 있게 한다는 것이다. 또한 사회적 힘을 보편화하는 것과 특수화하는 것 사이의 긴장을 파악하고, 교차하는 사회적 상호작용을 분간해내며, 인간 상상력의 경계를 확장하도록 한다는 점이다.

나는 이 책을, 내가 재정의하려고 했던 '일상생활'의 구체적 영역으로 돌아감으로써 마무리하려고 한다. 즉, 정착을 유도하며 향수에 어린 장소로서의 '지역문화(local culture)'의 일상을 보는 것이 아니라, 지역적·국가적·초국적인 장소 만들기 행위의 역동적인 교차로로서 일상을 보는 것이다. 나는 우선 독자들에게 초국적인 도시론이라는 조건에서, 초국적인 상상이 보고 생각하고 연구하도록 해주는 도시연구의 새로운 사회적 공간 가운데 몇 가지를 맛보기로 보여주었다. 초국적 도시이론이라는 시야가 결실을 풍성하게 맺을 수 있음을 묘사하기 위해, 나는 오늘날 로스앤젤레스와 뉴욕의 도시 정치생활에서 분리할 수 없는 초국적인 정치적 네트워크 연결(connections)의 여러 사례들을 제시했다.

20세기가 막을 내리면서 초국적 도시이론의 영역을 구성하는 초국적 네트워크의 범위와 복잡성은 더욱 중요해진다. 이들 초국적인 연결망은 한때는 대체로 사회문화적이었으나 이제는 좀 더 정치적임이 드러나고 있으며, 정치적 행동과 사회운동의 정치의 경계를 변형시키고 지역공동체(community) 경제발전의 범위와 성격을 재정의하고 있다. 초국적 네트워크가 국가의 선거정치에 미치는 영향력도 점차 증가하고 있다. 1998년 5월 필리핀 출신의 한 미국 경찰관은 자신이 지지하는 필리핀 대통령 후보 조세프 에스트라다가 주최한 마닐라의 한 정치집회의 안전과 보급에 대한 조언을 자원했다. 에스트라다가 마침내 선거에서 승리하자 이 경찰관은 캘리포니아 주 샌프란시스코의 본연의 경찰 업무로 되돌아갔다(San Francisco Chronicle, 1998년 5월 9일자: A13면). 1999년 2월 한 과테말라 야당의원은 과테말라 출신들이 모여 있는 네 군데의 주요 지역(마이애미, 시카고, 샌프란시스코, 로스앤젤레스)에서 캠페인을 활기차게 여는 것으로써 11월로 예정된 자신의 선거운동을 더 빠르게 시작했다. 이 의원은 1996년 이래 과테말라는 이중국적을 허용하고 있으며 과테말라의 1,100만 국민 가운데 100만명이 넘는 사람들이 현재 미국에 살고 있고 이들 4개 대도시에 집중되어 있기 때문에, 자신의 초국적 선거운동은 부족한 자원과 시간을 고려했을 때 괜찮은 발상이라고 생각했다(Dolinsky, 1999).

이러한 초국적 선거 연결망은 단순히 미국의 주요한 '이민자' 도시들에서만 발견되는 것이 아니라, 전 세계에 걸쳐 날로 보편적인 현상이 되고 있다. 1999년 6월, 인도네시아에서는 44년 만에 처음으로 자유선거가 있었다. 인도네시아 선거는 대부분 최근 민주화된 나라에서 온 초국적 풀뿌리 조직들이 철저히 감시하는 가운데 치러졌다. 감시과정에 참여한 조직들에는 필리핀의 자유선거를 위한 국민연합(Namfree), 방글라데시의 공정선거 감시연합, 가이아나의 민주화운동 지도자, 인도네시아 자체의 십여 개 지역 선거감시운동조직들과 지역화된 초국적 프로젝트에 관련된 모든 이들이 포함되어 있었다. 20세기 말에는 이와 유사한 초국적 연대들이 스리랑카, 가자의 웨스트뱅크, 캄보디아, 예멘, 파나마, 타이완, 불가리아, 칠레, 케냐, 남아공 같이 전 세계 이곳저곳에서 선거감시를 도왔다(Mydans, 1999).

초국적 연결망들은 이제 선거뿐 아니라, 예전에는 대체로 지역민만의 관심사였던 지역사회 공동체의 경제개발 영역에도 점점 더 깊이 관여하고 있다. 1999년 멕시코의 팀비날에서는 작은 봉제공장이 문을 열었다. 이는 멕시코 과나주아토 주의 계획자들과 팀비날 출신으로 1980년대 캘리포니아 주 나파로 가서 와인농장에서 일했던 23명의 한 그룹이 주도한 "초국적 민관 협력(transnational public-private partnership)" 덕분에 가능한 일이었다. 이 협력사업은 주의 계획자들이 미국에 사는 멕시코인들이 해마다 본국으로 50~60억 달러를 송금하는 것에 착안하여, 주가 후원하는 프로그램을 통해 이들 이민자로부터 투자를 유치하려는 열성적인 노력을 기울이면서 시작되었다. <미 코무니다드(Mi Comunidad)>라는 프로그램은 1997년에 만들어져 주 출신의 초국적 이민자의 초지역적(translocal) 헌신으로 이어지고 있다. 이 협력사업은 이민자들의 투자자본과 주정부가 돈을 댄 노사교육을 통합해 자원들을 결합하도록 하고 있다. 23명의 이민자들은 각각 4천 달러를 이 공장에 투자했고, 이 공장은 이제 35명의 직원을 고용하고 있다. 이러한 초국적 공동체 경제개발계획에 대해, 한 논평가는 "아마도 20세기에 팀비날에 만들어진 최초의 완전고용(full-time) 일자리"일 것이라고 썼다(Quinones, 1999: A1, A6).

이 봉제공장은 과나유타오 주에서 '민관 협력'의 아홉 가지 사례 가운데 하나이다. <미 코무니다드>는 이제 이들 멕시코 지역을 애틀랜타, 조지아, 엘긴, 일리노이와 라하브라, 오렌지카운티 같은 지역들과 연결하고 있다. 주의 계획자들은 이와 유사한 소규모 산업(micro-industries)의 초국적 개발이 스페인뿐 아니라 멕시코의 다른 지역에서도 일어나고 있다고 지적한다. 한편 나파에 거주하는 멕시코 이민자들이 경제적 영역에만 자신의 초지역적 연결망을 한정 짓는 것은 아니다. 그들은 5만 달러를 기부해 팀비날의 교회와 마을 광장을 개수하고 유치원을 지었다. 팀비날은 이제 이민자들의 재정 기부와 12명의 이민자들이 지난 20여 년간 일했던 나파 계곡의 와인농장에서 야간이 후원금을 받아 수도를 놓을 수 있게 되었다.

이렇게 재구성되는 애향심, 정체성과 장소 만들기 행위들은 우리가 살고 있는 이 세계에서 갈수록 흔한 일이 되고 있다. 멕시코의 정부 계획자들이 애향심을 이용해 지역의 경제개발계획을 초국적인 사회적 실천의 범위에서 추구하듯이, 다른 사회적 행위자들도, 지구화에 대한 신자유주의적 담론들이 지워버리고자 했으나 초국적 범위의 사회적 실천들이 생생하게 각인시키고 있는 일련의 복잡한 네트워크, 애향심(loyalties), 정체성 등에 선을 대고 있다. 내가 초국적 도시이론이라고 명명한 이러한 사회적 실천의 정치적 지리적 도약은 아마도 오늘날 로스앤젤레스와 뉴욕에서 가장 물질적으로 '실재(real)'할 것이다. 그래서 나는 이 두 초국적인 사회적 실천의 매듭점에서 이 책을 끝맺으려 한다.

　로스앤젤레스의 초국적인 도시주의는 복잡하고 다차원적이며 초지역적(translocal)이어서, 그 하부에서는 때로는 어지러울 정도로 교차하는 무수한 초지역적이며 초국적인 순환들을 포괄하고 있다. 제4장에서 우리는 이미 로스앤젤레스의 인종적 경제의 형성에 초국적 기업가정신이 관여되어 있음을 봤다. 초국적인 연대는 도시적 장소로서 로스앤젤레스의 한인타운의 사회적 형성에 관련되어 있으며, 이러한 초국적인 정치와 정보의 교환은 지역의 정치적 힘으로 한국이민노동자지원(KIWA)을 지원했다. KIWA는 로스앤젤레스 한인들의 초국가주의의 성격을 재정립하는 것과 현재 광역 로스앤젤레스의 서비스업종의 근간을 구성하는 라틴아메리카와 아시아 노동계급들의 목소리를 들려주는 것을 목적으로 한다. 이들과 사람과 자원과 문화적 실천들의 다른 흐름은 이제 로스앤젤레스를 멕시코, 과테말라, 엘살바도르, 동남아시아와 그 외 다른 곳의 다양한 지역주의를 연결해 도시 노동계급의 풍경을 근본적으로 재구성해왔다. 이들 초국적 이민의 흐름을 그들의 구체적인 역사적 맥락에 위치시키는 것이 중요하다. 내가 냉전기 미국의 제국적인 허세와 미국-멕시코의 쌍무관계, 미국의 노동 이민과 난민정책, 정치적으로 구성된 신자유주의적 지구화 프로젝트의 중요성을 강조하면서 말하고자 했던 것이 바로 그것이다.

그러나 역사적인 맥락은 우리에게 사람들이 "사이로부터(from between)" 그리고 "아래로부터(from below)" 형성한 초국적인 네트워크의 교차하는 분절의 결과로 실제 무엇이 일어나고 있는가에 대해서는 말해주는 것이 별로 없다. "빌딩 용역 노동자들을 위한 정의"의 성공적인 조직자인 피터 올니는 남캘리포니아 주에서 조직운동을 벌여왔는데, 그는 초국적 연결망들의 직접적 결과로서 오늘날 로스앤젤레스의 도시 정치생활을 재형성하는 많은 것들이 정말로 많이 발생하고 있음을 보여주었다. 올니에 따르면 (Olney 1993: 13), "장시간에 걸친 투쟁 끝에 얻어진 가장 극적인 승리 가운데 몇 가지는 미등록 노동자들이 다수를 점한 싸움이었다"라고 한다. 이들 싸움에 참여한 초국적 노동자들 가운데 많은 수는 과거의 정치적 경험과 노조 경험, 사회적 자본을 그대로 가지고 엄청난 숫자로 이주해 로스앤젤레스를 멕시코인·살바도르인·과테말라인들이 세계에서 두 번째로 많이 사는 도시로 만들어왔던 것이다. 더욱이 로스앤젤레스에서는 노조 활동가들이 이러한 초국적인 정치적 경험을 지렛대로 삼아, 하나의 작업장에 그치지 않고 전체 동종업체를 조직하는 성공적인 전략을 채택했다. 이 전략이 1990년대에 성공했던 이유는 무엇보다도 미등록 초국적 이주자들이 경비업종, 건설, 봉제업종과 같은 저임금 직종에 종사하는 경향이 강했기 때문이다.

이러한 이유들로 미등록 초국적 이주 노동자들은 특히 멕시코나 중앙아메리카 출신의 경우, 굴종하면서 정치적으로 드러나는 것을 두려워하기는커녕 지난 10여 년간 로스앤젤레스의 풀뿌리 노동조직운동의 골간을 형성해왔다. "빌딩 용역 노동자들을 위한 정의" 운동에서 국제서비스업노조

(SEIU)가 대규모 부동산 개발업자들과 덴마크 국적의 초국적 거대기업인 국제 서비스 시스템을 겨냥해 더 나은 임금과 노동조건을 얻을 수 있었던 것은, 이들 미등록 노동자들이 보태준 전투성과 정치적 기술들 덕분이었다. 국제 서비스 시스템은 "LA Century City"의 오락, 금융, 법률 회사들의 건물 청소용역 계약을 얻은 업체이다. 로스앤젤레스 지역에서 유사한 전투적 조직운동은 건설직종에 주로 집중되어 있는 라틴아메리카 출신의 미장이들에게 승리를 가져다주기도 했다. 1990년대 다른 노동조직운동에서는 주로 멕시코 출신으로 광역 로스앤젤레스 시의 자동차 부품 공장에서 일하는 1,200명의 그룹을 성공적으로 조직했는데, 이는 "멕시코의 수도권에서 노조운동 경험을 가지고 있었던 핵심적인 노동자들의 조직력에 힘입은 바 컸다"(Olney 1993: 14).

수많은 초국적 사회정치적 연결망들이 노동조직 이외에서도 20세기 후반 로스앤젤레스 지역에서 초국적 도시주의의 요소로서 출현했다. 위로부터(송출국), 아래로부터(이주자 그룹)의 초국가주의의 상호작용은, 멕시코를 포함한 수많은 중남미 출신들이 로스앤젤레스에서 조직한 활동들에서 뚜렷하다. 이들 조직은 이중 정체성을 만들어내고 중남미 지역에서 다양한 지역 개발 사업을 증진하고 있다[예를 들어 Goldring(1998)을 보라]. 다른 어젠다와 프로젝트들도 로스앤젤레스에 조직을 가진 중남미 지역의, 광범위한 사회, 정치, 종교 자선 조직들의 "중간으로부터(from the middle)" 초국적 실천들로 채워지고 있다(Chinchilla and Hamilton, 1992: 86).

선거운동 기간 중 로스앤젤레스를 정기적으로 들르는 멕시코, 과테말라, 엘살바도르로부터 온 수많은 정치인들은 여전히 "중간으로부터"와 풀뿌리 사이의 초국적 연결망을 구축하고자 애쓰고 있다. 유사한 초국적 선거 연결망이 이제 로스앤젤레스의 거리에서 '이중 국적'의 다양한 담론들과 행위들로 채워지고 있다. 이 가운데는 한국과 이스라엘의 국내 정치와 로스앤젤레스를 연결하는 것들도 있다. 1998년 한국의 김대중 대통령은 '국빈' 방문 기간 중 로스앤젤레스에 들러 이 지역에 살고 있는 수십만의 재미 한인들에게 다가갔다. 그는 한국 출신의 초국적 이주자들이 취업, 부동산 소유, 여행 상속권을 포함한 일체의 권리와 이중국적의 혜택을 누릴 수 있는 법률을 준비 중이라고 밝혔다. 김대중 대통령은 "미국에 사는 한국인들은" 영어를 잘 배워서 두 나라 언어와 문화를 완벽하게 구사하고 이해해 "두 나라의 미래에 귀중한 다리가 되어줄" 것과 동시에 그들의 자녀에게 "조상의 역사와 문화, 언어를 잘 가르쳐줄" 것을 당부했다. 같은 맥락에서 1999년 봄 이스라엘의 의회 선거에 앞서, 선거에서 뒤지고 있는 베냐민 네타냐후를 지지하는 한 조직은 로스앤젤레스를 포함한 미국 내 몇몇 도시들과 텔아비브를 연결하는 저렴한 왕복 비행기 표를 제공했다. 이 조직의 목표는 이중 국적을 가지고 있는 네타냐후의 지지자들이 그에게 수상이 될 수 있도록 표를 던지고 다른 우익 정당 출신의 크네세트(이스라엘 입법부) 성원들을 지지하도록 만드는 것이었다. 이에 질세라 선거에서 앞서가던 에후드 바락 후보의 초국적 열성 지지자들도 2차 선거에 참여할 수 있도록 싼 비행기 편을 준비했다. 양측의 초국적 분파들은 이러한 방법으로 5,000명의 투표인을 보낼 것으로 예상했다 (Merl, 1999).

로스앤젤레스의 초국적 도시주의는 초국적 사회운동의 정치적 실천에서도 뚜렷이 드러난다. 1999년 3월 19일 사파티스타 지지자들의 한 지부는 로스앤젤레스의 남쪽으로 몰려가 샌디에이고-티후아나 국경 지대에서 국가를 가로지르는 시위에 참여했다. 이는 사파티스타가 멕시코 전역에서 3월 21일 주최하는 국민투표를 지지하는 시위였다. 이 시위의 참가자

가운데 한 명이 로스앤젤레스에 있는 조직, 민족 해방을 위한 사파티스타 전선의 대표자 지저스 코로나(Jesus Corona)였다. 스스로를 해외에 사는 멕시코인이라고 밝힌 코로나는 미국 쪽 국경에 두 시간 동안 서서 멕시코 농부 복장으로 거대한 사파티스타 깃발을 흔들었다. 그와 동료 멕시코인들은 15피트 높이 국경선 울타리의 멕시코 쪽에서 깃발을 흔들며 구호를 외치던 네 명의 사파티스타 대표와 70~80여 명의 미국인 및 멕시코인 사파티스타들을 지지하는 구호를 외쳤다.

  이 시위는 멕시코 바깥에서 지지자를 동원해 멕시코 정부와 사회에 압력을 가하려는 사파티스타의 초국적 노력의 일환이었다. 미국에서 사파티스타를 지지하는 층이 집중되어 있는 곳은 남캘리포니아 주이며, 그중에서도 특히 로스앤젤레스로, 국민투표를 위한 투표소가 이 일대에 설치되었다. 투표소가 설치된 곳으로는 로스앤젤레스 시내의 호텔과 레스토랑 노동자연합의 11지소 본부, 로스앤젤레스 3번가의 평화센터, 멕시코인자치회(Hermanidad Mexicana Nacional)의 로스앤젤레스와 산타아나의 사무실 등이 있었다.

  리디아 브라존(Lydia Brazon)은 미국 내에서 사파티스타의 대의를 지지하는 100여 개 이상의 단체 가운데 65개가 연합한 치아파스 '98연합의 사무총장이다. 브라존에 따르면 이러한 초국적 투표 준비는 치아파스의 사파티스타 지도부와 로스앤젤레스의 초국적 활동가들 사이에 형성된 초지역적 연결망의 결과로 탄생했다. "멕시코에 살고 있는 사람들만 국민투표에 참가할 수 있도록 한 데 대해 이곳에서는 불만의 소리가 높았다. ……이곳의 멕시코인들은 모두 당혹했다. 그래서 이들은 사파티스타가 그런 제한을 바꾸도록 한 것이다"(Schou, 1994: 4). 이러한 상호작용의 결과, 멕시코인이라면 멕시코에 살건 살지 않건, 공식적인 멕시코 선거증명서를 가지고 있건 그렇지 않건 모두 투표할 수 있게 된 것이다. 이 사건에서 초국적 성격을 마지막으로 결정지은 것은, 유엔에 등록된 NGO로 멕시코와 그 외 지역에서 선거 감시 활동을 해온 '인도주의적 법률 프로젝트'라는 미국 내 사파티스타 지지단체가 '국민'투표에 참가한 해외 거주 멕시코인들의 투표를 수거했다는 점이다.

뉴욕의 초국적 도시주의도 로스앤젤레스와 마찬가지로 복잡하고 다차원적이며 소통의 무수한 초지역적 연결과 소통의 순환을 가지고 있다. 1998년 8월 뉴욕시 '인도의 날' 퍼레이드에서는 인도 중앙은행이 부스를 설치해 인도인과 인도-미국인(이 두 범주 모두 인도에서는 공식적으로 '비거주 인도인'으로 인정된다)에게 국가가 보증하는 7.75%의 금리로 발행된 국채 판매를 광고했다. 이는 인도 중앙은행이 전 세계의 인도인 디아스포라를 대상으로 2주 동안 진행했던 최소 20억 달러 규모의 국채 발행이었다. 비거주인도인들은 이 국채를 인도 중앙은행의 지점과 시티뱅크의 지점들에서 살 수 있었다. 인도 중앙은행은 뉴욕의 인도인 교민 매체에 광고를 실었고 맨해튼의 인도 식당에서 만찬을 주최했으며 쇼핑거리에 부스를 설치해 다음의 문구를 광고했다. "돈을 벌어라. 그리고 조국을 돕자." 2주일이 채 되지 않아 이들이 목표했던 20억 달러는 다 팔렸고 막판에는 목표액을 30억 달러로 상향조정했다. 국채 판매로 거두어들인 돈은 도로 건설과 전화선 가설 같은 인도의 주요 사회기반시설 투자에 쓰이도록 배정되어 있었다(Sengupta, 1998). 이러한 방식으로 초국적 범위의 사회적 행위는, 해외 거주민의 애향심을 자극해 민족주의적 발전 어젠다에 돈을 융통하는 데 활용되었다. 이러한 사례는 민족주의와 초국가주의가 실제로는 적대적인 사회과정이라기보다는 서로를 구성한다는 것을 잘 보여준다. 민족주의와 초국가주의의 어느 것도 사람들 배후에서 또는 흐름의 비물질화된 공간에서 작동하는 지구화의 추상적 논리로는 지워지지 않는다.

이것은 뉴욕시의 도시 일상생활에서 이제는 불가분하게 된 다차원적인 초국적 도시주의의 도드라진 하나의 예에 지나지 않는다. 이 책에서는 뉴욕의 초국적 도시주의의 다른 차원들에 대해 이야기했다. 뉴욕시(Big Apple)의 고용 기회는 티쿠아니로부터 멕시코 원주민들을 이주하도록 해 뉴욕시에 '향우회('home-town' association)'를 발족하도록 했고, 이들이 고향의 개발 프로젝트에 돈을 송금할 수 있게 만들었다. 그래서 이들은 고향의 지역사회에서 중요한 역할을 하게 되었다. 뉴욕시에서 이들 초지역적 행위자들은 지역의 인종적 위계질서 안에서 빈틈을 발견해 들어감으로써 뉴욕 노동시장에서 자신들의 위치를 확보했다. 그들은 "열심히 일하는 멕시코 원주민"이라는 종족적 정체성(ethnic identity)을 구성함으로써 푸에르토리코 출신의 '라틴계 남자(Latino)'보다 자신의 위치를 조금 더 높게 잡을 수 있었다. 이들 남성 이주자들은 티쿠아니에서 자신들의 권력과 위신을 끌어올리는 한편, 뉴욕의 인종적 위계질서 안으로 적응해 들어갔다. 한편 여성 이주자들은 도미니카 공화국의 산토도밍고와 뉴욕시 사이를 왔다 갔다 하는 식으로 자신의 생활을 조직해 자신들의 이주 왕복 생활의 어느 쪽에서든 지역에 존재했던 젠더의 경계를 깨어나가는 이주의 신화를 만들었다(Sorenson, 1998을 보라).

앞에서 언급한 초국적 선거정치의 영역에서 뉴욕시의 시장 루디 줄리아니는 산토도밍고를 정기적으로 방문에 자신의 재선을 위한 선거운동을 펼쳤다. 이중 시민권과 이중 국적에 관련된 다양한 배려를 통해, 과테말라, 도미니카 공화국, 아이티, 콜롬비아, 멕시코의 정치인들은 이에 응답했다. 사회운동 정치의 영역에서 뉴욕시는 갭(The GAP) 사에 대한 불매운동을 조직하는 초국적 사회동원의 장소이기도 하다. 이 불매운동은 갭에 원단을 납품하는 엘살바도르 섬유공장의 열악한 작업조건을 개선하기 위해 엘살바도르의 노동운동가들과 연결된 것이었다.

지난 20여 년간 뉴욕시 차이나타운의 재구성은 뉴욕시의 초국적 도시주의의 인증서라 할 만한, 장소 만들기 투쟁의 (정치의: 삭제) 모범적인 사례이다. 차이나타운에서는, 광둥, 푸젠 성, 홍콩, 대만으로부터 온 서로 다른 "중국인"의 투자·이주·권력·문화의 생산물의 초국적 네트워크가 서로 교차하며, 지역의 제도적 조직적 행위자들, 지역과 국가의 행위자들이 권력·공간·장소와 정체성을 둘러싸고 다양한 방식의 지역화된 투쟁을 벌여왔다. 차이나타운의 이러한 복잡한 권력과 의미의 사회관계는 도시공간과 그것에 대한 감각을 재구성하며, 도시 인종정치의 고답적인 담론 내에 이 '인종지구'를 동질화하고 본질화시키려는 모든 기도를 혼란에 빠뜨리고 있다.

초국적 도시이론이 지닌 사회관계의 복잡성을 강조하기 위해, 나는 초국적 도시이론에 대한 이야기를 전에 언급했던 아마두 디알로의 총격으로 촉발된 복잡한 정치 담론과 갈등을 부연함으로써 끝맺고자 한다. 독자 여러분도 기억하겠지만, 디알로는 기니 출신의 초국적 이주자로 무장을 하지 않은 채 행상을 하다가 뉴욕시 경찰의 거리범죄단속반에 의해 자기 집 앞에서 살해당했다. 나는 이미 아마두 디알로의 어머니 카디아투 디알로가 중심적인 정치적 역할을 수행했다고 강조했다. 카디아투 디알로는 일종의 전형적인 초국적인 다위치적(multipositional), 다언어구사적, 다문화석인 주제일 수 있다. 영역에 따라 사회적 위지를 다르게 잡음으로써, 그녀는 사회적으로 다르게 구조화된 의미와 권력의 네트워크에 맞게 각기 상당히 다른 표상의 정치를 구사했다. 카디아투는 뉴욕시에서 총격 직후에는 초국적인 목소리와 존재의 상징성을, 자신을 비탄에 빠진 어머니로서 위치하게 되어서 경찰의 잔인함에 반대하는 시민운동에 힘을 보탰다. 알 샤프튼(Al Sharpton) 목사가 조직한 이 시민운동은, 당시 쟁점으로 부각됐던 루디 줄리아니 시장의 정적들이 그를 궁지로 몰아넣을 수 있는 정치적 기회로 활용하기 위해 이 사태를 주도하면서 자칫 국지적인 항의에 그칠 뻔했던 사건이었다. 또 카디아투가 자신의 아들을 본국인 기니에 묻으러 돌아갔을 때, 아들의 살해에 대한 대응으로 조직된 다양한 기념식과 정치적인 의례에 적절하게 대처해 갑자기 일종의 국민적인 명사가 되어버렸다. 기니 정부는 디알로 가족의 처소에 일단의 차량을 보냈고, 고위 관리를 파견해 기도 예식과 자동차 행렬, 텔레비전과 라디오 출연, 영예로운 공식적인 장례식을 주선했다. 이러한 방식으로 디알로가 뉴욕시에서 살해된 것은 기니에서는 민족주의적 담론의 부분으로 활용되었다. 그래서 기니의 수도 코나크리의 가장 큰 모스크에서 열린 아마두 디알로의 기도 예식에서 외무장관 라미네 카마라(Lamine Kamara)가, "기니는 이 사건을 단순한 가족사가 아니라 국가적인 사태로 판단한다"라고 선언했던 것이다. 외무장관의 정치적 어젠다의 일부는 기니인의 일상생활의 현재적 실재를 구성하는 많은 초국적 가족의 두려움을 달래는 것이었다. 어렸을 때 뉴욕에서 살아본 적이 있는 외무부 관리 판타 코우야트(Fanta Kouyat)는 다음과 같이 설명했다. "우리 모두에게는 미국에 사는 형제나 사촌 가까운 친척이 있다. …… 그래서 우리는 이 가족에게 일어난 일이 여기의 어느 가족에게나 일어날 수도 있는 일이라고 생각한다"(Sachs, 1999a).

카디아투 디알로는 아들의 죽음을 둘러싼 상황들이 전개됨에 따라 불쑥 자신에게 들이밀어진 새로운 정치적 역할들에 대해 침착하지만 단호하게 받아들였다. "지도력이란 내가 스스로에게 부과할 수 있는 성질의 것이 아니지만, 자신을 희생하고 모범이 된다는 것은 매우 좋은 일이다. 나쁜 것을 바꾸어 좋은 것으로 만드는 일이다"(Sachs, 1999a에서 인용). 이러한 역할의 일환으로 카디아투는 자신의 아들을 기니에 묻은 예닐곱 달 뒤 전국적 규모로 미국 시민운동의 정치영역에 다시금 합류한다. 그녀가 뉴욕에 돌아갔을 때, 존 카디날 오커너는 그녀의 아들을 기리는 종교연합 집회를 조직해 다른 종교지도자와 함께 그녀를 맞았다. 그 뒤 그녀는 시카고로 가 시위에 참여했는데, 이는 디알로의 총격으로 촉발된 경찰의 야만성을 규탄하는, 여러 도시의 항의의 일환이었다. 그녀는 이러한 정치 시위 가운데 시카고에서 제시 잭슨 목사와 함께 그의 정치조직인 'Operation PUSH/Rainbow연합'의 집회에 모습을 드러냈다. 잭슨 목사는 디알로 사건을 "(경찰권을) 남용하는 거대한 기차의 승무원석"으로 명명하며, 카디아투 디알로가 경찰권 남용 행태에 대해 "전국적인 각성을 촉구"하는 하나의 상징으로 믿는다고 했다(Sachs, 1999b).

카디아투 디알로를 스스로 행동하는 정치적 주체가 아니라 비어 있는 기표, 즉 다른 이들의 잡다한 어젠다의 보잘것없는 아이콘이 되었다고 생각하지 말라. 디알로 여사는 괄목할 만한 사회문화적 자본을 가지고 있으며 세상사에 경험이 충분한, 복잡한 다위치적 주체이다. 그녀는 기니 바깥에서, 이웃 나라 타이베리아에서 장사하는 남편과 함께 많은 해를 보냈다. 타이베리아에서 그녀는 모국어에 더해 영어와 프랑스어를 학원에서 배웠다. 이 무렵 이 부부는 장남인 아마두를 비롯해 4남매를 두었다. 이 가족은 그 뒤 타이와 싱가포르로 이주해 원석 수입상을 했다. 1994년 이혼한 뒤 그녀는 타이에 남아 아들을 영어와 프랑스어로 가르치는 국제학교에 보냈고, 마침내 기니로 돌아온 뒤 재혼했다. 현재 그녀는 기니에서 원석 교역회사를 운영하는 동시에, 광산업 분야의 오스트레일리아 투자회사도 함께 경영하고 있다(Sachs, 1999a). 아들인 아마두가 죽던 날, 그녀의 첫 번째 남편인 사이코우는 현재도 거주 중인 베트남에 있었다(Harden,

1999). 카디아투와 그녀의 친척들은, 그녀의 개인적이고 정치적인 여정의 다양한 과정 전반에 대해, 자신들은 교육을 중시하는 집안으로 이는 기니의 엘리트들이 밟는 과정과 크게 다르지 않다고 강조했다. 내가 이미 언급한 바 있는 기니의 외무장관은 이 집안의 가까운 친구이기도 하다. 기니가 비록 아프리카에서 가장 가난한 나라 중 하나이기는 하지만 카디아투는 지구적 통신 수단의 모든 것, 이메일·팩스·위성방송·휴대전화 같은 것을 모두 갖추고 산다.

디알로 여사는 최근에 발을 디딘 정치 세계에서 팔방미인식으로 개입하는 것 같이 보여도 전투 지점을 선별해서 들어간다. 그녀는 자신의 아들을 가난한 이민자로 묘사한 초기의 미디어 보도에 대해 강력하게 저항하면서 자신은 상대적으로 혜택 받은 가정환경을 지녔다는 것을 환기시켰다(Sachs, 1999b). 그녀는 저격 이후 자신이 줄리아니 시장이 도와주겠다는 제의를 뿌리친 것은 알 샤프튼 목사의 사주에 따른 것이 아니라, 시장이 자신의 아들을 죽음으로 몰고 간 경찰의 행동을 옹호했기 때문이라고 반박했다. "나는 여자이고 어머니이다. 그래서 나는 그가 어떤 사람인지를 안다. 나는 그를 여기 와서 텔레비전에서 보았는데, 그는 그때 그 경찰들은 좋은 경찰관이라고 말했다. 알 샤프튼 목사가 있건 없건 나는 시장에게 똑같이 말했을 것이다. 시장은 나에게 영향을 미치지 못했다"[Sachs, 1999b에서 인용. 또한 Wilgoren(1999)을 보라]. 카디아투 디알로의 대중을 향한 말들은 분명하게 인종적 분단을 초월하여 좀 더 보편적이며 경우에 따라서는 종교적인 형식으로 책임을 촉구하는 것이었다(Wilgoren, 1999; Sachs, 1999b를 보라). 그녀는 아이콘의 역할을 해야 하는 것은 자신이 아니라 자신의 아들이며 자신은 아들이 젊음과 "경찰 폭력에 희생된 모든 죄 없는 사람들의 상징"(Sachs, 1999a)으로 남기를 바란다고 주장했다.

바로 이 마지막 순간에 이러한 "일시적으로 봉합된" 초국적인 정치적 주체의 복잡한 인과관계와 그녀가 지나온 정형화된 지역적·국가적·초국적인 네트워크는, 초국적 도시이론이라는 나의 사회이론을 체현한 것이다. 키디아토 디알로라는 하나의 사회적 행위자의 이러한 변화무쌍한 도시주의는 장 프랑수아 리오타르의 핵심을 찌르는 통찰을 떠올리게 한다. 이는 도시이론가들과 연구자들이라면 특정한 도시들과 특정한 생활들을 가로지르는 권력과 의미의 사회관계를 생각할 때 마음에 담아둘 만한 구절이다. 리오타르는 우리에게 다음과 같이 이야기한다.

> 모든 '자아'는 지금까지보다 훨씬 복잡하며 움직이고 있다. 젊거나 나이가 들었거나, 남자거나 여자거나, 또 부자거나 가난하거나, 사람은 특정한 소통 순환의 '매듭점(nodal point)'에 존재한다. …… 더 정확하게 말하자면 사람은 다양한 종류의 메시지가 지나가는 통로에 항상 놓여 있다. 어느 누구도 …… 발신자, 수신자 또는 참조자의 위치에서 그저 지나가는 메시지에 완전히 무력하게 있지는 않다(Lyotard, 1984: 15).

그러므로 도시 변화의 미래를 이해하기 위해 우리는 소통의 순환이 얼마나 복잡하든 간에 그것에 주의를 집중해야만 한다. 소통의 순환을 통해, 사람들은 연결되어 있고 자신의 생활을 이해하며 자신이 바라보는 세계에 작용을 가하고 또 그 안에서 살아가며 그것을 통해 이동하기 때문이다.

[남영호 옮김]

참고문헌

Abu-Lughod, Janet Lippman. 1995. "Comparing Chicago, New York and Los Angeles: Testing Some World City Hypotheses." in Paul L. Knox and Peter J. Taylor(eds.). *World Cities in a World System*. Cambridge and New York: Cambridge University Press, pp.171~191.
Ahmad, Aijaz. 1987. "Jameson's Rhetoric of Otherness and the National Allegory." *Social Text*, 17. 6), pp.3~25.
Albrow, Martin, John Eade, Jorg Dürrschmidt and Neil Washbourne. 1997. "The Impact of Globalization on Sociological Concepts: Community, Culture and Milieu." in John Eade(ed.). *Living the Global City*. New York and London: Routledge, pp.20~36.
Anderson, Benedict. 1983. *Imagined Communities: Reflections on the Growth and Spread of Nationalism*. New York and London: Verso(Reprinted 1991).
Anderson, J. 1993. "Worldwide Freedom in Grim Decline." *San Francisco Examiner*, December 17: A23.
Andrews, David L. 1997. "The (Trans)National Basketball Association: American Commodity-sign Culture and Global-Local Conjuncturalism." in Ann Cvetkovich and Douglas Kellner(eds.). *Articulating the Global and the Local: Globalization and Cultural Studies*. Boulder, Col. and Oxford: Westview Press, pp.72~101.
Anzaldua, Gloria. 1987. *Borderlands: LA Frontera: The New Mestiza*. San Francisco: Sprinters/aunt lute.
Appadurai, Arjun. 1990. "Disjuncture and Difference in the Global Culture Economy." *Public Culture*, 2(2), pp.1~24.
_____. 1991. "Global Ethnoscapes: Notes and Queries for a Transnational Anthropology." in R. G. Fox(ed.). *Recapturing Anthropology: Working in the Present*. Santa Fe, N. Mex.: School of American Research Press, pp.191~210.
_____. 1996. *Modernity at Large: Cultural Dimensions of Globalization*. Minneapolis: University of Minnesota Press.
Arvidson, Enid. 1995. "Cognitive Mapping and Class Politics: Toward a Nondeterminist Image of the City." *Rethinking Marxism*, 8(2), pp.8~23.
Barber, Benjamin R. 1995. *Jihad vs. McWorld*. New York: Times Books.
Barkin, David, Irene Ortiz and Fred Rosen. 1997. "Globalization and Resistance: The Remaking of Mexico." NACLA *Report on the Americas*, 30(4), summer, pp.14~27.
Barry, Dan. 1999. "In Police Shooting, Civil Disobedience On a Tight Schedule." *New York Times* (March 19): A1, A17.
Basch, Linda, Nina Glick Schiller and Cristina Szanton Blanc. 1994. *Nations Unbound: Transnational*

Project, Postcolonial Predicaments and the Deterritorialized Nation-State. New York: Gordon and Breach.

Bauman, Zygmunt. 1998. *Globalization: The Human Consequences*. New York: Columbia University Press.

Beauregard, Robert A. and Anne Haila. 1997. "The Unavoidable Incompleteness of the City." *American Behavioral Scientist*, 41(3), Nov./Dec., pp.327~341.

Beinart, Peter. 1997. "An Illusion for our Time." *New Republic*, October. 20, pp.20~24.

Benton, Lauren. 1996. "From the World Systems Perspective to Institutional World History: Culture and Economy in Global Theory." *Journal of World History*, 7(2), pp.261~295.

Bernstein, Charles. 1987. "Centering the Postmodern." *Socialist Review*, 17(6), pp.48~56.

Bird, Jon. 1993. "Dystopia on the Thames." in Jon Bird, Barry Curtis, Tim Putnam, George Robertson and Lisa Tickner(eds.). *Mapping the Future: Local Cultures, Global Change*. London and New York: Routledge, pp.120~135.

Blanc, Cristina Szanton. 1997. "The Thoroughly Modern 'Asian': Capital, Culture and Nation in Thailand and the Philippines." in Aihwa Ong and Donald Nonini(eds.). *Ungrounded Empires*. New York: Routledge, pp.261~286

Boggs, Carl. 1986. *Social Movements and Political Power*. Philadelphia: Temple University Press.

Bondi, Liz. 1990. "Feminism, Postmodernism and Geography: Space for Women." *Antipode*, 22(2), pp.156~167.

Brecher, Jeremy and Tim Costello. 1994. *Global Village or Global Pillage*. Boston: South End Press.

Brysk, Alison. 1995. "Hearts and Minds: Bringing Symbolic Politics Back In." *Polity*, 27(4). summer, pp.559~585.

Buroway, Michael. 1991. "The Extended Case Method." in Michael Buroway, et al. *Ethnography Unbound: Power and Resistance in the Modern Metropolis*. Berkeley, Los Angeles and London: University of California Press, pp.271~287.

Campbell, David. 1996. "Political Processes, Transversal Politics and the Anarchical World." in Michael J. Shapiro and Hayward R. Alker(eds.). *Challenging Boundaries*. Minneapolis: University of Minnesota Press, pp.7~31.

Castells, Manuel. 1983. *The City and the Grassroots*. Berkeley and Los Angeles: University of California Press.

_____. 1984. "Space and Society: Managing the New Historical Relationships." in Michael Peter Smith(ed.). *Cities in Transformation*. Beverly Hills, Calif. and London: Sage, pp.235~260.

_____. 1996. *The Rise of the Network Society*. Oxford: Blackwell Publishers.

_____. 1997. *The Power of Identity*. Oxford: Blackwell Publishers.

_____. 1998. *End of Millennium*. Oxford: Blackwell Publishers.

Chase-Dunn, Christopher. 1984. "Urbanization in the World System: New Directions for Research." in Michael Peter Smith(ed.). *Cities in Transformation*. Beverly Hills, Calif. and London: Sage, pp.111~120.

Chinchilla, Norma Stolz and Nora Hamilton. 1992. "Seeking Refuge in the City of Angels: The Central American Community." in Gerry Riposa and Carolyn Dersch(eds.). *City of Angels*.

Dubuque, Iowa: Kendall/Hunt, pp.83~100.
Cho, Sumi K. 1993. "Korean American vs. Africa American: Conflict and Construction." in Robert Gooding-William(ed.). *Reading Rodney King — Reading Urban Uprising*. New York and London: Routledge, pp.196~211.
Clements, Mike. 1992. "Drywallers' Strike Nails Dowm a Principle." *Los Angeles Times*, November 16: B7.
Clifford, James. 1987. "Of Other Peoples: Beyond the 'Salvage' Paradigm." in Hal Foster(ed.). Discussions in Contemporary Culture. Seattle: Bay Press, pp.121~130.
_____. 1992. "Traveling Cultures." in Lawrence Grossberg, Cary Nelson and Paula Treicher(eds.). *Cultural Studies*. New York: Routledge, pp.96~116.
Clifford, James and Geoge E. Marcus(eds.). 1986. *Writing Culture: The Politics and Poetics of Ethnography*. Berkeley and Los Angeles: University of California Press.
Comision Economica para America Latine y el Caribe. 1991. *Remesas y Economia Familiar en El Salvador, Guatemala y Nicaragua(Junio)*.
Connor, Steven. 1989. *Postmodernist Culture*. Oxford: Blackwell Publishers.
_____. 1993. "Between Earth and Air: Value, Culture and Futurity." in Jon Bird, Barry Curtis, Tim Putnam, George Robertson and Lisa Tickner(eds.). *Mapping the Futures*. London and New York: Routledge, pp.229~236.
Cooke, Philip. 1986. "Modernity, Postmodernity and the City." *Theory, Culture and Society*, 5, pp.475~492.
_____. 1988. "The Postmodern Condition and the City." *Comparative Urban and Community Research*, 1, pp.62~80.
Coombe, Rosemary J. and Paul Stoller. 1994. "X Marks the Spot: Ambiguities of African Trading in the Commerce of the Black Public Sphere." *Public Culture*, 7, pp.249~274.
Cox, Kevin(ed.). 1997a. *Spaces of Globalization*. New York: Guilford Press.
_____. 1997b. "Introduction: Globalization and Its Politics in Question." in Kevin Cox(ed.). *Spaces of Globalization*. New York: Guilford Press, pp.1~18.
_____. 1997c. "Globalization and the Politics of Distribution: A Critical Assessment." in Kevin Cox(ed.). *Spaces of Globalization*. New York: Guilford Press, pp.115~136.
_____. 1998. "Spaces of Dependence, Spaces of Engagement and the Politics of Scale, or: Looking for Local Politics." *Political Geography*, 17(1), January, pp.1~23.
Crotty, James and Gary Dymski. 1998. "Can the Korean Labor Movement Defeat the IMF?" *Dollars and Sense*. Nov./Dec., pp.16~20.
Curry, James and Martin Kenney. 1999. "The Paradigmatic City: Postindustrial Illusion and the Los Angeles School." *Antipode*, 31(1), pp.1~28.
Cvetkovich, Ann and Douglas Kellner(eds.). 1997. *Articulating the Global and the Local: Globalization and Cultural Studies*. Boulder, Col. and Oxford: Westview Press.
Davis, Mike. 1990. *City of Quartz*. London: Verso.
_____. 1992. "Burning All Illusions in La." in Don Hazen(ed.). *Inside the LA Riots*. New York: Institute for Alternative Journalism, pp.97~100.

de Certeau, Michel. 1984. *The Practice of Everyday Life*. Berkeley, University of California Press.
Dear, Michael. 1986. "Postmodernism and Planning." *Society and Space*, 4, pp.367~384.
_____. 1991a. "The Premature Demise of Postmodern Urbanism." *Cultural Anthropology*, 6(4). Nov.), pp.538~552.
_____. 1991b. "Taking Los Angeles Seriously: Time and Space in the Postmodern City." *Architecture California*, 13(2), pp.36~42.
Dear, Michael and Steven Flusty. 1999. "Postmodern Urbanism." *Annals of the Association of American Geographers*, 88(1), pp.50~72
Deutsche, Rosalyn. 1991. "Boy's Town." *Society and Space*, 9, pp.5~30.
Derrida, Jacques. 1978. *Writing and Difference*. London: Routledge and Kegan Paul.
_____. 1981. *Positions*. Chicago: University of Chicago Press.
_____. 1985. *The Ear of the Other*. New York: Schocken.
Dicken, Peter. 1997. "Transnational Corporations and Nation-States." *International Social Science Journal*, 151, pp.77~89.
Dolinsky, Lewis. 1999. "Guatemalan Campaign Goes North." San *Francisco Chronocle*, February 19: A12.
Drainville andre. 1998. "The Fetishism of Global Civil Society." in M. P. Smith and L. E. Guarnizo (eds.). *Transnationalism from Below*. New Brunswick, NJ: Transaction, pp.35~63.
Eade, John(ed.). 1997. *Living the Global City: Globalization as a Local Process*. London and New York: Routledge.
Eikelman, Dale. 1997. "Trans-state Islam and Security." in S. Rudolph and J. Piscatori(eds.). *Transitional Religion and Fading State*s. Boulder, Col. and Oxford: Westview Press, pp.27~46.
Elizondo, Sergio. 1989. "ABS: Aztlan, the Borderlands and Chicago." in Rudolfo Anaya and Franicisco Lomerli(eds.). *Aztlan: Essays on the Chicago Homeland*. Albuquerque: University of New Mexico Press, pp.205~218.
Espinoza, S. 1993. "Remembering the Pain: Female Immigrants Tell of Abuse." *San Francisco Chronicle*, March 9: A11.
Farley, Maggie. 1998. "Indonesians Scapegoat Ethnic Chinese." San Francisco Examiner, February 1: A23.
Feagin, Joe R. and Michael Peter Smith. 1987. "Cities and the New International Divsion of Labor: An Overview." in M. P. Smith and J. R. Feagin(eds.). *The Capitalist City*. Oxford: Blackwell Publisher, pp.3~34.
Feagin, Joe R., Anthony M. Orum and Gideon Sjoberg. 1991. *A Case for the Case Study*. Chapel Hill and London: University of North Carolina Press.
Featherstone, Mike(ed.). 1990. *Global Culture: Nationalism, Globalization and Modernity*. London: Sage.
Fisher, Robert and Joe Kling. 1989. "Community Moblization: Prospects for the Future." *Urban Affairs Quarterly*, 25. Dec., pp.200~211.
Foucault, Michel. 1977. *Power/Knowledge*. Colin Gordon(ed.). New York: Pantheon Books.
Freeman, James M. 1989. *Hearts of Sorrow: Vietnamese-American Lives*. Stanford, Calif. Stanford University Press.

Friedmann, John. 1986. "The World City Hypothesis." *Development and Change*, 17(1), pp.69~84.

_____. 1995. "Where We Stand: A Decade of World City Research." in P. L. Knox and P. J. Taylor(eds.). *World Cities in a World System*. Cambridge: Cambridge University Press, pp.21~47.

Friedmann, John and Goetz Wolff. 1982. "World City Formation: An Agenda for Research and Action." *International Journal of Urban and Regional Research*, 6(2), pp.309~339.

Garcia, Kenneth J. 1992. "After Years of Boom, Los Angeles Hits Skids." *San Francisco Chronicle*, December 21, pp.A1, A8.

_____. 1994. "State's History of Intolerance to Immigrants." San Francisco Chronicle, December 28: A13.

Garfinkle, Harold. 1991. "Respecification." in Graham Button(ed.). *Ethnomethodology and the Human Sciences*. New York: Cambridge University Press, pp.10~19.

Geertz, Clifford. 1983. *Local Knowledge: Further Essays in Interpretive Anthropology*. New York: Basic Books.

Gertler, Meric S. 1997. "Between the Global and the Local: The Spatial Limits to Productive Capital." in K. Cox(ed.). *Spaces of Globalization*. New York: Guilford Press, pp.45~63.

Gibson-Graham, J. K. 1996/1997. "Querying Globalization." *Rethinking Marxism*, 9(1), spring, pp.1~27.

Giddens, Anthony. 1991. *Modernity and Self-identity: Self and Society in the Late Modern Age*. Stanford, Calif.: Stanford University Press.

Gilbert, Melissa R. 1997. "Feminism and Difference in Urban Geography." *Urban Geography*, 18(2), pp.166~179.

Glick Schiller, Nina and Georges Fouron. 1998. "Transnational Lives and National Identities: The Identity Politics of Haitian Immigrants." in M. P. Smith and L. E. Guarnizo(eds.). *Transnationalism From Below*. New Brunswick, NJ: Transaction, pp.130~163.

Goldring, Luin. 1998. "The Power of Status in Transnational Social Fields." in M. P. Smith and L. E. Guarnizo(eds.). *Transnationalism from Below*. New Brunswick, NJ: Transaction, pp.165~195.

Gordon, David. 1988. "The Global Economy: New Edifice or Crumbling Foundations?" *New Left Review*, March/April, pp.24~64.

Goss, Jan. 1997. "Representing and Re-presenting the Contemporary City." *Urban Geography*, 18, pp.180~188.

Gray, John. 1998. *False Dawn: The Delusions of Global Capitalism*. London: Granta Books.

Gregory, Steven. 1998. *Black Corona: Race and the Politics of Place in an Urban Community*. Princeton, NJ: Princeton University Press.

Grosfoguel, Ramón. 1995. "Global Logics in the Caribbean City System: The Case of Miami." in Paul L. Knox and Peter J. Taylor(eds.). *World Cities in a World System*. Cambridge and New York: Cambridge University Press, pp.156~170.

Gross, Jane. 1993. "Los Angeles Schools: Hobbled and Hunting." *New York Times*, February 16: C11.

Grossberg, Lawrenće. 1988. "Putting the Pop Back in Postmodernism." in Andrew Ross(ed.). *Universal Abandon? The Politics of Postmodernism*. Minneapolis: University of Minnesota Press, pp.166~190.
Guarnizo, Luis Eduardo. 1994. "Los Dominicanyork: The Making of a Binational Society." *Annals of the American Academy of Political and Social Science*. May.
_____. 1996. "The Nation-state and Grassroots Transnationalism: Comparing Mexican and Dominican Transmigration." Paper presented at 118th Annual American Ethnological Association Meeting, San Juan, Puerto Rico, April.
_____. 1998. "The Rise of Transnational Social Formations: Mexican and Dominican State Responses to Transnational Migration." *Political Power and Social Theory*, 12, pp.45~94.
_____. 1999. *Personal conversation on transnational migrant networks*.
Guarnizo, Luis Eduardo and Michael Peter Smith. 1998. "The Locations of Transnationalism." in M. P. Smith and L. E. Guarnizo(eds.). *Transnationalism from Below*. New Brunswick, NJ; Transaction, pp.3~34.
Gupta, Akhil and James Ferguson. 1997a. "Beyond 'Culture': Space, Identity and the Politics of Difference." in A. Gupta and J. Ferguson(eds.). *Culture, Power and Place*. Durham, NC and London: Duke University Press. pp.33~51.
_____(eds.). 1997b. *Culture, Power Place: Explorations in Critical Anthropology*. Durham, NC and London: Duke University Press.
_____. 1997c. "Culture, Power and Place: Ethnography at the End of an Era." in A. Gupta and J. Ferguson(eds.). *Culture, Power and Place*. Durham, NC and London: Duke University Press, pp.3~29.
Gurr, Ted Robert and Desmond S. King. 1987. *The State and the City*. London: Macmillan.
Hagan. Jacqueline. 1994. *Deciding to be legal: A Maya Community in Houston*. Philadelphia: Temple University Press.
Hall, Stuart. 1998. "Brave New World." *Marxism Today*, pp.24~29.
_____. 1991. "Old and New Identities, Old and New Ethnicities." in Anthony King(ed.). *Culture, Globalization and the World System*. Current Debates in ArtHistory 3, State University of New York at Binghampton, pp.41~68.
Hannerz, Ulf. 1996. *Transnational Connection*. London and New York: Routledge.
Harden, Elaine. 1999. "Slain Man`s Mother Rejects Mayor's Aid." *New York Times*, February 11: B8.
Harloe, Michael, C. G. Pickvance and John Urry(eds.). 1990. *Place, Policy and Politics: Do Localities Matter?* London: Unwin Hyman.
Harris, Richard and Robert Lewis. 1999. "Constructioning a Fault. y. Zone: Misrepresentations of American Cities and Suburbs, 1900~1950." *Annals of the American Association of Geographers*, 88(4), pp.622~639.
Hart, Nicky. 1989. "Gender and the Rise and Fall of Class Politics." *New Left Review*, 175. May/June, pp.19~47.
Harvey, David. 1973. *Social Justice and the City*. Baltimore: John Hopkins University Press.

———. 1978. "The Urban Process Under Capitalism." *International Journal of Urban and Regional Research*, 2(1): 101~132.
———. 1985a. *Conciousness and the Urban Experience*. Oxford: Blackwell Publishers.
———. 1985b. *The Urbanization of Capital*. Oxford: Blackwell Publishers.
———. 1987. "Three Myths in Search of a Reality in Urban Studies." *Society and Space*, 5, pp.367~376.
———. 1989. *The Condition of Postmordernity*. Oxford: Blackwell Publishers.
———. 1990. "Between Space and Time: Reflection on the Geographical Imagination." *Annals of the Association of American Geographers*, 80, pp.418~434.
———. 1992. "Postmordern Morality Plays." *Antipode*, 25(4), pp.300~326.
———. 1993. "From Space to Place and Back Again: Reflections on the Condition of Postmodernity." in Jon Bird, Barry Curtis, Tim Putnam, George Robertson and Lisa Tickner (eds.). *Maping the Future*. New York and London: Routledge, pp.3~29.
———. 1995. "Nature, Politics and Possibilities: A Debate and Discussion with David Harvey and Donna Haraway." *Environment and Planning D: Society and Space*, 13, pp.507~527.
———. 1996. *Justice, Nature and the Geography of Difference*. Oxford: Blackwell Publishers.
Hazen, Don(ed.). 1993. *Inside the LA Riots*. New York: Institute for Alternative Journalism.
Hegman, Susan. 1989. "History, Ethnography, Myth: Some Notes on the 'Indian Centered' Narrative." *Social Text*, 23. fall/winter, pp.145~158.
Henderson, Jeffrey. 1989. "The Political Economy of Technological Transformation in Hong Kong." in Michael Peter Smith(ed.). *Pacific Rim Cities in the World Economy*. New Brunswick, NJ: Transaction, pp.102~155.
Herod andrew. 1997. "Labor as Agent of Globalization and as a Global Agent." in Kevin Cox(ed.). *Spaces of Globalization*. New York: Guilford Press, pp. 167~200.
Herzog, Lawrence A,. 1990. *Where North Meets South: Cities, Space and Politics on the US-Mexico Border*. Austin: Center for Mexican American Studies, University of Texas.
Hill, Richard Child and Kuniko Fujita. 1995. "Osaka's Tokyo Problem." *International Journal of Urban and Regional Research*, 19(2): 181~193.
Hirschman, Albert O. 1970. *Exit, Voice and Loyalty*. Cambridge, Mass.: Harvard University Press.
Hirst, Paul and Grahame Thompson. 1995. "Globalization and the Future of the Nation-state." *Economy and Society*, 24(3). Aug, pp.408~442.
———. 1996. *Globalization in Question*. Cambridge: Polity Press.
Holmes, Steven A. 1999. "New York City Faces a Study of Police Acts." *New York Times*, March 6, pp.A1, A12.
Hsing, You-tien. 1997. "Building Guanzxi Across the Straits: Taiwanese Capital and Local Chinese Bureaucrats." in Aihwa Ong and Donald Nonini(eds.). *Ungrounded Empires*. New York: Routledge, pp.143~164.
Hutcheon, Linda. 1988. *A Poetics of Postmodernism*. New York and London: Routledge.
———. 1989. *The Politics of Postmodernism*. New York and London: Routledge.
Imig, Doug and Sidney Tarrow. 1996. "The Europeanization of Movements?" Ithaca, NY: Institute

for European Studies Working Paper No. 96, Cornell University.
International Monetary Fund. 1991. *Balance of Payments Statistics Yearbook*, Vol. 42, Part I.
Jackson, Peter. 1991. "Mapping Meanings: A Cultural Critique of Locality Studies." *Environment and Planning A*, 23, pp.215~228.
_____. 1992. *Maps of Meaning*. London and New York: Routledge.
Jameson, Frederic. 1983. "Postmodernism and Consumer Society." in Hal Foster(ed.). *The Anti-Aesthetic*. Port Townsend, Washington: Bay Press, pp.111~125.
_____. 1984. "Postmodernism, or the Cultural Logic of Late Capitalism." *New Left Review*, 146, pp.53~92.
_____. 1989. "Marxism and Postmodernism." *New Left Review*, 176. July/Aug, pp.31~46.
_____. 1991. *Postmodernism: Or the Cultural Logic of Late Capitalism*. Durham, NC: Duke University Press.
_____. 1998. *The Cultural Turn*. London and New York: Verso.
Jenson, Jane. 1990. "Different But Not Exceptional: The Feminism of Permeable Fordism." *New Left Review*. 184. Nov/Dec, pp.58~68.
Johnson, James H., Walter Farrell and Melvin Oliver. 1993. "Seeds of the Los Angeles Rebellion of 1992." *International Journal of Urban and Regional Research*, 17, pp.115~119.
Johnson, James H,. Cloyzelle K. Jones, Walter C. Farrell and Melvin Oliver. 1992. "The Los Angeles Rebellion: A Retrospective View." *Economic Developement Quarterly*, 6. 4). November, pp.356~372.
Kane, Ousmane. 1997. "Muslim Missionaries and African States." in S. Rudolph and J. Piscatori (eds.). *Transnational Religion and Fading States*. Boulder, Col. and Oxford: Westview Press, pp.47~62.
Kang, Connie. 1998a. "Dual Citizenship Plans for Korean American." *San Francisco Examiner*, June 14: 10.
_____. 1998b. "Activism Opens Generational Rift in Koreatown Workplaces." *Los Angeles Times*, September 6: A1.
Katznelson, Ira. 1981. *City Trenches*. New York: Pantheon Books.
Kayatenik, Serap A. and David F. Ruccio. 1998. "Global Fragments: Subjectivity and Class Politics in Discourses of Globalization." *Economy and Society*, 27. Feb, pp.74~96.
Kearney, Michael. 1991. "Borders and Boundaries of state and self at the end of Empire." *Journal of Historical Sociology*, 4. March, pp.52~74.
_____. 1995. "The Effects of Transnational Culture, Economy and Migration on Mixtec Identity in Oaxacalifornia." in M. P. Smith and J. R. Feagin(eds.). *The Bubbling Cauldron: Race, Ethnicity and the Urban Crisis*. Minneapolis: University of Minnesota Press, pp.226~243.
Keck, Margaret E. and Kathryn Sikkink. 1998. *Activists Beyond Borders: Advocacy Networks in International Politics*. Ithaca, NY and London: Cornell University Press.
Kellner, Douglas. 1997. *Media Culture*. London and New York: Routledge.
Kern, Stephen. 1983. *The Culture of Time and Space*. Cambridge, Mass.: Harvard University Press.
Kidder, Thalia and Mary McGinn. 1995. "In the Wake of NAFTA: Transnational Workers

Networks." *Social Policy*, summer, pp.14~21.

Kim, Elaine H. 1993. "Home is Where the Han is: A Korean American Perspective on the Los Angeles Upheavals." *Social Justice*, 20(1-2). spring-summer, pp.1~21.

———. 1999. "'At Least You're Not Black': Asian Americans in US Race Relations." *Social Justice*, 25(3), pp.3~12.

King, Anthony D. 1996. "Introduction: Cities, Texts and Paradigms." in A. D. King(ed.). *Representing the City*. New York: New York University Press, pp.1~20.

Knox, Paul. 1995. "World Cities and the Organization of Global Space." in R. J. Johnson, Peter J. Taylor and Michael J. Watts(eds.). *Geographies of Global Change*. Oxford: Blackwell Publishers, pp.232~247.

Kristof, Nicholas D. 1998. "Pols Find Rural Japan Resistant to Fiscal Reform." *San Francisco Examiner*, July 5: A16.

———. 1999. "Empty Isles are Signs Japan`s Sun Might Dim." *New York Times*, August 1, pp.1, 4.

Kusno, Abidin. 1998. *Personal conversations on the crisis in Indonesia*.

Kwong, Peter. 1992. "The First Multicultural Riots." in Don Hazan(ed.). *Inside the LA Riots*. New York: Institute for Alternative Journalism, pp.88~93.

Laclau, Ernesto. 1990. *New Reflections on the Revolution of Our Time*. New York and London: Verso.

Laclau, Ernesto and Chantal Mouffe. 1985. *Hegemony and Socialist Strategy*. London and New York: Verso.

———. 1987. "Post-Marxism without Apologies." *New Left Review*, 166. Nov/Dec, pp.79~106.

Lash, Scott and John Urry. 1994. *Economies of Signs & Space*. London, Thousand Oaks and New Delhi.

Lauria, Mickey(ed.). 1997. *Reconstructuring Urban Regime Theory: Regulating Urban Politics in a Global Economy*. Thousand Oaks, Calif: Sage.

Lee, Dong Ok. 1995. "Responses to Spatial Rigidity in Urban Transformation: Korean Business Experience in Los Angeles." *International Journal of Urban and Regional Research*, 19(1), pp.40~54.

Lee, Hoon. 1996. "Building Class Solidarity Across Racial Lines: Korean-American Workers in Los Angeles." in John Anner(ed.). *Beyond Identity Politics: Emerging Socail Justice Movements in Communities of Color*. Boston: South End Press, pp.47~61.

Lee, Susan K. 1993. "Koreans in America." *Crossroads*, July/Aug, pp.17~18.

Lefebvre, Henri. 1971. *Everyday Life in the Modern World*. New York: Harper and Row.

———. 1991. *The Production of Space*. Oxford: Blackwell Publishers.

Lessinger, Johanna. 1992. "Investing or Going Home? A Transnational Strategy Among Indian Immigrants in the United States." in N. Glick Schiller, L. Basch and C. Szanton Blanc(eds.). *Toward a Transnational Perspective on Migration: Race, Class, Ethnicity and Nationalism Reconsidered*. New York: Annals of the New York Academy of Sciences, 645, pp.53~80.

Ley, David. 1998. Review of Knox and Taylor(eds.). *World Cities in a World System, in Environment and Planning A*, pp.181~182.

Lie, John. 1995. "American Sociology in a Transnational World: Against Parochialism." *Teaching Sociology*, 25. April, pp.136~144.
Light, Ivan and Edna Bonacich. 1988. *Immigrant Entrepreneurs: Koreans in Los Angeles, 1965~1982*. Los Angeles and Berkeley: University of California Press.
Light, Ivan, Richard B. Bernard and Rebecca Kim. 1999. "Immigrant Incorporation in the Garment Industry of Los Angeles." *International Migration Review*, 33(1), pp.5~25.
Lin, Jan. 1998. *Reconstructing Chinatown: Ethnic Enclave, Global Change*. Minneapolis: University of Minnesota Press.
Lipietz, Alain. 1986. "New Tendencies in the International Division of Labor." in Alan J. Scott and Michael Storper(eds.). *Production, Work and Territory*. Boston: Allyn and Bacon, pp.16~40.
Logan, John R. and Harvey L. Molotch. 1987. *Urban Fortunes*. Berkeley: University of California Press.
Louis, Arthur M. 1993. "Mortgage Forclosures Still Soaring." *San Francisco Chronicle*, December 9: D1.
Low, Murray. 1997. "Representation Unbound: Globalization and Democracy." in Kevin Cox(ed.). *Spaces of Globalization*. New York: Guilford Press, pp.240~280.
Lyotard, Jean-Francois. 1984. *The Postmodern Condition*. Minneapolis: University of Minnesota Press.
McAdam, Doug, John D. McCathy and Mayer Zald(eds.). 1996. *Comparative Perspectives on Social Movements*. Cambridge: Cambridge University Press.
Machimura, Takashi. 1998. "Symbolic Uses of Globalization in Urban Politics in Tokyo." *International Journal of Urban and Regional Research*, 22(2), pp.183~194.
McMichael, Philip. 1996. "Globalization: Myths and Realities." *Rural Sociology*, 61(1), pp.25~55.
Mahler, Sarah J. 1996. *American Dreaming: Immigrant Life on the Margins*. Princeton, NJ: Princeton University Press.
_____. 1998. "Theoretical and Empirical Contributions Towards a Research Agenda for Transnationalism." in M. P. Smith and L. E. Guarnizo(eds.). *Transnationalism from Below*. New Brunswick, NJ: Transaction, pp.64~100.
Mair andrew. 1997. "Strategic Localization: The Myth of the Postnational Enterprise." in Kevin Cox(ed.). *Spaces of Globalization*. New York: Guilford Press, pp.64~88.
Malkki, Lisa. 1995. *Purity and Exile: Violence, Memory and National Cosmology Among Hutu Refugees in Tanzania*. Chicago: University of Chicago Press.
Mander, Jerry and Edward Goldsmith(eds.). 1996. *The Case Against the Global Economy*. San Francisco: Sierra Club Books.
Mann, Eric. 1993. "Los Angeles — A Year After(1): The Poverty of Corporatism." *The Nation*, March 29, pp.406~411.
Marcus, George E. and Michael M. J. Fischer. 1986. *Anthropology as Cultural Critique: An Experimental Moment in the Human Sciences*. Chicago and London: University of Chicago Press.
Martinez, Oscar J. 1994. *Border People: Life and Society in the Us-Mexico Borderlands*. Tucson and London: University of Arizona Press.
Maritinez, Ruben. 1993. *The Other Side: Notes from the New LA, Mexico City and Beyond*. New York:

Vintage.
―――. 1995. "Meet the Future in the Past." *NACLA* Report on the America, 28(4). Jan/Fed, pp.35~37.
Mascia-Lees, Frances E. Patricia Sharpe and Colleen Ballerino Cohen. 1989. "The Postmodern Turn in Anthropology." *Singns*, 1. autumn, pp.7~33.
Massey, Doreen. 1991a. "A Global Sense of Place." *Marxism Today*, June, pp.24~28.
―――. 1991b. "Flexible Sexism." *Space and Society*. 9, pp.31~57.
―――. 1991c. "The Political Place of Locality Studies." *Environment and Planning*, A. 23, pp.267~281.
―――. 1993. "Power-geometry and a Progressive Sense of Place." in Jon Bird, Barry Curtis, Tim Putnam, George Robertson and Lisa Tickner(eds.). *Mapping the Futures: Local Cultures, Global Change*. New York and London: Routledge, pp.59~69.
―――. 1994a. "Double Articaulation: A Place in the World." in A. Bammer(ed.). *Displacements: Cultural Identities in Question*. Bloomington: Indiana University Press, pp.111~121.
―――. 1994b. *Space, Place and Gender*. Minneapolis: University of Minnesota Press.
Matthei, Linda and David Smith. 1998. "Belizean Boyz'n the Hood? Garifuna Labor Migration and Transnational Identity." in M. P. Smith and L. E. Guarnizo(eds.). *Transnationalism from Below*. New Brunswick, NJ: Transaction. pp.270~290.
Melucci, Alberto. 1995. "The Global Planet and the Internal Planet." in Marcy Darnovsky, Batbara Epstein and Richard Flacks(eds.). *Cultural Politics and Social Movements*. Philadelphia: Temple University Press, pp.287~298.
Merl, Jean. 1999. "Groups to Help Emigres Fly to Israel for Elections." *Los Angeles Times*, May 9, pp.B1, B5.
Mintz, Sidney. 1985. Sweetness and Power: *The Place of Sugar in Modern History*. New York: Viking.
Miranda, G. 1993. "Women's Rights are Human Rights." *The Bay Guardian*. MArch 3, pp.18~19.
Mitchell, Katharyne. 1993. "Multiculturalism, or the United Colors of Capitalism?" *Antipode*, 25, pp.263~294.
―――. 1996. "In Whose Interest? Transnational Capital and the Production of Multiculturalism in Canada." in R. Wilson and W. Dissanayake(eds.). *Global/Local: Cultural Production and the Transnational Imaginary*. Durham, NC and London: Duke University Press, pp.219~254.
―――. 1997. "Transnational Discourse: Bringing Geography Back In." *Antipode*, 29(2), pp.101~114.
Mollenkopf, John H. 1983. *The Contested City*. Princeton, NJ: Princeton University Press.
Morris, Meaghan. 1992. "On the Beach." in L. Grossberg, C. Nelson and P. Treichler(eds.). *Cultural Studies*. New York and London: Routledge, pp.450~478.
―――. 1993. "Future Fear." in Jon Bird, Barry Curtis, Tim Putnam, George Robertson and Lisa Tickner(eds.). *Mapping the Futures*. New York and London: Routledge, pp.30~46.
Mouffe, Chantal. 1988. "Radical Democracy: Modern or Postmodern?" in Andrew Ross(ed.). *Universal Abandon? The Politics of Postmodernism*. Minneapolis: University of Minnesota Press, pp.31~45.
Mouzelis, Nicos. 1988. "Marxism or Post-Marxism?" *New Left Review*, 167. Jan/Feb, pp.107~123.

Mullings, Leith(ed.). 1987. *Cities of the United States: Studies in Urban Antropology*. New York: Columbia University Press.

Mydans, Seth. 1992. "Separateness Grows in Scarred Los Angeles." *New York Times*. November 15, pp.1, 19.

_____. 1995. "Los Angeles Official Seeks to Close Major Hospital." *New York Times*, June 20: A8.

_____. 1999. "Nurturing Democracy from the Grass Roots." *New York Times*. June 13: WK 5.

Nagengast, Carole and Michael Kearney. 1990. "Mixtec Ethnicity: Social Identity, Political Consciousness and Political Activism." *Latin American Research Review*, 25(2), pp.61~91.

Nonini, Donald. 1997. "Shifting Identities, Positioned Imaginaries: Transnational Traversals and Reversals by Malaysian Chinese." in Aihwa Ong and Donald Nonii(eds.). *Ungrounded Empires: The Cultural Pilitics of Modern Chinese Transnationalism*. New York: Routledge, pp.203~227.

Nonini, Donald and Aihwa Ong. 1997. "Chinese Transnationalism as an Alternative Modernity." in Aihwa Ong and Donald Nonini(eds.). *Ungrounded Empires: The Cultural Pjolitics of Modern Chinese Transnationalism*. New York: Routldege, pp.3~38.

Olney, Peter. 1993. "The Rising of the Million." *Crossroads*. July/August, pp.13~16.

Ong, Aihwa. 1997. "Chinese Modernities: Narratives of Nation and of Capitalism." in A. Ong and D. Nonini(eds.). *Ungrounded Empires: The Cultural politics of Modern Chinese Transnationalism*. New York: Routledge, pp.171~203.

_____. 1999. *Flexible Citizenship: The Cultrural Logics of Globalization*. Durham, NC and London: Duke University Press.

Ong, Aihwa and Donald Nonini(eds.). 1997. *Ungrounded Empires: The Cultural Politics of Modern Chinese Transnationalism*. New York: Routledge.

Ong, Paul, et al. 1989. *The Widening Divide: Income Inequality and Poverty in Los Angeles*. Los Angeles: UCLA Graduate School of Architecture and Urban Planning.

_____. 1993. *Beyond Asian-American Poverty: Community Economic Development Policies and Strategies*. Los Angeles: Asian American Public Policy Insititute.

Pahi, Ray E. 1990. "Is the Emperor Naked? Some Questions on the Adequacy of Sociological Theory in Urban and Regional Research." *International Journal Of Urban And Regional Research*, 13(4). December), pp.700~720.

Pastor, Manuel, Jr. 1993. *Latinos and the Los Angeles Uprising: The Economic Context*. Claremont, Calif.: Thomas Rivera Center.

Pearlstone, Zena. 1990. *Ethnic LA*. Beverly Hells, CA: Hillcrest Press.

Pintak, Lawrence. 1998. "Near-anarchy in Indonesia: Armed Forces Trying to Find Way to Tell Suharto go Go." *San Francisco Chronicle*, May 15, pp.A1, A17.

Portes, Alejandro. 1987. "The Social Origins of the Cuban Enclave Economy of Miami." *Sociololgical Perspectives*, 30. Octover, pp.340~372.

_____. 1996a. "Transnational Communities: Their Emergence and Sigmificance in the Contemporary World System." Working Papers Series, No. 16. Program in Comparative and International Development, Department of Sociology, Johns Hopkins University.

———. 1996b. "Global Villagers: The Rise of Transnational Communities." *The American Prospect*, 2, pp.74~77.
Portes, Algjandro and Robert D. Manning. 1986. "The Immigrant Enclave: Theory and Empirical Examples." in Joane Nagel and Susan Olzak(eds.). *Competitive Ethnic Relations*. Orlando: Academic Press, pp.47~68.
Portes, Alejandro and John Walton. 1981. *Labor, Class and the International System*. New York: Academic Press.
Pratt, A. C. 1991. "Discourses of Locality." *Environment and Planning A*. 23, pp.257~266.
Pincen, Thoma and Matthias Finger. 1994. *Environmental NGOs in World Politics: Linking the Local and the Global*. London and New York: Routledge.
Quinones, Sam. 1999. "Mexico Emigrants Spin a Bold Idea." *San Francisco Examiner*, June 20, pp.A1, A6.
Reinhold, Rober. 1993. "Rebuilding Lags in Los Angeles a Year After Riots." *New York Times*, May 10, pp.A1, A10.
Ritchie, Mark. 1996. "Cross-border Organizing." in Jerry Mander and Edward Goldsmith(eds.). *The Case Against the Global Economy*. San Francisco: Sierra Club Books, pp.494~500.
Robbertson, T. 1993. "Thousands of Guatemala Exiles Return." *San Francisco Chronicle*, January 21: A10.
Robbertson, Bruce. 1993. "Comparative Cosmopolitanisms." in B. Robbins, *Secular Vocations: Intellectuals, Professionalism, Culture*. London: Verso, pp.180~211.
Rodriguez, Nestor. 1995. "The Real 'New World Order': The Globalization of Racial and Ethnic Relations in the Late Twentieth Century." in M. P. Smith and J. R. Fragin(eds.). *The Bubbling Cauldron: Race, Ethnicity and the Urban Crisis*. Minneapolis: University of Minnesota Press, pp.211~225.
———. 1996. "The Battle for the Border: Notes on Autonomous Migration, Transnational Communities and the State." *Social Justice*, 23(3), pp.21~37.
Rodriguez, Nestor P. and Jacqueline Maria Hagan. 1992. "Apartment Restructuring and Latino Immigrant Tenant Struggles: A Case Study of Human Agency." in M. P. Smith(ed.). *After Modernism: Global Restructuring and the Changing Boundaries of City Life*. New Brunswick, NJ: Transaction Publisher, pp.164~180.
Rosaldo, Renato. 1989. *Culture and Truth: The Remaking of Social Analysis*. Boston: Beacon Press.
Rose, Gillian. 1993. "Some Notes Towards Thinking About the Spaces of the Future." in Jon Bird, Barry Curtis, Tim Putnam, George Robertson and Lisa Tickner(eds.). *Mapping the Futures: Local Cultures, Global Change*. London and New York: Routledge, pp.70~83.
Rosenthal, John. 1988. "Who Pratices Hegemony? Class Division and the Subject of Politics." *Cultural Critique*. spring: 29.
Rouse, Roger. 1990. "Men in Space: Power and the Appropriation of Urban Form Among Mexican Migrants in the United States." Paper Presented at the Residential College, University of Michigan, Ann Arbor. March 14.
———. 1991. "Mexican Migration and the Social Space of Postmodernism." *Diaspora*, 1(1). spring,

pp.8~23.
_____. 1995. "Thinking Through Transnationalism." *Public Culture*, 7. 2), pp.353~402.
Ruiz, A. 1992. "Peace Caravan Heads South." *The Daily Californian*, August 7, pp.1, 3.
Sachs, Susan. 1999a. "Slain Man`s Mother is Center of Attention in Guinea." *New York Times*, February 17: B1.
_____. 1999b. "From Grieving Mother to Forceful Celevrity." *New York Times*, April 12: A1.
Sahins, Marshall. 1976. *Culture and Practical Reason*. Chicago: University of Chicago Press.
San Francisco Chronicle, 1998. May 9. "Support for Estrada Extends Beyond Bay Area": A13.
Sanger, David E. 1998. "World Bank, A Bit Nervous, Resumes Aid to Indonesia." *New York Times*, July 3: A5.
Sassen, Saskia. 1988. *The Mobility of Labor and Capital*. Cambridge: Cambridge University Press.
_____. 1991. *The Global City: New York, London, Tokyo*. Princeton, NJ: Princeton University Press.
_____. 1995. *Losing Control: Sovereignty in and Age of Globalization*. New York: Columbia University Press.
_____. 1998. *Globalization and its Discontents*. New York: New Press.
Sassen, Saskia and Alejandro Portes. 1993. "Miami: A New Global City?" *Contemporary Sociaology*, 22(4), pp.471~480.
Sassen-Koob, Saskia. 1982. "Recomposition and Peripheralization at the Core." *Contemporary Marxism*, 5, pp.88~100.
_____. 1984a. "Capital Mobility and Labor Migration: Their Expression in Core Cities." in M. Timberlake(ed.). *Urbanization in the World System*. New York: Academic Press.
_____. 1984b. "The New Labor Demand in Global Cities." in Michael Peter Smith(ed.). *Cities in Transformation*. Beverly Hills, Calif.: Sage, pp.139~171.
_____. 1986. "New York City: Economic Restructuring and Immigration." *Developement and Change*, 17(1), pp.85~119.
_____. 1987. "Growth and Informalization at the Core: A Preliminary Report on New York City." in Michael Peter Smith and Joe R. Feagin(eds.). *The Capitalist City*. Oxford: Blackwell Publishers, pp.138~154.
Savage, L. 1998. "Shifting Gears: Union Organizing in the Low Wage Service Sector." in L. Herod (ed.). *Organizing the Landscape*. Minneapolis: University of Minnesota Press, pp.225~254.
Sayer andrew. 1987. "Hard Work and its Alternatives." *Society and Space*, 5: 395~399.
_____. 1989. "The 'New' Regional Geography and Problems of Narrative." *Society and Space*, 7, pp.253~276.
_____. 1991. "Behind the Locality Debate: Deconstructing Geography's Dualism." *Environment and Planning A*. (23), pp.283~308.
Schein, Louisa. 1998a. "Forged Transnationality and Oppositional Cosmopolitanism." in M. P. Smith and L. E. Guarnizo(eds.). *Transnationalism from Below*. New Brunswick, NJ: Transaction, pp.291~313.
_____. 1998b. "Importing Miao Brethern to Hmong America: A Not So Stateless Transnationalism." in Pheng Cheah and Bruce Robbins(eds.). *Cosmopolitics: Thinking and Feeling*

Beyond the Nation. Minneapolis: University of Minnesota Press, pp.163~191.
Schlesinger, Arthur. 1992. *The Disuniting of America*. New York: Norton.
Schou, Nick. 1999. "The Northern Factor." *LA Weekly*, March 19: Lexis-Nexis, 1~4.
Scott, Alan(ed.). 1997. *The Limits of Globalization*. London and New York: Routledge.
Scott, Allen J. 1993. *Technopolis: High Technology Industry and Regional Development in Southern California*. Berkely and Los Angeles: University of California Press.
_____. 1995. "Industrial Urbanism in Southern California: Post-Fordist Civic Dilemmas and Opportunities." *Contention*, 5, pp.39~65.
Scott, Allen J. and Edward Soja. 1986. "Editorial." *Society and Space*, 4, pp.249~256.
Sengupta, Somini. 1998. "India Taps Into Its Diaspora." New York Times, August 19: A31.
Shapiro, Michael. 1992. *Reading Postmodern Polity*. Minneapolis: University of Minnesota Press.
Sikkink, Kathryn. 1993. "Human Rights, Principled issue Networks and Sovereignty in Latin America." *International Organization*, 47(3), pp.411~441.
Simonsen, Kirsten. 1990. "Planning on 'Postmodern' Conditions." *Acta Sociologica*, 33, pp.51~62.
Sims, Calvin. 1994. "Who Said Los Angeles Could Be Rebuilt in a Day." *New York Times*, May 22: 5.
Sklair, Leslie. 1998. "The Transnational Capitalist Class and Global Capitalism." *Political Power and Social Theory*, 12, pp.3~43.
Smart, Alan and Josephine Smart. 1998. "Transnational Social Networks and Negotiated Identities in Interactions between Hong Kong and China." in M. P. Smith and L. E. Guarnizo(eds.). *Transnationalism from Below*. New Brunswick, NJ: Transaction, pp.103~129.
Smith, Jackie, Ron Pagnucco and Charles Chatfield. 1997. "Social Movements and World Politics: A Theoretical Framework." in Jackie Smith, Charles Chatfield and Ron Pagnucco(eds.). *Transnational Social Movements and Global Politics*. Syracuse: Syracuse University Press, pp.59~79.
Smith, Michael Peter. 1980. *The City and Social Theory*. Oxford: Blackwell Publishers.
_____(ed.). 1984. *Cities in Transformation*. Beverly Hills, Calif. and London: Sage.
_____. 1988. *City, State and Market*. Oxford: Blackwell Publishers.
_____. 1989. "Urbainsm: Medium or Outcome of Human Agency?" *Urban Affairs Quartely*, March, pp.353~358.
_____. 1992. "Postmodernism, Urban Ethnography and the New Social Space of Ethnic Identity." *Theory and Society*, 21, pp.493~531.
_____. 1994. "Can You Imagine? Transnational Migration and the Globalization of Glassroots Politics." *Social Text*, 39, pp.15~33.
_____. 1997. "Looking for Globality in Los Angeles." in A. Cvetkovich and D. Kellner(eds.). *Articulating the Global and the Local: Globalization and Cultural Studies*. Boulder, Col. and Oxford: Westview Press, pp.55~57.
Smith, Michael Peter and Joe R. Feagin(eds.). 1987. *The Capitalist City: Global Restructuring and Community Politcs*. Oxford: Blackwell Publishers.
_____. 1995. "Putting Race in its Place." in Michael Peter Smith and Joe R. Feagin(eds.). *The Bubbling Cauldron: Race, Ethnicity and the Urban Crisis*. Minneapolis: University of Minnesota

Press, pp.3~27.
Smith, Michael Peter and Luis Eduardo Guarnizo(eds.). 1998. *Transnationalism from Below*. New Brunswick, NJ: Transaction.
Smith, Michael Peter and Bernadette Tarallo. 1993a. *California's Changing Faces: New Immigrant Survival Strategies and State Policy*. Berkely: California Policy Seminar.
_____. 1993b. "The Postmodern City and Social construction of Ethnicity in California." in Malcom Cross and Michael Keith(eds.). *Racism, the City and the State*. London and New York: Routledge, pp.61~76.
_____. 1995. "Who are the 'Good Guys'?: The Social Construction of the Vietnamese 'Other'." in M. P. Smith and J. R. Feagin(eds.). *The Bubbling Cauldron: Race, Ethnicity and the Urban Crisis*. Minneapolis: University of Minnesota Press.
Smith, Michael Peter and Richard Tatdanico. 1987. "Urban Theory Reconsidered: Production, Reproduction and Collective Action." in M. P. Smith and J. R. Feagin(eds.). *The Capitalist City*. Oxford: Blackwell Publishers, pp.87~110.
Smith, Michael Peter, Bernadette Tarallo and G. Kagiwada. 1991. "Colouring California: New Asian Immigrant Households, Social Networks and the Local State." *International Journal of Urban and Regional Research*, 15(2), pp.250~268.
Smith, Robert. 1996. "The Flower Sellers of Manhattan." *NACLA Report on the America*, 20(3). Nov/Dec, pp.41~43.
_____. 1998. "Transnational Localities: Community, Technology and the Politics of Membership within the Context of Mexico and US Migration." in M. P. Smith and L. E. Guarnizo(eds.). *Transnationalism from Below*. New Brunswick, NJ: Transaction, pp.196~239.
Soja, Edward J. 1986. "Taking Los Angeles Apart: Some Fragments of a Critical Human Geography." *Society and Space*, 4, pp.255~272.
_____. 1989. *Postmodern Geographies*. London and New York: Verso.
_____. 1996. *Thirdspace: Journeys to Los Angeles and Other Rea and Imagined Places*. Oxford: Blackwell Publishers.
Sorensen, Ninna. 1993. "Ethnicity and Gender." in H. Lindholm(ed.). *Ethnicity and Nationalism*. Goteborg: Nordic Network of Ethnic Studies.
_____. 1996. "There are No Indians I the Doninican Republic." in K. Hastrup and K. Olwig(eds.). *Siting Culture*. London: Routledge, pp.142~164.
_____. 1998. "Narrating Identity Across Dominican Worlds." in M. P. Smith and L. E. Guarnizo (eds.). *Transnationalism from Below*. New Brunswick, NJ: Transaction, pp.241~269
Stone, clarence N. 1989. *Regime Politics: Governing Atlanta*. Lawrence: University Press of Kansas.
Storper, Michael. 1997. "Territories, Flows and Hierarchies in the Global Economy." in Kevin Cox (ed.). *Spaces of Globalization*. New York: Guilford Press, pp.19~44.
_____. 1999. "The Poverty of Paleo-Lefism", *Antipode*, 31(1), pp.37~44.
Strom, Stephanie. 1998. "South Koreans Protest Spread of Layoffs in IMF Plan." *New York Times*. May 28: A7.
Sturgeon, Noël. 1997. *Ecofeminist Natures: Race, Gender, Feminist Theory and Political Action*. New

York and London: Routledge.

Tajbakhsh, Kian. 1991. "Marxi= and Crisis of Communist Ideologu." *Economic and Political Weekly*. August 17: 1,934.

Tardanico, Richard. 1992. "Economic Crisis and Structural Adjustment: The Changing Labor Market of San Jose, Costa Rica." in M. P. Smith(ed.). *After Modernism: Global Restructuring and the Changing Boundaries of City Life*. New Brunswick: Transaction, pp.70~104.

Tarrow, Sidney. 1998. *Power in Movement: Social Movements and Contentious Politics*. Cambridge: Cambridge University Press.

Thompson, John B. 1995. *The Media and Modernity: A Social Theory of the Media*. Stanford, Calif: Stanford University Press.

Tiebout, Charles M. 1956. "A Pure Theory of Local Expenditures." *Journal of Political Economy*, 64. October, pp.416~424.

Tilly, Charles. 1978. *From Mobilization to Revolution*. Reading, Mass.: Addison-Wesley.

_____. 1983. "Flows of Capital and Forms of Industry in Europe, 1500~1900." *Theory and Society*, 12(2), pp.123~142.

_____. 1984. *Big Structures, Large Processes, Huge Comparisons*. New York: Russell Sage.

_____. 1988. "What's Left on the City?" *Journal of Urban History*, 14(3). May, pp.394~398.

Tyler, Stephen A. 1986. "Postmodern Ethnography: From Document of the Occult to Occult Document." in James Clifford and George Marcus(eds.). *Writing Culture: The Politics and Poetics of Ethnography*. Berkeley and Los Angeles: University of California Press, pp.122~!40.

_____. 1987. *The Unspeakable*. Madison: University of Wisconsin Press.

Urrym John. 1986. "Locality Research: The Case of Lancaster." *Regional Studies*, 20, pp.233~242.

Vetovec, Steven. 1999. "Conceiving and Researching Transnationalism." *Ethnic and Racial Studies*, 22(2), pp.447~462.

Wade, Robert. 1996. "Globalization and its Limits: Reports on the Death of the National Economy are Greatly Exaggerated." in Suzanne Berger and Ronald Dore(eds.). *National Diversity and Global Capitalism*. Ithaca, NY and London: Cornell University Press, pp.60~88.

Waldinger, Roger and Mehdi Bozorgmehr(eds.). 1996. *Ethnic Los Angeles*. New York: Russell Sage Foundation.

Wallerstein, Immanuel. 1979. *The Capitalist World Economy*. New York: Cambridge University Press.

_____. 1980. *The Modern World System*, vol. 2. New York: Academic Press.

Walton, John. 1987. "Urban Protest and the Global Political Economy: The IMF Riots." in Michael Peter Smith and Joe R. Feagin(eds.). *The Capitalist City: Global Restructuring and Community Politics*. Oxford: Blackwell Publishers, pp.364~386.

Walton, John and David Seddon. 1996. *Free Markets and Food Riots*. Oxford: Blackwell Publishers.

Wapner, Paul. 1995. "Bringing Society Back In: Environmental Activism and World Civic Politics." *World Politics*, 47, pp.311~340.

Ward, Peter. 1995. "The Successful Management and Administration of World Cities: Mission Impossible?" in Paul N. Knox and Peter J. Taylor(eds.). *World Cities in a World System*. New York: Cambridge University Press, pp.298~314.

Watson, Sophie. 1991. "Guilding the Smokestacks: The New Symbolic Representations of Deindustrialized Regions." *Environment and Planning D: Society and Space*, 9, pp.59~70.
White, James W. 1998. "Old Wine, Cracked Bottle?: Tokyo, Paris and the Global City Hypothesis." *Urban Affairs Review*, 33(4). March, pp.451~477.
Wilgoren, Jodi. 1999. "Cardinal and Parents of Diallo Share Hopes." *New York Times*, April 7: A21.
Wilson, Rob and Wimal Dissanayake(eds.). 1996. *Global/Local: Cultural Production and the Transnational Imaginary*. Durham, NC and London: Duke University Press.
Wolf, Eric. 1982. *People Without History*. Berkeley: University of California Press.
World Bank. 1991. *World Development Report 1991: The Challenge of Development*.
Young, Iris Marion. 1998. "Harvey's Complaint with Race and Gender Struggles: A Critical Response." *Antipode*, 30(1), pp.36~42.
Zabin, Carol. 1995. "Mixtecs and Mestizos in California Agriculture: Ethnic Displacement and Hierarchy among Mexican Farm Workers." in M. P. Smith(ed.). *Marginal Spaces*. New Brunswick, NJ: Transaction, pp.113~143.
Zukin, Sharon. 1988. "The Postmodern Debate over Urban Form." *Theory, Culture & Society*, 5, pp.431~446.
_____. 1991. *Landscapes of Power*. Berkeley: University of California Press.

지은이 |

마이클 피터 스미스(Michael Peter Smith)

미국 캘리포니아 대학교 데이비스 캠퍼스의 지역 연구와 개발(Community Studies and Development)학과 교수이다. 정치학 전공자이면서도, 인류학과 문화이론, 사회학을 넘나드는 학제간 연구를 통해 도시연구에 주력해왔다. 지구화를 자본의 자유로운 이동으로 이해하는 입장이나, 프리드먼과 사센의 글로벌시티이론, 마누엘 카스텔의 네트워크 사회이론 등이 현재 진행 중인 전 지구적 변화를 제대로 설명하지 못한다고 비판하며 초국적 도시이론을 주창했다. 현대의 도시는 이미 글로벌과 로컬의 상호작용으로 형성·재형성되고 있으며, 이러한 상호작용은 자본과 국가 같은 위로부터의 움직임뿐 아니라, 아래에서 풀뿌리들이 활발하게 움직이며 정체성을 스스로 재구성하고 적응하며 창조한 결과라는 것이다.

도시연구에서 세계적인 명성을 얻은 뒤에도 꾸준히 저서를 발간해 왕성한 활동을 계속하고 있지만, 이 책은 자신이 펴낸 20여 권의 책 중에서도 스스로 주저로 꼽을 만큼 주요한 이론적 업적이다. 최근의 저서로는 미국과 멕시코 간의 정치적 초국적주의를 민족지학적으로 접근한 *Citizenship Across Borders*(2008) 등이 있다.

옮긴이 |

남영호 (서문과 감사의 글, 에필로그)

서울대학교 철학과를 졸업하고 케임브리지 대학교 사회인류학과에서 러시아 제조업 노동자에 대한 연구로 박사학위를 받았다. 러시아에 대해서는 사회주의와 근대성이라는 두 개의 렌즈로 이해하고자 하고 있으며, 한국에 대해서는 다문화·혼혈·과학기술에 대해 연구 중이다. 저서로는 『혼혈에서 다문화로』(공저, 2008)가 있다. 현재 서울시립대학교 도시인문학연구소 HK연구교수이며, KAIST에서 강의하고 있다.

홍준기 (제1장)

현재 서울시립대학교 도시인문학연구소 HK교수이다. 독일 브레멘 대학교에서 박사학위를 받았다. 저서로는 『라깡과 현대철학』, 『오이디푸스 콤플렉스, 남자의 성, 여자의 성』, 『프로이트와 라깡: 이론과 임상』(근간) 등이 있으며, 논문으로는 「발터 벤야민과 도시경험: 벤야민의 도시인문학 방법론에 대한 고찰」, 「알튀세르 이론에 대한 새로운 정치·윤리적 독해의 시도: 라깡/들뢰즈, 헤겔/스피노자 논쟁 구도의 맥락에서」 등이 있으며, 이 외에도 현대 프랑스, 독일철학, 정신분석, 미학, 도시문화론에 관한 다수의 논문과 역서가 있다.

이현재 (제2장)

현재 서울시립대학교 도시인문학연구소 HK교수이다. 2004년 독일 프랑크푸르트 괴테 대학교에서 인정이론(Anerkennungstheorie)과 여성주의를 접목시킨 논문으로 철학 박사 학위를 받았다. 최근에는 도시화 및 지구화와 더불어 새롭게 나타나는 성적 실천 및 성규범을 분석하는 데 초점을 맞추고 있다. 특히 최근의 논문「매춘의 도시지리학과 공간생산을 위한 투쟁」에서는 근대국가의 성규범에 의해 도시 공간이 어떻게 배치되었는가를 분석하고, 나아가 매춘이라는 성적 실천을 통해 이러한 공간분할의 규칙이 어떻게 교란되었는가를 연구하였다. 주요 저서로는『여성의 정체성-어떤 여성이 될 것인가』(2007),『젠더, 정체성, 장소』(공역, 2010)가 있다.

곽노완 (제3장)

현재 서울시립대학교 도시인문학연구소 HK교수이다. 독일 베를린자유 대학교에서 철학 박사학위(경제철학전공)를 받았다. 저서로는『대안적 경제전략과 한국경제』(공저, 2009)가 있고, 논문으로는「신자유주의와 실질적 자유지상주의의 경제철학」(≪사회와 철학≫, 2009),「글로컬 아고라와 기본소득」(≪마르크스주의연구≫, 2010) 등이 있다. 현재 기본소득 및 도시철학 분야를 중점적으로 연구하고 있다.

유승희 (제4장)

현재 서울시립대학교 도시인문학연구소 HK교수이다. 서울시립대학교에서 박사학위를 받았다. 저서로는『미궁에 빠진 조선-누가 진짜 살인자인가』,『도시공간의 형성원리와 도시민의 삶』(공저) 등이 있으며, 논문으로는「정조대~철종대 한성부 사형범죄의 실태와 민의 갈등양상」,「15~16세기 한성부의 주택문제와 정부의 대응」,「17~18세기 한성부내 군병의 가대지급과 차입의 실태」등이 있다. 현재 조선시대 서울(한성부)에서 발생한 각종 도시 문제와 도시범죄를 주제로 도시민의 삶의 방식에 미치는 다양성과 복잡성에 대한 역사학적인 시도를 하고 있다.

김승욱 (제5장)

현재 서울시립대학교 도시인문학연구소 HK교수이다. 중국 근현대사 연구자로서 도시사 금융사 사회사 정치사상사 등의 분야에서 다양한 주제의 연구를 통해 근현대 동아시아의 근대성과 권역 질서에 대해 밝히려고 노력해왔다. 저서로는『20세기 초 상해인의 생활과 근대성』,『공자, 현대 중국을 가로지르다』,『담론의 공간으로서 동아시아』등이 있으며, 논문으로는「근대 상하이 도시 공간과 기억의 굴절」,「<은행쭈보>와 상해 금융업의 공론 형성: 1917~1925년」,「공자 비판의 정치학」등이 있다.

김동우 (제6장)

현재 서울시립대학교 도시인문학연구소 HK교수이다. 서울시립대학교에서 미당 서정주 연구로 박사학위를 받았으며, ≪문학과 사회≫로 등단한 현역 시인이기도 하다(필명: 김점용). 현재 문학을 중심으로 한 도시의 언어와 문화표상에 대한 학제간 연구를 진행하고 있다. 일본 게이오 대학교, 오사카 시립대학교 방문교수를 지냈다. 저서로는 『시적 환상과 미의식』, 『도시적 삶과 도시문화』(공저) 등이 있으며, 시집으로는 『오늘 밤 잠들 곳이 마땅찮다』, 『메롱메롱 은주』가 있다.

박영균 (제7장)

현재 건국대학교 통일인문학연구단 HK교수로 재직 중이며, 정치·사회철학을 전공했다. 이전에 몸 담았던 서울시립대학교 도시인문학연구소와의 인연으로 도시-공간철학에 관심을 가지게 되었다. 저서로는 『맑스, 탈현대적 지평을 걷다』, 『칼 마르크스』, 『노동가치론』 등이 있으며, 논문으로는 「스피노자적 실천철학과 맑스주의」, 「맑스와 들뢰즈의 마주침」, 「자본의 지구화와 인권패러다임의 전환」, 「욕망의 정치경제학과 현대도시의 위기」 등이 있다.

정인숙 (제8장)

현재 서울시립대학교 도시인문학연구소 HK연구교수이다. 서울대학교 인문대학 국어국문학과에서 박사학위를 받았다. 조선 후기 문학의 변화와 근대의 태동 및 도시문화 연구에 관심을 두고 있다. 저서로는 『가사문학과 시적 화자』(2010), 『도시적 삶과 도시문화』(공저, 2008), 『조선후기 시가와 여성』(공저, 2005), 『복화술의 목소리』(공역, 2006) 등이 있다.

한울아카데미 1303
초국적 도시이론
지구화의 새로운 이해

ⓒ 남영호·홍준기·이현재·곽노완·유승희·김승욱·김동우·박영균·정인숙, 2010

지은이 | 마이클 피터 스미스
옮긴이 | 남영호·홍준기·이현재·곽노완·유승희·김승욱·김동우·박영균·정인숙
펴낸이 | 김종수
펴낸곳 | 도서출판 한울

편집책임 | 이교혜
편집 | 이가양

초판 1쇄 인쇄 | 2010년 10월 15일
초판 1쇄 발행 | 2010년 10월 30일

주소 | 413-756 파주시 교하읍 문발리 535-7 302(본사)
         121-801 서울시 마포구 공덕동 105-90 서울빌딩 3층(서울 사무소)
전화 | 영업 02-326-0095, 편집 02-336-6183
팩스 | 02-333-7543
홈페이지 | www.hanulbooks.co.kr
등록 | 1980년 3월 13일, 제406-2003-051호

Printed in Korea.
ISBN 978-89-460-5303-8 93330 (양장)
ISBN 978-89-460-4352-7 93330 (학생판)

* 가격은 겉표지에 표시되어 있습니다.
* 이 도서는 강의를 위한 학생판 교재를 따로 준비했습니다. 강의 교재로 사용하실 때에는 본사
  로 연락해주십시오.